Pflegesensible Arbeitszeiten

Forschung aus der Hans-Böckler-Stiftung   **145**

Herausgegeben von der Hans-Böckler-Stiftung, Düsseldorf

Stefan Reuyß
Svenja Pfahl
Jürgen Rinderspacher
Katrin Menke

unter Mitarbeit von
Jan Pfahl und Sonja Weeber

Pflegesensible Arbeitszeiten

Perspektiven der Vereinbarkeit von Beruf und Pflege

edition
sigma

Bibliografische Information der Deutschen Nationalbibliothek

Die Deutsche Nationalbibliothek verzeichnet diese
Publikation in der Deutschen Nationalbibliografie;
detaillierte bibliografische Daten sind im Internet
über http://dnb.d-nb.de abrufbar.

ISBN 978-3-8360-8745-2

Umschlaggestaltung: Gaby Sylvester, Düsseldorf – www.sylvester-design.de.
Umschlaggrafiken: © Photonz, Art3D – Fotolia.com

Druck: Rosch-Buch, Scheßlitz   Printed in Germany

Inhalt

Vorwort

Immer mehr Berufstätige stehen vor der Herausforderung, ihren Beruf mit der Pflege nahestehender Menschen in Einklang bringen zu müssen. Aus vorangegangenen Studien ist bekannt, dass die Übernahme von Pflegeaufgaben wesentlich davon abhängt, ob entlastende und unterstützende Rahmenbedingungen existieren, die eine für alle Beteiligten zufriedenstellende Vereinbarkeit von Familie, Erwerbstätigkeit und Pflege ermöglichen. Dabei kommt den Arbeitszeiten eine zentrale Rolle zu. Doch was gehört alles zu einem solchen Konzept „Pflegesensibler Arbeitszeiten"?

An dieser Stelle setzte das gemeinsame Forschungsprojekt des Berliner Forschungsinstituts SowiTra und des Instituts für Ethik und angrenzende Sozialwissenschaften der Westfälischen Wilhelms Universität Münster an: Wir wollten wissen, welche Arbeitszeiten geeignet sind, die beruflichen Anforderungen mit einer guten Pflege in Einklang zu bringen. Ziel des Forschungsprojektes war es, arbeitszeitrelevante betriebliche Maßnahmen zu entwickeln, die für pflegende Beschäftigte eine nachhaltige Entlastung bieten und zugleich für das Unternehmen dauerhaft vertretbar sind. Dafür mussten die zeitlichen Belange und die Belastungen psychischer, physischer sowie finanzieller Art der mit Pflegeaufgaben betrauten Beschäftigten genauer erfasst werden als dies bislang geschah. Im Wesentlichen haben wir dazu 90 Betroffene zu ihren Erfahrungen befragt, aber auch mit Personalverantwortlichen und betrieblichen Interessenvertretungen aus verschiedenen Unternehmen und Behörden gesprochen.

Die pflegenden Arbeitnehmerinnen und Arbeitnehmer zeigten sich, anders als wir zunächst erwartet hatten, sehr offen und waren gern bereit, Auskunft zu geben. Mehr noch –meist waren sie ausgesprochen dankbar über unser Interesse an ihrer Lebenssituation, sodass aus den geplanten ein- bis anderthalbstündigen Interviews nicht selten zwei- bis dreistündige Gespräche wurden. Unser ganz besonderer Dank gilt daher diesen Menschen, die nicht nur sehr offen über ihre positiven wie negativen Erfahrungen berichtet haben, sondern uns auch viele kreative Ideen und Beispiele guter Praxis mit auf den Weg geben konnten.

Danken möchten wir auch den Expert/inn/en aus der Arbcits- und Pflegewelt, die ihr Wissen mit uns geteilt haben, sowie all denen, die auf vielfältigste Art und Weise zum Gelingen des Projektes beitrugen, sei es durch Vermittlung von Gesprächspartner/innen oder durch nutzbringende Hinweise und Anmerkungen. Hier sind insbesondere die Mitglieder des Projektbeirates zu erwähnen, die uns zwei Jahre lang konstruktiv und mit viel Engagement begleitet haben. Aber auch ohne die Mitarbeit von *Sonja Weeber, Jan Pfahl, Cindy Ballaschk, Nina Vogel, Johanna Hess, Annette Köhn* (Grafik) und *Alexander Hundt* (Lektorat) wäre das Projekt nicht so erfolgreich verlaufen.

Unser besonderer Dank geht an die Hans-Böckler-Stiftung, dass sie sich dieses Thema schon zu einem sehr frühen Zeitpunkt zu Eigen gemacht und unser Projekt mit ihrer finanziellen Förderung überhaupt erst ermöglicht hat. Für eine großartige Zusammenarbeit mit der Stiftung stehen *Dr. Claudia Bogedan* und ihr Team, die uns inhaltlich wie organisatorisch konsequent zur Seite gestanden haben. Danke sagen:

Münster und Berlin,   *Stefan Reuyß*
im Juli 2012   *Svenja Pfahl*
                                                           Jürgen Rinderspacher
                                                                Katrin Menke

1 Einleitung

Die Bereitschaft, Pflegeaufgaben zu übernehmen, ist in Deutschland ziemlich ausgeprägt. Vielleicht sollte man besser sagen: noch ziemlich ausgeprägt. Noch werden zwei Drittel der 2,34 Millionen pflegebedürftigen Menschen im häuslichen Umfeld versorgt. Doch es existieren zahlreiche strukturelle und mentale Barrieren, die der Übernahme von Pflegeverantwortung zunehmend mehr im Wege stehen. Zumindest einige dieser Hindernisse ließen sich wahrscheinlich abbauen.

Die vorliegende Studie befasst sich mit den Barrieren, die mit der Zeitorganisation unserer Gesellschaft zu tun haben. Auf den ersten Blick scheinen Zeitorganisation und der Umgang mit der Zeit im Zusammenhang mit der Pflege eher sekundär. Ein wichtiges Thema, das angesichts der vielen anderen Gestaltungsaufgaben, die dabei eine Rolle spielen, eher untergeordnet scheint. Bei genauerem Hinsehen erweist sich jedoch, dass es sich hier um eine äußerst wichtige Voraussetzung für eine langfristig erfolgreiche Pflege handelt. Denn bereits ihrem Wesen nach hat die Pflegesituation sehr viel mit Zeit zu tun. So kommt es hier, wie bei fast keiner anderen Tätigkeit darauf an, für die von Pflegebedürftigkeit betroffenen Personen zur rechten Zeit verfügbar zu sein und außerdem genügend Zeit für die pflegebedürftige Person zu haben. Umgekehrt ist es ebenso notwendig, dass sich pflegende Angehörige, ob sie im Erwerbsleben stehen oder nicht, temporär vom Pflegegeschehen abgrenzen können, um Zeit für sich oder ihr soziales Umfeld zu finden (Rinderspacher et al. 2009). Die Zeitorganisation rund um das Pflegegeschehen ist auch deshalb von Bedeutung, weil Pflege in der Regel in Kooperation mehrerer Personen und Organisationen stattfindet. Die verschiedenen Akteure in solchen so genannten Pflegenetzwerken müssen sich untereinander absprechen und ihre unterschiedlichen Zeitinteressen und Zeitpläne koordinieren. Zu den Netzwerken gehören meist pflegende Angehörige, professionelle Kräfte und Nachbarn und/oder ehrenamtliche Tätige (vgl. Rinderspacher et al. 2009; Herrmann-Stojanov et al. 2008).

Eine besondere Belastung der Hauptpflegeperson entsteht, wenn Pflegeaufgaben mit einer Erwerbstätigkeit zusammentreffen. Dies betrifft derzeit vor allem Frauen, die noch immer den weitaus größten Anteil pflegender Angehöriger in der häuslichen Pflege stellen. Die Vereinbarkeitsproblematik von Pflege und Beruf wurde bisher vermeintlich dadurch gelöst, dass die gesellschaftliche Organisation von Pflegeaufgaben so angelegt war, dass Frauen als für die Pflege besonders prädestiniert erschienen. Zudem wurde davon ausgegangen, dass Frauen nicht um jeden Preis erwerbstätig sein müssten. Doch künftig stehen Frauen immer seltener als „stille Reserve" für Pflegefälle zur Verfügung. Frauen-

erwerbstätigkeit ist inzwischen der Normalfall und die Gesellschaft beziehungsweise ihre Institutionen erwarten zunehmend, dass jede/r erwerbsfähige Bür-
ger/in sich am Erwerbsleben beteiligt (vgl. Lewis 2004). Ein System, das die
Vereinbarkeit von Pflege und Beruf weitgehend als ein Frauenthema definiert,
ist bereits ein entscheidender Teil des Gesamtproblems. Dieses System ist auf
Dauer nicht tragfähig und darf auch aus gleichstellungspolitischen Gründen nicht
weiter verfolgt werden. Denn der stattfindende Wandel des Geschlechterverhält-
nisses wirkt sich auf die Bereitschaft der Frauen aus, im Sinne traditioneller So-
lidaritätsnormen unhinterfragt Pflegeaufgaben zu übernehmen (Backes 1994).
Zusätzlich sind die Lebensentwürfe der jüngeren Generation, unabhängig vom
Geschlecht, gleichermaßen auf Familie und eine existenzsichernde Erwerbsarbeit gerichtet (vgl. Sachverständigenkommission 2011). Schon deshalb ist zu
fragen, welche Barrieren der Übernahme einer Pflegeverantwortung durch Männer und Frauen entgegenstehen und wie diese beseitigt werden können.

Die Bereitschaft zur Übernahme von Pflegeaufgaben wird zunehmend davon
abhängen, ob es gelingt, mit entlastenden und unterstützenden Maßnahmen gesellschaftliche Rahmenbedingungen zu schaffen, die eine für alle Beteiligten zufriedenstellende Lebens- und Arbeitssituation ermöglichen. Voraussetzung dafür
ist eine hinreichende Infrastruktur in Form von professionellen Pflege-, Betreu-
ungs-, und sonstigen Hilfeangeboten (vgl. Schneekloth 2006). Voraussetzung
dafür ist unter anderem, dass die zeitliche Organisation der Erwerbstätigkeit
einer Hauptpflegeperson flexibel genug gestaltet sein muss, um sich in solche
Netzwerke effizient integrieren zu können.

Die Anforderungen, die die Berufstätigkeit an die Angehörigen stellen dürfen nicht der alles dominierende Taktgeber eines Alltags zwischen Beruf und
Pflege sein. Gerade die Arbeitszeiten müssen sich teilweise auch den Anforderungen der Pflege und den Bedarfen der pflegebedürftigen Person anpassen. Um
den wechselseitigen Anforderungen entsprechen zu können, die von der pflegebedürftigen Person und dem sozialen Umfeld ausgehen, wurde das Konzept der
„Pflegesensiblen Arbeitszeiten" entwickelt. Hiervon handelt dieses Buch.

Es will den Interessen der pflegebedürftigen Person sowie des Unternehmens, in dem die Hauptpflegeperson beschäftigt ist zur Geltung bringen, gleich-
rangig aber auch deren eigene zeitliche Bedürfnisse. Die Übernahme einer Pflegeverantwortung und die eigene Erwerbstätigkeit werden dabei nicht als eine
Frage des Entweder-Oder betrachtet, sondern als ein Sowohl-als-Auch, bei dem
die Pflegenden aufgrund des gleichzeitigen Engagements auf Dauer nicht selbst
zum Pflegefall werden.

Die von den Unternehmen und staatlichen Institutionen gesetzten Rahmenbedingungen für die Vereinbarkeit von Pflege und Beruf sind entscheidend für
die Chancen Erwerbstätiger, die Phase ihres Engagements für die Pflege von
Angehörigen, Freunden oder Nachbarn ohne Raubbau an der eigenen Gesund-

heit und ohne Exklusion aus relevanten Lebenszusammenhängen verwirklichen zu können. Pflegende dürfen nicht als Bittstellende in ihrem Betrieb mit einem anscheinend rein persönlichen Anliegen auftreten müssen. „Pflegesensible Arbeitszeiten" stellen dabei eine neue, explizit auf die Pflegeaufgabe zugeschnittene Form struktureller Unterstützung durch die Unternehmen dar

In den vergangenen Dekaden sind zahlreiche allgemeine, aber kaum zielgruppenspezifische Arbeitszeitmodelle entwickelt worden (vgl. Pfahl 2007; Pfahl/Reuyß 2005), an die angeknüpft werden konnte. Die Ergebnisse beruhen auf persönlichen Interviews mit Erwerbstätigen aus unterschiedlichen Berufen und Altersgruppen in verschiedenen Regionen Deutschlands und mit ganz unterschiedlichen Pflegeaufgaben. Sie wurden gefragt, wie sie sich eine bessere Vereinbarkeit von Pflege und Beruf auf der Basis angepasster Arbeitszeitregelungen vorstellen und sie wurden nach Problemen der Vereinbarkeit befragt. Dabei konnte unter anderem die wichtige Erfahrung gemacht werden, dass trotz aller Doppelbelastungen niemand von den Befragten die eigene berufliche Tätigkeit aufgeben oder auch nur in größerem Maße freiwillig reduzieren wollte. Im Gegenteil empfanden viele den Beruf und die damit einhergehende zeitliche, räumliche und mentale Eingrenzung der Pflegearbeit, gerade in dieser Situation als äußerst wichtiges Stabilitätsmoment für ihr Leben.

Gleichzeitig wird implizit oder explizit im öffentlichen Diskurs oft davon ausgegangen, dass Pflegetätigkeit eine mehr oder weniger lästige Arbeitsaufgabe ist. Dem würden viele, die als Familienangehörige oder ehrenamtlich in der Pflege tätig sind, heftig widersprechen. Sie sehen darin gerade keine Zeitverschwendung, sondern eine höchst sinnerfüllte Aufgabe, im Gegensatz zu so vielen Tätigkeiten im Alltag. Die Sinndimension ist ganz zentral, gerade wenn es um die freiwillige Übernahme von Aufgaben im öffentlichen wie auch privaten Raum geht. Pflegen wirft diesbezüglich zwar viele Fragen auf, kann aber auch selbst eine Antwort sein.

Pflegende Arbeitnehmer/innen benötigen für ihre Aufgabe den Rückenwind aus der Wirtschaft bzw. den Unternehmen, die die Verantwortung für die Folgen des demographischen Wandels in ihrem Einflussbereich mit übernehmen müssen. Und sie benötigen den Rückenwind des Staates, der einsehen muss, dass es sich bei der Pflege hilfebedürftiger Menschen im Zeitalter obligatorischer Erwerbstätigkeit für alle arbeitsfähigen Mitglieder der Gesellschaft nicht mehr primär um eine privat zu verantwortende, sondern um eine öffentliche, gesamtgesellschaftliche Aufgabe handelt, zu deren Lösung er durch Maßnahmen in seinem Verantwortungsbereich maßgeblich beitragen kann. Unser Konzept der „Pflegesensiblen Arbeitszeiten" soll – im Rahmen eines bestimmten, aber sehr entscheidenden Regelungsbereiches, der Arbeitszeiten, die organisatorischen Bedingungen verbessern, damit die Chancen aller Seiten auf einen fairen Interessenausgleich verbessert werden.

2 Pflegen als Thema der Arbeitszeitpolitik

2.1 Pflegen und Sorgen – eine gesellschaftliche und individuelle Herausforderung

Die Auseinandersetzung mit dem Thema Altern und Pflege wird in Zukunft noch mehr als gegenwärtig in den Blickpunkt des öffentlichen Interesses rücken. Verantwortlich dafür ist die Tatsache, dass in Deutschland schon jetzt nahezu jede vierte Person älter als 60 Jahre ist; im Jahre 2025 wird es fast jede dritte Person sein. Die daraus resultierenden Konsequenzen werden immer offensichtlicher zu einem zentralen Zukunftsthema, auch aus Sicht von Unternehmen und Gewerkschaften. Dabei geht es um die Auswirkungen der demografischen Entwicklung auf die sozialen Sicherungssysteme. Dieser Trend berührt nicht nur das Problem der finanziellen Lastenverteilung, sondern auch die Fragen nach angemessenen gesundheitlichen Versorgungsstrukturen für ältere Menschen. Die Notwendigkeit, auf die demografische Entwicklung zu reagieren, wird unter anderem eindrucksvoll dadurch dokumentiert, dass, nach dem heutigen Wissensstand, die Zahl der Leistungsempfänger/innen aus der Pflegeversicherung von heute etwa zwei Millionen Menschen auf gut vier Millionen Menschen im Jahre 2050 steigen werden. Die Finanzierung und Verteilung der gesundheitlichen Versorgung sowie die Frage der Verteilungsgerechtigkeit berühren unmittelbar auch die Frage, wie Angehörige es zukünftig schaffen können, Pflegeverantwortung und Beruf miteinander in Einklang zu bringen. Mit dieser Herausforderung dürfen weder die Beschäftigten noch die betrieblichen Akteure allein gelassen werden. Vielmehr braucht es die Unterstützung aus allen gesellschaftlichen Verantwortungsbereichen.

Die alternde Gesellschaft wirft zahlreiche neue Verteilungsfragen auf. Der „Kampf zwischen den Generationen", der bisher noch in akademischen Diskursen ausgetragen wird, könnte in absehbarer Zeit Realität werden: immer mehr Ältere werden pflegebedürftig und immer weniger junge Menschen können Pflege und Beruf miteinander in Einklang bringen. Das Thema ist damit in den Kontext der Diskussionen um die Neugestaltung des Sozialstaats, genauer gesagt in den Kontext der Verwirklichung einer intergenerationellen Gerechtigkeit zu stellen. Diese Studie will in diesem Zusammenhang einen Beitrag zur Entwicklung sozial gerechterer Modelle leisten, die die Rahmenbedingungen für beschäftigte Männer und Frauen mit Pflegeverantwortung verbessern.

Die Erkenntnis, dass die „Care"-Arbeit in Familien zunehmend auch die Betreuung und Pflege älterer Familienmitglieder umfasst, ist von großer Tragweite mit hoher gesellschaftspolitischer Relevanz. Unbestritten ist, dass die Fa-

milie viele fundamental wichtige gesellschaftliche Funktionen zu erfüllen hat.
Sie gewährleistet die Sozialisation der Kinder, die Herstellung von existenzieller
Sicherheit, Geborgenheit und die Möglichkeit für alle Familienmitglieder, Spannungen abzubauen, gesund, lern- und arbeitsfähig sowie arbeitsfreudig zu bleiben, und nicht zuletzt soziale und kulturelle Kompetenzen zu entwickeln und
diese im alltäglichen Leben anzuwenden (vgl. u.a. Nave-Herz 2004). Mit dieser
Fülle an gesellschaftlichen Aufgaben sind Familien, die heute überwiegend aus
Zweiverdiener-Paaren bestehen, häufig bis an die Grenzen ihrer Kräfte gefordert
und nicht selten überfordert.

Aktuell wird in der Öffentlichkeit darauf hingewiesen, dass zunehmend
mehr Beschäftigte mit Pflegeverantwortung – wie schon jetzt Familien mit Kindern – an ihre Belastungsgrenzen stoßen und insbesondere an zeitlicher Überlastung leiden (Klenner/Pfahl 2008). Welche Folgen bereits jetzt schon für Familien mit Kindern damit verbunden sind, lässt sich dem Siebten Familienbericht der Bundesregierung entnehmen (BMFSFJ 2006).

Im groben Überblick stellt sich Pflege in Deutschland statistisch gegenwärtig so dar: Es gibt etwas mehr als 1,6 Millionen Pflegebedürftige, die in Privathaushalten gepflegt werden, teils durch Angehörige teils unter Einbindung von
ambulanten Pflegediensten.

Insgesamt sind in Deutschland derzeit circa 2,34 Millionen Pflegebedürftige, denen eine Pflegestufe nach dem SGB XI zugestanden worden ist. Pflegebedürftig in diesem Sinne sind nur Personen, die wegen einer körperlichen, geistigen oder seelischen Krankheit oder Behinderung mindestens einmal täglich
umfangreiche Hilfe und zusätzlich mehrmals in der Woche hauswirtschaftliche
Versorgung benötigen. Zusätzlich existieren rund drei Millionen sogenannte
hauswirtschaftlich Hilfsbedürftige. Das sind Menschen, deren Pflegebedarf auf
unter 14 Stunden pro Woche geschätzt wird. Von ihnen benötigt fast jede/r
Zweite dennoch täglich Hilfe (46%). Weitere 36% sind auf regelmäßige wöchentliche Hilfe angewiesen und 19% benötigen nur gelegentlich die Unterstützung von Dritten. Aus den geführten Interviews ist bekannt, dass viele Angehörige gar nicht den Versuch unternehmen, Unterstützungsleistungen seitens der
Pflegekassen zu beantragen. Sei es, weil Angehörige in der Sterbephase nicht in
der Lage oder willens sind, einen solchen Verwaltungsaufwand zu betreiben, sei
es, weil sie sich aufgrund des Krankheitsbildes keine Hoffnung auf eine nen-
nenswerte Unterstützung machen – dies gilt insbesondere bei Demenzerkrankungen – oder sei es schlicht aus Unwissenheit. Insofern dürfte die Zahl der tatsächlich Pflegebedürftigen deutlich höher liegen, als es die amtliche Statistik
glauben macht.

Zudem ist mit einer deutlichen Zunahme der Pflegebedürftigen zu rechnen.
Aktuelle Berechnungen des Statistischen Bundesamtes (DESTATIS 2010) haben
ergeben, dass die Zahl der Pflegebedürftigen bis zum Jahr 2030 auf 3,4 Millio-

nen steigen wird, bis 2050 wird mit einer Verdoppelung auf über 4 Millionen Pflegebedürftige gerechnet. Für die Arbeitswelt bedeutet dies, dass immer mehr Beschäftigte zukünftig vor der Herausforderung stehen werden, Pflegeverant-

Abb. 2.1: Pflegebedürftige in Deutschland (2009)

2,34 Millionen Pflegebedürftige insgesamt		
zu Hause versorgt: 1,62 Millionen (69%)		in Heimen vollstationär versorgt: 717.000 (31%)
durch Angehörige: 1,07 Millionen	zusammen mit/durch ambulante/n Pflegedienste/n: 555.000	
	durch 12.000 ambulante Pflegedienste mit 269.000 Beschäftigten	in 11.600 Pflegeheimen* mit 621.000 Beschäftigten * einschl. teilstationäre Pflegeheime

Quelle: Statistische Ämter des Bundes und der Länder, 2009

Abb. 2.2: Entwicklung der Pflegebedürftigkeit in Deutschland 2005 bis 2030 (Status-Quo-Szenario) (in Millionen)

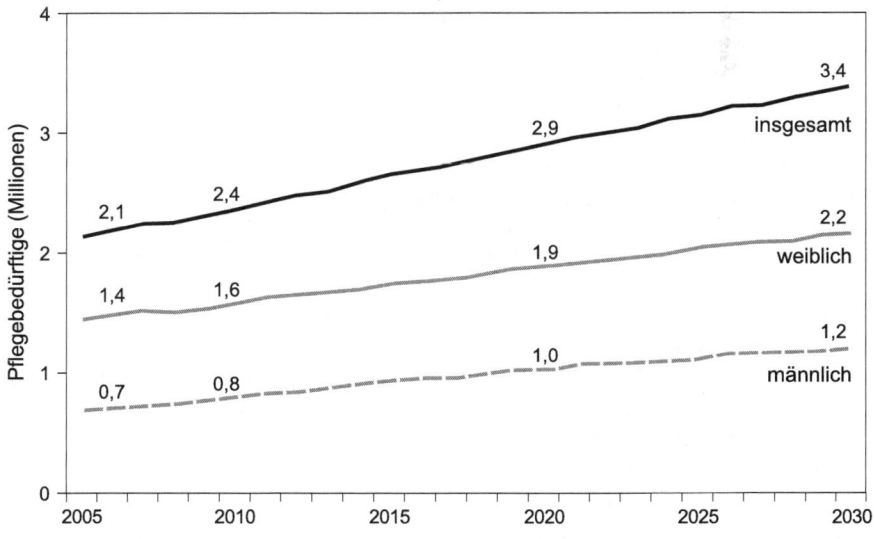

Quelle: Statistische Ämter des Bundes und der Länder, 2010

wortung für eine nahestehende Person übernehmen zu müssen. Gilt dies heute für jede fünfte Person (Emnid 2007), wird es aus der Lebensverlaufsperspektive betrachtet, zukünftig kaum Arbeitnehmer/innen geben, die nicht früher oder später vor dieser Herausforderung stehen.

Wie sehr die Übernahme privater Pflegeverantwortung mit Arbeit verbunden zeigen entsprechende Untersuchungen. Rund zwei Drittel der Pflegebedürftigen (64%) ist auf die kontinuierliche tägliche Unterstützung angewiesen und ein weiteres Viertel (26%) braucht zumindest stundenweise Pflege- und Unterstützungsleistungen durch Dritte. Mit rund 37 Stunden pro Woche entsprechen die durchschnittlichen Unterstützungs- und Betreuungsleistungen vom zeitlichen Aufwand her ungefähr einer Vollzeitstelle. Diese Belastungen sind zudem von langer Dauer, denn im Durchschnitt dauert eine Pflegesituation etwas mehr als acht Jahre an (vgl. Schneekloth/Wahl 2005).

Häufig sind Pflege und Beruf nur schwer zu vereinbaren. Dies lässt sich daran ablesen, dass von den Hauptpflegepersonen im erwerbsfähigen Alter nur knapp jede/r Zweite erwerbstätig ist und nur jede vierte Hauptpflegepersonen (26%) setzt die Erwerbstätigkeit uneingeschränkt fort (Schneekloth/Wahl 2005). Die Ergebnisse des DGB-Index Gute Arbeit (2010) belegen sehr schön die Belastungen der Beschäftigten, die außerberuflich Pflege leisten. Sie leiden unter der Arbeitsintensität, den emotionalen Anforderungen und enormer Arbeitshetze. Und nicht einmal ein Drittel (32%) der Befragten geht davon aus, die Erwerbsarbeit bis zum Ruhestand ohne Einschränkungen fortführen zu können. Die Vereinbarkeit von Beruf und Pflege wird dementsprechend negativ bewertet: 80% der Betroffenen fühlen sich durch die Gleichzeitigkeit von Beruf und Pflege stark bis sehr stark belastet (Klenner/Pfahl 2008).

Diese Doppelbelastung hinterlässt auf Dauer Spuren – finanzieller und materieller Art, aber am deutlichsten psychischer und physischer Natur (Dallinger 1997). Die Siemens Betriebskrankenkasse kommt zu alarmierenden Zahlen: Die Zahl der schwerwiegenden und chronischen Erkrankungen bei Pflegenden liegt um mehr als die Hälfte (51%) über dem Durchschnitt aller Versicherten (SBK 2011). Diese Überlastungssymptome sind dann besonders ausgeprägt, wenn kognitiv beeinträchtigte Personen zu versorgen sind (z.B. Demenz), eine Rund-um-die-Uhr-Betreuung gewährleistet werden muss und wenn die Pflegenden ihre Erwerbstätigkeit fortsetzen (Schneekloth/Wahl 2005). Geringere Leistungs- und Konzentrationsfähigkeit und eine meist drastische Reduktion von Eigen-, Beziehungszeiten sind ebenso die Folge wie eine deutlich reduzierte Partizipation am gesellschaftlichen Leben (Forschungsgruppe Pflege und Gesundheit 2006).

Auch wenn die private Pflege noch immer eine Frauendomäne ist – drei Viertel der Hauptpflegenden sind Frauen (Schneekloth/Wahl 2005) – nimmt der Männeranteil kontinuierlich zu. Betrachtet man alle allen Pflegenden ist jeder Dritte mittlerweile männlichen Geschlechts (GEK Pflegereport 2009).

Pflegetätigkeiten vollziehen sich für viele Familien nicht als ein „Nacheinander" von Kinderbetreuungs- und Pflegeaufgaben. Rund ein Drittel aller Pflegenden befinden sich europaweit vielmehr in einer sogenannten „Sandwich-Position", das heißt sie leisten gleichzeitig Sorgearbeit für Kinder und für ältere Familienangehörige (vgl. Eurofamcare 2006; Meyer 2006). Das heißt auch, dass Pflegeaufgaben nicht ausschließlich von Menschen höheren Alters übernommen, sondern bereits in früheren Lebensphasen eine große Rolle spielen. Außerdem entstehen Pflegenotwendigkeiten nicht nur durch Alter und Gebrechlichkeit, sondern auch im Zusammenhang mit (chronischen) Krankheiten, Behinderungen und/oder der Rehabilitation von Familienmitgliedern, nicht selten von Kindheit an.

Die Bereitschaft zur Übernahme von privater Pflege- und Betreuungsaufgaben hängt zukünftig immer häufiger davon ab, ob die Parallelität von Pflege und der eigenen Erwerbstätigkeit tatsächlich möglich ist. Eine gelingende Vereinbarkeit von Erwerbstätigkeit und Pflege bedeutet auch, dass sich diese Tätigkeiten mit den sonstigen familialen Sorgeaufgaben, aber auch mit anderen außerberuflichen Aktivitäten in Einklang bringen lassen. Das heißt, für eine gelingende Übernahme von Pflegeverantwortung spielt letztlich der eigene beziehungsweise familiale Zeitwohlstand (Rinderspacher 2000a, 2009) eine maßgebliche Rolle.

Die zeitlichen Bedarfe, die die pflegenden Beschäftigten im Rahmen dieser Balance haben, sind nicht immer gleich: Vorstellungen vom und Erwartungen an Zeitwohlstand – so wissen wir aus vorangegangenen Arbeiten (Rinderspacher et al. 2009) – variieren je nach Alter und Phase im Lebens- und Erwerbsverlauf. Während für eine junge Familie das gemeinsame Wochenende ein zentrales Element von Zeitwohlstand sein kann (Herrmann-Stojanov/Rinderspacher 2001), ist es durchaus möglich, dass es in späteren Lebensphasen bedeutungsvoller wird, hin und wieder längere individuelle Auszeiten von Verpflichtungen im familiären Sorge- und im Erwerbsbereich zu haben. Weiß man doch, dass unter anderem die „Reparaturzeiten" (Baltes et al. 1994), das heißt die Pflege der eigenen Person, mit zunehmendem Alter zeitaufwändiger werden.

Zunehmende Bedeutung gewinnt die Vereinbarkeit von Pflege und Beruf auch vor dem Hintergrund einer weiteren gesellschaftlichen Entwicklung, nämlich der zunehmenden Destandardisierung des klassischen Normalarbeits(zeit)-verhältnisses und der damit einhergehenden Zunahme atypischer Arbeitsverhältnisse. In den letzten Jahren ist die Zahl der atypischen Beschäftigungsverhältnisse deutlich gestiegen. Mehr als ein Drittel (36%) der Beschäftigten arbeiteten im Jahr 2009 Teilzeit, waren befristet oder geringfügig beschäftigt, waren als Leiharbeiter/innen oder Solo-Selbstständige tätig. Und es ist davon auszugehen, dass sich dieser Trend in Zukunft fortsetzt (vgl. Keller/Seifert 2011).

Diese Beschäftigten werden unter Druck gesetzt und ihnen wird die Hoffnung auf eine planbare Perspektive genommen (Brinkmann et al. 2007). Doch auch die regulären Beschäftigten werden durch diesen Trend verunsichert. Und bei beiden Beschäftigtengruppen wirkt sich diese Verunsicherung negativ auf die Übernahmen von Pflegeverantwortung aus.

Die vor einiger Zeit verabschiedete Pflegereform sowie kommende Reformen der Pflege und flankierende Gesetze, wie die 2012 in Kraft tretende Familienpflegezeit, nehmen für sich in Anspruch, sowohl den sozialen Bedürfnissen von pflegebedürftigen Menschen zu entsprechen, als auch die Lebenssituation für pflegende Angehörige zu verbessern und dabei die finanziellen Belastungen für die nachwachsenden Generationen möglichst gering zu halten. Ob und wie dies gelingt, ist unmittelbar mit der Frage einer generationengerechten Zukunftsgestaltung verknüpft. Aktuell ergibt sich der Eindruck, dass die gesetzlichen Rahmenbedingungen ihr Ziel in der Praxis häufig verfehlen. Eine der Herausforderungen wird daher sein, Antworten darauf zu finden, wie eine adäquate Pflege von hilfebedürftigen Menschen zu Hause geregelt werden kann, wenn die gesetzlichen wie die arbeitsweltlichen Rahmenbedingungen und hier insbesondere die Arbeitszeiten den Beschäftigten nicht die entsprechenden Möglichkeiten bieten.

2.2   Erwerbsarbeit und Sorge

Indem unsere Untersuchung nach der Vereinbarkeit von Pflege und Beruf fragt, ist implizit unterstellt, Erwerbsarbeit sei erstrebenswert, auch dann, wenn die Belastungssituation durch eine Pflegeaufgabe eigentlich nahe legen würde, eine Auszeit zu nehmen. Diese Normalerwartung einer pflegebedingten Unterbrechung der Berufsbiografie, die fast ausschließlich Frauen betrifft, ist nach wie vor weit verbreitet und findet sich auch in den gesetzlichen Regelungen wieder, die die Übernahme einer Pflegeverantwortung ermöglichen sollen. Die bisherige Gesetzgebung etwa zielte vorrangig auf die Möglichkeit ab, für die Dauer einer Pflegeaufgabe vom Arbeitgeber freigestellt zu werden, und zwar ohne fortlaufende Bezüge. Die Vereinbarkeit von Pflege und Beruf wird hier auf paradoxe Weise durch die Anerkennung der Nicht-Vereinbarkeit einer Berufsausübung für den Zeitraum der Pflegeaufgabe hergestellt – mit den entsprechenden Folgen für die Betroffenen. Dazu gehört die berufliche Benachteiligung in Form größerer Einkommenseinbußen, Beeinträchtigung der Karrierechancen, Minderung der Beschäftigungsfähigkeit durch Dequalifizierung, Verlust beschäftigungsrelevanter Netzwerke und anderer für den „Arbeitskraftunternehmer" relevanter Ressourcen.

Auf Auszeiten zielen auch die vor allem im Siebten Familienbericht propagierten Optionszeiten oder zeitlichen Ziehungsrechte, die dort für eine Pflegesituation empfohlen werden (BMFSFJ 2006). Sie bieten interessante Chancen, im biografischen Verlauf, beziehungsweise über verschiedene Statuspassagen und Familienkonstellationen hinweg, Auszeiten von der Erwerbsarbeit zu nehmen –

und dies mit staatlicher Rückendeckung, wenn auch nicht mit gesetzlichem Anspruch. Das jedoch um den Preis, dass Pflegeaufgaben wie in den vergangenen Jahrzehnten nach wie vor als Privatangelegenheit derjenigen Personen behandelt werden, die vom Eintritt eines Pflegefalles betroffen sind. Einer solchen Sichtweise ist außer aus sozialpolitischen auch aus genderpolitischen Gründen zu widersprechen. Auch der Achte Familienbericht (Sachverständigenkommission 2011) rückt von dieser Sichtweise nicht ab, sondern verstärkt sie im Gegenteil (kritisch hierzu Rinderspacher 2012).

Wenn aber Pflege als reine Privatangelegenheit betrachtet wird, sind in der Praxis überproportional viele Frauen davon betroffen. Diese Kaskade der Privatisierung des Pflegerisikos durch Umverteilung der vermeintlich privaten Arbeit auf die Frauen kann nur durchbrochen werden, wenn anstelle der Auszeit als Normalfall die Vereinbarkeit von Pflege und Beruf postuliert wird. Dies meint die Ermöglichung der parallelen Betätigung auf beiden Feldern und die Ausrichtung zahlreicher Institutionen, die hier involviert sind, auf diese Art von Parallelität, sodass sich die Gesamtbelastung der betroffenen Person nach Art und Umfang in vertretbaren Grenzen hält. Erst das neue Familienpflegezeitgesetz nimmt für sich in Anspruch, Pflege und Beruf parallel zu ermöglichen – wenn auch unter Voraussetzungen, über die man geteilter Meinung sein kann (vgl. DGfZP 2010).

Im Konzept pflegesensibler Arbeitszeiten, das wir vorschlagen, wären es vor allem die Unternehmen, die ihre Arbeitsorganisation so zu strukturieren hätten, dass Pflegeaufgaben als Normalfall eines berufsbiografischen Verlaufs, das heißt als zu erwartende Statuspassage von allen abhängig Beschäftigten in die Betriebsorganisation konzeptionell und praktisch integriert wird. Anders ausgedrückt sollte jedes Wirtschaftsunternehmen in Zukunft so organisiert sein, dass eine Pflegeepisode bei Mitarbeiter/inne/n ohne größere Friktionen für den Betrieb verkraftbar ist und integriert werden kann. Was dies bedeutet, wird im Verlauf der Untersuchung weiter zu konkretisieren sein.

Die bisherige Auszeit-Politik kritisch zu hinterfragen bedeutet im Umkehrschluss jedoch, positive Argumente für Erwerbsarbeit im Allgemeinen unter Einschluss der Bedingungen einer Pflegeaufgabe im Besonderen zu benennen.

2.2.1 Die Bedeutung von Erwerbsarbeit: Soziale Teilhabe, Erwerbsquelle, Komplementärsektor

Erwerbsarbeit gilt hierzulande wie auch europaweit als wesentlicher Faktor der Vergesellschaftung. Dies ist unter anderem daran abzulesen, dass in den beiden grundlegenden Vertragswerken der Europäischen Union (Amsterdamer Vertrag, Lissabon-Strategie) die Beschäftigungspolitik als ein Hauptziel festgelegt wurde, ebenso wie die Leitlinie der eigenständigen Existenzsicherung durch alle Bürger/innen (Lewis 2004). Die finanzielle Unabhängigkeit jedes einzelnen Menschen und die Befreiung aus den wirtschaftlichen Dauerabhängigkeiten traditioneller Familienbindungen finden inzwischen ihren Niederschlag unter anderem in der reformierten Sozialgesetzgebung (Nullmeier 2006) sowie im Ehe- und Scheidungsrecht. Diese Fokussierung auf das Individuum ist einerseits ein politischer Erfolg, bringt andererseits aber neue Zwänge und Abhängigkeiten mit sich – vor allem die Zurückgeworfenheit des Einzelnen auf sich selbst. Vor dem Hintergrund der inzwischen auch institutionell verfestigten Strategie der faktischen Verpflichtung des durchschnittlichen Wirtschaftsbürgers zu einer eigenen der traditionellen, auf innerfamiliale Solidarität gründenden Variante der Absicherung von Lebensrisiken, besteht zur durchgängigen Erwerbstätigkeit grundsätzlich keine Alternative. Andernfalls steigt das Armutsrisiko des Individuums durch Scheidung, Tod und andere Lebensereignisse sowie mit dem Eintritt in das Rentenalter. Das gilt sowohl für Frauen als auch für Männer.

Indem sich die kontinuierliche Partizipation am ersten Arbeitsmarkt vor dem Hintergrund der Erfahrungen der vergangenen Jahrzehnte im Bewusstsein der (Erwerbs-)Bevölkerung als eine wertvolle Einkommensquelle und wesentliches Element gesellschaftlicher Teilhabe durchgesetzt hat, wird Erwerbsarbeit faktisch zu einem knappen Gut. Dies spiegelt sich auch in unseren Interviews wider, die eine weitverbreitete Angst vor Nachteilen im Beruf oder gar vor Verlust des Arbeitsplatzes aufgrund der eingeschränkten Verfügbarkeit durch eine Pflegeaufgabe deutlich machen. Das Spannungsfeld Pflege und Beruf ist also unbedingt auch vor dem Hintergrund eines auf lange Sicht weiterhin mehr oder weniger angespannten Arbeitsmarktes zu sehen. Dabei geht es nicht nur um Einkommenserwerb, sondern auch um den Erhalt der Qualifikation beziehungsweise der allgemeinen Beschäftigungsfähigkeit und nicht zuletzt, sofern vorhanden, um die Verteidigung einer individuellen „guten Arbeit bzw. Arbeitssituation".

Während also in der traditionellen Denkweise der Familienverband als ganzer gewirtschaftet hat und somit die durch Pflegeaufgaben bedingten (auch) finanziellen Einbußen in einem Sozial- und Finanzsystem kommunizierender Röhren und in einem auf den gesamten Lebenszyklus hin angelegten System des sozialen Ausgleichs von Unterstützungsleistungen zwischen den Partnern, Kindern oder Eltern (zumindest idealiter) kompensiert werden konnten, sind die Individuen nun, was ihre Einkommenserzielung und ihre soziale Sicherung angeht, auf sich selbst verwiesen. Die einstmals, das heißt im traditionellen Geschlechterverhältnis inklusive der darauf aufsetzenden sozialen Sicherungssysteme, mit gewisser Plausibilität erwartete freiwillige Einschränkung oder gar Aufgabe der Erwerbstätigkeit der Frau zugunsten einer Pflegetätigkeit ist unter den neuen Bedingungen also vielfach problematisch. Wenn die Option der Nicht-Erwerbstätigkeit also faktisch nicht mehr besteht – nicht als freiwillig gewählter Lebensentwurf und auch nicht als Option im Falle der Notwendigkeit, einen nahestehenden Menschen pflegerisch zu betreuen – richtet sich der Blick verschärft auf Maßnahmen, die die Vereinbarkeit von Pflege und Beruf erleichtern.

Als ein wesentlicher Faktor für die Beurteilung der Attraktivität von Erwerbsarbeit durch pflegende Erwerbstätige und damit für deren Präferenzbildung in Bezug auf Erwerbsarbeit und/oder Pflegearbeit kommt die kontinuierliche Zunahme von Leistungsanforderungen hinzu. Neuere Untersuchungen (vgl. Sauer 2011b; Kratzer/Sauer 2005) zeigen in der vergangenen Dekade eine erhebliche Zunahme insbesondere der mentalen Belastungen der Beschäftigten und damit eine nur bedingte Arbeitszufriedenheit. Auch die Schwierigkeiten der Beschäftigung älterer Mitarbeiter/innen aufgrund betrieblicher Anforderungen beziehungsweise die Forderungen nach altersgerechten Formen der Humanisierung der Arbeit weisen in diese Richtung. Den Gewinnen aus der Erwerbsarbeit – Einkommen, soziale Sicherung, Selbstverwirklichung usw. – stehen also zunehmend die genannten Nachteile erhöhter Arbeitsbelastung gegenüber, die die Präferenzbildung Pflegender bei ihrer Abwägung zwischen Erwerbsarbeit und Pflegearbeit entsprechend dem Einzelfall mehr oder weniger stark beeinflussen dürften.

Die nüchterne Betrachtung der Entwicklungen von Arbeitsbedingungen, darunter auch die der industrieförmigen Modernisierung zahlreicher Dienstleistungsbereiche wie der Pflege (vgl. Geller/Gabriel 2004; Rinderspacher et al. 2009), somit vor einer ungerechtfertigten Aufwertung oder gar ideologischen Überhöhung der Erwerbsarbeit unter den bestehenden wirtschaftlichen und gesellschaftlichen Rahmenbedingungen.

2.2.2   Die Bedeutung von Sorge: Mehr als Arbeit

Allein schon wegen des demografischen Wandels besteht die Notwendigkeit, komplementär zu der Professionalisierung von Sozialaufgaben und Pflege durch vielgestaltige soziale Dienste, sowohl Sozialräume (vgl. Dörner 2007) als auch korrespondierende Zeiträume zu schaffen, in denen die freiwillige Sorge und „das Kümmern" um hilfebedürftige Menschen ihren Platz finden kann (Sachverständigenkommission 2011, S. 137ff.) Die Frage nach der Vereinbarkeit von Pflege und Beruf zielt auf die Herstellung solcher Räume, die dem Zeitregime des Erwerbssektors zumindest temporär entzogen werden können, zugunsten eines zeitlichen Areals, innerhalb dessen Freiwilligenarbeit – hier an Familienmitgliedern oder nahestehenden Personen im eigenen Haushalt – ermöglicht wird. Wenn private Pflege als Freiwilligenarbeit oder besser: als ein freiwilliges Tun an nahestehenden Personen im Kontext einer großen gesellschaftlichen Aufgabe verstanden wird, erschließt sich der zugleich öffentliche Charakter des Sorgens und damit die nicht nur individuelle, sondern auch kollektive Verantwortung für Hilfebedürftige im Nahbereich des Individuums (Rinderspacher

2012). Diese Verantwortlichkeit reflektiert der Begriff der „Sorge" oder der „fürsorglichen Praxis".

In der neueren Diskussion hat der Begriff der Sorge zunehmend an Bedeutung gewonnen, der auf die „Care"-Debatte vor allem in den USA zurückgeht (vgl. Nussbaum 1999). Der Begriff „Care" meint „sich um jemand kümmern/für jemand sorgen" – als konkretes Handeln und manuelle Tätigkeit ebenso wie die Bedeutung im Sinne von „sich Sorgen machen", was auch die mentale Dimension umfasst. Er ist in der Bedeutung von „sich Sorgen machen" aber auch mit negativen Befürchtungen konnotiert, wenn also in Zukunft Unheil droht, dem möglichst präventiv begegnet werden soll. Wir verwenden daher in unserer Studie auch den Begriff des „sich Kümmerns", der einerseits den manuellen, konkreten Aspekt, aber auch eine darüber hinausgehende, allgemeine Aufmerksamkeit für das Wohlergehen einer Person umfasst, die, um ihr Leben gestalten zu können, der dauerhaften oder gelegentlichen Intervention durch andere Menschen bedarf.

Inhaltlich setzt der Begriff der Sorge unter anderem auf der Erkenntnis auf, dass, anders als bislang weitgehend in den Sozialwissenschaften unterstellt, die Welt beziehungsweise das tägliche Leben sich nicht bipolar in die Bereiche Arbeit und Nicht-Arbeit unterteilen lässt, sondern es darüber hinaus Felder menschlichen Handelns gibt, die sich zwischen oder gar völlig jenseits dieser Polarität bewegen. Das betrifft insbesondere menschliches Handeln in klassischen Sozialsystemen wie dem der Familie. Hier ergibt es nur bedingt oder gar keinen Sinn, die Tätigkeiten rund um die Betreuung von Kindern oder die Interaktion zwischen Ehepartner/inne/n schlicht unter den herrschenden Arbeitsbegriff zu subsumieren, auch wenn diese Tätigkeiten zu den Bestandsnotwendigkeiten jeder Beziehung gehören. Vielmehr, so die Sozialphilosophin Martha Nussbaum, komme es gerade darauf an, die ganz eigene Qualität dieser Art menschlichen Engagements in einer sozialwissenschaftlichen Theorie konzeptionell zur Darstellung zu bringen.

Eckart und Senghaas-Knobloch haben im Anschluss an Nussbaum und die „Care"-Debatte in den USA den gesamten Komplex so verstandener Sorgetätigkeit als „fürsorgliche Praxis" bezeichnet (Eckart/Senghaas-Knobloch 2000). Diese unterliegt einer anderen zeitlichen Logik als das Arbeitshandeln im Erwerbsarbeitsbereich. Das lässt sich gut an der historischen Entwicklung des Bereichs der Pflege kranker und alter Menschen zeigen: Während Pflege zunächst, da dem weiblichen Arbeitsvermögen vermeintlich besonders nahe stehend, der Frauen überlassen wurde, konnte mit der Ausbreitung kirchlicher oder anderer karitativer Organisationen seit Ende des 19. Jahrhunderts schwere und lang anhaltende Pflegearbeit aus den privaten Haushalten in pflegerische Einrichtungen ausgelagert werden. Sie wurde dort von der mildtätigen und von arbeitszeitlichen Restriktionen und ähnlichen kommerziellen Rahmenbedingungen weitgehend unberührten Arbeit von Ordensschwestern verrichtet. Erst seit Mitte des zwanzigsten Jahrhunderts wird Pflegetätigkeit in öffentlichen Einrichtungen zunehmend als zeitlich streng durchrationalisierte, arbeitsteilige Erwerbsarbeit organisiert. Dieser Prozess ist bis heute nicht abgeschlossen und schreitet im Zuge der forcierten Rationalisierung des Gesundheitswesens weiter voran. Die Sorge und das Kümmern um den einzelnen Menschen wichen einer mehr oder weniger industriellen Organisation von Arbeitsabläufen, die für den Bereich der menschlichen Zuwendung in seiner ganzen Vielfalt weder einen Begriff noch ein organisatorisches Konzept bereithielten (Kumbruck 2009). Dieser Kommodifizierung der Pflegearbeit wird der Begriff beziehungsweise das Paradigma, der fürsorglichen Praxis entgegengestellt, was eben jene Wiederaneignung der Ganzheitlichkeit menschlichen Tuns an Hilfebedürftigen im Sinne Nussbaums beinhaltet – auch unter den Vorzeichen einer zeitökonomisch hoch rationalisierten Organisation des Gesundheitswesens bzw. der Pflege hilfebedürftiger Menschen in öffentlichen Einrichtungen oder bei sich zu Hause.

Wenn man den Begriff der Sorge oder fürsorglichen Praxis verwendet, verbietet es sich streng genommen, von Pflegearbeit – Pflege als Arbeit – zu sprechen. Eher handelt es sich dann um eine Tätigkeit. Auf der anderen Seite jedoch enthält die konkrete, alltägliche Pflegepraxis und deren Mühe und Belastungsfolgen alle Merkmale, die dafür sprechen, sie dem klassischen Arbeitsbegriff zuzuordnen. In dieser Untersuchung verwenden wir daher den Begriff der Sorge oder fürsorglichen Praxis als Oberbegriff, wie oben beschrieben im Sinne einer Übernahme von Verantwortung für die Befindlichkeit und das Wohlergehen einer hilfebedürftigen Person, während die damit verbundenen Tätigkeiten im Pflegealltag durchaus als Arbeit bezeichnet werden können. Hiermit ist zugleich gesagt, dass Pflege einerseits ein Beziehungsgeschehen ist (Huber 2007), das über die Dimension der Unterstützung der pflegebedürftigen Person in praktischen Alltagserfordernissen weit hinausreicht, sich also, um in einem viel gebrauchten Bild zu bleiben, sich weit über das elementare Versorgungsziel „satt und sauber" hinausbewegt. Andererseits ist Pflege eine praktische Organisationsaufgabe, bei deren Lösung durchaus die Regeln ökonomischer Effizienz, das heißt der Zeit- und Ressourcenersparnis umfassend eingesetzt werden können, einschließlich neuer Technologien, die den Pflegealltag erleichtern (vgl. Rinderspacher et al. 2009, S. 305ff.; Hülsken-Gießler 2007) – vorausgesetzt, dass zentrale Bedürfnisse und legitime Ansprüche der Pflegebedürftigen sowie die Menschenwürde dabei nicht verletzt werden.

Fürsorgliche Praxis als Konzept wirft weiterhin die Frage auf, wie eine Dekommodifizierung, das heißt der Rückbau des wie ein Geschäft betriebenen, seelenlosen Charakters von Pflegetätigkeit und ihrer verschiedenen Erscheinungsformen im praktischen Pflegealltag unter den Vorzeichen fortgesetzter Rationalisierungsbestrebungen im Gesundheits- und Pflegewesens in der Praxis aussehen könnte (vgl. Slotala/Bauer 2009; Rinderspacher et al. 2009). Davon betroffen sind unter anderem die großen karitativen Organisationen, etwa wenn christliche Hilfswerke darüber nachdenken, wie sie es trotz knapp kalkulierter Pflegesätze ermöglichen können, Zeit für Betreuungskonzepte zu gewinnen, die über die eingeschränkten Kataloge abrechenbarer Kassenleistungen hinaus gehen, um Pflegetätigkeit wieder vermehrt mit christlichen Maßstäben der Sorge um den ganzen Menschen vereinbar zu machen (vgl. Becker 2011).

Eine solche Konzipierung von Pflege als Sorge oder fürsorgliche Praxis im Sinne eines dritten Feldes neben Erwerbsarbeit und allgemeinmenschlicher Praxis oder gar Freizeit sagt allerdings noch nichts über den Grad der Anstrengung und Belastung der ausgeübten Tätigkeiten aus. Denn zumindest konzeptionell-theoretisch nimmt „Sorgen" die betroffene Person nicht weniger körperlich und psychisch in Anspruch als etwa eine Erwerbstätigkeit. Im Gegenteil kann moderne Industrie- und Büroarbeit durch ihren hohen Grad der Professionalisierung wie auch durch ein weitläufiges System von Schutzbestimmungen für die Beschäftigten zahlreiche Belastungen eingrenzen oder sogar ganz verhindern. So bieten im Idealfall klar strukturierte Vorgaben und Verfahrensabläufe sowie begrenzte Arbeitsgebiete mit mehr oder weniger eindeutig abgesteckten Verantwortlichkeiten grundsätzlich eine gute Voraussetzung für ein zufriedenstellendes betriebliches und/oder persönliches Belastungsmanagement. Demgegenüber stellt eine Pflegeaufgabe je nach Intensität und Art der Pflegebedürftigkeit in vieler Hinsicht ein in sachlicher, zeitlicher wie auch sozialer Hinsicht eher entgrenztes Tätigkeitsfeld dar, nicht nur wenn man an pflegebedürftige Personen mit Demenzerkrankung denkt.

Es stehen sich in der Polarität Pflege und Beruf letztlich nicht zwei prinzipiell möglichst zu vermeidende Übel gegenüber, sondern umgekehrt zwei in ihren positiven Potentialen zu fördernde Aktionsfelder. Fürsorgliche Praxis bildet hierbei die Klammer, gleichsam das Dach, unter dem diese beiden Aktionsfelder Pflegender zu einem, in sich möglichst stimmigen, Gesamtentwurf eines Lebenszusammenhanges für die Dauer einer Pflegeverantwortung integriert werden müssen. Dabei geht es darum, diese Lebensphase der fürsorglichen Praxis nicht nur unter die Überschrift der reinen Notwendigkeiten zu stellen, die die Pflegearbeit erfordert, sondern die Balance zwischen dieser und der Beibehaltung möglichst vieler Elemente der bisherigen Lebenspraxis der Pflegeperson (Lebensführung, Lebensstil, Ziele und Werte etc.) zu halten. Zentrales Element ist hierbei die Beibehaltung der Erwerbstätigkeit. Nicht zuletzt sind in diesem Zusammenhang aber auch Spaß und Lachen als konstitutive Elemente des Pflegealltags zu erwähnen – nicht nur weil sie bei der Bewältigung der Belastung hilfreich sind, sondern ebenso als zweckfreie Bestandteile fürsorglicher Praxis gelten können (vgl. Rinderspacher et al. 2009, S. 264ff.).

Unsere Studie geht davon aus, dass die Voraussetzungen für eine neue Balance zwischen den Interessen und Bedürfnissen der Beteiligten in einem Pflegenetzwerk zunächst auf den jeweils separaten Aktionsfeldern Erwerbsarbeit und Pflege herzustellen sind, das heißt, dass sowohl Erwerbsarbeit als auch Pflegearbeit zunächst für sich optimiert werden müssen. Darüber hinaus entsteht jedoch ein enorm produktives Potential, wenn man diese beiden Bereiche in ihrer Verschränkung und die synergetischen Effekte erkennt, die entstehen, wenn sich Pflege und Beruf im Sinne eines (temporären, das heißt für die Dauer der Pflegeaufgabe bestehenden) Lebenszusammenhanges aufeinander zu bewegen. Das betrifft sowohl die organisatorische Seite, unter anderem die gegenseitige Bezugnahme von Arbeitszeit und Pflegezeit, als auch die mentale, unter anderem die persönliche Akzeptanz der Erwerbsarbeits-Pflegesituation als temporär gültigen Lebenszusammenhang. Dabei meint die Integration der beiden Bereiche nicht unbefristete, entgrenzte Involviertheit der Pflegeperson in die Notwendigkeiten des Pflegeprozesses, sondern im Gegenteil auch die Wahrung temporärer Distanz – sowohl Distanz von der Sorgeaufgabe mithilfe der Erwerbsarbeit, als auch umgekehrt Distanz von der Erwerbsarbeit mithilfe der Sinnpotentiale, die das Sorgen und Helfen birgt.

2.3 Belastungen durch Pflege- und Berufsarbeit

Die vorliegende Studie basiert auf Erkenntnissen über Belastungen, die auf der einen Seite durch die Pflege sowie auf der anderen durch Erwerbsarbeit entstehen – verbunden mit der Herausforderung, diese beiden Belastungsarten durch intelligente Lösungen auf dem Feld der Arbeitszeitpolitik so zu moderieren, dass im Ergebnis für die pflegende Person eine akzeptable Gesamtbelastung resultiert. Der konzeptionelle Rahmen hierfür heißt „Pflegesensible Arbeitszeiten".

2.3.1 *Zeitstrukturen und zeitliche Verlaufsformen der Belastung*

Mit Luhmann unterscheiden wir zwischen zeitlicher, sozialer und sachlicher Dimension der sozialen Wirklichkeit und applizieren diese analytische Kategorie auf das soziale Teilsystem der Pflege. In der hier beschriebenen Form ist fürsorgliche Praxis in hohem Ausmaß ein Beziehungsgeschehen, das heißt ein Geschehen in der sozialen Dimension. In der sachlichen Dimension ist Pflege ein Handeln beziehungsweise ein Handlungssystem, das auf die Herstellung eines bestimmten sachlichen Ergebnisses abzielt, nämlich einer nach bestimmten Standards definierten Leistung zur Unterstützung der physischen und psychischen Gesundheit sowie der subjektiven Zufriedenheit der pflegebedürftigen Person. Pflege ist aber auch ein Prozess, der sich in der zeitlichen Dimension vollzieht.

Darüber hinaus soll hier in Ergänzung zu Luhmann zusätzlich die räumliche Dimension eingeführt werden. Im Wesentlichen fokussiert unsere Untersuchung zur Vereinbarkeit von Pflege und Beruf und damit einhergehend die Analyse der Belastungssituation pflegender Erwerbstätiger auf die zeitliche Dimension, darüber hinaus in bestimmtem Umfang aber auch, wie gleich gezeigt werden soll, auf die räumliche.

Pflege im Allgemeinen und die Vereinbarkeit von Pflege und Beruf im Besonderen wird in mehrfacher Hinsicht von temporalen Strukturen bestimmt, die neben anderen Faktoren die Sorge beziehungsweise das Sorgen um eine pflegebedürftige Person beeinflussen (vgl. hierzu auch Bartholomeyczik 2003, 2007; Slotala/Bauer 2009):

–   Erstens handelt es sich um einen beschränkten Zeitraum in einer (Erwerbs-) Biografie, für den die Problematik der Vereinbarkeit von Pflege und Beruf relevant ist.

–   Zweitens ist die Dauer der Periode, in der die Pflege von Angehörigen relevant ist, in der Regel „nach hinten", das heißt in Richtung Zukunft, offen.

–   Drittens ist der Pflegealltag, je nach Pflegeursache, mehr oder weniger geprägt von nicht vorhersehbaren, oft kurzzeitig eintretenden Situationen, die nach Dauer, Lage und Verteilung über den Tag, die Woche und das Jahr episodenhaft in den Pflegeverlauf einbrechen.

–   Viertens gibt es bei Pflegefällen nur verhältnismäßig wenige mit hoher Wahrscheinlichkeit erwartbare Normalstandards der Entwicklung und damit auch nur vergleichsweise wenig Anhaltspunkte für zuverlässige Prognosen zeitlicher Beanspruchung der pflegenden Person während der Pflegeepisode. Hier wäre allerdings zu unterscheiden zwischen dem Pflegeverlauf altersbedingt Pflegebedürftiger auf der einen Seite und pflegebedürftiger Kinder und Jugendlicher beziehungsweise lebenslang pflegebedürftiger Personen auf der anderen.

–   Fünftens verläuft die Entwicklung eines Pflegeprozesses – anders etwa als bei einer fürsorglichen Praxis, die darin besteht, Kinder und Jugendliche zu erziehen – nicht im Zeitverlauf aufsteigend positiv (in erwartbaren Stufen der Herausbildung körperlicher, kognitiver und sozialer Kompetenzen), sondern in ihrem Verlauf in der Regel degressiv. Phasen der vorübergehenden Besserung sind eher selten. Insgesamt bedeutet diese negative Perspektive, dass den Pflegenden aber auch den Pflegebedürftigen der für die menschliche Existenz im Allgemeinen wie für die Fähigkeit zum konkreten Handeln so wichtige positive Blick in die Zukunft (vgl. Holst et al. 1992) verwehrt bleibt. Mögliche künftige Entwicklungen sind stattdessen eher angstbesetzt, womit „Zukunft" statt positive Erwartungen zu unterstützen zum Belastungsfaktor wird. Anders ausgedrückt kann die Zukunft als Erwartungshorizont keine motivierende Funktion ausüben und daher nicht psychisch entlastend wirken.

Diese zeitlichen Charakteristika der Pflegesituation waren grundlegend für die Fragestellung nach der Entwicklung eines Konzepts von Arbeitszeitstrukturen, die zu einer psychophysischen Entlastung der Pflegeperson beitragen können.

Wenn im Folgenden von den Belastungen der Pflegepersonen die Rede ist, erscheinen diese auf den ersten Blick als objektive Gegebenheiten. Dies ist jedoch nur sehr bedingt der Fall, vielmehr ist die Wahrnehmung der Belastung als solche durch das handelnde Individuum, die Pflegeperson, von erheblicher Bedeutung für die Belastungswirkung des jeweiligen Pflegegeschehens. Frese et al. (vgl. Frese/Greif/Semmer 1978) unterscheiden im Belastungsgeschehen analytisch die drei Schritte Belastung, Beanspruchung und Bewältigung: Danach finden wir zunächst eine mehr oder weniger objektivierbare Ausgangssituation als Quelle der Belastung vor. In unserem Fall sind dies zunächst die Pflegeaufgaben, die isoliert von anderen Belastungsquellen betrachtet werden. Die Erfordernisse die Sorge um einen pflegebedürftigen Menschen betreffend, sind nach Art und Umfang zum Teil eindeutig, wie etwa Hygienemaßnahmen. Andere dagegen sind stark interpretationsfähig, vor allem was die psychomentale Seite angeht oder Maßnahmen zur Einbeziehung der pflegebedürftigen Person in ihr soziales Umfeld.

Es folgt idealtypisch der nächste Schritt, nämlich die Wahrnehmung dieser Anforderung durch die Pflegeperson und eine daraus resultierende Beanspruchung ihrer physischen und mentalen Energien. Gleichermaßen von den objektiven Faktoren der Belastung wie von subjektiven Faktoren der Beanspruchung geprägt ist die dritte Stufe: die Bewältigung der einwirkenden Stressoren durch die Person. Die Möglichkeiten, mit Belastungsfaktoren umzugehen, sind zum einen durch persönlichkeitsbedingte Merkmale der Perzeption und Verarbeitung vorgefundener Belastungen bestimmt, durch die die „objektiven" Pflegeanforderungen modifiziert werden. Dazu gehört unter anderem die Weltsicht der Person, darunter auch ihre religiöse Orientierung. Zum anderen werden dem Bewältigungshandeln der Person Grenzen durch ihre objektive Ressourcenlage gesetzt, etwa ihre Einkommenssituation, durch institutionelle Rahmenbedingungen in ihrem Lebensumfeld oder durch ihr verfügbares soziales und kulturelles Kapital. Beispielsweise wenden Angehörige höherer Schichten wesentlich weniger Zeit für ihre Pflegeverpflichtung auf als geringer Gebildete (vgl. Blinkert/Klie 2006), was offensichtlich mit den Spielräumen der sozial moderierten Wahrnehmung und Verarbeitung einer Problemsituation zusammenhängt.

Wenn man einmal die genannten Einschränkungen berücksichtigend von einigermaßen objektivierbaren Pflegeanforderungen ausgeht, lassen sich Entlastungsmaßnahmen in folgenden drei Bereiche unterscheiden:

– Entlastungsmaßnahmen im Erwerbsarbeitsbereich (zum Beispiel auf Vier-Tage-Woche verkürzen)
– Entlastungsmaßnahmen im Bereich der Pflegeorganisation (zum Beispiel Pflegedienst/Dauerpflegekraft im Haus)
– Entlastungsmaßnahmen im Bereich allgemeiner Alltags- und Lebensorganisation (z.B. Wohnortwechsel, Verkehrsmittelwahl, personelle Veränderungen, Hobbys)

Es soll mit der Studie gezeigt werden, wie Entlastungsmaßnahmen in den genannten drei Bereichen entsprechend einer sich verändernden Pflegesituation von der Pflegeperson jeweils eingesetzt werden können, um mit den sich nach Art und Umfang verändernden Belastungsursachen möglichst gut fertig zu werden – auch als „Coping-Strategien" bezeichnet.

In Abbildung 2.3 wird anhand eines typischen Beispielfalls erläutert, wie sich eine häusliche Pflegesituation im Zeitverlauf verändern kann: Dargestellt wird der langfristige Anstieg der Belastungen des pflegenden Angehörigen durch die häuslichen Pflegeaufgaben und seine Reaktionen hierauf. Veränderungen in der Pflegebedürftigkeit, mit meist steigenden Belastungen für die Angehörigen, machen im Zeitverlauf organisatorische Anpassungen in den drei genannten Bereichen (Erwerbsarbeit, Pflegeorganisation, allgemeine Lebensorganisation) notwendig. Infolgedessen ändert sich auch die Organisation der Pflege mehrmals,

Abb. 2.3:   Belastungsniveau der Hauptpflegeperson im Pflegeverlauf

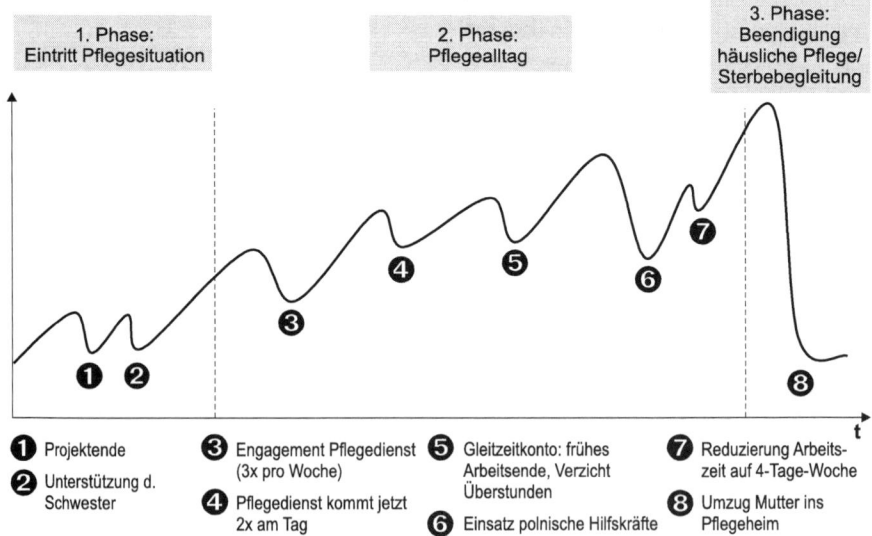

wodurch es im Idealfall zu – meist vorübergehenden – Belastungsreduzierungen kommt, beispielsweise wenn das Pflegenetzwerk um weitere Mithelfende erweitert wird oder es gelingt, die Arbeitszeitverteilung besser an die Pflegesituation anzupassen.

Der in Abbildung 2.3 dargestellte Fall ist beispielhaft für den Belastungsverlauf in einer für unser Sample typischen Pflegesituation, das heißt: der Pflege eines älteren Menschen durch einen erwerbstätigen Familienangehörigen. Im Mittelpunkt dieses Falles steht eine pflegebedürftige Frau, die lange von ihrem nun verstorbenen Ehemann gepflegt worden ist. In dieser – aus Sicht des Sohnes ersten Pflegephase – übernahm der Sohn zunächst nur unterstützende und ergänzende Aufgaben, etwa im Haushalt der Eltern (Gartenpflege, Lebensmitteleinkauf) oder Pflegeaufgaben zu besonderen Anlässen (Begleitung zu Arztterminen, das wöchentliche Baden der Mutter etc.), allerdings nach und nach mit steigender Häufigkeit und Intensität. Einen leichten – vorübergehenden – Rückgang seiner insgesamt steigenden Gesamtbelastung ergibt sich in dieser Zeit aus zwei Faktoren: dem Abschluss eines wichtigen beruflichen Projektes und den damit entfallenden wöchentlichen Dienstreisen sowie der Verabredung mit seiner entfernt lebenden Schwester, ihn zumindest gelegentlich bei den administrativen Pflegeaufgaben zu unterstützen.

Erst mit dem Tod des Vaters wird der Sohn zur Hauptpflegeperson seiner Mutter. Dies läutet die zweite Pflegephase ein. Die Anforderungen der nun täglich zu verrichtenden Pflegeaufgaben werden zeitlich umfangreicher und damit auch körperlich und psychisch belastender. Von einem bestimmten Punkt an ist der Sohn mit der Gleichzeitigkeit der Pflegeaufgaben und der Berufsarbeit überfordert, sodass er einen Pflegedienst engagiert, der anfänglich lediglich dreimal in der Woche kommt, um besondere Aufgaben der Körperpflege abzudecken (Baden, Haare waschen etc.). Damit sinkt die Gesamtbelastung vorübergehend auf ein erträgliches Maß. Der weitere Verlauf ist jedoch gekennzeichnet durch eine erneute starke Verschlechterung des Zustandes der pflegebedürftigen Mutter, welcher dann durch den zunächst zweimal täglichen Besuch des Pflegedienstes aufgefangen wird. Dennoch bedeutet dies auch für den Sohn eine weiter steigende Belastung, da er nun jeden Tag ein bis zwei Stunden bei der Mutter verbringt, um u.a. dafür zu sorgen, dass diese ausreichend isst und trinkt. Infolgedessen verzichtet er am Arbeitsplatz auf Überstunden oder Zusatzaufgaben und nutzt sein Gleitzeitkonto, um den Arbeitsplatz möglichst jeden Tag früh verlassen zu können. Auch dies dient der zeitweisen Verbesserung seiner Belastungssituation bzw. verhindert vorübergehend die weitere Zunahme seiner Gesamtbelastungen. Die weitere Verschlechterung des Gesundheitszustandes der Mutter macht im weiteren Verlauf jedoch zunehmend deutlicher eine Rund-um-die-Uhr-Betreuung erforderlich. Darauf reagiert der Sohn zum einen mit dem Einsatz polnischer Hilfskräfte, die nun in das Haus der Mutter einziehen, zum anderen mit der nochmaligen Absenkung seiner Arbeitszeit auf vier Tage in der Woche. Schließlich wird ein neuer Belastungshöhepunkt erreicht, der dem Sohn nun nicht mehr tragbar erscheint. Damit beginnt der Übergang in die abschließende Pflegephase, die zunächst zu einer Auflösung der häuslichen Pflegesituation führt. Die Aufgabe der Erwerbstätigkeit ist aus verschiedenen Gründen keine Option für den Sohn, die Gesamtlast der Pflege zu übernehmen erscheint ihm daher unmöglich. Diese Belastungskumulation wird mit der Übersiedlung der Mutter in ein Pflegeheim abgewehrt. Auch damit sind die Pflegeaufgaben des Sohnes nicht beendet, da die Mutter im Pflegeheim weiterhin der ergänzenden Betreuung durch den Sohn – und durch andere Angehörige – bedarf, zudem übernimmt der Sohn weiterhin administrative Aufgaben und hält den Kontakt zu den Ärzten der Mutter. Immerhin stellt der Umzug ins Pflegeheim eine deutliche Verringerung der Gesamtbelastungssituation dar.

Wir wollen die Notwendigkeit deutlich machen, Arbeitszeitregelungen für pflegende Erwerbstätige so zu konstruieren, dass sie mit ständig variierenden Pflegeanforderungen gewissermaßen in einem Dialog stehen, um sich ihnen optimal anpassen zu können. Der typische kontinuierliche Belastungsanstieg infolge der ihm zugrunde liegenden Pflegeanforderungen ist der erste Hauptgrund für die Notwendigkeit einer Pflegesensibilität von Arbeitszeiten. Weitere Gründe sind die auftretenden nicht vorhersehbaren Spitzen von Pflegeaufgaben beziehungsweise die daraus resultierenden Belastungen. Pflegesensible Arbeitszeiten müssen also als Reaktion sowohl auf die kontinuierlich wachsenden Anforderungen als auch auf die zufällig auftretenden Anforderungsspitzen im Tages- oder Wochenhorizont möglichst optimal angepasst werden. Was in diesem Zusammenhang eine optimale Entsprechung im Einzelnen bedeuten könnte, ist eine der zentralen Fragestellungen dieser Untersuchung. Hierbei greifen wir auf die Erfahrungen, Wünsche und Bedürfnisse der Betroffenen selbst zurück, das heißt auf die der abhängig Beschäftigten mit Pflegeaufgaben. Arbeitszeitregelungen stehen dabei im Mittelpunkt, werden aber ergänzt durch andere wichtige Interventionsebenen für eine gelingende Bewältigung der Pflegeaufgaben.

2.3.2   *Zeitlich-räumliche Strukturen und Kopräsenz*

Das zentrale Ziel der Vereinbarkeit von Pflege und Beruf besteht darin, dass die Pflegeperson mit der pflegebedürftigen Person zu eben jener Zeit für die notwendige Dauer an jenem Ort zusammenkommen muss, zu der und an dem diese Hilfe und Unterstützung benötigt wird. Zusammenfassend stellt sich Pflegetätigkeit, auf einen Begriff gebracht, für einen ganz erheblichen Teil der Aufgaben immer auch als Anforderung an die Kopräsenz der pflegenden Person dar (vgl. Hägerstrand 1973, bei Rinderspacher 1985). Das Streben nach Kopräsenz meint eine Aktivität in Zeit und Raum, die ein Individuum vollzieht, um mit einer Person (oder mehreren anderen Personen) oder einer Sache (z.B. einem Gebäude) zeitlich und räumlich zusammenzukommen. Grundlegend ist die schlichte Einsicht, dass dieses Individuum sich zu einer bestimmten Zeit jeweils nur an einem Ort aufhalten kann. Dies betrifft allerdings nur einen bestimmten, wenn auch den weitaus häufigsten Typ fürsorglicher Praxis, eben jenen, der mit direktem Kontakt zu der pflegebedürftigen Person verbunden ist. Das sind vor allem körperliche Pflegeanforderungen sowie unmittelbare Kommunikationsaufgaben face to face.

Damit verbunden ist teilweise eine geschlechtsspezifische Differenzierung: Da Frauen als Hauptpflegepersonen wesentlich öfter mit körperbezogenen Tätigkeiten befasst sind, während Männer eher den Typ Pflegeaufgaben präferieren, der mit dem „Organisatorischen" zu tun hat, stellt sich die Anforderung der physischen Präsenz für Frauen häufiger und dringlicher als für Männer, die ihre Pflegeverantwortung aufgabenbedingt öfter auch telefonisch oder vom Computer aus erledigen können.

Im Fall der Pflege betrifft dies nicht nur die Hauptpflegeperson, sondern selbstredend auch die anderen Beteiligten in ihren Rollen als private oder professionelle Pflegende: Sie alle müssen, um ihre Rollen auszufüllen – und hier vor allem diejenigen, die mit körperlicher Pflege oder mit Haushaltstätigkeiten etc. beschäftigt sind – zu einer bestimmten Zeit an einem bestimmten Ort präsent sein. Hierbei ist aufgrund der normalerweise starken oder vollständigen Immobilität pflegebedürftiger Personen der Ort, an dem diese sich aufhalten, gewissermaßen der Fixpunkt, an dem sich das zeiträumliche Verhalten der anderen im Pflegesetting involvierten Personen auszurichten hat. Dies führt in der Konsequenz dazu, dass Pflegebedürftigkeit den Pflegenden einen hohen, meist regelmäßigen Zeitaufwand für die Zurücklegung von Wegen abverlangt – es sei denn, sie leben mit der pflegebedürftigen Person im selben Haushalt. Gehen sie einer Erwerbstätigkeit nach, die ja in der Regel außerhalb der eigenen vier Wände stattfindet, nehmen die Kopräsenzanforderungen mehr oder weniger stark zu. Daraus resultiert eine Vielzahl zeitlich-räumlicher Probleme, bei deren Lösung adäquate – eben pflegesensible – Arbeitszeiten eine entscheidende Rolle spielen können.

Ebenso wie in der räumlichen Dimension beziehungsweise in Bezug auf den Ort des Geschehens bestehen Koordinationsnotwendigkeiten in der zeitlichen Dimension. Anders als in der räumlichen Dimension, wo der Ort sehr genau angesteuert und getroffen werden muss, um Kopräsenz herzustellen, erlaubt Koordination in der zeitlichen Dimension eine gewisse Varianzbreite – sowohl was den Zeitpunkt, als auch Dauer, Lage und Verteilung der Anwesenheitszeit betrifft. So bestehen diesbezüglich zwar gesellschaftliche und individuelle, als normal geltende zeitliche Richtwerte für typische Alltagstätigkeiten. Doch sind,

auch wenn niemand gerne zu spät zu einem vereinbarten Termin erscheint, Ankunftszeiten innerhalb gewisser Grenzen variabel. Ähnliches gilt etwa auch für
die Dauer, Lage und Verteilung von Mahlzeiten. Solche Bandbreiten gelten darüber hinaus für andere nicht nur körperlichen, sondern auch für soziale und psychische Bedürfnisse, was der Pflegearbeit sehr zugute kommt, weil die Pflegenden hierdurch einem geringeren Druck ausgesetzt sind, zu einem ganz genauen
Zeitpunkt vor Ort sein zu müssen. Für bestimmte pflegerische Tätigkeiten, wie
etwa die Verabreichung einer Insulinspritze, gilt dies allerdings nicht, weil in
diesem Fall die medizinischen Notwendigkeiten der pflegebedürftigen Person
deren gesamtes Pflegenetzwerk takten – was die Anforderungen an das Zeit-
management Pflegender erheblich erhöht und damit, wie gleich zu zeigen sein
wird, eine besondere Herausforderung für die Pflegesensibilität von Arbeitszeiten darstellt.

In der Praxis professioneller Pflegekräfte bedeutet dies, dass die Pflegeleistungen aufgrund der Kettensituation der von ihnen zu bearbeitenden Pflegefälle
oft nicht zur versprochenen Zeit ausgeführt werden können – eine häufige
Ursache von Konflikten mit den Pflegebedürftigen (vgl. Rinderspacher et al.
2009). In der pflegerischen Praxis sind innerhalb gewisser Bandbreiten zeitliche
Elastizitäten der Kopräsenz jedoch zumeist vorhanden, zumindest aus medizinischer Sicht; sie stellen eine wichtige zeitliche Ressource für die am Pflegepro-
zess beteiligten Personen dar und leisten damit einen großen Beitrag zum Gelingen von Pflege als Beziehungsgeschehen.

Kopräsenz betrifft jedoch nicht nur die beiden Rollen pflegebedürftige Person und Hauptpflegeperson. Eine häufig anzutreffende Situation komplexerer
Personenkonstellationen sind etwa Arztbesuche: Die Kopräsenzthematik wird
hier um eine weitere, dritte Rolle erweitert, nämlich die zeit-räumliche Koordination mit externen Personen und Institutionen. In der Regel sind in diesem Fall
feste Sprechstunden die Taktgeber, verbunden mit einer präzisen Ortsvorgabe.
Auch bei vorab vereinbarten Terminen entstehen innerhalb gewisser Grenzen
Wartezeiten. Diese sind unter anderem, wie noch ausführlich dargestellt wird,
ein typischer Grund für die Notwendigkeit tagesnaher Arbeitszeitflexibilität im
Rahmen pflegesensibler Arbeitszeiten. Die Komplexität von Kopräsenzmodel-
len lässt sich, wie man schnell erkennt, durch Hinzufügen weiterer involvierter
Personen und Institutionen sowie Orte und Zeiten fast beliebig ausweiten.

Solche Modelle machen deutlich, dass zeiträumliche Kopräsenz von Personen beziehungsweise die Anforderungen daran Auslöser eines mehr oder weniger
großen Zeit- und Organisationsaufwandes ist, ebenso wie sie die Verausgabung
physischer Energie oder individueller „Lebenskraft" (Jürgens 2008) abfordert.
Dieser Aufwand lässt sich nur zum Teil in Form routinemäßiger Stundenpläne
abarbeiten, etwa dadurch, dass „Essen auf Rädern" organisiert wird. Besonders
pflegende Erwerbstätige profitieren davon, wenn Art und Umfang der Pflegebe-

dürftigkeit vorab kalkulierbar sind und damit verlässliche Regelmäßigkeiten des täglichen beziehungsweise wöchentlichen Alltagsablaufs zulassen. So können erforderliche Kopräsenzzeiten mit den Zeitstrukturen der Erwerbsarbeit sowie der Distanzüberwindung (unter anderem Wegezeiten Arbeit-Pflegeort-Wohnort) synchronisiert werden. Bereits dies stellt eine hohe organisatorische Anforderung dar. Wenn jedoch in Notfällen die Unterstützung der Pflegeperson unerlässlich ist, werden stochastische Kopräsenzanforderungen ausgelöst. Sowohl im Hinblick auf die Ansprüche der Arbeitswelt als auch in Bezug auf persönliche Ansprüche, wie beispielsweise das „Recht auf eigene Zeit" (vgl. Mückenberger 2010), wird diese Art von Kopräsenzanforderungen mit zunehmender Häufigkeit und Dauer der zeitlichen Beanspruchung dementsprechend problematischer.

Die Notwendigkeit von Kopräsenzanforderungen – also ob, wann und wie lange die räumliche Anwesenheit der Pflegeperson unbedingt erforderlich ist – unterliegt jedoch einem weiten Interpretationsspielraum. Ein typisches Beispiel aus unserer Untersuchung sind Anrufe von Pflegebedürftigen bei den Pflegepersonen während der Arbeitszeit am Arbeitsplatz, die sowohl einem konkreten Hilfeanliegen geschuldet sind wie aber auch einem schlichten Kontaktbedürfnis. Interpretationsbedürftig sind etwa auch Anrufe von Nachbarn, die mitteilen, dass ein Notfall eingetreten sei. Der/die erwerbstätige Pflegeperson ist nun gezwungen, zwischen den gegebenenfalls erheblichen Unannehmlichkeiten am Arbeitsplatz und dem Risiko einer Unterschätzung des Hilfebedarfs mit möglicherweise unabsehbaren Folgen abzuwägen.

Ohne „da" bzw. „vor Ort" zu sein, ist Pflege grundsätzlich nicht denkbar – allerdings kann sich Präsenz in unterschiedlicher Form darstellen. In obigem Beispiel deutet sich bereits an, dass die Pflegeverantwortung in nicht wenigen Fällen temporär beziehungsweise situationsbedingt auch ohne physische Präsenz wahrgenommen werden kann, hier durch ein Telefongespräch mit der pflegebedürftigen Person oder eine Delegation an „Vertreter/innen". Diese zusätzlichen Möglichkeiten bieten auf der einen Seite eine große Entlastung, etwa durch die Nutzung eines Mobiltelefons. Zugleich stellen sie die Pflegeperson vor große mentale Herausforderungen, in dem ihr gegebenenfalls täglich mehrmals Entscheidungen über die adäquate Form ihrer Kopräsenz – physisch oder medial – abgefordert werden, unter Berücksichtigung der genannten Konsequenzen.

Dies führt zu der grundsätzlicheren Frage nach den Möglichkeiten und Grenzen der Substitution physischer Kopräsenz durch weitere Formen der Kopräsenz. Zu der medialen Kopräsenz wäre hier als Dritte die psychische Kopräsenz einzuführen. Kopräsenz stellt sich dann dar in den Formen:

- Physische Kopräsenz
- Mediale Kopräsenz
- Psychische Kopräsenz

Die letzten beiden Formen von Kopräsenz gehen über das von Hägerstrand ursprünglich gemeinte physikalische Zusammentreffen zweier Objekte allerdings
weit hinaus. Wir erweitern das Konzept hier im Sinne einer Modernisierung zunächst um die mediale Kopräsenz, mit dem Ziel, den enormen Bedeutungszu-
wachs elektronisch vermittelter Kommunikation gerecht zu werden. Die so genannten Neuen Medien haben bekanntlich enorme Auswirkungen auf die Möglichkeiten, Bewegung im Raum beziehungsweise Distanzüberwindung zu substi-
tuieren, wo immer der Charakter der Intervention beziehungsweise Kopräsenz-
anforderung dies zulässt. Hierzu trägt sowohl die gesteigerte Mobilität der Kom-
munikationsmedien selbst, als auch deren ständig erweiterter Funktionsumfang
bei. Diese Entwicklungen sind allgemein bekannt, sie reichen vom Bildtelefon
bis hin zur Möglichkeit ferngesteuerter Diagnose und Therapie und berühren
schon heute bestimmte Bereiche der Pflegeunterstützung (Hülsken-Gießler
2007), zum Beispiel im Haushalt. Das Paradigma der Kopräsenz ermöglicht hier
den Blick auf Möglichkeiten und Grenzen der Substitution räumlicher Bewegung und damit auf eine auch technologisch unterstützte zeitökonomische Be-
trachtungsweise eines nicht unerheblichen Teils der Anforderungen, die Pflege
im Alltag stellt.

Mediale Kopräsenz ist ubiquitär, das heißt nicht ortsgebunden. Sie erlaubt
die Interaktion zweier sich an verschiedenen Orten aufhaltender Kommunika-
tionssubjekte. Die Bedeutung der physikalischen Orte ist hier also mithilfe der
Nutzung des medialen Raumes der elektronischen Interaktion aufgehoben – zumindest in bestimmter Hinsicht. So ist die medial vermittelte Kommunikation
für eine Vielzahl von Kommunikationszwecken hinreichend, für eine erhebliche
Anzahl von Zwecken jedoch gerade nicht. Insbesondere wenn man Pflege nicht
nur als Arbeitsauftrag versteht, sondern darüber hinausgehend als „Sorgen" und
fürsorgliche Praxis, die etwa auch physische Nähe als eine Form mitmenschli-
cher Botschaft einschließt – „ich bin bei Dir" –, dann zeigen sich allerdings
deutliche Grenzen der Möglichkeiten medialer Kopräsenz. Ohne physische
Nähe kann Pflege nicht zu einem Beziehungsgeschehen werden, schon allein
aus praktischen Gründen der Bewältigung konkreter Pflegeaufgaben. Darüber
hinaus ist Präsenz als solche aber nicht nur ein Fakt, sondern auch ein Symbol
für Beistand, Solidarität und Empathie.

Vor allem aus der Sicht pflegender Erwerbstätiger könnten sich durch
mediale Kopräsenz interessante Perspektiven hinsichtlich der Erleichterung der
Pflege in einzelnen Facetten, möglicherweise aber auch bei der gesamten Reor-
ganisation ihres Berufs- und Pflegealltags ergeben. Die Kunst besteht nun, was
die einzelnen Facetten angeht, darin, die Substitutionsmöglichkeit physischer
Anwesenheit in Bezug auf das zu lösende Problem adäquat einzuschätzen und
den passenden medialen Zugang auszuwählen (SMS, Mail, Telefongespräch,
Bildtelefon, Datenübermittlung, Datensteuerung (Hülsken-Gießler 2007).

Was die grundsätzliche Organisation des Pflegealltags angeht, wäre auf mittlere Sicht zu prüfen, ob zum Beispiel die elektronische Aufrüstung der Wohnung der pflegebedürftigen Person mit selbststeuernden Haushaltsgeräten aber auch mit optisch-akustischen Überwachungsanlagen die Chancen der Vereinbarkeit von Pflege und Beruf verbessern könnten. Hier stellen sich allerdings schnell ethische Fragen, etwa ob man eine demenzerkrankte Person, die eine ständige Beaufsichtigung nahelegt, statt durch eine kopräsente Person auch mit einer Videokamera beaufsichtigen darf.

Kopräsenz ist aber auch in umgekehrter Richtung substituierbar: In unserem Sample fanden sich bereits überraschend viele pflegende Beschäftigte, die sich zumindest tageweise von den Kopräsenzanforderungen ihres Betriebes suspendieren lassen konnten, um am heimischen Computer zu arbeiten („Home Office").

Eine weitere Form der Kopräsenz wäre, was man als „psychische Gegenwart" oder Anwesenheit bezeichnen könnte. Sie ist zwar nicht in gleicher Weise wie die physische Präsenz lokalisierbar, doch richtet sie sich im Denken und Fühlen auf ein konkretes Subjekt, den pflegebedürftigen Menschen. Sie findet damit gewissermaßen in einem Raum statt, auch wenn der Ort, an dem sich die Person aufhält, auf die sich die psychische Präsenz richtet, nicht von Bedeutung ist (vgl. zu Ort und Raum Waldenfels 2009, S. 31ff.). Und umgekehrt kann psychische Kopräsenz auch vom pflegebedürftigen Menschen ausgehend sich auf die Pflegeperson richten.

Psychische Kopräsenz ist mit herkömmlichen Instrumenten freilich nur schwer zu verifizieren und soll hier nicht weiter vertieft werden. Sie ist aus systematischen Gründen jedoch zu berücksichtigen, da sie im Zusammenhang der fürsorglichen Praxis, so darf man wohl in aller Vorläufigkeit sagen, eine erhebliche Rolle zu spielen scheint. Insbesondere für dementiell Erkrankte hat die Gewissheit einer gefühlten Nähe und Verfügbarkeit der Pflegeperson einen erheblichen Einfluss auf ihre psychophysische Konstitution und damit die Stabilität der gesamten Pflegesituation. Dementiell Erkrankte stellen jedoch wahrscheinlich nur die sichtbare Spitze des Eisberges dar, wenn es um die Bedürfnisse nach emotionaler Präsenz pflegebedürftiger Menschen geht. Während sie selbst aufgrund ihrer spezifischen Erkrankung weitaus deutlicher auf Anwesenheit der vertrauten Pflegeperson bestehen, in diesen Fällen also räumliche Kopräsenz gerade nicht einfach durch psychische oder mediale Kopräsenz substituierbar wäre, gilt dies für andere Pflegefälle nicht. Wenn, wie eingangs gesagt, Pflege ein Beziehungsgeschehen ist, dann ist über die gesamte Pflegeepisode hinweg nicht nur „Zeit zur rechten Zeit" erforderlich, sondern, um ein nachhaltiges Vertrauensverhältnis aufzubauen und zu erhalten, die angemessene Form der Kopräsenz zur rechten Zeit.

Die psychische Dimension in Bezug auf die Kopräsenzanforderungen pflegender Erwerbstätiger zu berücksichtigen liegt vor allem nahe, wenn man Pflege

nicht nur als Herstellung eines nach arbeitswissenschaftlichen Kriterien messba-
ren und steuerbaren, materiell fassbaren Arbeitsergebnisses versteht, sondern
darüber hinaus als „sich Kümmern", als Sehen, Nachfragen, Vorausschauen und
als ein mehr als das unbedingt Notwendige geben. Aber nicht nur unter dem
ethischen und weltanschaulichen, sondern auch unter dem arbeitsökonomischen
Aspekt ist es sinnvoll, psychische Kopräsenz zu berücksichtigen: Sie erweist
sich als funktional, indem sie das Pflege- beziehungsweise Sorgegeschehen
positiv beeinflussen kann und damit die Anforderung an räumliche Anwesenheit
der Pflegeperson reduzieren kann. Hierzu ist allerdings ein im Wesentlichen in-
taktes Verhältnis von Pflegeperson und pflegebedürftiger Person vorausgesetzt,
was keineswegs als selbstverständlich gelten darf (vgl. Maly-Lukas 2003).

Mediale Kopräsenz stellt sich aber nicht nur als ein Mittel der Substitution
von physischen Kopräsenzanforderungen dar, sondern erzeugt umgekehrt auch
als solche eigene zusätzliche Ansprüche der pflegebedürftigen an die pflegende
Person: Die technische Möglichkeit medialer Kopräsenz kann sowohl eine Erleichterung für die Pflegeperson darstellen als auch ein zusätzliches Feld, auf
dem Kopräsenz von der pflegebedürftigen Person eingefordert wird. Diese Ja-
nusköpfigkeit macht sich für die Pflegeperson in doppelter Schärfe in Bezug auf
ihre Möglichkeiten bemerkbar, sich gegenüber den Ansprüchen der pflegebedürftigen Person abzugrenzen. Sie muss, um Grenzen zur Pflegeverantwortung zu
ziehen, nun nicht nur einen physikalischen, sondern auch einen medialen Ort
finden, an dem sie phasenweise nicht erreichbar ist. Mediale und psychische Kopräsenz sind damit sowohl ein Medium der Entlastung im Vergleich zu physischer Kopräsenz, jedoch potentiell zugleich Auslöser einer Dauerbelastung, die
die „Bollwerkfunktion" der Erwerbsarbeit gegenüber den Ansprüchen aus der
Pflegeverpflichtung unterminiert.

Zusammenfassend: Räumliche Kopräsenz ist eine Grundbedingung fürsorglicher Praxis. Sie unterliegt den Bedingungen der Zeit-Raumkoordination, das heißt,
ein brauchbares Pflegeergebnis kommt nur dann zustande, wenn Pflegearbeit zur
„rechten" Zeit und am „rechten" Ort stattfindet – also wann und wo sie von der
pflegebedürftigen Person benötigt wird. Hierdurch entsteht das Problem der Taktung der Pflegeaufgabe durch die pflegebedürftige Person als eine der zentralen
Herausforderungen der Organisation der Vereinbarkeit von Pflege und Beruf.

In dem Umfang, wie die Pflegezeiten die unabhängige Variable darstellen
und daher die Zeiten der physischen Präsenz der Pflegeperson durch die zeitliche Dauer, Lage und Verteilung des Pflegebedarfs gesteuert werden, steigt der
Nutzen von Substitutionsstrategien im Sinne der Ersetzung von physischer durch
mediale und gegebenenfalls psychische Kopräsenz. Dabei müssen allerdings die
eben angesprochenen Negativeffekte dieser medialen und psychologischen Ko-
präsenzformen, sofern sie als bloße Substitute eingesetzt sind, sozialethisch reflektiert werden.

2.3.3 Bewältigung von Belastungen: Soziale Unterstützung, Kontrolle und Resilienz

Das Belastungsmanagement hat letztlich den Sinn, die Voraussetzungen für das Bewältigungshandeln („Coping") zu verbessern. Dies wird durch unterschiedliche subjektive und objektive Voraussetzungen begünstigt oder behindert, die nun erläutert werden sollen. Als günstige Voraussetzung für die Bewältigung wirkt sich der Faktor „soziale Unterstützung" aus, der in der Belastungstheorie als Voraussetzung für Bewältigungshandeln eine herausragende Rolle spielt (Pfaff 1989; HKK-Allianz 2010).

Soziale Unterstützung kann strukturell gegeben sein, etwa durch institutionalisierte Maßnahmen oder Beratungsangebote, vor allem aber durch persönliche Zuwendung, zum Beispiel von Arbeitskolleg/inn/en, mit denen man über seine Probleme sprechen kann. Angst vor Nachteilen oder Vorurteile bezüglich einer reduzierten Leistungsfähigkeit können solche Möglichkeiten aber einschränken. Wenn über die Belastungen des Pflegealltags sprechen zu können, eine der Möglichkeiten sozialer Unterstützung ist, gewinnt der Betrieb als sozialer Ort einen hohen Stellenwert für erfolgreiches Bewältigungshandeln. Aber nicht nur sich darüber austauschen zu können wirkt unterstützend, sondern auch tätige Hilfe und Verständnis in Konfliktlagen, etwa wenn die Pflegeperson gezwungen ist, sich wegen eines Notfalls freizunehmen und die Arbeit im Betrieb dann unter den Kolleg/inn/en aufgeteilt werden muss.

Als Form struktureller sozialer Unterstützung können im positiven Fall vor allem die Arbeitsbedingungen selbst angesehen werden. Dieser Zusammenhang ist insofern von Bedeutung, als pflegenden Erwerbstätigen durch gute Arbeitsbedingungen eine Ressource zu Teil werden könnte, die ihnen die Praxis des Pflegealltags erleichtert. Hier sei vorweggenommen, dass sich der vermutete Zusammenhang zwischen Arbeitssituation respektive „Guter Arbeit" in ihren verschiedenen Facetten einerseits und der erfolgreichen Bewältigung der Belastungen durch Pflegeaufgaben andererseits, in dieser Untersuchung voll bestätigt hat: „Gute Arbeit" scheint eine wesentliche Voraussetzung, um Pflege ohne permanente Überbeanspruchung durchhalten zu können, nicht nur was Tempo und Arbeitsmenge angeht, sondern auch was die Zufriedenheit mit Arbeitsinhalten, betriebliche Anerkennung, Arbeitsplatzsicherheit und die institutionellen Rahmenbedingungen der Arbeit betrifft.

Ein anderes, nicht selten anzutreffendes Phänomen ist, dass sich die Pflegenden von dem Menschen, den sie pflegen, nicht genügend unterstützt fühlen. Pflegebedürftige, vor allem bei Demenzfällen, verweigern oft soziale Unterstützung in vielfältiger Form oder artikulieren sie zumindest nicht hinreichend. Darüber hinaus wird die Einbeziehung weiterer Helfender in das Pflegenetzwerk als

Mithilfe „Fremder" abgewehrt, es kommt zu Beschimpfungen und anderen Formen der konflikthaften Auseinandersetzung.

Ebenso bedeutsam als unterstützender Faktor für individuelles Bewältigungshandeln Pflegender ist die Chance auf ein möglichst hohes Maß an Kontrolle der eigenen Lebenssituation und des Lebensumfeldes. Diese Chance hängt
sowohl von äußeren, also objektiven beziehungsweise strukturellen Faktoren ab
(Macht, Einfluss, Geld, soziales Kapital, körperliche und geistige Kapazitäten),
als auch von der Persönlichkeit. Aber auch wesentlich von grundlegenden Welt-
sichten der betreffenden Person: *Werde ich von äußeren Mächten geleitet oder
bin ich Bestimmer/in über mein Schicksal?* (vgl. Trommsdorff 1994). Hier
spielen nicht zuletzt auch religiöse Motive eine Rolle.

Das eigene Weltbild und eine Sozialisation zu hohem Verantwortungsbe-
wusstsein gegenüber den Sorgen und Nöten anderer Menschen, vor allem den
Mitgliedern der eigenen Familie gegenüber, können aber auch zu einem erheblichen Belastungsfaktor werden. Sie lassen nicht selten unrealistisch hohe Ansprüche an die eigene Leistungsfähigkeit im Verhältnis zu den eigenen physischen und mentalen Ressourcen entstehen. So dominiert häufig der Wille der
Pflegeperson, Belastungen über die tatsächlichen Möglichkeiten und Grenzen
hinaus zu tolerieren, aufgrund eines ausgeprägten Familienbezuges und/oder einer
starken christlichen und sozialen Orientierung. Zugleich werden dann persönliche Entlastungsangebote nicht im notwendigen Umfang wahrgenommen. Verbreitet ist bei solchen Pflegepersonen eine nicht konsistente Selbstauskunft über
ihre Lage: Der positiven Beurteilung der gegenwärtigen Pflegesituation folgt in
anderen Interviewphasen die eher beiläufige Auskunft über typische Belastungsfolgen der Pflegearbeit wie Tinnitus, Herz-Kreislaufbeschwerden, Schlaflosigkeit und so weiter.

Zu den „Coping"-Strategien zählt auch eine mögliche Neubewertung der
eigenen Lage als pflegende/r Erwerbstätige/r. Durch ein „Frame-Switching", das
heißt durch eine Veränderung des Beurteilungs-Rahmens der eigenen Lebens-
chancen angesichts äußerer Umstände, denen man sich aus praktischen und/oder
moralischen Gründen nicht entziehen kann – hier der Pflege –, erscheinen die
Belastungen nun in einem anderen Licht. Damit wird ein Teil der Kontrolle über
die eigene Lebenssituation, die eine elementare Voraussetzung für psychische
Gesundheit darstellt (vgl. Trommsdorff 1994), auf neuem Niveau wiederherge-
stellt und somit die Lebenstüchtigkeit der Person erhöht.

In anderen Zusammenhängen werden solche Mechanismen der Anpassung
eines Subjekts an äußere Rahmenbedingungen zum Zwecke besserer Überlebens-
chancen auch unter dem Begriff „Resilienz" diskutiert. Der Begriff Resilienz
bezeichnet allgemein die Fähigkeit einer Person oder eines sozialen Systems,
erfolgreich mit belastenden Lebensumständen und negativen Folgen von Stress
umzugehen (Wurstmann 2004, S. 18). In einer anderen Definition heißt es:

„Unter Resilienz wird die Fähigkeit von Menschen verstanden, Krisen im Lebenszyklus unter Rückgriff auf persönliche und sozial vermittelte Ressourcen zu meistern und als Anlass für Entwicklung zu nutzen." (Welter-Enderling/Hildenbrand
2006, S. 13)

Sozialpsychologisch zielt nach Oerter/Montada (2002 S. 991) Resilienz auf die
Aufrechterhaltung oder Wiederherstellung des früheren psychischen Anpas-
sungs- und Funktionsniveaus nach einem eingetretenen Trauma oder bei bestehenden Einschränkungen und Verlusten.

Einiges spricht dafür, diesen sozialökologischen Ansatz auf die Pflegesituation erwerbstätiger Pflegender anzuwenden. Bei näherer Betrachtung lassen sich
nämlich alle Pflegesituationen als potentielle und die meisten sogar als faktische
Resilienzlagen interpretieren. Darin ist sowohl die Dimension der äußeren Le-
bensumstände, als auch die des individuellen Umgangs mit einer Stresssituation,
also die individual- aber auch sozialpsychologische Dimension enthalten.

Resilienzerfordernisse entstehen im Pflegezusammenhang unter anderem
durch die Grenzen zeitlicher Rahmenbedingungen, innerhalb derer sich das Individuum in seinem Lebensumfeld bewegt. Für Pflegende ist dies unter anderem
die schon erwähnte Tatsache, dass die eigene Kontrolle über die Zeit weithin
verloren geht – zugunsten der zeitlichen Ansprüche, die die Pflegesituation als
Taktgeber des Alltagslebens erfordert. Hinzu kommt hier die zeitliche Unbeein-
flussbarkeit der Dauer der Pflegeverantwortung, also der ungewisse Blick in die
Zukunft. Ein großes Thema von Resilienz in unserer Untersuchung ist daher die
zum Teil dramatische Veränderung der zeitlichen Prioritätensetzung bzw. der
eigenen Zeitaufteilung der Pflegeperson infolge von Pflegeaufgaben, zum Beispiel durch Abstriche an Freizeitqualität und Zeitwohlstand, an der „Zeit für
mich", für die Partnerschaft usw. Welche dieser Ressourcen aber benötigt man,
um eine Pflegezeit mit einem vertretbaren Ausmaß an gesundheitlichen und sozialen Folgen durchzustehen? Welche persönlichen Einschränkungen sind auf
der anderen Seite unvermeidbar? Man könnte in diesem Zusammenhang auch
von zeitlicher Resilienz sprechen, das heißt von Anpassungsprozessen mit dem
Ziel der Wiederherstellung des inneren und äußeren Gleichgewichts, betreffend
die zeitliche Dimension des Handelns.

Man kann nun die in unserem Konzept der Pflegesensiblen Arbeitszeiten
beabsichtigte Anpassung der Arbeitszeiten an die nur bedingt unter der Kontrolle (im Sinne von „steuern und beeinflussen") der Hauptpflegeperson stehen-
den Pflegeerfordernisse ebenfalls als den Versuch betrachten, im Sinne der obigen Definition von Resilienz, Ressourcen – hier zeitliche Ressourcen – zu mobilisieren, welche die betroffene Pflegeperson besser dazu befähigen, „Krisen zu
meistern" und diese Krise, wenn möglich, sogar noch als Anstoß zur persönlichen Fortentwicklung zu nutzen. Anders ausgedrückt kann man Pflegesensible

Arbeitszeiten auch als ein Instrument verstehen, die „capability", die Befähigung der Pflegeperson zur Bewältigung ihrer Lebenssituation insgesamt zu erhöhen.

Damit ist zugleich die Frage gestellt, was in diesem Zusammenhang als „zu meistern", als „erfolgreich" oder als „Bewältigung" zu bezeichnen wäre. In unserer Untersuchung haben wir durchweg Menschen angetroffen, die am Rande ihrer Kräfte operierten, ganz gleich ob sie ihre Gesamtsituation und als Teil davon ihre Arbeitszeitregelungen als erträglich oder gar positiv einschätzten. Am unteren Rand der Skala zwischen erfolgreicher und gescheiterter Bewältigung stünde eine Pflegeperson, deren physischer wie psychischer Gesamtzustand durch die Pflegearbeit offenkundig schwer geschädigt ist. Wobei es schwierig oder gar unmöglich ist, die Ursachen dafür wissenschaftlich fundiert nach Art und Umfang an den Bedingungen der Sorgetätigkeit oder Pflegearbeit festzumachen. Eine Minimalgrenze, wie etwa „irgendwie überlebt zu haben", kann als Bezugsgröße für eine erfolgreiche Bewältigung jedenfalls nicht befriedigen – weder aus der Sicht Pflegenden noch aus der der Pflegebedürftigen.

Damit ist eine wichtige analytische Voraussetzung der Beurteilungsmöglichkeiten für Belastungen angesprochen, die die Komplexität des zu untersuchenden Gegenstandes allerdings noch weiter steigert: Dass nämlich die beiden Personen – pflegebedürftige Person und Hauptpflegeperson – beziehungsweise ihre Belastungen nicht als getrennte Einzelproblematiken zu behandeln sind. Vielmehr sind sie ökologisch als ein zusammenhängendes, interagierendes System zu beschreiben, zu dem in weiterer Konsequenz auch die übrigen Beteiligten an einem Pflegenetzwerk, z.B. professionelle Pflegekräfte, hinzuzurechnen wären, wie wir in einer früheren Untersuchung zeigen konnten (vgl. Rinderspacher et al. 2009).

Es spricht vieles dafür, die Indikatoren für eine erfolgreiche Bearbeitung der Resilienzsituation auf den Erhalt der physischen und psychischen Gesundheit zu beziehen, so wie sie in der WHO-Definition („Gesundheit ist ein Zustand vollkommenen körperlichen, geistigen und sozialen Wohlbefindens ...") festgelegt ist. Hinzu käme die aus den Arbeitswissenschaften hergeleitete Norm, dass die Belastungen der Erwerbsarbeit nicht zu einem Raubbau an der Gesundheit der Arbeitsperson führen dürfen. Die Bezugsgröße für pflegende Erwerbstätige wäre hier die Gesamtbelastungssituation, bestehend aus der Erwerbsarbeitssituation plus der Pflegesituation einschließlich der Wechselwirkungen der beiden Bereiche.

Dies setzt – in beiden Bereichen – eine Organisation der Tätigkeitsabläufe voraus, die mit regelmäßigen regenerativen Komponenten durchsetzt ist, entsprechend den Erkenntnissen der Arbeitswissenschaften. Die Übertragung dieser Norm vom Erwerbsarbeitssektor auf den privaten (Pflegearbeits-)Bereich ist hier sinnvoll, weil unter der Fragestellung der Vereinbarkeit von Pflege und Beruf die Pflegeperson zugleich Arbeitsperson ist und umgekehrt. Ziel ist damit gerade die Minimierung der Gesamtbelastung, um die Vereinbarkeit unter menschenwürdigen Bedingungen zu ermöglichen – und damit nicht nur Raubbau an der Gesundheit und soziale Exklusion zu vermeiden, sondern auch gerechte Teilhabe am durchschnittlichen gesellschaftlichen Niveau von Lebensqualität und Zeitwohlstand auch für pflegende Erwerbstätige zu ermöglichen.

Die Sorgetätigkeit zu Hause läuft schon von ihrer zeitlichen Strukturierung her in vieler Hinsicht den Mindestanforderungen der Erwerbsarbeit zuwider – insbesondere in den Fällen, in denen Pflege Rundumversorgung bedeutet. Sie beinhaltet für die Pflegeperson zumeist zeitliche Grenzenlosigkeit. Besonders prekär für pflegende Erwerbstätige wird die Situation dort, wo parallel zu den zeitlichen Belastungen in der häuslichen Pflege zusätzlich die geltenden zeitlichen Belastungsstandards am Erwerbsarbeitsplatz unterlaufen werden. Etwa durch eingeschränkte Möglichkeiten, regelmäßige Pausen zu nehmen. Hinzu kommt, dass seitens der Betriebe zunehmend gesteigerte Erwartungen an ihre Mitarbeiter gestellt werden, spontane Überstunden zu leisten, sei es wegen Krankheit von Kolleg/inn/en oder zusätzlichen Arbeitsanfalls. Die Handhabung von Vertretungsregelungen ist für die Belastungssituation pflegender Erwerbstätiger in mehrfacher Hinsicht von zentraler Bedeutung. Dies wird später ausführlich dargestellt.

Fasst man die Auffassung einschlägiger Autoren der sozialwissenschaftlichen Resilienztheorie zusammen (Wurstmann 2004; Welter-Enderling/Hildenbrand 2006; Oerter/Montada 2002; Gabriel 2005), so ist für erfolgreiches Resilienzhandeln entscheidend, sich durch Widerstände im Leben nicht entmutigen zu lassen, sondern daraus zu lernen und diese Erfahrungen in das eigene Leben zu integrieren. Ein Grund- oder Urvertrauen, das sich in der Kindheit bilde, sei dazu bedeutsam, aber auch die genetische Ausstattung bestimme die seelische Widerstandsfähigkeit mit. Das Grundvertrauen resilienter Menschen zeige sich etwa in guten Beziehungen zu Freund/inn/en und Partner/inne/n und in einem positiven Selbstbild. Resilienzfähige Menschen seien breiter interessiert und diszipliniert, neigten weniger zu Katastrophenphantasien und suchten auch bei Schicksalsschlägen nach positiven Aspekten. Sie engagierten sich dort, wo sie Freude erleben und träten für ihr Glücklichsein ein. Anhaltende negative Gefühle, schwelende Unzufriedenheit und Anspannung begünstigten psychische Krankheiten, während eine positive Gestimmtheit das kreative Denken fördere und zur Entspannung beitrage.

Die Resilienzforschung kommt zu einigen praktischen Empfehlungen, die sich gerade in der Beratung privat Pflegender anwenden ließen. Sie lassen sich wie folgt zusammenfassen:

– Verweigerung des Fatalismus, das heißt, sich nicht dem Schicksal ausliefern, sondern immer die Möglichkeit eines Neuanfangs suchen.

– Das eigene Leben in einen größeren Zusammenhang einbetten, denn wie man eine Sache sieht, ist offensichtlich eine Frage der Umrahmung, der Lebenseinstellung.

– Entscheidend sind Freunde und soziales Leben, also die „psychologische Familie" als Kreis jener Personen, die ein Individuum im Leben umgeben.

– Einen Sinn für nichtmaterielle Werte entwickeln.

– Generell für positive Gefühle sorgen, denn so wichtig, wie Bewegung für die Immunabwehr ist, so wichtig sind Freude, Frohsinn, Humor, Faszination und Liebe für die seelische Abwehrkraft. Sie können negative Ereignisse neutralisieren.

– Psychische Gesundheit hängt auch damit zusammen, ob das Leben einigermaßen vorhersagbar und sicher ist, ob also klare Verhältnisse vorliegen oder Unsicherheiten den Alltag belasten. Beziehungen, in denen man nicht weiß, woran man ist, schwächen mehr als sie helfen.

Resilienz als theoretischer Bezugsrahmen in Ergänzung zu traditionellen Belastungstheorien ist der Versuch, die von uns vorgefundenen Belastungssituationen der pflegenden Erwerbstätigen adäquat zu beschreiben. Damit werden die kritischen Einwände gegen solche Ansätze nicht verkannt. Es besteht vor allem die Gefahr, durch eine zu starke Akzentuierung der subjektiven Seite, das heißt des individuellen Arrangements der betroffenen Person mit den vorgefundenen äußeren Lebensumständen, eine Veränderung dieser objektiven Rahmenbedingungen zu blockieren (vgl. auch Gabriel 2005). Andererseits – und dies gilt insbesondere im Fall einer Pflegeverantwortung – geraten die Möglichkeiten zur Gestaltung der äußeren Rahmenbedingungen gegenüber den Dringlichkeiten der Pflegeaufgabe im Verlauf vieler Pflegefälle an einem bestimmten Punkt an ihre Grenzen (siehe Abb. 2.3). Hier bleibt dann nur die Anpassung an eine mehr oder weniger schicksalhafte Situation. Denn eine Beendigung der Pflegeverantwortung erscheint den Betroffenen aus moralischen, rechtlichen und sonstigen Gründen zumeist nicht möglich, selbst wenn sie vom gesundheitlichen Standpunkt geraten erschiene. Resilienz wäre dann jenes Verhalten, das auf die Mobilisierung aller in dieser Situation noch verfügbaren materiellen, mentalen und sozialen Ressourcen zielt, um möglichst unbeschädigt, unter besonders günstigen Umständen sogar mit einem Zuwachs an Lebensenergie, die Herausforderung eines solchen Lebensereignisses „meistern" zu können.

3 Die Untersuchung: Konzept, Methoden, Sample

Einleitend sollen die für diese Studie bestimmenden Forschungsfragen und die vom Forscher/innen-Team formulierten Ausgangshypothesen vorgestellt werden, bevor das methodische Konzept der Studie in seinen einzelnen Verfahrensschritten aufgeführt wird. Abschließend wird ein Überblick über das Sample geliefert.

3.1 Leitende Forschungsfragen und Ausgangshypothesen

Das Leisten privater Pflegearbeit ist bereits zum Zeitpunkt dieser Studie Lebensrealität für eine Vielzahl von berufstätigen Menschen und wird in Zukunft noch weit mehr Erwerbstätige betreffen. Wie gut sich die Erwerbsarbeit, und die Arbeitszeiten als ein zentrales Charakteristikum von Erwerbsarbeit, mit der Übernahme von Pflegeverantwortung vereinbaren lassen, ist daher eine gewichtige gesellschaftliche Frage. Der inhaltliche Fokus des Projektvorhabens liegt vor diesem Hintergrund auf den Wechselwirkungen zwischen den betrieblichen Arbeits(zeit)bedingungen und der häuslichen Pflegetätigkeit und findet Ausdruck in den zwei leitenden Forschungsfragen. Diese lauten:

– Welche Wechselbeziehungen bestehen zwischen Art und Umfang der Pflegetätigkeit und den jeweiligen realen – und gewünschten – Arbeitszeiten von abhängig Beschäftigten, die in unterschiedlicher Intensität häusliche Pflegeaufgaben übernehmen?
– Wie müssten pflegesensible betriebliche Arbeitszeiten aussehen? Welche Grundlagen müssten für ein Konzept „pflegesensibler Arbeitszeiten" geschaffen – welche Hinweise können dafür gegeben werden?

Zwecks Operationalisierung wurden die zwei genannten zentralen Fragestellungen in weitere Unterfragen gegliedert, die wiederum Eingang in die Erhebungsinstrumente gefunden haben. Die Unterfragen lauten im Einzelnen:

a) Welche zeitlichen Gestaltungsspielräume und Arbeitszeitmodelle – aber auch ergänzenden betrieblichen Vereinbarkeitsangebote – unterstützen abhängig beschäftigte Pflegende tatsächlich in sinnvoller Weise?
b) Welche Vorgaben, Arbeitszeitmodelle bzw. Arbeitszeitpraxen – aber auch Traditionen bzw. Betriebskulturen – wirken sich erschwerend auf die Vereinbarkeit von Beruf und Pflege aus?

c) Erweisen sich im Betrieb vorhandene Angebote für Beschäftigte mit Kindern auch direkt oder indirekt als unterstützend für Beschäftigte mit Pflegeaufgaben?

d) Welchen Einfluss nehmen intervenierende Faktoren auf den Wirkungszusammenhang von Arbeitszeit und Pflege? D.h. inwiefern unterscheiden sich die Arbeitszeiterfahrungen und Arbeitszeitwünsche sowie die Art der Pflegetätigkeit von abhängig beschäftigten Pflegenden,

    I. die in unterschiedlicher räumlicher Nähe zur pflegebedürftigen Person leben?

    II. die im Rahmen unterschiedlicher Pflegesettings und unterschiedlicher Intensität pflegen (Anzahl der an der Pflege beteiligten Personen, mit/ ohne professionelle Dienstleister, eigene Entlastungsmöglichkeiten etc.)?

    III. die selbst mehr oder weniger sichere Arbeitsbedingungen haben?

e) Welche Arbeitszeitmöglichkeiten wünschen sich abhängig Beschäftigte, die bereits Pflegeaufgaben übernehmen

    a) dauerhaft bzw.

    b) in besonderen Situationen (Notfall etc.)?

f) Welche Arbeitszeitelemente lassen sich in der betrieblichen Praxis umsetzen, ohne dass sich daraus in der Folge diskriminierende Nebeneffekte für abhängig beschäftigte Pflegende im Betrieb ergeben? Denn unterstützend gemeinte Angebote können auch ungewollte ausgrenzende Folgewirkungen haben.

Ziel des Projektes ist die Formulierung von Hinweisen und Eckpunkten zur Entwicklung eines Konzeptes „pflegesensibler Arbeitszeiten". Dessen Grundzüge und Gestaltungshinweise sollen die betrieblichen und tariflichen Akteure der Arbeits(zeit)gestaltung bei der Verbesserung der Vereinbarkeitsbedingungen von Beschäftigten mit Pflegeverantwortung unterstützen. Abbildung 3.1 veranschaulicht das Ziel und die inhaltlichen Schwerpunkte des realisierten Projektes. Die Wechselbeziehung, die es im Kern zu untersuchen gilt, entspricht im Schaubild dem waagerechten Pfeil im inneren, hellgrau hinterlegten Kasten. Das Ziel ist durch den grau schraffierten Kasten am unteren Abbildungsrand dargestellt.

Erläuterung zum Kasten: ‚Arbeitszeiten von Haupt- und Nebenpflegepersonen' (in Abbildung 3.1)

Das Konzept „pflegesensibler Arbeitszeiten" soll pflegenden Beschäftigten gleichermaßen *kurzfristige und langfristige Arbeitszeitlösungen* anbieten. Kurzfristige Arbeitszeit-Lösungen beziehen sich dabei zumeist auf schnelle, unkompliziert umsetzbare Phasen der Reduzierung von Erwerbsarbeit, während langfristige Lösungen hauptsächlich auf Teilzeitoptionen und flexible Arbeitszeiten abzielen. Die Vermutung, dass beide Arbeitszeitlösungen relevant sind, wird durch eigene Voruntersuchungen sowie die Ergebnisse der vom Wirtschafts- und Sozialwissenschaftlichen Institut (WSI) der Hans-Böckler-Stiftung durchgeführten Arbeitnehmer/innenbefragung von 2003 untermauert (Klenner 2004). Es handelt sich damit insgesamt um Arbeitszeiten, die eine pflegesensible Flexibilität in Dauer, Lage und Verteilung ermöglichen und den besonderen Anforderungen der verschiedenen Pflegetätigkeiten gerecht werden (vgl. hierzu auch Bäcker 2003).

Abb. 3.1: Schwerpunkte des Projektvorhabens „Pflegesensible Arbeitszeiten

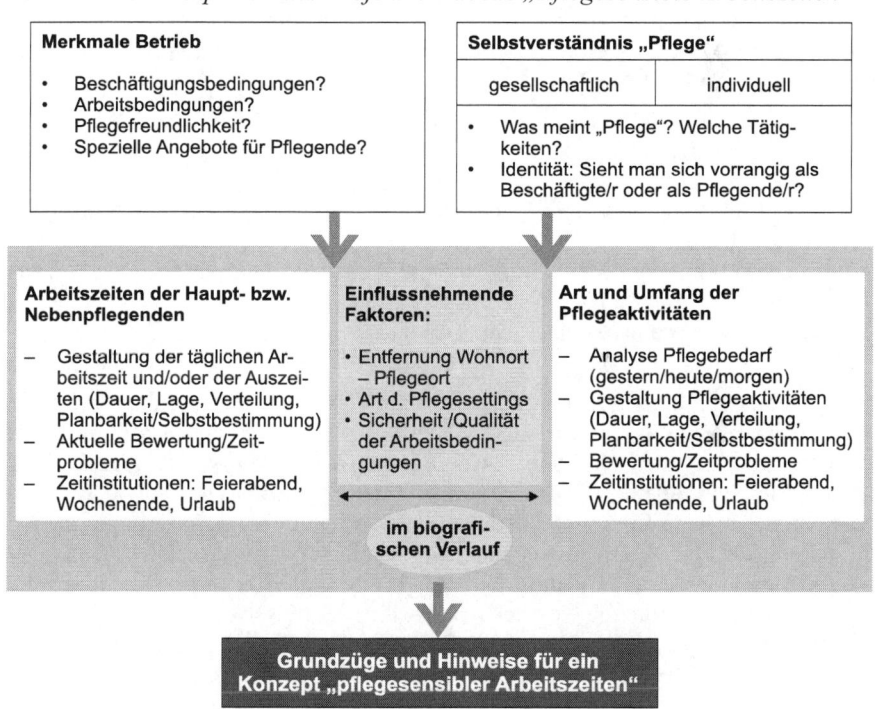

Besonderes Augenmerk richtet sich auf diejenigen Befragten, die in sogenannten „Mischformen" erwerbstätig sind und pflegen – also unterschiedlichste Abstufungen von Vollzeiterwerbsarbeit bis hin zu Vollzeitpflege aufweisen. Voraussetzung ist, dass ein gewisser Mindestumfang an Pflege als auch an Erwerbstätigkeit geleistet wird, ohne dass hier jedoch fixe Stundenzahlen als Mindestumfang definiert worden wären (zur Auswahl von Interviewpartner/inne/n vgl.

Kap. 3.2). Denn betriebliche Auszeiten – so die Annahme – bringen pflegenden Angehörigen zwar in besonderen Situationen eine Entlastung, zum Beispiel zu Beginn einer Pflegephase, weil diese in der Regel einen großen Organisationsaufwand erfordert. Dauerhaft sind längere zusammenhängende Unterbrechungen der Erwerbsarbeit jedoch vermutlich keine Lösung, denn Pflege ist anders als Elternschaft und Elternzeit nicht planbar, weder in ihrer Dauer noch in ihrem konkreten Verlauf. Zudem ist in den meisten Pflegefällen mit einer Intensivierung des Pflegebedarfs im Verlauf der Pflege zu rechnen. Hierbei kann die tägliche Vereinbarkeit und parallele Übernahme von Pflege- und Berufsaufgaben mit Blick auf die Interessen aller an einer Pflegesituation beteiligten Personen, vor allem aber der Pflegeperson selbst, bessere Ergebnisse liefern als eine einmalige Auszeit, meist noch zu Beginn der Pflegephase. Im Rahmen des Projektes soll etwa danach gefragt werden:

– wie eine betriebliche Auszeit aussehen kann/soll,
– ob eine betriebliche Auszeit auch als befristete Teilzeit organisiert werden kann,
– welche Wünsche und Bedarfe die Beschäftigten für eine solche Art der Freistellung haben,
– ob die gesetzlichen Freistellungsmöglichkeiten (PflegeZG) von den Betroffenen als sinnvoll bewertet werden,
– wie der Wiedereinstieg nach einer Auszeit gelingen kann.

Von großer Bedeutung für die Beschäftigten ist – wie erwähnt – die pflegesensible Arbeitszeitflexibilität im Alltag. Damit sind konkret Möglichkeiten für die Beschäftigten gemeint, kurzfristig, wiederholt oder sogar dauerhaft mit ihren Arbeitszeiten auf die zeitlichen Anforderungen der Pflege zu reagieren. Hier stellen Gleitzeitmodelle, die Befreiung von der Kernarbeitszeit sowie Arbeitszeitkonten, unter bestimmten Umständen auch Vertrauensarbeitszeiten sinnvolle Gestaltungselemente dar – immer unter der Voraussetzung, dass die Verfügungsmöglichkeit über die Zeit primär bei den Beschäftigten liegt. In Bezug auf die Ausgestaltung und Nutzung solcher Arbeitszeitgestaltungselemente bei der Übernahme von privater Pflegeverantwortung sind bisher noch viele Fragen offen (so auch Schneider 2006), die im Rahmen dieser Studie thematisiert wurden:

– In welchen Pflegesituationen erweisen sich welche Arbeitszeiten als pflegesensibel und welche Erfahrungen machen Beschäftigte de facto in den Betrieben damit?
– Auf welche Probleme stoßen Betroffene bei der tatsächlichen Inanspruchnahme von bereits vorhandenen, eher informellen Unterstützungsangeboten im Betrieb?
– Wie können solche Maßnahmen im Einvernehmen mit Vorgesetzten und Kolleg/inn/en in die betriebliche Praxis integriert werden?

Stets wurde dabei berücksichtigt, dass bei der Bewertung von Arbeitszeitformen und Arbeitszeitelementen verschiedene Lebensphasen oder unterschiedlich sichere Beschäftigungsverhältnisse von unterschiedlicher Relevanz sein können.

Wir gehen zudem davon aus, dass die Vereinbarkeit von Erwerbstätigkeit und Pflege nicht zuletzt auch davon abhängt, inwieweit die Betroffenen an den kollektiven (Frei-)Zeitinstitutionen wie dem Feierabend, dem Wochenende und dem Urlaub teilhaben können. Pflegende Erwerbstätige sind typischerweise häufig mit entrhythmisierten Pflegezeiten konfrontiert. Des Weiteren sind sie gerade aufgrund ihrer Situation als Pflegende auf flexible Erwerbsarbeitszeiten angewiesen, die in vielen Fällen eine Beachtung kollektiver (Frei-)Zeitinstitutionen jedoch zusätzlich erschweren. Mithin droht eine doppelte Ausgrenzung, wenn es nicht gelingt, besondere Schutzvorkehrungen zu treffen. Gerhard Bäcker spricht in diesem Zusammenhang von der Notwendigkeit, den Anforderungen nach „Flexibilität" ebenso gerecht zu werden wie jenen nach „Konstanz und Berechenbarkeit" (Bäcker 2003, S. 136). Im Rahmen des Projektvorhabens wurden deshalb die Zeitbedarfe der pflegenden Beschäftigten hinsichtlich der Zeitinstitutionen Feierabend, Wochenende und Urlaub detailliert erhoben. Entsprechende, bereits vorhandene betriebliche Angebote, wie z.B. eine „Rücksichtnahme bei der Urlaubsplanung" auf Pflegeaufgaben (vgl. berufundfamilie gGmbH 2007), fanden ebenfalls Berücksichtigung.

Abschließend soll erwähnt werden, dass keine quantitative Abgrenzung zwischen Haupt- und Nebenpflegenden vorgenommen wurde, die sich an der Anzahl der aufgewendeten Pflegestunden pro Woche orientiert. Ausgangspunkt ist stattdessen die Annahme eines fließenden Überganges zwischen beiden Personengruppen, der sich zudem im Zeitverlauf wandeln kann. Die Gespräche mit pflegenden Beschäftigten haben zudem gezeigt, dass sich die Selbsteinschätzung der Betroffenen bezüglich ihres eigenen Haupt- oder Nebenpflegestatus einer systematischen Abgrenzung entzieht. Im weiteren Verlauf des Berichtes wird daher von unterschiedlicher Intensität von Pflege gesprochen.

Erläuterung zum Wechselverhältnis zwischen Arbeitszeiten und Pflegezeiten (waagerechter Pfeil in Abbildung 3.1)

Bei der Analyse sowie der Auswahl der Interviewpartner/innen wurden drei intervenierende Faktoren berücksichtigt, die systematischen Einfluss auf das Wechselverhältnis zwischen Arbeitszeiten- und Pflegezeiten[1] nehmen:

---

1   Als wichtige Einflussfaktoren, die außerhalb der Erwerbssphäre liegen, gelten die Unterstützung durch Pflege- und Haushaltshilfen, persönliche und gesundheitliche Bedingungen der Hauptpflegeperson, der Grad der Unterstützung bei der Pflege durch andere Familienangehörige sowie die ökonomische Situation der Betroffenen (vgl. Bäcker 2003 sowie Reichert 2003).

1) Mit der jeweiligen Wohnsituation (zusammen/getrennt) sowie der räumlichen Entfernung zwischen Pflegebedürftigen und abhängig beschäftigten Pflegenden sind auch unterschiedlich (un)günstige Vereinbarkeitsmöglichkeiten zwischen Beruf und Pflegeaktivitäten verbunden. Es wurde daher unterschieden zwischen Beschäftigten, die mit der zu pflegenden Person in einem gemeinsamen Haushalt bzw. in getrennten Haushalten leben. Zusätzlich wurden hier die unterschiedlichen Entfernungen zwischen den Wohnorten von Pflegebedürftigem und pflegendem Angehörigen berücksichtigt. Angehörige, die weiter vom zu Pflegenden entfernt leben, sind weniger in die tägliche Pflege, sondern häufig stärker in „management care", also in die Organisation von Pflege eingebunden. Auch das verursacht besonderen Stress. Das Eingebundensein in „management care" ist – so zeigen Gottlieb, Kelloway und Fraboni (1994, zitiert nach Reichert 2003, S. 137) – offensichtlich „der beste Prädiktor für einen möglichen Konflikt von Pflege und Erwerbstätigkeit, negative Konsequenzen am Arbeitsplatz und Stresserleben".

2) Eine Entlastung durch das Zusammenwirken mehrerer an der Pflege beteiligter Akteure – im Rahmen eines gemeinsamen „Pflegesettings" – kann die Vereinbarkeit zwischen Beruf und Pflege für die pflegenden Angehörigen enorm unterstützen (vgl. Herrmann-Stojanov et al. 2008; Rinderspacher et al. 2009). Gerade für Pflegende, die erwerbstätig bleiben wollen, ist eine Unterstützung durch professionelle ambulante Pflegedienste und Kurzzeitpflegeeinrichtungen, durch Familienangehörige, Freunde, Nachbarn, aber auch ehrenamtliche Helfer/innen sowie möglicherweise durch teilweise illegal beschäftigte Pflegekräfte aus dem Ausland (vgl. Lutz 2007) von großer Bedeutung. Der Beitrag, den die Beteiligten leisten, kann dabei sehr unterschiedlich ausfallen. Auch kleine Hilfestellungen wie im Notfall den Wohnungsschlüssel verwalten oder jeden Morgen die Zeitung aus dem Briefkasten nehmen, können ungeahnt hilfreich sein. Solche Netzwerke bieten gute Möglichkeiten, Routinen zu entwickeln, in denen dann auch regelmäßige und verbindliche Pausen für die pflegenden Angehörigen mit eingeplant sind. Sie tragen so zu einer Vermeidung von Überlastungssituationen der Angehörigen bei. Gerade die Pflege von nahen Angehörigen oder Freunden ist zudem ein zutiefst emotionales System, in dem es der pflegenden Person besonders schwer fällt, die eigenen Bedürfnisse wahrzunehmen und sie gegenüber der gepflegten Person immer wieder neu zu vertreten. Arbeitsteilung und eingespielte Routinen, wie sie im Pflegesetting etabliert werden, können daher eine entlastende Wirkung für die Angehörigen haben. Das funktionierende Pflegesetting kann Angehörige bei der Einhaltung gesellschaftlicher Zeitinstitutionen – wie Pausen, Urlaub, Feierabend, Wochenende – unterstützen und damit für alle Beteiligten Rhythmen von „Sorgen und Ruhen" herstellen (Herrmann-Stojanov 2006).

3) Unterschiedliche Arbeits- bzw. Beschäftigungsbedingungen der Pflegenden haben relevanten Einfluss auf die jeweiligen Möglichkeiten, Beruf und Pflege zu vereinbaren. Es wurde daher zwischen Beschäftigten mit weniger bzw. stärker „unsicheren" Arbeits- und Beschäftigungsverhältnissen unterschieden. Beschäftigte in unsicheren Beschäftigungsverhältnissen haben oftmals nur einen befristeten Arbeitsvertrag, ihr Einkommen fällt sehr gering aus („working poor"), ihre Arbeitnehmerschutzrechte sind eingeschränkt, ihre Arbeitsmarktchancen gering und die berufliche Zukunft ist für sie schlecht planbar. Ob und wie es gelingen kann, unter diesen Bedingungen Pflegeverantwortung zu übernehmen, war daher ebenfalls Thema dieser Studie.

Erläuterung zum Kasten: ‚Art und Umfang der Pflege' (in Abbildung 3.1)

Abhängig Beschäftigte mit Pflegeaufgaben – sowie deren Familien – erfahren häufig Zeitnot. Aus den durchgeführten Interviews mit erwerbstätigen pflegenden Angehörigen wissen wir: Im Bereich der Angehörigenpflege liegt die Belastungsursache sehr häufig eher in einem „Zuviel" an Zeitaufwand und (räumlicher und sozialer) Nähe als in einem „Zuwenig": die Angehörigen sind gestresst, weil ihnen kaum die Möglichkeit gegeben wird, Abstand von der physisch und insbesondere psychisch stark belastenden Pflegetätigkeit zu gewinnen (Herrmann-Stojanov et al 2008; Rinderspacher et al. 2009).

Selbst wenn der „long arm of care" fast sämtliche Lebensbereiche der pflegenden Angehörigen durchdringt, erweist sich die Erwerbstätigkeit bzw. die damit verbundenen Arbeitszeiten unter anderem auch als Taktgeber für die zeitliche Organisation der Pflegezeiten. Die Pflege muss um die eigene Erwerbsarbeitszeit herum organisiert werden. Dies hat Vor- und Nachteile zugleich. Ein nicht zu unterschätzender Vorteil ist die Tatsache, dass die mehr oder minder eindeutigen Vorgaben der Erwerbsarbeitszeit es den Angehörigen erleichtern, zeitliche Grenzen zu setzen und Anforderungen der zu pflegenden Person auch mal zurückzuweisen. Auf Grundlage dieser Erkenntnisse wurde auch gefragt, ob und inwiefern pflegesensible Arbeitszeiten diesen Schutz vor den permanenten Anforderungen der Pflege untergraben und damit letztlich auch zu einer stärkeren „Rundum-Pflege-Beanspruchung" der Beschäftigten beitragen.

Dieses Phänomen ist für flexibel teilzeiterwerbstätige Frauen bereits bekannt: Der vollzeiterwerbstätige, männliche Partner kann sich darauf verlassen, dass seine Frau alle anfallenden Sorgearbeiten und sonstigen Wechselfälle des Lebens mit ihrer flexiblen Arbeitszeit abfedert, während er selbst an seine festen Vollzeitstrukturen „gebunden" ist. Zu befürchten ist, dass diese Erwartungshaltung auch für die Pflegeverantwortung gelten könnte. Zusammenfassend lauten die der Studie zu Grunde liegenden Hypothesen wie folgt:

1) Die Übernahme einer Pflegetätigkeit wirkt sich für abhängig Beschäftigte
    einschränkend auf Dauer, Lage und Verteilung der eigenen Erwerbsarbeits-
    zeiten aus. Umgekehrt wirken Zeiten der Erwerbsarbeit der pflegenden An-
    gehörigen aber auch als Restriktionen und Taktgeber für die Pflege. Deut-
    lich ist, dass der bisherige Erkenntnisstand, einfach generell „flexiblere Ar-
    beitszeiten" für Beschäftigte mit Pflegeaufgaben zu fordern, noch zu ab-
    strakt und allgemein ist. Die vorgelegte Studie liefert hier dringend benö-
    tigte Konkretisierungen bezüglich der nachfolgenden Punkte:

    a) Hinsichtlich der Arbeitszeitdauer gehen wir davon aus, dass eine Voll-
        zeittätigkeit für die Mehrheit der pflegenden Beschäftigten nur schwer
        mit einer häuslichen Pflegesituation zu vereinbaren sein dürfte. Die
        Qualität der Arbeitszeiten wie auch die soziale Unterstützung durch das
        Pflegesetting dürften dann entscheidend dafür sein, ob und wie dieses
        Arbeitszeitvolumen bewältigt werden kann. Aufgrund der Unberechen-
        barkeit der Pflegeanforderungen dürfte sich die Möglichkeit zum un-
        komplizierten und schnellen Hin- und Herwechseln zwischen verschie-
        denen Arbeitszeitvolumina für die Pflegenden als besonders unterstüt-
        zend erweisen.
    b) Was die Gestaltung von Lage und Verteilung der Arbeitszeiten betrifft,
        gehen wir davon aus, dass nicht etwa maximal flexible Arbeitszeiten
        besonders günstig für pflegende Beschäftigte sind, sondern vielmehr
        solche Arbeitszeiten bzw. Arbeitszeitmodelle, die den Betroffenen auf
        Grundlage einer hohen Planbarkeit und Berechenbarkeit auch selbst-
        bestimmte Flexibilität ermöglichen. Planbarkeit und Selbstbestimmung
        über die Arbeitszeitgestaltung stellen aus unserer Sicht zwei weitere
        wichtige Dimensionen für „pflegesensible Arbeitszeiten" dar.
    c) Betriebliche Auszeiten erweisen sich dann als sinnvoll – so unsere An-
        nahme – wenn sie von den Pflegenden auch kurzfristig und unbürokra-
        tisch in Anspruch genommen werden können und sie eine gewisse
        Dauer nicht überschreiten. Mit sehr langen Auszeiten (viele Monate oder
        Jahre) besteht die zunehmende Gefahr, den anschließenden Wieder-
        einstieg auf die alte Stelle bzw. in den alten Beruf nicht mehr zu schaffen.

2) Auch räumliche Faktoren, wie die Wohnortentfernung (d.h. in unmittelbarer
    Nähe lebend versus weit entfernt lebend) bzw. die Wohnsituation (d.h. zu-
    sammen lebend versus in getrennten Haushalten lebend) von pflegebedürf-
    tiger Person und erwerbstätiger Pflegeperson beeinflussen Zeitumfang und
    Intensität der Pflegebeziehung, aber auch die realen bzw. gewünschten Ar-
    beitszeiten der Pflegenden – so unsere Annahme. Wir gehen davon aus, dass
    mit unterschiedlicher Distanz der Wohnsituation auch unterschiedliche Wün-
    sche und Bedarfe hinsichtlich der eigenen Arbeitszeitgestaltung bestehen.

a) Für pflegende Beschäftigte, die eine/n weiter entfernt lebende/n Angehörige/n pflegen – so die These – sind Arbeitszeitformen stärker von Interesse, die Vor-Ort-Aufenthalte über einen längeren Zeitraum ermöglichen (z.B. zusätzliche Urlaubstage, geblockte Auszeiten, freie Wochen oder verlängerte Wochenenden). Diese erleichtern ihnen die Durchführung größerer Arbeiten, wie die Suche nach geeigneten professionellen Pflegekräften oder den Aufbau eines Pflegenetzwerks.

b) Auf Grund der Übernahme von alltäglich anfallenden Pflegeaufgaben, brauchen Pflegende, die mit einer pflegebedürftigen Person in einem Haushalt bzw. in unmittelbarer Nähe leben, eher Arbeitszeiten, die sowohl eine alltagsnahe Entlastung bieten als auch ein kurzfristiges Reagieren auf einen veränderten Pflegebedarf. Gerade für pflegende Erwerbstätige, die mit der Pflegeperson zusammenleben, kommt unflexiblen Arbeitszeiten auch eine Abgrenzungs- und Schutzfunktion gegenüber den „grenzenlosen" Bedarfen und Ansprüchen zu. Arbeitszeiten, die nicht selbstbestimmt flexibel sind, können sich dann als entlastend erweisen.

3) Bekannt ist, dass pflegende Beschäftigte sehr vorsichtig mit der Inanspruchnahme längerer Freistellungen und anderer betrieblicher Unterstützungsmaßnahmen sind. Sie fürchten um ihren Arbeitsplatz und haben Angst vor Diskriminierung. Aus diesem Grund – so unsere Annahme – reichen die im Pflegezeitgesetz garantierten Auszeiten für pflegende Beschäftigte als zentrales Arbeitszeitinstrument auf betrieblicher Ebene (noch) nicht aus. Wir gehen vielmehr davon aus, dass sich begleitend auch die Betriebskultur gegenüber einer Pflegeverantwortung von Beschäftigten öffnen muss. Nur so werden sich die Betroffenen trauen, auch offensiv unter Verweis auf die Indikation „Pflege", die für sie gedachten Arbeitszeitmodelle bzw. Arbeitszeitangebote auch tatsächlich in Anspruch zu nehmen. Wir nehmen zudem an, dass Arbeitszeitmaßnahmen wie auch begleitende, betriebliche Unterstützungsmaßnahmen dann erfolgreicher sind, wenn sie auf die Besonderheiten des Pflegeprozesses eingehen und jeweils in abgestuften Formen in Anspruch genommen werden können – je nach Schwere der aktuell zu leistenden Pflege.

4) Eigene Vorstudien zeigen ebenso wie weitere vorliegende Erhebungen, dass viele der gesellschaftlich etablierten Zeitinstitutionen (wie Feierabend, Wochenende oder Urlaub) für eine Vielzahl der pflegenden Beschäftigten – auf Grund der nicht endenden Pflegeverantwortung – faktisch keine Gültigkeit mehr haben. Dies verschärft die Belastungssituation der Betroffenen und zieht nicht selten eine gesellschaftliche Exklusion der Pflegenden nach sich. Anzunehmen ist, dass ein Einhalten solcher Zeitinstitutionen die Teilnah-

memöglichkeiten am gesellschaftlichen Leben verbessert und damit auch die Zufriedenheit von pflegenden Beschäftigten steigert bzw. ihr Belastungsniveau senkt.

5) Wir gehen von der Hypothese aus, dass die Gleichzeitigkeit von Erwerbsarbeit und Pflegetätigkeit nicht grundsätzlich eine Belastung darstellen muss. Pflegende Beschäftigte, so unser Ausgangspunkt, haben durchaus auch ein Interesse daran, parallel zur Pflegetätigkeit an einer eigenen Erwerbstätigkeit festzuhalten. Verantwortlich dafür, dass pflegende Beschäftigte ihre Erwerbstätigkeit dann teils doch aufgeben, ist das Zusammenwirken der konkreten Beschäftigungs-, Arbeitszeit- und Entgeltbedingungen mit der sonstigen Zeitstruktur des Alltags der Betroffenen. Unter ihnen nehmen die Arbeitszeitbedingungen eine vorrangige Stellung ein.

6) Wir gehen davon aus, dass sich das Zusammenwirken mehrerer an der häuslichen Pflegesituation beteiligter Akteure in einem sogenanntem „Pflegesetting" entlastend auf die physische und psychische Situation der pflegenden Angehörigen auswirkt. Eine besondere Rolle kommt hierbei der Unterstützung durch den/die Partner/in, durch weitere Familienmitglieder, durch Nachbarn und Freunde, durch ehrenamtlich tätige Personen sowie durch die Inanspruchnahme professioneller Pflegedienste zu. Angehörige, die durch ein starkes „Pflegesetting" unterstützt werden – so unsere Hypothese – sind den beruflichen Anforderungen besser gewachsen und können leichter und zeitlich umfangreicher erwerbstätig bleiben. Anzunehmen ist, dass dies bisher eher auf Männer als auf Frauen zutrifft.

7) Wir vermuten, dass es neben der Arbeitszeitgestaltung eine Vielzahl weiterer betrieblicher Maßnahmen gibt, die zu einer (zeitlichen) Entlastung pflegender Beschäftigter beitragen können. Das Spektrum reicht von der Arbeitsorganisation und Leistungsgestaltung über die Personalplanung und besonderen Dienstleistungen für pflegende Beschäftigte bis hin zu einer betrieblichen Enttabuisierung des Themas. Allerdings gehen wir davon aus, dass solche Unterstützungsangebote (vgl. dazu z.B. Schneider et al. 2006; berufundfamilie GmbH 2007) für Beschäftigte wie für Unternehmen keine angemessene Hilfe darstellen, wenn Angebote und Lösungen, die ursprünglich für Familien mit Kindern entwickelt wurden, nun einfach auch für pflegende Beschäftigte geöffnet werden. Dies hat – unserer Vermutung nach – vor allem mit der zu Grunde liegenden Zeitperspektive zu tun. Die zunehmende Gebrechlichkeit im Pflegeverlauf ist ein irreversibler Prozess, während die für die Kinderbetreuung benötigte Zeit im Normalfall mit dem Älterwerden der Kinder abnimmt. Zudem sind pflegende Beschäftigte im Durchschnitt bereits etwas älter als Beschäftigte mit kleinen Kindern, was ihre individuelle betriebliche Verhandlungsposition zusätzlich schwächen dürfte.

3.2   Die Erhebungs- und Auswertungsschritte im Einzelnen

Nachfolgend werden die einzelnen Erhebungs- und Auswertungsschritte der Untersuchung zusammenfassend vorgestellt und wichtige Aspekte des Feldzuganges dargelegt.

3.2.1   *Leitfadeninterviews mit pflegenden Beschäftigten*

Im Fokus der qualitativen Studie „Pflegesensible Arbeitszeiten" stehen 90 qualitative leitfadengestützte Interviews mit abhängig Beschäftigten, die gleichzeitig im familiären Umfeld Pflegeaufgaben übernommen haben. Diese wurden im Rahmen von ein bis eineinhalb Stunden langen Gesprächen zu ihren Zeiten in Beruf und Pflege, zu ihren Erfahrungen im Umgang mit privater Pflegearbeit, sowie zu Problemen in der bzw. zu Wünschen an die Arbeitswelt befragt. Zur Erläuterung des inhaltlichen Anliegens und des Interviewverlaufs wurde den Gesprächspartner/inne/n zu Beginn des Interviews ein Schaubild vorgelegt (vgl. Abb. 3.2). Anhand dieses Schaubildes wurde ihnen erläutert, dass sowohl die Zeiten und Aufgaben in der Erwerbsarbeit sowie in der Pflege für uns von Interesse sind (nacheinander im Interviewverlauf), dass der Schwerpunkt allerdings genau auf dem verbindenden Pfeil in der Mitte liegt, dem „Miteinander" von Beruf und Pflege.

Abb. 3.2: Übersicht Interviewschwerpunkte

Die bundesweit durchgeführten Interviews fanden – je nach Wunsch der Interviewpartner/innen – mehrheitlich bei den pflegenden Beschäftigten zu Hause statt, seltener wurden die Interviews im Betrieb durchgeführt. In der Regel wurde der/die pflegende Beschäftigte allein interviewt, in einigen Fällen waren andere Familienmitglieder oder auch in Einzelfällen die gepflegte Person anwesend. Letzteres war gerade dann häufiger der Fall, wenn die gepflegte Person das Kind der/des Befragten war.

Die Auswahl von Interviewpartner/inne/n

Wichtiges Kriterium für die Zusammensetzung des Samples war die „Pflegesensibilität" des Betriebes, in dem der bzw. die Gesprächspartner/in arbeitet. Die Pflegesensibilität wurde im Nachgang jedes einzelnen Interviews anhand der im Gespräch gewonnen Informationen bewertet und in einer dreistufigen Skala ausgedrückt.[2] Die Gesprächspartner/innen verteilen sich wie folgt auf die Teilgruppen:

a) 30 Beschäftigte, die in Unternehmen tätig sind, die sich bisher *schon als sensibel* gegenüber Pflegeaufgaben gezeigt haben. „Pflegesensibel" bedeutet hier, dass das Unternehmen im Bezug auf das Thema Vereinbarkeit von Beruf und Pflege Interesse zeigt und auch bereits aktiv ist. Als Beleg für eine solche Aktivität zählen bereits vorhandene betriebliche Vereinbarungen zum Thema Beruf und Pflege, aber auch niederschwellige betriebliche Aktivitäten, wie beispielsweise: Info-/Beratungsangebote für Beschäftigte, Unterstützung von selbstorganisierten Betroffenengruppen, explizite Selbstverpflichtung des Unternehmens, Einrichtung einer für Pflegefragen zuständigen Sachbearbeitungsstelle in der Personalabteilung, Einrichtung besonderer Arbeitszeitmöglichkeiten für pflegende Beschäftigte, Kooperation mit Vermittlerdiensten für professionelle Pflegedienste.
b) 40 Beschäftigte, die in Unternehmen beschäftigt sind, die zwar ein Interesse an dem Thema Beruf und Pflege bekunden, bisher möglicherweise auch schon um eine Verbesserung der Vereinbarkeit von Beruf und Kinderbetreuung für Eltern bemüht sind, zum Thema „Beruf und Pflege" aber noch nicht explizit aktiv geworden sind.
c) 20 Beschäftigte, die in Unternehmen tätig sind, die nicht als „pflegesensibel" eingestuft wurden, da sie weder bisher zu diesem Thema aktiv geworden sind, noch überhaupt ein Interesse am Thema äußern.

Gleichzeitig wurde bei der Auswahl der Gesprächspartner/innen darauf geachtet, sowohl Beschäftigte aus *Großunternehmen* (mit einer Beschäftigtenzahl von über 500 Personen) als auch Beschäftigte aus *kleinen und mittelständischen Unternehmen* bei der Befragung zu berücksichtigen. Tabelle 3.3 gibt einen Überblick, wie sich das Sample der befragten Pflegenden nach Betriebsgröße, betrieblicher Pflegesensibilität und Geschlecht der Befragten zusammensetzt.

---

2   Diese Einstufung war dort einfacher, wo mehrere pflegende Beschäftigte eines Unternehmens interviewt wurden und eine entsprechende Menge an Informationen zur Pflegesensibilität vorlag oder eventuell ergänzende Expert/inn/eninterviews durchgeführt wurden. Dort, wo nur einzelne Beschäftigte interviewt wurden, basiert die Einstufung ausschließlich auf den Informationen eines einzelnen Interviews.

Tab. 3.1:   *Interviewpartner/innen nach betrieblicher Pflegesensibilität,*
              Betriebsgröße und Geschlecht (n = 90)

Betriebsgröße	Betriebliche Sensibilität für das Thema Pflege			
	„interessiert & bereits aktiv"	„interessiert & bisher nicht aktiv"	„Nicht interessiert & nicht aktiv"	Gesamt
Großbetriebe (> 500 Beschäftigte)	4 Männer 13 Frauen	6 Männer 16 Frauen	4 Männer 1 Frau	44
Kleine & mittelständische Betriebe	4 Männer 9 Frauen	2 Männer 16 Frauen	2 Männer 13 Frauen	46
Gesamt	30	40	20	90

Im Projektentwurf wurde ein *Männer-* bzw. *Frauenanteil* unter den Befragten von einem Drittel zu zwei Dritteln angestrebt. Dieses Verhältnis wurde auch fast erreicht: Befragt wurden 22 Männer und 68 Frauen. Es gestaltete sich deutlich komplizierter, pflegende Männer für ein Interview zu finden als pflegende Frauen, dennoch waren Interviews mit pflegenden Männern durchaus realisierbar. Als günstig hierfür erwies sich der zu Grunde gelegte, „weite" Pflegebegriff, der auch administrative sowie soziale Pflegeaufgaben mit einbezieht und damit über eine rein körperliche Pflege hinausgeht. Hierdurch fühlten sich auch Männer als „Pflegende" angesprochen. Aufgrund der Tatsache, dass einige Interviewpartner/innen mehr als eine Person pflegen, werden in den Interviews mit den 90 Pflegenden insgesamt sogar 109 Pflegesituationen erfasst.

Für die Auswahl von Interviewpartner/inne/n wurde darauf geachtet, Pflegende mit *unterschiedlich umfangreicher Pflegeverantwortung* zu berücksichtigen. Dabei wurde allerdings eine rein quantitativ begründete Konzentration auf sogenannte „Hauptpflegende", wie sie in vielen pflegewissenschaftlichen Studien üblich ist, bewusst vermieden, da eine solche meist über eine willkürlich definierte Mindestzahl aufgewendeter Pflegestunden pro Woche definiert wird.[3] Vielmehr wurde im vorliegenden Projekt von einem fließenden Übergang zwischen Haupt- und Nebenpflegenden ausgegangen, sei es im Jahresverlauf (z.B. bei gegenseitiger urlaubs- oder krankheitsbedingter Vertretung der Angehörigen untereinander) besonders aber im Verlauf des sich über mehrere Jahre entwickelnden Pflegeprozesses. Ausgangspunkt für diese Betrachtung ist auch die Annahme, dass alle Beteiligten eines Pflegenetzwerkes wichtige und notwendige Beiträge zum Gelingen der häuslichen Pflegesituation liefern.

---

3   Für die Berücksichtigung eines fließenden Beteiligungsgrades an der Pflegesituation und gegen eine starre definitorische Abgrenzung zwischen Haupt- und Nebenpflegenden haben auch die pflegewissenschaftlichen Expert/inn/en des vom Projekt am 18.06.2010 an der Universität Münster durchgeführten Expertenworkshops „Das Spannungsverhältnis von Arbeitszeiten und Pflegezeiten in Praxis und Forschung" plädiert.

Bei der Suche nach Gesprächspartner/inne/n wurde die Kategorisierung „Hauptpflege – Nebenpflege" daher gezielt vermieden, gesucht wurde vielmehr nach „Pflegenden, die unterschiedlich viel pflegen". Allerdings wurde im Rahmen der Interviews das kategoriale Gegensatzpaar der Haupt- und Nebenpflege durchaus offensiv angesprochen: die Befragten wurden gebeten, sich entsprechend ihrer Selbstwahrnehmung diesen Begriffen zuzuordnen.[4] Dabei hat das Forschungsteam gegenüber den Interviewpartner/inne/n folgende inhaltliche Kriterien als entscheidend für die Einstufung als „Hauptpflegende/r" vertreten:

–   Bin ich die zentrale Ansprechperson der gepflegten Person?
–   Bin ich die/der offizielle Ansprechpartner/in für Ärzte, Krankenkasse, Pflegehelfer/innen etc.?
–   Bin ich weisungsbefugt gegenüber Dritten im Pflegenetzwerk?

Auf Grund der Selbsteinschätzung im Interview können zehn Frauen und fünf Männer als ausschließlich „Nebenpflegende" eingestuft werden, während 73 Frauen und 21 Männer „Hauptpflegende" sind.[5] Einige wenige Hauptpflegepersonen sind gleichzeitig auch noch als Nebenpflegeperson in einer zweiten oder dritten Pflegesituation tätig.

Für *unterschiedlich intensive Pflegesituationen* der Befragten spricht auch das überraschend breite Spektrum an Pflegestufen in den 109 Pflegesituationen unserer Befragten, welches vorab gar nicht erwartet wurde: In immerhin 19 Fällen besitzt die zu Hause gepflegte Person die Pflegestufe III, in 30 Fällen die Pflegestufe II. Auf der anderen Seite werden in 27 Fällen Pflegebedürftige ohne Pflegestufe bzw. mit Pflegestufe „Null"[6] von ihren berufstätigen Angehörigen unterstützt.[7]

Es sollten erwerbstätige Pflegende berücksichtigt werden, die sowohl in *nennenswertem Umfang erwerbstätig* sind, als auch in *nennenswertem Umfang Pflegeaufgaben übernehmen*. Dies ließ sich realisieren:

–   Die Hälfte der befragten Männer (elf Befragte) arbeitet in „überlanger Vollzeit", mit einer tatsächlichen Arbeitszeitdauer von mehr als 40 Stunden pro Woche, der Rest in Vollzeit. Teilzeitarbeit unter den befragten pflegenden Männern ist hingegen vergleichsweise selten (fünf Befragte). Auch ein gutes Drittel der befragten Frauen (24) ist in „Vollzeit" beschäftigt, ein Viertel sogar in „überlanger Vollzeit" (16). Jedoch spielt Teilzeitarbeit – auch in

---

4   Die Frage lautet: „Sehen Sie sich als Haupt- oder Nebenpflegeperson?"
5   Hier sind Mehrfachnennungen enthalten, weil eine Reihe der Befragten sich um zwei oder mehr Pflegebedürftige kümmert. Die 90 Befragten übernehmen insgesamt 109 Pflegesituationen.
6   Die Pflegestufe „Null" umfasst vor allem an Demenz Erkrankte.
7   Die restlichen 33 Pflegesituationen entfallen auf die Pflegestufe I.

Form geringfügiger Beschäftigung – bei den befragten Frauen eine größere Rolle und betrifft knapp die Hälfte der befragten Frauen (28).

– Die knappe Mehrheit der befragten Männer wie Frauen pflegen auf Grund ihrer eigenen Erwerbstätigkeit und der doch gar nicht so geringen Belastung durch tägliche Pflegeaufgaben mit Hilfe einer täglichen *Unterstützung durch professionelle Helfer/innen,* wie etwa einem ambulanten Pflegedienst oder einer Tagespflegestätte. Zudem erhalten beinahe alle befragten Männer dabei Unterstützung durch weitere *Mitglieder ihrer Familie* (21), genauso wie vier Fünftel der befragten Frauen (55). Geschlechtsspezifische Besonderheiten zeigen sich dagegen bei der Unterstützung durch *ehrenamtlich tätige Personen oder Nachbarn:* Gut die Hälfte der pflegenden Frauen des Samples (38) erhält eine solche unbezahlte Unterstützung, aber nur ein Drittel der pflegenden Männer (sieben).

Schließlich war es von Interesse, sowohl Beschäftigte in vergleichsweise abgesicherten Arbeitsverhältnissen, als auch *Beschäftigte mit „unsicheren" Arbeitsbedingungen* zu berücksichtigen. Als Beschäftigte in „unsicheren" Beschäftigungsverhältnissen wurden im Rahmen der vorliegenden Untersuchung diejenigen verstanden, die:

– nur einen befristeten Arbeitsvertrag haben,
– deren Einkommen sehr gering ausfällt und unterhalb der Niedriglohnschwelle von 9,62 Euro (brutto) in Westdeutschland und 7,18 Euro (brutto) in Ostdeutschland liegt[8],
– die als Leiharbeitnehmer/innen tätig sind,
– deren Arbeitsmarktchancen im Wohnumfeld sehr gering sind und die daher keine realistische Möglichkeit haben, bei Arbeitsplatzverlust wohnortnah eine neue Stelle zu finden und/oder
– diejenigen, die mehrere Jobs ausüben müssen, um davon leben zu können.

Befragt wurden 16 Beschäftigte mit „unsicheren" Arbeitsbedingungen und 74 Beschäftigte mit „sicheren" Arbeitsbedingungen. Auf die jeweiligen Betroffenen treffen ein oder mehrere Merkmale der obigen Auflistung zu. Gemeinsam ist ihnen, dass stets eine verletzliche berufliche Situation vorliegt, die mit eingeengten Handlungsspielräumen und eingeschränktem Planungshorizont einhergeht. Hier zeigt sich allerdings eine klare Geschlechterdifferenz: Während es unter den Befragten keinen einzigen pflegenden Mann mit „unsicheren" Arbeitsbedingungen gibt, weist ein Viertel der befragten Frauen (16 von 68) unsichere Arbeitsbedingungen auf.

---

8   Diese Grenzwerte sind der Studie des Instituts Arbeit und Qualifikation (IAQ) zur Niedriglohnbeschäftigung entnommen, vgl. Kalina/Weinkopf (2009).

Diese stärkere Betroffenheit pflegender Frauen durch unsichere Arbeitsbedingungen geht Hand in Hand mit einem geringeren *Familieneinkommen*[9] (netto) pflegender Frauen. Während knapp die Hälfte der befragten Männer ein Familieneinkommen von mehr als 4.000 Euro pro Monat aufweist, trifft dies nur auf ein Viertel der befragten pflegenden Frauen zu. Demgegenüber verfügt ein Siebtel der Männer über ein maximales Familiennettoeinkommen in Höhe von 2.000 Euro – dies trifft aber auf ein Fünftel der Frauen zu.[10]

Es wurden Pflegende aus insgesamt *13 Bundesländern* befragt, wobei die meisten Interviews in Baden-Württemberg, Nordrhein-Westfalen und Berlin realisiert wurden. Unabhängig vom Bundesland schließt das Sample Pflegende aus ländlichen bzw. städtischen Lebensräumen ein: Ein Drittel (30) aller Interviewpartner/innen lebt in einer Kleinstadt oder einer ländlichen Gemeinde, ein Fünftel (18) in einer mittelgroßen Stadt und knapp die Hälfte in einer Großstadt oder Metropole (42).

Bei der Mehrzahl der Interviewpartner/innen handelt es sich um Personen im Alter von 46 bis 55 Jahren. Immerhin 17 Befragte sind jünger als 46 Jahre, was nicht zuletzt damit zusammenhängen könnte, dass in der Studie auch Erwerbstätige, die ihre Partner oder Kinder pflegen, berücksichtigt wurden. Zwar entfällt die Mehrzahl der berücksichtigten 109 Pflegesituationen auf die Pflege eines Mitglieds aus der *„älteren Generation"* (Eltern, Schwiegereltern, Großeltern, Tante/Onkel) (81 Pflegesituationen), daneben finden sich unter den Befragten aber auch Pflegende, die Person der *„gleichen Generation"* pflegen (Partner/in, Geschwister) (16 Pflegesituationen), oder die *Kinder* pflegen (zwölf Pflegesituationen). Knapp die Hälfte der Frauen sowie ein Drittel der Männer befinden sich in einer „Sandwich-Lebenssituation" und haben parallel zu ihren Pflegeaufgaben auch noch eigene Kinder im Haushalt zu betreuen.

Der Feldzugang

Der Zugang zu den Beschäftigten mit privater Pflegeverantwortung wurde über zwei verschiedene Wege gesucht. Einerseits wurde das Projekt im Sinne eines „Top-Down"-Ansatzes über Gewerkschaften und bereits bestehende Kontakte zu interessierten Unternehmen bekannt gemacht und alle zur Zielgruppe gehörenden Pflegenden zum Mitmachen aufgefordert. Die Unternehmen leiteten die

---

9   Hier verstanden als Summe der monatlichen Erwerbseinkommen der befragten pflegenden Person und ihrer/ihres gegebenenfalls im Haushalt lebenden Partnerin/Partners.

10   Insgesamt fallen die Familieneinkommen unserer Befragten, im Vergleich mit repräsentativen Einkommensdaten für Deutschland, vergleichsweise hoch aus. Dies ist auch durch die Auswahlkriterien bedingt: zum einen weisen die durchweg erwerbstätigen Befragten ein etwas höheres Durchschnittsalter auf; zum anderen wurden mehrheitlich erwerbstätige Frauen befragt, welche überwiegend einen ebenfalls erwerbstätigen Partner haben. Damit stammt die Mehrheit der Befragten aus einem Zweiverdiener/innenhaushalt.

vom Projektteam ausformulierte Suche nach Interviewpartner/inne/n weiter, verbunden mit der Bitte, sich zu melden. Diese Weiterleitung erfolgte entweder betriebsintern an alle Beschäftigten oder gezielt an einzelne Personen, deren private Pflegeverantwortung bekannt war. Auf diese Weise wurden vor allem Beschäftigte größerer, pflegesensibler Unternehmen erreicht.

Andererseits fanden in der Logik des „Bottom-Up"-Prinzips Aufrufe über unterschiedliche Selbsthilfegruppen pflegender Angehöriger, Interessen- und Wohlfahrtsverbände sowie diverse Mitgliedszeitschriften der Krankenkassen statt, sich beim Projektteam für ein Interview zur Verfügung zu stellen. Die zwei letzteren Strategien erwiesen sich als besonders erfolgreich und führten dazu, dass sich zahlreiche Beschäftigte auch aus kleineren und mittleren Betrieben sowie aus unsicheren Beschäftigungsverhältnissen meldeten und interviewt werden konnten.

Als motivierend für die Beteiligung der entsprechenden Beschäftigten an unserer Befragung erwies sich der hohe Leidensdruck, dem die meisten Beschäftigten mit Pflegeaufgaben ausgesetzt sind. Das Interesse der Angehörigen über ihre Pflegesituation sowie ihre Arbeitszeiten zu berichten, war bemerkenswert groß. Mehrheitlich wurde es als große Erleichterung angesehen, dass „sich mal jemand für uns interessiert". Das Erzählverhalten kann daher als insgesamt sehr offen und vertrauensvoll beschrieben werden.

Der Leitfaden

Alle durchgeführten qualitativen Leitfadeninterviews orientieren sich in ihrem Charakter am problemzentrierten Interview (Witzel 1989, 2000), wie auch am episodischen Interview (Flick 2007; Flick et al. 1995). Eine erzählgenerierende Interviewführung mit Aufforderungen zu episodischen Erzählungen wurde vor allem im Hinblick auf die eigenen Alltagserfahrungen der Beschäftigten mit privater Pflegearbeit sowie auf die Beschreibung des betrieblichen Umgangs mit „Care"-Verpflichtungen von Beschäftigten angestrebt (Rosenthal 2005; Flick 2007). Dafür wurden vorab definierte Gesprächsgegenstände im Leitfaden verankert. Die Teilstandardisierung des Leitfadens ermöglichte dem Forschungsteam, sich an ausformulierten Fragen in einer bestimmten Reihenfolge zu orientieren und das Gespräch gezielt auf bestimmte Themen zu fokussieren. Gleichzeitig war es möglich, auf das Erzählverhalten der einzelnen Interviewpartnerinnen einzugehen, ohne die zentralen Themen aus dem Blick zu verlieren.

Der Leitfaden gliedert sich in sieben Themenblöcke, die sowohl offen gehaltene Fragen als auch zusätzliche, detaillierte Nachfragen enthalten. Die einleitenden Fragen sollten das Erzählverhalten der Interviewpartnerin stimulieren. Die Nachfragen sollten sicherstellten, dass alle im Themenzusammenhang interessierenden Aspekte besprochen werden. Der Leitfaden umfasste damit ein Fragenrepertoire von 30 Fragen. Die Themenblöcke im Einzelnen:

-   Im Fokus der Beschäftigteninterviews stehen die *Zeitverteilungsmuster* der
    Beschäftigten sowie die Prozesse der wechselseitigen Abstimmung von Ar-
    beits- und Pflegezeiten. Der erste *Themenblock „Überblick Alltag"* zielt
    daher auf die Schilderung des alltäglichen Tages-/Wochenablaufes der Be-
    fragten. So kann herausgearbeitet werden, wie die gesamte Zeit zwischen
    Erwerbsarbeitszeit, Pflegezeit, Eigenzeiten, Familienzeiten, Schlaf etc. auf-
    geteilt wird und wann dabei (und wodurch) Reibungen und Zeitverteilungs-
    konflikte entstehen.
-   Der zweite *Themenblock „Erwerbsarbeit"* wendet sich ausschließlich der
    Sphäre der Erwerbsarbeit zu. Die Pflegenden werden danach befragt, wel-
    che Arbeitszeitmodelle und Arbeitszeitpraxen sie bereits nutzen, ob diese
    sinnvoll (und diskriminierungsfrei) genutzt werden können und wie sie sich
    auf ihre Lebenssituation auswirken. Auch betriebliche Muster und Traditio-
    nen der Gestaltung von Arbeitszeiten werden hier erfragt.
-   Der *Themenblock „Pflege"* fokussiert auf Art und Umfang der tatsächli-
    chen Unterstützungsleistungen, die die Beschäftigten für die zu pflegende
    Person übernehmen.[11] Anhand eines Erfassungsbogens werden personen-
    bezogene und mittelbare Pflegetätigkeiten einzeln besprochen und hinsicht-
    lich ihrer Häufigkeit erfasst. Darüber hinaus wird nach der Selbsteinschät-
    zung der Befragten bezüglich ihres Haupt- oder Nebenpflegestatus gefragt
    und Art und Umfang des Pflegenetzwerkes erhoben – inklusive aller weite-
    ren Mithelfenden an der jeweiligen Pflegesituation.
-   Die Fragen des *Themenblocks „Eigenes soziales Leben"* richten sich auf die
    Zeitinstitutionen der Befragten sowie ihre verbleibenden Familien- und
    Eigenzeiten. Auch mögliche (zeitliche) Entlastungsstrategien der Pflegen-
    den werden thematisiert.
-   Die *„Vergangenheit" der Pflegesituation* – also wie und womit diese be-
    gonnen und welche Auswirkungen sie bisher auf die Erwerbstätigkeit ge-
    habt hat – sowie die *„Zukunft" der Pflege* – also welche beruflichen und
    pflegebezogenen Vorstellungen die Beschäftigten für die nächsten fünf Jahre
    haben – werden im fünften und sechsten Themenblock abgefragt.
-   Im siebten Themenblock geht es um die subjektiv erlebten zeitlichen *„Be-
    und Überlastungen"* von pflegenden Beschäftigten sowie noch einmal zu-
    sammenfassend um die dem zu Grunde liegenden Ursachen. Darüber hinaus
    werden die Interviewpartner/innen nach ihren arbeitszeitlichen *Bedarfen
    und Wünschen* befragt.

---

11 Die Erfassung orientierte sich an der Unterscheidung nach Aktivitäten des täglichen Le-
    bens (ADL) sowie den instrumentellen Aktivitäten des täglichen Lebens (IADL) von
    Lawton/Brody (vgl. Schneekloth 2005; Neal/Hammer 2007).

Insgesamt haben sich Aufbau und Inhalt des Leitfadens als erfolgreich für die Interviewsituation bewährt. Die Interviews mit den pflegenden Beschäftigten verliefen in einer vertrauensvollen Atmosphäre.

Der Erfassungsbogen

Die wichtigsten sozio-demographischen Daten der Befragten, wie etwa Alter, Bildung und Einkommen, wurden am Ende jedes Interviews mittels eines mehrseitigen Fragebogens erhoben, der gemeinsam mit den Interviewpartner/inne/n ausgefüllt wurde. Dieser diente dem Schließen von Wissenslücken, die am Ende des Interviews gegebenenfalls noch bestanden, und ermöglichte den schnellen Vergleich der befragten Interviewpartner/innen.

Die Kartenabfrage: „Sinnvolle betriebliche Einzelmaßnahmen"

Zum Abschluss des Interviews wurden allen Interviewpartner/inne/n 23 Karten mit verschiedenen betrieblichen Maßnahmen zeitlicher und nicht-zeitlicher Art vorgelegt, die die Befragten jeweils als „hilfreich" für ihre Vereinbarkeitssituation von Pflege und Beruf oder als „nicht hilfreich" einstufen sollten.[12] Aus dem Stapel der betrieblichen Maßnahmen, die sie als grundsätzlich hilfreich bewertet hatten, wählten die Interviewpartner/innen zudem ihre „Top 3" aus, die sich als besonders förderlich für ihre aktuelle Vereinbarkeitssituation erwiesen bzw. erweisen könnten.

Die Auswertung der Beschäftigteninterviews

Alle Interviews wurden mit einem Aufnahmegerät aufgezeichnet. Nicht alle der insgesamt 90 durchgeführten Interviews mit pflegenden Beschäftigten konnten angesichts der begrenzten zeitlichen und personellen Ressourcen gleichermaßen intensiv ausgewertet werden[13]: 71 Interviews wurden vollständig transkribiert, während 19 etwas weniger relevante Interviews nach dem Interviewtermin lediglich schriftlich zusammengefasst wurden. Jedes der 90 Interviews wurde dann entsprechend seines inhaltlichen Gehaltes in eine der drei Auswertungsstufen („intensiv", „teil-intensiv", „ergänzend") einsortiert und entsprechend unterschiedlich intensiv ausgewertet.

–   *„Intensive Auswertung":* 25 Interviews wurden vollständig und sehr detailliert mit der Auswertungssoftware „ATLAS.ti" bearbeitet (d.h. codiert).
–   *„Teil-intensive Auswertung":* 18 Interviews wurden durchgängig mit mittlerer Gründlichkeit codiert. Auch bei ihnen wurden gezielte Interviewpassagen

---

12   In einigen Fällen wurde den Interviewpartnerinnen bei Entscheidungsschwierigkeiten auch die Optionen „Weder noch" bzw. „sowohl als auch" gewährt und separat notiert.
13   Diese Entscheidung wurde gemeinsam mit dem Projektbeirat getroffen.

zu besonders interessanten für den jeweiligen Fall typischen Einzelaspekten ebenfalls einer intensiven Auswertung (d.h. Codierung) unterzogen.

– Alle anderen Interviews wurden lediglich einer *„ergänzenden Auswertung"* unterzogen: Dies betrifft 28 Interviews, die wenig(er) einzelfallrelevante Besonderheiten aufwiesen und in erster Linie zur Absicherung und Bestätigung der qualitativen Ergebnisse aus den Interviews der Gruppen a) und b) ergänzend berücksichtigt wurden. Hier wurden die Zusammenfassungen der bereits genannten 19 Interviews mit geringerem Informationsgehalt mitberücksichtigt.

Alle Interviews wurden einzelfallbezogen ausgewertet, die wichtigsten – dies meint die 43 Interviews aus den Gruppen a) und b) – wurden zusätzlich einem systematischen Fallvergleich unterzogen. Für diese 43 Interviews wurden Einzelfalldiskussionen im Projektteam geführt, deren zentrale Ergebnisse verschriftlicht wurden und in den Auswertungsprozess eingingen. In den Falldiskussionen wurden die Besonderheiten des jeweiligen Falles herausgearbeitet, mit anderen Fällen abgeglichen und diesen kontrastierend gegenübergestellt. Auf Basis dieses Fallvergleiches konnten wesentliche Differenzierungen und Unterschiede des Gesamtsamples formuliert werden (vgl. hierzu Kap. 6).

Die Kategorien für den Kodierungsprozess wurden auf Grundlage der zuvor getroffenen Annahmen, des Forschungsinteresses sowie der inhaltlichen Fragen im Leitfaden vorab festgelegt. Die daraus entwickelte Code-Liste wurde im Forscher/innenteam diskutiert und mehrfach auf die Fragestellungen hin zugespitzt. Zudem wurde die Code-Liste im laufenden Kodierprozess, entsprechend der inhaltlichen Besonderheiten des Interviewmaterials, mehrfach ergänzt und weiter ausdifferenziert. Die fertige Code-Liste beinhaltet abschließend über 70 einzelne kategoriale Codes zur Systematisierung, Verschlagwortung und Interpretation des Interviewmaterials. Mit Hilfe dieser Codes und der Software zur Auswertung von qualitativem Interviewmaterial „ATLAS.ti" wurden die insgesamt ca. 2.900 Seiten Interviewtext bearbeitet. Dabei wurden für die Analyse rund 7.800 einzelne Passagen aus den 71 vollständig transkribierten und 19 zusammengefassten Interviews berücksichtigt.

3.2.2 *Expert/inn/eninterviews mit betrieblichen und außerbetrieblichen Akteuren*

Ergänzend zu den Beschäftigteninterviews wurden insgesamt 17 Expert/inn/eninterviews mit inner- und außerbetrieblichen Akteuren geführt, die in Leitfaden-Interviews zur Gestaltbarkeit pflegesensibler Arbeitszeiten und der Entwicklung einer pflegesensiblen Betriebskultur befragt wurden. Tabelle 3.2 gibt eine Übersicht über die interviewten Expert/inn/en.

Tab. 3.2: Interviews mit betrieblichen und außerbetrieblichen Akteuren

Experte/ Expertin Nr.	Funktion	Institution
Exp. 1	Betriebsratsmitglieder	Industriegewerkschaft Bergbau, Chemie, Energie (IG BCE)
Exp. 2	Personalverantwortlicher	Regionaldirektion der Bundesagentur für Arbeit
Exp. 3	Betriebliche Interessenvertretungen und Personalverantwortliche	Regionales Netzwerk Vereinbarkeit
Exp. 4	Referent/inn/en	verschiedene Wohlfahrtsverbände
Exp. 5	Führungskräfte und Gleichstellungs- beauftragte	Versorgungsunternehmen in öffentl. Hand
Exp. 6	Betriebliche Interessenvertretung und Verantwortliche für Pflege	Datenverarbeitungsunternehmen
Exp. 7	Personalverantwortliche, Betriebs- rätin, Sozialberaterin	Chemieunternehmen
Exp. 8	Gesundheitskoordinatorin	Polizei
Exp. 9	Frauenbeauftragte	Kommune
Exp. 10	Personalverantwortliche, zuständig u.a. für Pflege	Gebäudetechnikhersteller
Exp. 11	Personalverantwortliche, zuständig u.a. für Pflege	Großbank
Exp. 12	Betriebsratsmitglieder, Ausschuss für Chancengleichheit	Pharmaunternehmen
Exp. 13	Beraterin	Öffentliche Pflegeberatungsstelle
Exp. 14	Geschäftsführung	Sozialverband
Exp. 15	Wissenschaftlicher Referent/ Consultant	Unternehmensberatung und Servicedienstleistungen, Schwerpunkt Vereinbarkeit, „Work-Life-Balance"
Exp. 16	Leiterin Firmennetzwerk Pflege	Automobilhersteller
Exp. 17	Beraterin für pflegende Angehörige	Kirchliche Beratungsstelle

Die Gesprächspartner/innen aus dem betrieblichen Kontext waren entweder Betriebsräte/Betriebsrätinnen oder Personalverantwortliche, Führungskräfte oder Vertreter/innen der Geschäftsführungen. Bei der Auswahl wurde Wert darauf gelegt, dass diese Expert/inn/en möglichst aus denselben Betrieben kommen wie die befragten Beschäftigten. So war es möglich, ein genaueres Bild der wesentlichen betrieblichen Regelungen und Rahmenbedingungen zu erfassen und ihren Einfluss auf die von den Beschäftigten gemachten Erfahrungen sichtbar zu machen, ohne dazu umfassende Betriebsfallstudien durchzuführen. Die betrieblichen Expert/inn/en arbeiteten in Unternehmen verschiedener Branchen, z.B. in der Automobilindustrie, im Finanzsektor, der Pharmaindustrie, der Polizei, der öffentlichen Verwaltung oder im Straßenbau.

Darüber hinaus wurden Gespräche mit Pflege-Expert/inn/en geführt. Diese sind in Pflegeeinrichtungen, in Pflegeberatungsstellen, bei Pflegedienstleistern oder Pflegeverbänden tätig. Im Mittelpunkt dieser Interviews standen die Erfahrungen, Meinungen und Perspektiven der Pflege-Expert/inn/en hinsichtlich der aktuellen Vereinbarkeitsmöglichkeiten von Pflege und Beruf sowie der dabei auftretenden zeitlichen Anforderungen.

Die sogenannten systematisierenden Expert/inn/eninterviews richteten sich an Fachleute, „die sich – ausgehend von spezifischem Praxis- oder Erfahrungswissen, das sich auf einen klar begrenzbaren Problemkreis bezieht – die Möglichkeit geschaffen haben, mit ihren Deutungen das konkrete Handlungsfeld sinnhaft und handlungsleitend zu strukturieren" (Bogner et al. 2002). Im Rahmen der Interviews wurden daher vor allem betriebliche Handlungsansätze sowie der dazu notwendige externe Unterstützungsbedarf (z.B. durch Arbeitgeberverbände, Kammern, Gewerkschaften) thematisiert, aber auch die Grenzen dessen, was von den Betrieben an Sensibilität für Pflegeaufgaben der Beschäftigten erwartet werden kann und an welcher Stelle anderweitige gesellschaftliche und/ oder politische Strukturen greifen müssten.

Die Auswertung der Expert/inn/eninterviews

Im Unterschied zu anderen Formen des offenen Interviews bildete bei den Expert/inn/eninterviews nicht die Gesamtperson den Gegenstand der Analyse, „d.h. die Person mit ihren Orientierungen und Einstellungen im Kontext des individuellen oder kollektiven Lebenszusammenhangs" (Meuser/Nagel 2002), vielmehr werden die befragten Personen als Funktionsträger/innen begriffen. Im Mittelpunkt des Auswertungsprozesses stand folglich nicht der biografische Einzelfall, sondern das gemeinsam geteilte Wissen der Expert/inn/en bezüglich der Fragestellung. Ziel war es, die Besonderheiten pflegesensibler Maßnahmen in Betrieben herauszuarbeiten und von sonstigen familienfreundlichen Maßnahmen abzugrenzen.

Die Zusammenfassung der Expert/inn/eninterviews orientierte sich an einer thematischen Systematisierung des gewonnenen Textmaterials, mittels Extraktion und Dokumentation relevanter Informationen. Ziel war es, auf diese Weise den Umfang des Datenmaterials zu reduzieren und eine erste inhaltliche Systematisierung vorzunehmen (vgl. Gläser/Laudel 2004). Im zweiten Schritt wurden die Aussagen der jeweiligen Expert/inn/eninterviews thematisch miteinander verglichen, insbesondere hinsichtlich der Gemeinsamkeiten und Unterschiede von betrieblichen Expert/inn/en und der Pflege-Expert/inn/en.

3.2.3 Workshop und Forschungswerkstatt

Ergänzt wurden die Beschäftigten- und Expert/inn/eninterviews durch zwei Veranstaltungen mit unterschiedlichen Teilnehmerkreisen und Schwerpunkten. Sie hatten ebenfalls Einfluss auf den Forschungsverlauf und die Ergebnisse. Die Grundidee des Konzepts der Forschungswerkstätten und der Forschungskooperation (vgl. Lepperhoff/Scheele 2003) basiert auf der Kritik am traditionellen Drei-Phasen-Modell anwendungsorientierter Arbeitswissenschaft (Analyse – Bewertung – Gestaltung). Dieses Modell übersetzt die Wissenschaft-Praxis-Relation oft in eine hierarchisch-lineare Beziehung, in der entweder die Praxis als „Auftragnehmer" der Wissenschaft oder umgekehrt die Wissenschaft als „Auftragnehmer" der Praxis erscheint. Praxisorientierung wird, so auch Scheele und Lepperhoff, zum Umsetzungsproblem wissenschaftlicher Erkenntnisse oder sie nimmt die Form einer Selbstbeschränkung der Wissenschaft auf die Bereitstellung von Verfügungswissen unter Vernachlässigung der Bereitstellung von Orientierungswissen an. Demgegenüber geht das Konzept der Forschungswerkstätten und der Forschungskooperation von einem prinzipiell gleichberechtigten und dynamischen Verhältnis zwischen Wissenschaft und Praxis aus.

Workshop

Im Rahmen eines eintägigen Auftaktworkshops diskutierten rund 20 Arbeitszeitforschende, betriebliche Personalreferent/inn/en und Pflegeexpert/inn/en die dem Projekt zu Grunde gelegten Forschungshypothesen mit dem Projektteam sowie die für die Erhebung geplanten methodischen Instrumente. Unter dem Titel „Das Spannungsverhältnis von Arbeitszeiten und Pflegezeiten in Praxis und Forschung" beleuchteten die Teilnehmenden zudem die für die Befragung verwendete Begriffsdefinition von Pflege kritisch („Ab wann pflegen Angehörigen eigentlich?") und reflektierten die Sinnhaftigkeit einer Unterscheidung zwischen Haupt- und Nebenpflegenden. Als Resultat dieser Diskussion wurde die Entscheidung getroffen, keine systematische Unterscheidung zwischen Haupt- und Nebenpflegenden zur Auswahl von Interviewpartner/inne/n durchzuführen, sondern lediglich von Pflegenden mit unterschiedlicher Pflegeintensität auszugehen. Darüber hinaus wurde in den Leitfaden für die Beschäftigteninterviews eine Selbsteinschätzungsfrage integriert, bei der sich die Befragten selbst als Haupt- oder Nebenpflegeperson einordnen sollten.

Thematisiert wurden auf dem Workshop zudem Möglichkeiten und Grenzen der Erhebung alltäglicher Zeitverteilungsmuster von pflegenden Beschäftigten. Resultat dieser Diskussion war die Entwicklung des Erfassungsbogens auf Grundlage des ATL-Kataloges (Aktivitäten des täglichen Lebens nach Liliane Juchli), der während der Beschäftigteninterviews zum Einsatz kam.

Die betrieblichen Expert/inn/en stellten zudem Anregungen für sinnvolle betriebliche Maßnahmen und arbeitszeitliche Regelungen und ihre Erfahrungen mit ihnen vor.

Forschungswerkstatt

Darüber hinaus fand zum Ende des Projekts, im Juni 2011, eine Forschungswerkstatt mit rund 20 abhängig Beschäftigten statt, die selbst Pflegeaufgaben wahrnehmen. In Kooperation mit dem Projekt „Vereinbarkeit von Familie und Beruf" des DGB-Bundesvorstandes wurden während der Veranstaltung die vorläufigen Ergebnisse und Handlungsvorschläge der Projektgruppe diskutiert. Auf diesem Wege konnten Rückmeldungen, Ergänzungen sowie Bedenken der Teilnehmenden aufgegriffen und die Projektergebnisse entsprechend vervollständigt und präzisiert werden.

4 Die Wirklichkeit der Arbeits- und Pflegezeiten – aus Sicht der pflegenden Beschäftigten

4.1 Rechtliche Rahmenbedingungen von Beschäftigten mit privater Pflegeverantwortung

Übernehmen Beschäftigte im privaten Umfeld Pflegeverantwortung, regeln derzeit zwei Gesetze die Ansprüche der Beschäftigten an den Betrieb. Dies ist zum einen das Pflegezeitgesetz (PflegeZG). Zum anderen ist im Januar 2012 das Gesetz zur Vereinbarkeit von Pflege und Beruf, auch Familienpflegezeitgesetz (FPfZG) genannt, in Kraft getreten.

4.1.1 Das Pflegezeitgesetz

Das Bundeskabinett hat im Juli 2008 mit dem Pflege-Weiterentwicklungsgesetz (PfWG), die Pflegereform auf den Weg gebracht. Bestandteil des Beschlusses war auch die Verabschiedung des Pflegezeitgesetzes (PflegeZG). Das PflegeZG verfolgt das explizite Ziel, Angehörigen die Übernahmen privater Pflegeverantwortung auch bei Berufstätigkeit zu erleichtern. Es soll Beschäftigten die Möglichkeit eröffnen, pflegebedürftige nahe Angehörige in häuslicher Umgebung zu pflegen und damit die Vereinbarkeit von Beruf und familiärer Pflege zu verbessern. Das Gesetz regelt zwei verschiedene Freistellungsansprüche: zum einen die kurzeitige Arbeitsverhinderung gemäß § 2 PflegeZG und zum anderen die sogenannte Pflegezeit gemäß § 3 PflegeZG.

Kurzzeitige Arbeitsverhinderung, § 2 PflegeZG: Gemäß dieser Regelung haben Beschäftigte das Recht, der Arbeit für bis zu zehn Arbeitstage fernzubleiben, wenn dies erforderlich ist, um für einen pflegebedürftigen nahen Angehörigen in einer akut aufgetretenen Pflegesituation eine bedarfsgerechte Pflege zu organisieren oder eine pflegerische Versorgung in dieser Zeit sicherzustellen.

Der Arbeitgeber muss unverzüglich über das Fernbleiben und den Grund (Pflegesituation bei einem namentlich benannten nahen Angehörigen) unterrichtet werden. Der Arbeitgeber kann die Vorlage einer entsprechenden Bestätigung vom Arzt verlangen.

Wird das Recht aus § 2 PflegeZG in Anspruch genommen, so entfällt grundsätzlich der Vergütungsanspruch. Das PflegeZG selbst sieht keine Entgeltfortzahlung vor. Eine Vergütungsfortzahlungspflicht kann sich aber aus anderen gesetzlichen Regelungen (vor allem § 616 BGB), Betriebsvereinbarungen oder Tarifverträgen ergeben.

Pflegezeit, § 3 PflegeZG: Beschäftigte haben gemäß § 3 PflegeZG einen Anspruch auf vollständige oder teilweise Freistellung für maximal sechs Monate, wenn sie einen pflegebedürftigen nahen Angehörigen in häuslicher Umgebung pflegen.

Der Anspruch ist nicht an eine Wartezeit gebunden, setzt aber voraus, dass der Arbeitgeber in der Regel mehr als 15 Beschäftigte hat. Die Inanspruchnahme der Pflegezeit muss dem Arbeitgeber mit einer Ankündigungsfrist von zehn Arbeitstagen schriftlich mitgeteilt werden.

Der Arbeitgeber hat bei der erstmaligen Geltendmachung je pflegebedürftigen Angehörigen kein Recht, die Freistellung zu verweigern. Sofern der Beschäftigte allerdings eine nur teilweise Freistellung (Teilzeit) anstrebt, kann der Arbeitgeber den Wünschen hinsichtlich der Verteilung der Arbeitszeit dringende betriebliche Belange entgegenhalten.

Die Beschäftigten sind nicht gezwungen, zu Beginn der Freistellung den vollen Sechs-Monats-Anspruch geltend zu machen. Sofern jedoch von dieser Möglichkeit Gebrauch gemacht wird, ist bezüglich einer Verlängerung die Zustimmung des Arbeitgebers – auf welche kein Anspruch besteht – erforderlich.

Besonderer Kündigungsschutz: Beschäftige, welche die Möglichkeit einer kurzzeitigen Arbeitsverhinderung gemäß § 2 PflegeZG oder der Pflegezeit gemäß § 3 PflegeZG in Anspruch nehmen, genießen gemäß § 5 PflegeZG einen besonderen Kündigungsschutz. Von der Ankündigung der Inanspruchnahme bis zur Beendigung darf das Arbeitsverhältnis durch den Arbeitgeber nicht gekündigt werden.

Pflegebedürftigkeit: Das PflegeZG verweist bezüglich dieser Frage auf die Vorschriften zur Pflegeversicherung der §§ 14 und 15 Sozialgesetzbuch Neuntes Buch (SGB XI). Pflegebedürftig sind danach Personen, die wegen einer körperlichen, geistigen oder seelischen Krankheit oder Behinderung für die gewöhnlichen oder regelmäßig wiederkehrenden Verrichtungen im Ablauf des täglichen Lebens auf Dauer in erheblichem Maß der Hilfe bedürfen.

Wer ist naher Angehöriger?: Der Kreis der nahen Angehörigen, für deren Pflege man die Pflegezeit oder die kurzzeitige Arbeitsverhinderung in Anspruch nehmen kann, ist im PflegeZG ausdrücklich geregelt. Nahe Angehörige sind danach:

-   Großeltern,
-   Eltern und Schwiegereltern,
-   Ehegatten, Lebenspartner, Partner einer eheähnlichen Gemeinschaft,
-   Geschwister,
-   Kinder, Adoptiv- oder Pflegekinder, die Kinder, Adoptiv- oder Pflegekinder des Ehegatten oder Lebenspartners, Schwiegerkinder und Enkelkinder

Über die Wirkungen dieses Gesetzes liegen bisher kaum Erkenntnisse vor. Zwar hat das Bundesgesundheitsministerium eine Studie in Auftrag gegeben, die die „Wirkungen des Pflege-Weiterentwicklungsgesetzes" evaluieren soll, doch sind die Ergebnisse bislang nicht öffentlich gemacht worden. Aus einer kleinen Anfrage an die Bundesregierung geht lediglich hervor, dass bis Mitte 2010 die kurzfristige Freistellung nach § 2 PflegeZG von etwa 9.000 Personen in Anspruch genommen wurde. Die Pflegezeit nach § 3 PflegeZG wurde hochgerechnet von etwa 18.000 Personen in Anspruch genommen, die zum Zeitpunkt der Befragung einen Pflegebedürftigen in häuslicher Umgebung pflegten (BT-Drucksache 17/4135, 2010). Der AOK-Trendbericht Pflege II (Runde et al. 2009) stellt fest, dass fast jeder zweite Pflegehaushalt (45%) mit Pflegepersonen im erwerbsfähigen Alter unter 65 Jahren, die Regelung nicht kennt. Gut ein Viertel der Pflegehaushalte kenne zwar die neue Regelung, sehe darin aber keinen positiven Nutzen. Für nur 21% der Vollzeiterwerbstätigen stellt die Regelung eine Erleichterung dar, bei den Teilzeitbeschäftigten sind es immerhin 37%. Auch für die Beschäftigten in unserem Sample spielten die gesetzlichen Möglichkeiten im Rahmen des PflegeZG eine marginale Rolle, wie im weiteren Verlauf noch gezeigt wird. Hauptkritikpunkte sind die Nicht-Finanzierung sowie die Nichtpassfähigkeit entsprechend der (zeitlichen) Bedarfe, die sich für sie aus der Pflegeübernahme ergeben.

4.1.2   Familienpflegezeitgesetz

Das Gesetz zur Vereinbarkeit von Pflege und Beruf (FPfZG), dass Anfang 2012 in Kraft getreten ist, sieht vor, dass Berufstätige ihre wöchentliche Arbeitszeit maximal zwei Jahre lang auf einen Mindestumfang von 15 Stunden reduzieren können, um Angehörige zu pflegen. Die Arbeitgeber, die ihren Beschäftigten während dieser Familienpflegezeit das Gehalt um die Hälfte der Differenz zwischen dem bisherigen Gehalt und dem sich durch die Arbeitszeitreduzierung ergebenden geringeren Gehalt aufstocken, sollen dies durch ein zinsloses Bundesdarlehen finanzieren können. Der Beschäftigte muss zum Ausgleich nach der Familienpflegezeit so lange Vollzeit zum geringeren Gehalt arbeiten, bis dieses Darlehen abbezahlt ist. Das mögliche Ausfallrisiko für den Arbeitgeber, im Fall eines Todes des Arbeitnehmers oder der vorzeitigen Beendigung des Arbeitsverhältnisses, ist durch eine Familienpflegezeitversicherung abgedeckt. Einen Rechtsanspruch auf Familienpflegezeit, wie er von Gewerkschaften und Wohlfahrtsverbänden gefordert wird, sieht das Gesetz nicht vor.

Die Kritik an diesem Gesetz war schon im Vorfeld groß, fällt es doch noch deutlich hinter die bestehenden Regelungen zurück. Die zeitlichen Risiken und finanziellen Lasten, die die Pflegebedürftigkeit eines immer größeren Teils einer alternden Gesellschaft nach sich ziehen, werden, so die Kritik, nach wie vor bei den betroffenen Individuen verbleiben. Zudem bräuchte es eine größere Anzahl entlohnter Frei-Tage zur Bewältigung unerwartet auftretender Pflegeereignisse. Außerdem bräuchte es mehr verbriefte Rechte für pflegende Beschäftigte, nicht nur auf die Dauer, sondern auch auf Lage und Verteilung ihrer Arbeitszeit Einfluss nehmen zu können und schließlich eine Erweiterung des anspruchsberechtigten Personenkreises über die engere Familienzugehörigkeit hinaus (vgl. DGfZP 2011).

4.2   Arbeitszeitliche Realitäten Pflegender im Betrieb

Die folgenden Abschnitte dienen der detaillierten Beschreibung der verschiedenen Arbeitszeitmodelle der interviewten Beschäftigten. Sie beleuchten die konkreten Arbeitszeitpraxen hinsichtlich ihrer Kompatibilität mit den Pflegeaufgaben der Beschäftigten und lassen die Betroffenen selbst zu Wort kommen.

4.2.1   Zeitkonten und Gleitzeit

Zeitkonten und Gleitzeitmodelle sind deutschlandweit mittlerweile stark verbreitet. So liegt laut dem „Establishment Survey on Working Time and Work-Life Balance" (2004/2005) der Anteil der Beschäftigten mit solchen flexiblen Arbeitszeiten, bei denen Dauer und Lage im Zeitablauf variieren, bei 71%. In der allgemeinen Debatte gelten insbesondere die Gleitzeiten als nicht besonders wirkungsmächtiges Element. Überraschend war daher, welch hohen Stellenwert diese beiden Arbeitszeitgestaltungselemente im Bezug auf die Frage der Vereinbarkeit von Beruf und Pflege bei den Beschäftigten einnehmen.

Zeitkonten

Rund zwei Drittel aller Befragten verfügen über ein Arbeitszeitkonto als ein Instrument zur Erfassung und Flexibilisierung der Arbeitszeit. Die Konten dienen dazu, Abweichungen der tatsächlichen von der vereinbarten Arbeitszeit festzuhalten, so dass ein Guthaben auf- oder abgebaut und innerhalb eines festgesetzten Zeitraums ausgeglichen wird. Mehrheitlich handelt es sich um sogenannte Ampelkonten, bei denen bestimmte Ober- und Untergrenzen im Arbeitszeitvolumen festgeschrieben sind, deren Bestimmung durch den Arbeitgeber erfolgt. Gerade für Beschäftigte mit privater Pflegeverantwortung erweisen sich die Arbeitszeitkonten als ein sehr wesentliches Steuerungselement bei der Vereinbarkeit von Beruf und Pflege. Sie helfen, auf Schwankungen im Pflegealltag zu reagieren, beispielsweise um die pflegebedürftige Person zum Arztbesuch zu begleiten, oder auf eine akute Erkrankung zu reagieren. Aus diesem Grund sind die

Beschäftigten bemüht, über ein gewisses Guthaben auf dem Konto zu verfügen, wie z.B. Herr Sommer, ein in vollzeitnaher Teilzeit bei einer Bank in Führungsposition angestellter Familienvater, der nach der Pflege des Vaters nun seine an Parkinson erkrankte Mutter pflegt:

> „Ich denke, dass das irgendwo um 50 Stunden sind ... die lasse ich als Polster immer stehen. Es kann ja auch mal ein Notfall sein, für den ich einfach mal zwei, drei Tage am Stück haben müsste. Wenn mit meiner Mutter mal irgendwas Ungewöhnliches passiert. (Herr Sommer, 050)

Ein größeres Guthaben liefert den notwendigen zeitlichen Spielraum, um auch auf Besonderheiten seitens der Pflege zu reagieren, beispielsweise die Suche nach einem passenden Heimplatz oder ein längerer Klinikaufenthalt. Ersichtlich auch am Beispiel von Herrn Lade, Kriminalpolizist und Vater zweier Kinder, der seine krebskranke Frau pflegt und der „entweder auf Urlaubsbasis oder auf Überstundenbasis dann komplett freigenommen" (246) hat.

Notwendige Bedingung ist eine ausreichende Gestaltungsmöglichkeit seitens der Beschäftigten. Das Vereinbarkeitspotential der Arbeitszeitkonten korreliert sehr eng mit dem Einfluss, über den die Beschäftigten beim Auf- und Abbau der Zeitguthaben verfügen. Ist dieser Einfluss nicht gegeben oder fällt nur sehr gering aus, empfinden die Beschäftigten ein solches Arbeitszeitflexibilisierungsinstrument eher als Be- denn als Entlastung. Im Falle von Herrn Stadler ist die hohe Arbeitsbelastung als Verwaltungsleiter einer öffentlichen Einrichtung dafür verantwortlich, dass er den notwenigen Spielraum, den sein Arbeitszeitkonto bereithält, in der Praxis nicht nutzen kann. Formal ist es ihm zwar möglich, Guthaben auf seinem Arbeitszeitkonto zu entnehmen, die konstant überlangen Arbeitszeiten aber führen dazu, dass die entsprechenden Entnahmen nicht umzusetzen sind. Zudem verfällt das erworbene Zeitguthaben regelmäßig „und das bereits seit 22 Jahren" (Herr Stadler, 038).

Gerade weil Pflege nicht vollständig planbar ist und in Krisensituationen meist ein höherer Betreuungsaufwand anfällt, schätzen Beschäftigte die Möglichkeit, Zeitguthaben auf dem Arbeitszeitkonto aufzubauen. Dies geschieht auf vielfältige Art und Weise, z.B. indem täglich etwas länger gearbeitet wird, als es die vertraglich vereinbarte Arbeitszeit erfordert. Andere nutzen die Phasen, in denen die pflegebedürftige Person weniger Betreuung braucht, um sich ein Zeitguthaben zu erarbeiten:

> „Na ja, ich habe die Zeit ... ich versuche es immer ein bisschen so zu machen, dass in Zeiten, wo es meiner Frau gut geht, dass ich da Überstunden anhäufe und länger bleibe. Und in Zeiten, wo es ihr nicht so gut geht, dann wieder einen freien Tag mache, oder einen verkürzten Dienst oder eine Dienstzeitunterbrechung." (Herr Lade, 069)

Gerade wenn die Pflegeverantwortung geteilt wird, beispielsweise mit einem anderen Familienmitglied, versuchen die Betroffenen in den pflegefreien Zeiten möglichst viel zu arbeiten, um in den pflegeintensiven Zeiten über mehr Dispositionsspielräume verfügen zu können. So teilt sich z.B. Frau Tell die Pflege ihrer altersschwachen Mutter und Tante mit ihrem Bruder. Eine Woche ist dieser für die Betreuung der Mutter verantwortlich, dann übernimmt sie die folgende Woche. Entsprechend reagiert sie mit ihren Arbeitszeiten und baut in der pflegefreien Woche Zeitguthaben auf, die sie dann in der Pflegewoche in ganzen Tagen wieder abbaut. Sie kann auf ihrer Vollzeitstelle als qualifizierte Angestellte eines Chemiekonzerns relativ flexibel und selbstbestimmt agieren und reagieren:

> „Ich hole in einer Woche im Moment mindestens einen Tag raus. Den nehme ich mir dann aber auch wieder frei. Das ist der Punkt, wo ich sage, dadurch, dass ich so flexibel arbeiten kann, bin ich dann halt auch mal in einer anderen Woche zwei Tage nicht da." (Frau Tell, 063)

Neben Mehrarbeit und Überstunden lassen sich einige Beschäftigte Zulagen und Prämien auf ihr Zeitkonto gutschreiben, tauschen also Geld gegen Zeit.

Auch wenn die Mehrheit unserer Interviewpartner/innen diese Flexibilität schätzt, so gibt es auch negative Stimmen. Kritisiert wird – insbesondere von den Hauptpflegenden und den Beschäftigten mit einem hohen Arbeitszeitvolumen – dass die Guthaben vollständig selbst erwirtschaftet werden müssen. Vielen Beschäftigten gelingt dies nicht, da die notwendigen Zeiten im Alltag zwischen Beruf, Pflege und den anderen Lebensbereichen nicht ausreichend zur Verfügung stehen. Hier wünschen sich die Betroffenen eine stärkere zeitliche Unterstützung, beispielsweise durch – gesetzlich oder betrieblich finanzierte – Zeitboni für Pflegende, die auf dem Arbeitszeitkonto gutgeschrieben werden könnten.

Die Probleme einer pflegegerechten Nutzung solcher Konten liegen also sowohl im Ansparen als auch in der Entnahme der Zeiten (vgl. Kap. 4.6.2). Das Ansparen hängt von den Gelegenheiten ab, Überstunden zu machen – beispielsweise durch Vertretungen. In größeren Betrieben oder Behörden ist es – so der Eindruck aus dem empirischen Material – darüber hinaus zumeist möglich, aufgrund eines kontinuierlichen Arbeitsanfalls eigeninitiativ mehr zu arbeiten. In kleineren Betrieben gibt es solche Mehrarbeitsmöglichkeiten oft nur zyklisch und/oder unter ungünstigen Umständen gerade dann, wenn auf der anderen Seite durch zusätzlichen vorübergehenden oder dauerhaften Aufwuchs an Pflegeaufgaben die Belastung ebenfalls steigt. Wollen sich die Beschäftigten die günstige Gelegenheit zu Überstunden nicht entgehen lassen, besteht die Gefahr psychophysischer Überbeanspruchung mit dem sich anschließenden Risiko des Ausfalls der Pflegeperson – in der Arbeit und in der Pflege. In der Regel eine schlicht katastrophale Situation.

Gleitzeit

Die Gleitzeit ist ein Arbeitszeitmodell, das in vielen Unternehmen angewendet wird. Sie besteht aus einer festgelegten Kernzeit, für die eine allgemeine Anwesenheitspflicht besteht, sowie aus den Ein- und Ausgleitzeitspannen. Die Beschäftigten haben die Möglichkeit, Beginn und Ende der täglichen Arbeitszeit in diesem vorgegebenen Rahmen frei zu wählen. Durch das Gleitzeitmodell kommt es also zu einer Verschiebung der Anfangs- und Endzeiten und der täglichen Länge der Arbeitszeit. Die Abweichungen von der Regelarbeitszeit werden in der Regel auf einem Arbeitszeitkonto festgehalten, um einen Zeitausgleich zu ermöglichen.

Auch wenn den Beschäftigten durch das Gleitzeitmodell nur ein begrenztes Maß an zeitlichem Spielraum eingeräumt wird, schätzen die Befragten diesen doch sehr. Das Phänomen, das Eltern mit ihren Kindern kennen, nämlich, dass nicht jeder Morgen gleich verläuft, zeigt sich in der Pflege noch ausgeprägter. Die Tagesschwankungen in der körperlichen wie kognitiven Verfasstheit der Pflegebedürftigen sind groß, so dass ein und dieselbe Tätigkeit, wie das morgendliche Waschen oder Aufstehen, die an dem einen Tag sehr schnell vonstattengeht, am nächsten Tag doppelt so lange dauern kann. Frau Weidinger, die ihre demente Mutter mit Pflegestufe II pflegt, weiß schon nach wenigen Minuten, wie der zeitliche Pflegeaufwand an dem Tag aussehen wird.

> „Wenn ich merke, sie hat einen guten Tag und man kann sie auch vor den Fernseher setzen, dann schaue ich, dass ich eher wieder gehen kann. Wenn es aber schlechte Tage sind, können es auch vier Stunden werden. Oder fünf Stunden, je nachdem. Wenn die Pflegerinnen anrufen ... wenn das Telefon klingelt und ich sehe die Nummer, dann weiß ich schon, heute ist sie wieder unruhig, heute wird es wieder länger ...". (Frau Weidinger, 374)

Um genau solchen Schwankungen im Pflegealltag begegnen zu können, eignet sich die Gleitzeit in besonderem Maße. Die Beschäftigten sind in der Regel aber nicht nur von der Kooperationsfähigkeit der betreuten Person abhängig, sondern auch von anderen Akteuren des Pflegenetzwerks. Hier ist an erster Stelle der ambulante Pflegedienst zu nennen. Gerade seine Ankunftszeiten sind nur begrenzt planbar. Nicht selten ergeben sich pflegebedingt Varianzen von einer Stunde und mehr. Beschäftigte, die ihre Erwerbsarbeit zu fixen Zeiten aufnehmen müssen, geraten so schon von Beginn des Tages an unter Zeitdruck – wie Frau Würsig, Mitarbeiterin in einer Apotheke, eindrucksvoll schildert:

> „Ich habe vier Jahre lang meinen Papa – schwer demenzkrank, Blasenkatheter und dergleichen – gepflegt. Ich hatte zwei Pflegefälle. Und ich war kurz davor, aus dem Fenster zu springen. Also ich habe um neun Uhr Dienst gehabt und um acht Uhr hat er sich den Katheter rausgerissen, saß im Blut, ich musste aber zum Dienst. Das waren Situationen, die kann ich gar nicht beschreiben." (Frau Würsig, 045)

Diesen Druck zu nehmen, darin liegt eine große Stärke von Gleitzeitregelungen.

Neben der pflegebedürftigen Person selbst und den verschiedenen Akteuren innerhalb des Pflegenetzwerks bestimmen vereinzelt auch medizinischen Notwendigkeiten sowie technische Hilfsmittel der Pflege den Zeitplan der Beschäftigten. Bestimmte Medikamente, aber auch Nahrungsmittel, werden in extremen Fällen mit entsprechenden Geräten verabreicht, die zu festen Zeiten gewartet und gesteuert werden müssen. Die bei der Polizei als Sachverständige in Vollzeit tätige Frau Keller unterliegt den Zeitzwängen der Pflegesituation bei ihrem schwerkranken Mann, der nicht selbständig Nahrung zu sich nehmen kann und daher dauerhaft über eine sogenannte Magensonde ernährt wird, die wiederum in regelmäßigen Abständen aufgefüllt werden muss. Sie beschreibt die sich daraus ergebende zeitliche Abhängigkeit wie folgt:

> „Mir fällt um drei Uhr aufstehen sehr schwer, gebe ich ganz ehrlich zu. Um vier Uhr aufstehen ist was ganz anderes. Da habe ich gar kein Problem damit, um vier. Aber dann kann ich erst um 14 Uhr erst Feierabend machen, weil ich ja acht Stunden arbeite, acht Stunden oder mehr, ich bin ja Angestellte. Dadurch komme ich mit der Magensonde in Schwulitäten. Ich kann die nur mit anderthalb Liter befüllen. Und das sind knappe zehn Stunden. Also mir ist es lieber, dass ich früher arbeite und dann auch um 13 Uhr ... oder 14 Uhr bis 14:30 Uhr spätestens zu Hause bin." (Frau Keller, 032)

Ähnlich geht es Frau Holzheu, deren Tagesablauf eine zeitliche Taktung durch Katheterisieren und Darmspülung der behinderten Tochter erfährt und die diese Arbeiten aufgrund der hohen Komplexität und auch zur Bewahrung der Intimsphäre der Tochter nicht auf Dritte übertragen kann.

Den Arbeitsbeginn bei Bedarf so legen zu können, dass die Wegezeiten möglichst kurz gehalten werden, ist ein weiterer Pluspunkt der Gleitzeitregelungen bei der Vereinbarkeit von Beruf und Pflege. Der Rushhour am Morgen sowie am Nachmittag ausweichen zu können, statt unnütz Zeit im Verkehrsstau zu verlieren, gibt Puffer, der für die Pflege dringend benötigt wird. Gelingt diesmal nicht, entsteht zusätzlicher Zeitdruck und Stress, der immer wieder auch eine Selbstgefährdung mit sich bringt, wie folgendes Zitat von Herrn Bellscheidt, einem in Vollzeit tätigen leitenden Kriminaltechniker mit Pflegeverantwortung, zeigt:

> „Sie haben so einen Kopf. So voll, setzen sich ins Auto rein und müssen dann klick machen und sagen, jetzt Pflege, Mutter, nur die Hauptsache. Und dann fahren Sie dahin. Sie fahren also wie auf Schienen. Sie sind eigentlich gar nicht richtig da." (Herr Bellscheidt, 091)

Dass die Ausgestaltung der Gleitzeit dabei nicht immer ausreicht, zeigt sich am Beispiel von Frau Keller. Sie beginnt ihren Dienst, mit Wissen ihres unmittelbaren Vorgesetzten, bereits um fünf Uhr, obwohl die Gleitzeit in ihrer Dienststelle erst ab sechs Uhr morgens beginnt:

„Wir haben ja Gleitzeit, von sechs bis 19:30 Uhr könnte ich kommen. Ich darf mit Zustimmung des Chefs schon früher anfangen." (Frau Keller, 027)

Ein früheres Arbeitsende ist bei Beschäftigten mit privater Pflegeverantwortung immer wieder notwendig. Die pflegebedürftige Person muss zu nahezu allen außerhäusigen Begebenheiten begleitet werden, es müssen Termine bei Krankenkassen, dem medizinischen Dienst und Ämtern wahrgenommen werden, die in der Regel innerhalb der eigenen Arbeitszeiten liegen. Hier liefert die Gleitzeit Gestaltungsspielräume, die die Wahrnehmung solcher Betreuungsaufgaben deutlich leichter macht. Wie alltäglich diese Situationen sind, beschreibt Frau Maibach, die als Assistentin der Geschäftsführung ca. 35 Stunden die Woche in einem Produktionsbetrieb arbeitet und die ihre Eltern betreut:

„Es kann auch mal sein, ich muss eben anstatt um vier schon um drei nach Hause, weil wir einen Arztbesuch haben oder so etwas. Dann brauche ich eine Stunde. Wenn es ein Krankheitstag ist, dann brauche ich halt einen Tag." (Frau Maibach, 285)

Nicht immer klappt es so reibungslos wie bei Frau Maibach. Trotz der Gleitzeitregelung hat Herr Mühlhaus beispielsweise das Problem, dass er seine schwerbehinderte Tochter gerne am Nachmittag von der Schule abholen würde. Dies lässt sich aber mit den Kernarbeitszeiten seiner Vollzeitstelle bei einem großen Mischkonzern nicht vereinbaren:

„Es gibt hier Gleitzeitfenster von 8:30 bis 15:30 Uhr. Das ist die Kernarbeitszeit. Nachmittags von der Schule abholen ... das klappt nicht. Die stehen dann schon so früh da, das haut nicht hin." (Herr Mühlhaus, 059)

Steht den Beschäftigten ein solches Gestaltungselement der Gleitzeit nicht, oder nur in unzureichendem Ausmaß zur Verfügung, bleibt ihnen oftmals nichts anderes, als z.B. einen Tag Urlaub zu nehmen oder sich in ganz besonderen Fällen von einem Arzt krankschreiben zulassen. Von diesem letzten Ausweg berichtet u.a. Herr Obert, vollzeitbeschäftigter Lokführer, der seit vielen Jahren seine gehörlose und zunehmend altersschwache Mutter betreut.

„Also wenn es sehr spontan ist, habe ich eigentlich nur die Möglichkeit, mich selber krankschreiben zu lassen. Denn wenn ich anrufe und sage spontan, Leute ich brauche dringend den Tag frei, und der sagt hm-hm und dann komme ich mit dem Krankenschein, brauchen wir nicht drüber zu reden, wie das aussieht. Also gehe ich lieber gleich auf Nummer sicher." (Herr Obert, 049).

Die Befragten, die über ein Langzeitkonto verfügen, zeigen kaum ein anderes Nutzungsverhalten als Beschäftigte mit einem Ampelkonto. Die These, dass solche Konten gezielt für besondere Lebensphasen wie die Pflege und Betreuung von Angehörigen genutzt werden, konnte in dieser Erhebung nicht bestätigt werden. Lediglich in einem Fall hat ein Beschäftigter bewusst und über einen längeren Zeitraum ein größeres Zeitguthaben aufgebaut. Da seine Mutter bereits seit mehreren Jahrzehnten psychisch labil war und sie in ihren depressiven Phasen der intensiven Fürsorge bedarf, war ihm früh bewusst, dass es auf eine lang-andauernde Betreuungssituation hinausläuft. Aufgrund dieser Erkenntnis hat er im Vollzeit-Schichtdienst bei der Polizei ein entsprechendes Guthaben an Ar-beitszeit „extra aus diesem Grunde über Jahre angesammelt". (Herr Schulz, 189) In den meisten Fällen scheint eine solche Vorhersehbarkeit aber nicht gegeben zu sein.

Insbesondere bei Führungskräften sind klassische Arbeitszeitmuster aufge-hoben, stattdessen zeigen sich verschiedene Vertrauensarbeitszeitmodelle. Kern-gedanke der Vertrauensarbeitszeit ist die eigenverantwortliche Verteilung der individuellen Arbeitszeit durch die Beschäftigten. Zwar haben diese Beschäftig-ten formal gesehen höhere Zeit- und Handlungsspielräume, die es theoretisch ermöglichen würden, pflegerische und berufliche Aufgaben besser zu kombinie-ren. In der von uns vorgefundenen Praxis jedoch zeigt sich, dass mit der Ver-trauensarbeitszeit mehrheitlich auch sehr hohe Arbeitszeitvolumina einhergehen, die die tatsächliche Selbstbestimmung stark einschränken. Zudem bedarf es einer guten Selbststeuerung, um einer Selbstausbeutung entgegen zu wirken. Genau aus diesem Grund hat beispielsweise Frau Seemann, leitende Angestellte im öffentlichen Dienst, die Möglichkeit zur Vertrauensarbeitszeit abgelehnt:

> „Die haben mir am Anfang Vertrauensarbeitszeit angeboten und das habe ich aus dem Grunde nicht wahrgenommen, weil ich mich kenne. Ich arbeite dann tenden-ziell eher zu viel, weil ich denke, ich habe noch nicht genug gemacht. Da ist die Zeitkarte auch eine gute Selbstkontrolle, zu sagen, jetzt reicht es." (Frau See-mann, 040)

Nur vereinzelt verschafft die erweiterte Kontrolle über die Arbeitszeiten und die Arbeitsabläufe den Beschäftigten einen höheren Gestaltungsspielraum im Wech-selspiel aus Beruf und Pflege und wirkt somit stressreduzierend. Dies ist dann so, wenn die vereinbarten Arbeitszeiten in einem adäquaten Verhältnis zur tat-sächlichen Arbeitsmenge stehen, die Arbeit also in der vorgesehen Zeit „zu schaffen" ist. Sehr viel häufiger beschreiben die Beschäftigten aber eine Ver-dichtung von Arbeit im Rahmen der Vertrauensarbeitszeit. Das bedeutet für sie, in acht Stunden das erledigen zu müssen, wozu eigentlich zehn oder mehr Stun-den erforderlich wären – nicht nur für Pflegende eine Zusatzbelastung.

4.2.2   Reduzierte Wochenarbeitszeiten

Eine Reduzierung der Wochenarbeitszeit findet sich bei einem guten Drittel der Beschäftigten. Nicht überraschen dürfte der Gender-Gap: 28 der 68 befragten Frauen arbeiten in verschiedensten Teilzeitvarianten, bei den Männern sind es lediglich vier von insgesamt 22.

Bei einigen Frauen im Sample wird die klassische Teilzeitkarriere deutlich: Mit dem ersten Kind begann die Arbeit in Teilzeit, und noch bevor eine Rückkehr auf Vollzeit möglich war, setzte die Pflegeverantwortung und damit ein weiterer Grund für Teilzeitarbeit ein. Ein typisches Beispiel dafür ist Frau Würsig, die als Teilzeitkraft in einer Apotheke arbeitet und Zuhause ihre Mutter pflegt:

„Ich habe ganz am Anfang Vollzeit gearbeitet. Da gab es ja noch die 40-Stunden-Woche. Dann nach der Hochzeit auch noch, und als ich schwanger geworden bin, hatte ich neun Monate Mutterschutz. Danach habe ich schon mit 20 Wochenstunden angefangen. Und das habe ich so beibehalten." (Frau Würsig, 052)

Wie sehr mit einer dauerhaften Teilzeit nicht nur die wirtschaftliche Abhängigkeit vom Partner wächst, sondern auch das Risiko einer Altersarmut, zeigt das Beispiel von Frau Schmidt. Sie hat während der Kindererziehung viele Jahre Teilzeit gearbeitet bzw. ihre Erwerbsbiographie vollständig unterbrochen. Mittlerweile betreut sie ihre Mutter, was die Aufnahme einer Vollzeitarbeit für sie unmöglich macht. Gleichzeitig will sie aufgrund der bisher zu geringen Rentenansprüche wieder in Vollzeit tätig sein, kommt aber aus dem Dilemma – aktuelle Zeitnot versus drohende Altersarmut – nicht heraus.

In einer ähnlich vertrackten Situation steckt Frau Hellweg. Sie arbeitet seit 2006 in vollzeitnaher Teilzeit, weil sie ihre Mutter pflegt. Jetzt ist sie in der Ansparphase ihrer Altersteilzeit und würde aus Rentengründen gerne auf Vollzeit aufstocken. Laut Aussage ihres Arbeitgebers darf sie aber nicht mehr Stunden arbeiten, da die Arbeitszeit der letzten drei Jahre das Arbeitszeitvolumen für die Altersteilzeit festlegt, eine Aufstockung der Arbeitszeit also unmöglich macht.

Oftmals passen die Beschäftigten die Arbeitszeitvolumina den Pflegeerfordernissen an. Bei Frau Lomasch, die ihren mehrfach behinderten Sohn zu betreuen hat, wurden es „immer weniger Stunden, die ich dann gearbeitet habe." Aktuell arbeitet sie nur noch 14 Stunden pro Woche als Verkäuferin, obwohl der Wunsch nach einer Ausdehnung der Arbeitszeiten seit längerem gegeben ist.

Dass die Reduzierung nicht immer zwangsweise erfolgt, zeigt der Erwerbsverlauf von Herrn Schwan, einem Beamten bei der Bundespolizei, der die erforderlichen Pflegebedürfnisse seiner behinderte Tochter immer über die zeitlichen Erfordernisse der Erwerbsarbeit gestellt hat. Auf die Frage, wie sich seine Arbeitszeit in den Jahren der Betreuung entwickelt hat, sagt er:

„Da bin ich dann schon rausgegangen aus dem Schichtdienst. Habe noch, ich glaube, 32 Stunden gearbeitet. 32 oder 35? Weiß ich jetzt gar nicht mehr [...] Von sieben bis 15 Uhr habe ich gearbeitet. Und dann ist sie 2006 zu mir gekommen und da bin ich dann runter auf 28, dann 24 und dann 18 Stunden. Ich dachte immer, ich komme damit hin [...] War aber nicht. Bin dann immer weiter runter. Habe mich ein bisschen übernommen, sagen wir mal so." (Herr Schwan, 129-132)

Die Umsetzung seiner Arbeitszeitwünsche lief – rein technisch gesehen, so seine Wahrnehmung – recht unproblematisch. Dass damit aber auch sein Karriereende verbunden ist, nimmt er wissentlich in Kauf, denn weithin zieht eine Reduktion der Arbeitszeit fast immer negative Folgen für das betriebliche Ansehen und die berufliche Karriere nach sich. So auch bei Herrn Lade, ebenfalls Polizist, der seine Arbeitszeitwünsche nur durch den Wechsel in eine andere Dienststelle realisieren konnte:

> „Auf der anderen Dienststelle war es eigentlich so, dass ich schon in der engeren Auswahl war für eine Beförderung und dann mit der Erkrankung und den vielen Fehlzeiten und der Gratwanderung halt immer mehr ins Hintertreffen geraten bin. Dann durch den Dienststellenwechsel hatte ich die Chance natürlich sowieso erst mal vertan und jetzt bin ich dabei, das wieder so ein bisschen zu erarbeiten." (Herr Lade, 319)

Teilzeit und Führung ist auch ein Thema für Herrn Sommer. Er arbeitet als Führungskraft in einem Finanzinstitut. Die Pflege seiner Mutter hat ihn dazu bewogen – zunächst im Rahmen der gesetzlichen Freistellungsmöglichkeit – für ein halbes Jahr auf eine 60-Prozent-Stelle zu gehen. Aktuell hat er seine Arbeitszeit wieder auf 80% erhöht. Bezüglich der Vereinbarkeit von Beruf und Pflege schätzt er sein Arbeitszeitarrangement positiv ein. Ambivalent fällt sein Urteil aus, wenn er auf die Bewertung durch den Betrieb zu sprechen kommt. Seines Erachtens werden Teilzeitwünsche, insbesondere wenn diese von Männern geäußert werden, unterschiedlich bewertet; Arbeiten die Beschäftigten aus betrieblichen Gründen mit einer reduzierten Arbeitszeit wird dies positiv wahrgenommen, zumindest erwachsen den Betroffenen dadurch keine beruflichen Nachteile. Anders ist die Situation, wenn die Beschäftigten aus privaten Gründen in Teilzeit gehen. Ein solches Verhalten stößt dann eher auf Unverständnis bei Vorgesetzten.

Mit dem Wechsel auf eine Teilzeitstelle ergibt sich für Herrn Sommer aber noch ein weiteres Problem: das der Personalverantwortung. Diese in Teilzeit adäquat wahrzunehmen traute er sich nicht zu, so dass er von sich aus diese Aufgabe abgegeben hat:

> „Es gibt ganz wenige Führungsaufgaben, die in Teilzeit gemacht werden. Es gibt in unserer Bank Beispiele. Ein paar wenige. Ich kenne zwei auch persönlich. Frauen, die wegen Kindern Teilzeit haben. Die haben trotzdem eine Führungsposition. Aber es ist schwierig. Ich habe dann für mich die Konsequenz gezogen und gesagt, das ist nicht alles. Und ich kann nicht in vier Tagen dann irgendwie versuchen oder am Wochenende oder an meinem freien Tag das nachzuholen, was an dem Tag passiert ist. Ich arbeite nach wie vor viel und ich arbeite auch meiner Meinung nach gut und richtig für die Bank. Aber es ist diese Vielzahl von Sachen, in denen man drin stecken muss in einer Führungsposition, das ist eben weggefallen. Ich merke das einfach am Mailverkehr – hatte ich früher mindestens

30 Mails am Tag, sind es heute noch gut zehn. Also hat sich mindestens halbiert, die Anzahl der Mails. Und das zeigt ein bisschen was von dem Stressfaktor, der sich damit verbunden hat. Insofern habe ich das auch nicht bereut. Das war richtig." (Herr Sommer, 094)

Gerade Führungskräfte und hochqualifizierte Beschäftigte, die ein qualifikatorisches Alleinstellungsmerkmal haben, werden von der Möglichkeit auf Teilzeit zu gehen, vom Arbeitgeber kategorisch ausgeschlossen, selbst wenn ein entsprechender Wunsch vorhanden ist, wie im Falle von Frau Weidinger, die gerne ihre Arbeitszeit um ein paar Stunden reduziert hätte:

„Es gibt bei uns auch welche, die 37,5 Stunden haben, das konnte ich mir mal wählen. Aber ab einer bestimmten Ebene war es erwartet worden, dass man 40 macht." (Frau Weidinger, 036)

Sie ist jedoch in einer leitenden Position als qualifizierte Angestellte eines Finanzdienstleisters beschäftigt und arbeitet eher mehr als die vertraglichen 40 Stunden die Woche. Die Entscheidung für oder gegen Teilzeit wird bei den Beschäftigten sehr stark von der Frage beeinflusst, wie die Pflege sichergestellt werden kann. Für pflegende Beschäftigte, insbesondere für solche in Vollzeit bzw. mit einem höheren Einkommen, ergeben sich zwei Varianten: Variante eins bedeutet, die Arbeitszeit zu reduzieren und dafür den eigenen Pflegeanteil zu erhöhen. Variante zwei heißt weiterhin in Vollzeit zu arbeiten, und die Pflege durch Dritte zu gewährleisten. Pragmatisch auf den Punkt gebracht hat diese Situation Herr Breitner, ein bei einer Bank vollzeitbeschäftigter IT-Spezialist, der seinen an Parkinson erkrankten Lebenspartner pflegt:

„Es gibt im Endeffekt zwei Möglichkeiten, die ich vor eineinhalb Jahren gehabt habe, oder fast zwei Jahren jetzt. Die eine Möglichkeit wäre, ich würde die Pflege voll selber übernehmen und würde dann also Teilzeit arbeiten. Und die andere Möglichkeit ist, ich verdiene so viel, dass ich mir die Pflegekraft leisten kann [...] Also das wäre die Alternative gewesen." (Herr Breitner, 050)

Bei aller Ambivalenz von Teilzeitarbeit (Karriere, Einkommensverluste, langfristige ökonomische Folgen), kann das Faktum, dass Reduzierungen der Normalarbeitszeit sehr verbreitet sind, als ein erster deutlicher Hinweis auf eine der grundlegendsten Optionen pflegender Erwerbstätiger gedeutet werden, deren Inanspruchnahme oftmals aber nicht freiwillig erfolgt. Die Belastung durch eine Vollzeitstelle scheint in der Regel zu hoch, um Beruf und Pflege dauerhaft miteinander vereinbaren zu können.

Da aber, wie später noch ausführlich gezeigt wird (vgl. Kap. 4.3.1), die Erwerbsarbeit gerade für Pflegenden eine enorm hohe psychosoziale Rolle spielt, wundert es nicht, dass viele Befragten an einer Reduzierung des Erwerbsarbeitszeitvolumens kein Interesse zeigen. Eine verlässliche Vollzeit mit eigenem Einfluss auf die Dauer und Lage der Arbeitszeit steht bei Ihnen deutlich höher im Kurs.

Es stellt sich also die Frage, wie unter solchen Bedingungen überhaupt pflegesensible Arbeitszeitverkürzungen aussehen können? Aus den Interviews wird eines deutlich: Pflegebedingte bzw. pflegesensible Arbeitszeitverkürzungen sind solche, die von einer Vollzeittätigkeit der Pflegeperson ausgehend, eine Reduzierung auf Grund und für die Zeit der Pflege beinhalten. Das bedeutet auch, dass eine Rückkehr zum angestammten individuellen Arbeitszeitvolumen möglich sein muss. Diese Leitidee wird in Kapitel 7 erneut aufgegriffen und ausgeführt werden.

4.2.3   *Überlange Vollzeit*

Mindestens ein Drittel der Vollzeitbeschäftigten des Samples arbeitet deutlich länger als die vereinbarte Arbeitszeit, teils regelmäßig, teils gelegentlich. Diese sogenannten überlangen Vollzeiten reichen von 42 Wochenstunden bis hin zu 60, in Einzelfällen auch bis zu 80 Stunden pro Woche.

Diese sehr hohen, oftmals auch nicht planbaren Arbeitszeiten lassen eine verlässliche Pflege der Angehörigen nur in einem begrenzten Maße zu. Je höher der Grad der körperbezogenen Pflege und somit auch der physiologischen Zeitvorgaben, z.B. durch die Einnahme von Medikamenten oder die Nahrungsaufnahme, desto unmöglicher ist die Übernahme solcher Pflegeaufgaben.

In diesen Fällen muss die Vor-Ort-Betreuung der Pflegebedürftigen auf andere Personen übertragen werden, seien es professionelle Kräfte oder weitere Verwandte und Bekannte – meist findet sich ein Mix aus verschiedenen Betreuungsformen (vgl. Kap. 4.4.4). Die Beschäftigten selbst müssen sich auf die organisatorisch-administrativen Arbeiten konzentrieren, fungieren also eher als Manager/innen bzw. Administrator/inn/en der Pflege. Stellvertretend für diese Gruppe steht Frau Meyer. Sie ist als Führungskraft bei einer Krankenkasse beschäftigt. Ihr Arbeitsalltag beinhaltet häufiger auch Dienstreisen, so dass sie sich nicht adäquat um ihre demenzerkrankte Mutter kümmern kann. Sie definiert ihre Rolle als pflegende Angehörige daher als „organisierte Pflegemanagerin". Alle unmittelbaren Pflegetätigkeiten werden von ihr soweit wie möglich – meist gegen Bezahlung – an Dritte delegiert, nur so kann sie die Versorgung der Mutter sicherstellen.

Gelingt dieser Rückzug auf die Manager/innen-Rolle nicht oder wird er von den Pflegenden nicht gewünscht, lässt ein stärkeres Engagement in der unmittelbaren Pflege und Betreuung nicht nur das eigene Leben auf den Kosmos Pflege und Erwerbsarbeit zusammenschrumpfen, es zeigen sich zudem sehr schnell Beeinträchtigungen im eigenen Wohlbefinden. Zum einen sind dies physische Erkrankungen wie Kopfschmerzen, Herz-Kreislauferkrankungen und Probleme im

Bewegungsapparat. Zum anderen aber auch zahlreiche psychische Belastungen wie Burn-out, Schlafstörungen und Depressionen. Meist zeigen sich mehrere Überlastungssymptome gleichzeitig, insbesondere dann, wenn die Betroffenen, über einen längeren Zeitraum der Doppelbelastung aus überlangen Arbeitszeiten und intensiver Pflege ausgesetzt sind, wie Frau Weidinger:

> „Und ich habe jetzt immer mehr mit Krankheiten zu tun gehabt. Kehlkopfschwellung, dieser Sturz mit dem Kreislauf, wo ich sage, das sind eigentlich schon Momente, wo mein Körper mir signalisiert, mach mal langsam. Vor allem ist es dieser permanente innere Druck." (Frau Weidinger, 232)

Immer wieder berichten die Betroffenen auch von sozialen Problemen wie Partnerschaftskonflikten, sozialer Isolation und verstärkten Schwierigkeiten einen passenden Lebenspartner zu finden.

> „Weil ich merkte, das kann ich nicht mehr. Das war schon so stark genug. Ich hatte also Schwierigkeiten mit meiner Frau. Und es waren große Aggressionen dann da drin. Weil sie das Gefühl hatte, sie kommt zu kurz. Ich habe gesagt, das geht jetzt nicht, du bist nicht krank [...] Aber es war relativ wenig Verständnis da. Was mich sehr stark auch belastet hat." (Herr Bellscheidt, 023)

Obwohl mittlerweile feststeht, dass Frauen und Männer anders krank werden und meist auch unterschiedlich mit diesen Erkrankungen umgehen (Stiehler/Klotz 2007), lassen die Ergebnisse dieser Studie die Vermutung zu, dass ähnliche Arbeits- und Lebensbedingungen bei Männern und Frauen auch zu ähnlichen Beeinträchtigungen führen. Zumindest zeigten sowohl die intensiver pflegenden Männer als auch die intensiver pflegenden Frauen mit besonders ausgedehnten Arbeitszeiten vergleichbare Überlastungssymptome. Stellvertretend hierfür Herr Bellscheidt, Kriminaltechniker in leitender Position mit Führungsaufgaben. Er kümmert sich um seinen 80-jährigen Vater, pflegte parallel dazu für einige Monate seine unheilbar krebskranke Mutter bis zu ihrem absehbaren Tod. Bei all dem hat er formell eine 40-Stunden-Woche beibehalten, arbeitet allerdings wesentlich mehr, im Schnitt 50 bis 60 Stunden pro Woche. Hinzu kommt eine permanente Rufbereitschaft in Folge seiner Leitungsfunktion. Die Darstellung seiner Lebenssituation erfordert ein etwas längeres Zitat. Darin kommt die ganze Komplexität des Wechselverhältnisses von Beruf und Pflege zur Sprache:

> „Wir haben ja gleitende Arbeitszeit [...] ich in meiner Position habe keine Regeldienste. Ich habe eine Anwesenheitspflicht von 8 bis 15 Uhr. Da muss ich da sein. Kann das aber nach Absprache sehr wohl auch ändern. Das Problem ist immer nur, Sie müssen irgendwie auf 40 Stunden kommen. Und das geht ratzfatz: Wenn Sie mal nur einen Sechs-Stunden-Tag machen, weil Sie eher weg müssen, haben Sie zwei Stunden Minus. Und wenn Sie das dreimal oder viermal im Monat machen, sind schon zehn bis zwölf Stunden weg. Das reicht nicht, dieses Kontingent. Sie müssen also irgendwo ein Pufferkonto haben, ein Pluskonto, was Sie

dann damit bezahlen können [...] Aber es geht eben nur in einem bestimmten Zeitraum. Wenn ich mir jetzt vorstelle, meine Mutter wäre nicht gestorben, das wäre noch ein halbes Jahr so weitergegangen, das wäre nur mit Krankmeldung gegangen. Ich hatte kein Plus mehr. Das geht gar nicht. Und mein Vater wäre nicht mehr in der Lage gewesen, meine Mutter zu pflegen. Sie wäre dann ins Hospiz gekommen, sicherlich, und dann hätten sich sehr viele Fragen aufgetan: Wie ist denn die Pflege? Wie wird das weiter bezahlt? Wie sind die Kosten? Mein Vater braucht auch mal Freiraum. Und dann immer diese weiten Wege, Sie können sehr viel telefonisch erledigen, aber Sie müssen auch da sein. Sie müssen ja den persönlichen Kontakt zu der Oberschwester, zu den Ärzten halten. Und das sind immer Wege [...] schon dieser Fahrtweg, diese Kilometer. Dann im Stau stehen. Das ist das, was unheimlich nervt und auch kaputtmacht [...] Aber Sie kommen voll aus dem Leben. Sie haben also eine Dienstbesprechung gehabt, dann müssen Sie sich auseinandersetzen mit dem Vorgesetzten. Dann gibt es die normalen Dienstprobleme, die Sie so haben. Bei 25 Hanseln haben Sie immer einen oder zwei, die brauchen Ihre besondere Aufmerksamkeit. Das ist auch sein Recht. Die muss er ja auch kriegen. Sie haben so einen Kopf. So voll, setzen sich ins Auto rein und müssen dann klick machen und sagen, jetzt Pflege, Mutter, nur die Hauptsache. Und dann fahren Sie dahin. Sie fahren also wie auf Schienen. Sie sind eigentlich gar nicht richtig da. Oder bin ich runter gefahren ins Krankenhaus hinein und war so aufgepowert, dass man das alles noch runtergespult hat. Und dann noch nach Hause, und dann haben Sie sich gewundert, dass Sie nicht schlafen können. So zwischen zwei und drei bin ich dann eingeschlafen. Um vier Uhr 15 hat dann aber wieder der Wecker geklingelt."

Interviewer/in: „Wenn Sie es frei gestalten könnten, was wären für Sie Arbeitszeiten gewesen, wo Sie sagen, ja, mit diesen Arbeitszeiten hätte ich die Pflege auch längerfristig bewältigen können?"

Herr Bellscheidt: „Das läuft darauf hinaus, dass ich die reguläre Arbeitszeit verkürzen müsste. Also Nebentätigkeit sowieso sofort streichen. Das wäre gar nicht mehr gegangen. Und die normale Arbeitszeit muss verkürzt werden. Das wäre darauf hinausgelaufen, eine Halbtagsstelle [...] Das wäre anders überhaupt nicht möglich gewesen. Ich sage mal, wenn Sie eine Vollpflege machen ... Und Gott sei Dank, also wir haben keine Kinder, das wäre nun die Krönung gewesen. Mein Bruder hat auch noch einen Sohn, der dann auch schulische Probleme hatte. Da müssen Sie ja dann genauso noch reinpowern, und beide auch berufstätig. Und dann noch die Pflege. Wir haben also gemerkt: wir sind beide dünnhäutiger geworden. Und dadurch eher ruhiger und ich einen Tick aggressiver. Das nutzt der ganzen Sache nicht. Also man muss wirklich sagen, das geht nicht mehr." (Herr Bellscheidt, 085-097)

Hier zeigen sich die Folgen einer überlangen Vollzeit deutlich: Zunächst der Versuch, die Situation mit den Mitteln des Arbeitszeitkontos zu bewältigen. Anschließend Krankmeldungen, da die notwendigen Arbeitszeitkontingente mit

„legalen" Mitteln nicht mehr aufzubauen sind. Herr Bellscheidt denkt auch über einen Heimaufenthalt nach. Dabei hält er an bestimmten selbstgewählten Standards fest, z.B. sich vor Ort im Krankenhaus um seine Mutter zu kümmern. Hier unterscheidet er deutlich die Qualität von physischer und medial vermittelter Kopräsenz. Auch Fahrwege spielen eine erhebliche Rolle. Er bringt darüber hinaus die Dauer seiner Arbeitszeit in Verbindung mit der Dauer seiner Belastungsexposition und dem Wechsel der sozialen Welten zwischen Pflegewelt und Arbeitswelt, die er als zusätzliche Belastungen hervorhebt. Er erwähnt die psychische Dimension, des „Sich-Gedanken-Machens" – mit der Folge von Schlaflosigkeit und anschließender Müdigkeit. Herr Bellscheidt wünscht sich zwei freie Tage pro Woche, Montag und Mittwoch. Eine tägliche Verkürzung kann er sich wegen der Art seines Dienstes eher nicht vorstellen. Auch einen längeren Sonderurlaub hält er für hilfreich. Ausdrücklich bestätigt er die Belastung durch Überstunden, die man ja braucht, um sich ein Polster auf dem Zeitkonto zu erarbeiten. Das sei unter Pflegebedingungen nicht zu machen.

Vollzeiterwerbstätige müssen zudem häufig feststellen, dass die zeitliche Belastung durch eine private Pflegesituation höher ausfällt als anfänglich angenommen. Dazu Frau Grosse, die in Vollzeit als technische Angestellte bei einem Versorgungsbetrieb tätig ist und ihre Mutter pflegt:

> „Was für mich dann so der Druck war, dass es einfach mehr Zeit in Anspruch genommen hat, oder dass ich selber dann eigentlich in dieser Bredouille war, ja, ich habe trotzdem immer noch einen Vollzeitjob." (Frau Grosse, 127)

In der Folge führt die Gleichzeitigkeit von Berufstätigkeit und Pflege dazu, dass die pflegenden Beschäftigten ihre private Zeit auf ein Minimum reduzieren oder sogar gänzlich aufgeben, was sich auch auf das gesundheitliche Wohlbefinden der Befragten auswirkt. Frau Weidinger, die als qualifizierte Angestellte eines Finanzdienstleisters zur Zeit faktisch zwischen 50 und 55 Stunden pro Woche arbeitet, hat daher sehr konkrete Vorstellungen, in welchem Umfang sie eigentlich gerne berufstätig sein würde.

> „Manchmal wünschte ich mir, es wäre ein bisschen weniger [...] aber ich arbeite halt Vollzeit. Sonst würden mir 32 Stunden oder so schon gefallen, damit einfach ein Zeitfenster für mich bleibt, was ich praktisch überhaupt nicht mehr habe." (Frau Weidinger, 100)

Hier bleibt nur die Erkenntnis, dass es – will man sich nachhaltiger um einen betreuungsbedürftigen Menschen kümmern – mit Vollzeitarbeit oder gar überlangen Arbeitszeiten nicht möglich ist, diese Aufgabe dauerhaft und verlässlich zu übernehmen, und dabei physisch, psychisch und sozial unbeschadet zu bleiben.

4.2.4   Lage und Verteilung der Arbeitszeit im Tages- und Wochenverlauf

Neben der Arbeitszeitdauer zeigt sich im Untersuchungssample die Vielfalt der Arbeitszeitflexibilisierungen auch in den diversen Arbeitszeitlagen und Arbeitszeitverteilungsmustern.

Arbeitszeitlage

Neben einer Flexibilisierung der Arbeitszeitdauer betrifft der zweite Flexibilisierungstrend der Arbeitszeiten, ihre Lage, die von der Normalarbeitszeit – montags bis freitags, von ca. acht bis 17 Uhr – abweicht. Zu diesen sogenannten atypischen Arbeitszeitlagen zählen üblicherweise die Abend-, Nacht-, Samstags- und Sonntagsarbeit sowie die Schichtarbeit.

Arbeit am Abend, so das Bild aus den Interviews, ist nicht per se als unvereinbar mit der Übernahme von Pflegeaufgaben anzusehen, wenn auch die Sicherstellung der Pflege aufwendiger ist. Frau Oberpölling ist dafür ein gutes Beispiel. Die bei einem Automobilhersteller in Teilzeit beschäftigte technische Spezialistin betreut ihre behinderte Tochter, muss aber zwei Mal in der Woche länger arbeiten. Um die Betreuung der Tochter zu gewährleisten, bringt sie sie zu den etwas entfernt wohnenden Großeltern:

> „Lea bleibt dann Mittwoch, Donnerstag da und ich pendele von dort aus nach Musterstadt. Und da sehe ich sie dann immer erst wieder abends, wenn ich zurückkomme. Da essen wir dann noch zusammen zu Abend und ich bringe sie ins Bett. Ist mir immer ganz wichtig, dass ich da dann schon noch auftauche." (Frau Oberpölling, 024)

Funktioniert das Pflegenetzwerk und können andere Familienmitglieder, Freunde oder Bekannte die Verantwortung temporär übernehmen, nutzen einige Beschäftigte wie Frau Reich die Abendstunden, um ein Minus auf dem Arbeitszeitkonto auszugleichen oder sich für „schlechte Zeiten" in der Pflege ein kleines Guthaben auszubauen.

Problematisch wird es dann, wenn die Betroffenen nicht auf ein privates Netzwerk zurückgreifen können oder wenn die Pflege so anspruchsvoll ist, dass eine Übernahme durch nicht-professionelle Pflegekräfte unverantwortlich wäre. Dann können Arbeitszeiten am Abend zu einer Belastung werden.

Wochenendarbeit stellt die Beschäftigten meist vor größere Probleme. Zum einen dient das Wochenende oftmals der eigenen Erholung, wie bei der Vollzeit in einer Bildungseinrichtung beschäftigten Frau Kucharszewski, die Mutter und Schwiegervater pflegt:

> „Also diese Wochenenden, das ist das Einzige, wo du dich retten kannst. Wo man Kraft tanken kann, wo man abschalten kann. Davon lebe ich." (Frau Kucharszewski, 316)

Zum anderen wird das Wochenende – wie in Kapitel 4.5.3 ausführlicher beschrieben – als Sozialzeit, als Zeit für die Familie, für Freunde oder für Hausarbeit genutzt.

Eine völlig andere Bedeutung gewinnt das Wochenende für Beschäftigte, die mit der pflegebedürftigen Person nicht im gleichen Haushalt leben. In diesen Fällen sind die Wochenenden meist durch eine intensive Betreuung und Pflege gekennzeichnet. Das Wochenende gehört quasi der pflegebedürftigen Person, wie im Fall von Frau Brüning. Wochentags wird ihre demenzerkrankte Mutter durch einen Mix aus professionellen Pflegekräften, Nachbar/inne/n und ehrenamtlichen Helfer/inne/n betreut. Freitagnachmittag setzt sich Frau Brüning in ihr Auto, fährt die gut 150 Kilometer zu ihrer Mutter aufs Land, übernimmt sämtliche anfallenden Arbeiten und erledigt die Dinge, die durch die vielen Helfer/innen nicht erledigt werden können. Arbeiten am Wochenende, „ginge gar nicht." so ihr Fazit.

Auch ein Tausch freies Wochenende gegen freie Tage während der Woche ist in den meisten Fällen nicht denkbar. Ursächlich hierfür ist, dass das Angebot an professionellen Pflegekräften an Wochenenden (noch) schlechter ist als wochentags. Und auch die ehrenamtlichen Hilfskräfte sind nur ungern bereit, für ihr freiwilliges zwischenmenschliches Engagement die auch für sie und ihre Familien sozial wichtige Zeitinstitution des Wochenendes zu opfern.

> „Wochenendarbeit, wenn grundsätzlich auch im Pflegedienst weniger Leute sind, ist Wochenendarbeit nicht hilfreich. Da haben Sie immer ein Problem, irgendwas zu organisieren. Da ist ist es auch mit allen Bekannten schwierig, die Ihnen gerne helfen. Sie würden es tun, aber wenn man sie da zu häufig beansprucht, überstrapazieren Sie die Toleranz." (Frau Herbst, 355)

Zu diesen von Frau Herbst, einer in Vollzeit tätigen Krankenschwester, gemachten Erfahrungen passt, dass lediglich zwei der neunzig Befragten der Wochenendarbeit positiv gegenüber stehen.

Das Problem der geringen Unterstützungsstruktur am Wochenende verschärft sich noch einmal in der Nacht. Dies ist ein wesentlicher Grund, warum Beschäftigte mit privater Pflegeverantwortung bis auf wenige Ausnahmen *Nachtarbeit* vollständig ablehnen. Wie es aussehen kann, wenn Nachtarbeit unvermeidbar ist, zeigt das Beispiel der bereits zitierten Frau Herbst, die seit mehreren Jahren ihren schwer pflegebedürftigen Ehemann pflegt. Selbst beruflich Vollzeit in der Pflege tätig, erwiesen sich für Frau Herbst die fünf bis sechs Bereitschaftsdienste pro Monat als Problem, für die sie morgens um sechs Uhr 30 Uhr das Haus verließ und erst am nächsten Tag zur Mittagszeit zurückkehrte. In den Nächten war es besonders schwierig, die Pflege sicher zu stellen. Ihr Mann war in den Nächten teilweise ohne Betreuung und rief ständig auf der Station an. Dann musste Frau Herbst bei Nachbarn und Bekannten anrufen und um deren

Hilfe bitten. Auf Dauer war dies keine Lösung. Eine Zeitlang übernahmen dann ihre Schwestern diese Aufgabe, bis diese selbst Druck durch ihre Familie bekamen:

> „Meine Schwestern, die beide berufstätig waren, mussten natürlich auch zusehen, dass sie morgens dementsprechend früh losgefahren sind, die mussten einmal quer durch Ruhrgebiet fahren, das ist schon eine enorme Leistung, dann da pünktlich zurückzukommen. Hinzu kam, dass meine ältere Schwester auch noch ein jüngeres Kind hatte. Und wenn ihr Mann per Zufall gerade auch zu einem Einsatz weg gerufen wurde und ich meinen Dienst nicht mehr verschieben konnte, dann hat sie ihren Sohn woanders hin ‚verkauft'. Auch das wurde dann gemacht. Und irgendwann haben wir festgestellt, so geht es nicht mehr, weil es absehbar ist, wie lange das noch zu machen ist. Und es immer schwieriger für sie war, denn wenn Sie fünf, sechs Dienste im Monat haben und davon drei am Wochenende, das ist eine enorme Belastung für alle anderen." (Frau Herbst, 046)

Ein weiteres Problem ist der qualitative wie quantitative Schlafmangel bei Nachtdiensten, der sich bei Pflegenden potenziert: Zurück aus dem Nachtdienst wollte bzw. konnte der Ehemann von Frau Herbst nicht verstehen, warum Sie sich nicht mit ihm beschäftigt, ihm und seinen Bedürfnissen nicht zur Verfügung stand, wo es doch heller Vormittag war.

> „Ich selbst, ich bin aus dem Schlafzimmer ausgezogen und habe woanders geschlafen, sonst ging es gar nicht. Aber selbst mit so einem Schild: ‚Do not disturb' an der Treppe, bekam ich von meinem Mann die Anrufe, wo ich denn jetzt wäre? Das haben wir absolut nicht geregelt bekommen. Und das hält man nicht aus, ein paar Stunden Schlaf nach zwei Stunden immer wecken, gucken. Und das dann mit Nachtschicht, das funktioniert nicht auf Dauer." (Frau Herbst, 050)

Zudem kam es in der unbeaufsichtigten Zeit immer wieder zu brenzligen Situationen, die teils lebensgefährlich für ihren Mann, aber auch für Dritte waren. So ließ ihr Mann mehrfach den Herd an, vergaß seine Medikamente zu nehmen oder schluckte die komplette Tagesmedikation auf einmal.

Ähnliche Erfahrungen machen auch andere Beschäftigte mit Arbeit in der Nacht, insofern ist die starke Ablehnung einer solchen Arbeitszeitlage mehr als nachvollziehbar. Nachtarbeit muss, neben überlangen Arbeitszeiten, insofern als einer der größten arbeitszeitlichen Vereinbarkeitshemmer bezeichnet werden.

Auch *Schichtarbeit* stellt für Pflegende aufgrund der wechselnden Arbeitszeitlagen eine große Herausforderung dar. Insbesondere dann, wenn die Betroffenen die Hauptverantwortung für die Betreuung haben. Lässt sich Schichtarbeit nicht vermeiden, ist bei diesen Arbeitszeitmodellen eine verlässliche Planbarkeit unabdingbar. Doch nicht immer ist die gegeben:

> „Die Planungsperioden erstrecken sich über eine Dauer von acht Wochen. Das können mal sieben Wochen sein, können mal neun Wochen sein. Und im Augenblick ist die Praxis leider so, dass wir die konkrete Einteilung erst eine Woche

vorher erfahren, bevor die Planungsperiode losgeht. Dann erst kann ich für die kommenden acht Wochen sagen: Frühschicht, Spätschicht, frei, zusätzlich frei, wie ist der Übergang, wie ist die Tageseinteilung. Das erfahre ich dann erst konkret. Und erschwerend kommt natürlich hinzu, dass es immer wieder Dienständerungen gibt – kurzfristige Dinge, die in die Planungsperiode noch nicht eingearbeitet waren." (Herr Obert, 025)

Herr Obert, der als Lokführer tätig ist und seine Mutter betreut, kann die Pflege nur durch die Unterstützung seines Pflegenetzwerkes bewältigen und dadurch, dass seine Mutter (noch) problemlos ein paar Stunden alleine gelassen werden kann. Wenn die Planbarkeit gegen Null geht, wie im Falle von Herrn Lade, der lange Zeit als Polizist beim Mobilen Einsatzkommando (MEK) tätig war, wird Pflege unmöglich gemacht.

„Beim MEK war das ja letztendlich bedarfsorientierter Schichtdienst. Und das war von einem Tag auf den anderen oder von einer Stunde auf die nächste eigentlich [...] Da wurde das teilweise dreimal am Tag umorganisiert." (Herr Lade, 053-057)

Letztlich half hier nur ein Arbeitszeitmodellwechsel, der durch einen (unfreiwilligen) Wechsel der Dienststelle erkauft werden musste. Anders hätte Herr Lade die Pflege seiner krebskranken Frau nicht mehr gewährleisten können.

Etwas besser werden Schichtmodelle beurteilt, deren Varianzen geringer sind. Frau Röder, ebenfalls als Polizistin tätig, arbeitet pflegebedingt nicht mehr als Ermittlerin, auch hier war der Grund das nicht planbare Drei-Schicht-System:

„In der Pressestelle hat man zwar auch Schichtdienst, aber das waren immer nur Früh-, Mittel- und Spätdienste, keine Nachtdienste. Und die Nachtdienste und die Länge der Nachtdienste, das ist das, was so anspruchsvoll ist." (Frau Röder, 238)

Schichtdienst kann dann zu einer Entlastung führen, wenn sich zwei oder mehrere Personen die Betreuung teilen und eine von Ihnen im Schichtdienst arbeitet. Dadurch können mehr Pflegezeiten abgedeckt werden. Dies ist beispielsweise bei Frau Groß so, Verkäuferin in einem Baumarkt, die durch den Schichtdienst ihres Mannes an bestimmten Tagen auch mal länger arbeiten kann. Auf entsprechende Nachfrage der Vorgesetzten sagt sie dann: „Ist kein Problem, mein Mann ist daheim. Dann ist das für mich eine Sicherheit." (Frau Groß, 148). Sie ist in diesen Situationen froh, ihrer Chefin auch mal entgegen kommen zu können, da diese in vielerlei Hinsicht Verständnis zeigt und auf die pflegerischen Belange von Frau Groß innerbetrieblich sehr viel Rücksicht genommen wird.

Immer dann, wenn die Betreuung problemlos durch Dritte gesichert werden kann, genießen einige Betroffene die wechselnden Arbeitszeitlagen sogar, wie Frau Burzlaff, die als Sekretärin im öffentlichen Dienst in einem Zweischichtsystem arbeitet:

„Das ist manchmal ganz schön, dieser Wechsel, dass man mal einen Vormittag
hat und auch einen Nachmittag, ist eigentlich auch eine tolle Sache." (Frau Burzlaff, 171)

Durch den Wechsel können kleine „Zeitinseln" entstehen. So nutzten einige In-
terviewpartner/innen während ihrer Spätdienstphasen die Zeit am Vormittag,
wenn der Pflegedienst vor Ort ist, für einen kleinen Spaziergang oder um mal
„in Ruhe einkaufen zu können." Doch auch hier schränkt die Unberechenbarkeit
der Pflege diese Entlastungsmöglichkeiten ein, wie das Beispiel von Frau Herbst
zeigt:

> „Je nachdem, wer morgens kam und die Befindlichkeiten von meinem Mann ... je
> nachdem, wer da morgens kam, hat er auch zu lange herumgemeckert, bis ich ihn
> versorgt habe, statt dass der Pflegedienst das gemacht hat. Und dann haben Sie
> auch einen langen Tag." (Frau Herbst, 084)

Verteilung der Arbeitszeit

Die Verteilung der Arbeitszeit ist die Arbeitszeitdimension, in der sich in den
letzten Jahren der wohl markanteste Wandel vollzogen hat. Die Regelarbeitszeit
stellt dabei nur einen tarifvertraglich fixierten Durchschnittswert dar, der innerhalb einer bestimmten Zeitspanne zu erreichen ist. Die tatsächliche Arbeitszeit
kann mal länger oder mal kürzer sein. Die daraus resultierenden Abweichungen
vom vereinbarten Durchschnittswert sollen innerhalb eines bestimmten Zeitrau-
mes ausgeglichen werden. Dieser kann zwischen nur wenigen Monaten und der
gesamten Lebensarbeitszeit umfassen. In der Regel korrelieren diese Flexibili-
sierungsmaßnahmen mit Arbeitszeitkonten, die daher in den letzten Jahren eine
rasche Verbreitung gefunden haben.

Auch in unserem Sample verfügt mindestens die Hälfte der Befragten über
ein Arbeitszeitkonto. Mehrheitlich handelt es sich sogenannte Ampelkonten mit
einer überschaubaren Schwankungsbreite von plus 30 Stunden bis minus 20
Stunden und einem Ausgleichszeitraum von einem Jahr.

Diese Gruppe lässt sich unter dem Gesichtspunkt einer guten Vereinbarkeit
in zwei Untergruppen unterteilen: In diejenigen, die eine hohe Zufriedenheit mit
dem Konto aufweisen, da es ihnen einen erhöhten Gestaltungsspielraum bei der
Arbeitszeitgestaltung einräumt. Zur anderen Gruppe gehören die Beschäftigten,
bei denen das Arbeitszeitkonto nahezu ausschließlich als Personalsteuerungs-
instrument dient, mit dem Ziel der Effizienzsteigerung. Elchardus und Heyvaert
unterschieden diesbezüglich bereits vor rund 20 Jahren diese unterschiedlichen
Systeme in „flexibility for the employee and flexibility of the employee" (El-
chardus/Heyvaert 1990).

Arbeitszeitkonten, die der Anpassung an die Kundenbedürfnisse dienen und
die weniger ein Instrument zur Verbesserung der Vereinbarkeit von beruflichen

und außerberuflichen Bedürfnissen der Beschäftigten darstellen, fanden sich in unserem Sample nicht nur, aber doch auffallend häufig im Einzelhandel. Was diese Form der Flexibilität für die Beschäftigten bedeutet, bringt Frau Lomasch auf den Punkt:

> „Ich bin Verkäuferin im Kaufhaus. Verlangt wird von jedem eine flexible Arbeitszeit. Man sollte so kommen, wie man gebraucht wird. Und nicht, wie man selber arbeiten möchte." (Frau Lomasch, 041)

Exemplarisch hierfür ist auch die betriebliche Situation von Frau Sand-Seehausen, die ihre an Demenz erkrankte Schwiegermutter auf dem heimischen Hof betreut: Frau Sand-Seehausen ist als Verkäuferin bei einem großen Möbelhaus auf Teilzeitbasis ohne Befristung angestellt. Sie arbeitet knapp 30 Wochenstunden und leistet diese an 20 Arbeitstagen pro Monat in versetzten Schichten. Sie werden grob in „Früh- und Spätschichten" mit unterschiedlicher Dauer unterteil, die in der Praxis jedoch an einzelnen Tagen zu unterschiedlichen Zeiten beginnen oder aufhören. Dabei ist kein Muster oder Rhythmus mehr erkennbar.

> „Das heißt, von morgens neun Uhr bis abends 20 Uhr, an 20 Arbeitstagen mit 21 verschiedenen Beginnzeiten und 21 verschiedenen Schlusszeiten. Also jeden Tag anders. Und das ist schon an sich die Schwierigkeit." (Frau Sand-Seehausen, 023)

Die minimale tägliche Arbeitszeit beträgt bei ihr vier Stunden, das Maximum pro Tag zehn Stunden. Sie arbeitet zwischen vier und fünf Tagen pro Woche. Dreimal im Monat leistet sie Samstagarbeit. Frau Sand-Seehausen besitzt auch ein Arbeitszeitkonto, mit dem sie laut Betriebsvereinbarung in den Minusbereich (30%) und in den Plusbereich (70%) pendeln kann. Eigentlich soll auf diese Weise eine gewisse Flexibilität für die Beschäftigten gewährleistet werden. Diese ist jedoch im Arbeitsalltag aufgrund des allgegenwärtigen Personalmangels nicht realisierbar.

> „Eigentlich ist es uns so verkauft worden, dass wir dann auch mal selber flexibel sein können [...] Aber in der Praxis schaut es nicht wirklich so aus, da musst du dich immer nach dem Bedarf richten." (Frau Sand-Seehausen, 099)

Der betriebliche Bedarf führt dazu, dass die Arbeitszeitkonten in der regulären Planung bewusst in den Minusstundenbereich gefahren, damit die Mitarbeiter/innen im Falle der Krankheit anderer Kolleg/inn/en zum kurzfristigen Einspringen gezwungen werden können. Private Bedarfe der Beschäftigten spielen bei der Dienstplanung keine Rolle und könnten, selbst wenn die Bereitschaft der Vorgesetzten vorhanden wäre, aufgrund einer viel zu geringen Personaldecke gar nicht berücksichtigt werden.

> „Jetzt muss ich schauen, das weiß ich nämlich nicht von einem Tag auf den anderen, wann ich wie arbeiten muss. Ich muss immer schauen [...] Das ist das

Schwierige. Absolut flexibel für die Firma. So schaut der Arbeitsplan aus." (Frau Sand-Seehausen, 039)

Aufgrund der einseitig arbeitgeberbestimmten Flexibilität, der daraus resultieren Arrhythmie und geringen Planbarkeit, sowie der Unterlaufung existierender vereinbarkeitsfördernder Sonderregelungen, empfindet Frau Sand-Seehausen die Arbeitszeiten als absolut pflegeunfreundlich.

Flexibilität kann aber auch positiv auf die Vereinbarkeit der Pflegenden wirken, nämlich dann, wenn den Beschäftigen ein gewisses Maß an Zeitsouveränität eingeräumt wird.

> „Der Vorteil ist, wir haben extrem flexible Arbeitszeiten. Keine Kernarbeitszeiten, wir können kommen und gehen, wann wir wollen. Wir müssen praktisch nur 20% der Soll-Arbeitszeit am Platz sein, wir haben fast 600 Arbeitsmodelle. Das heißt, wenn einer sagt, 20 Stunden, kann er sich das aufteilen. Zwei volle Tage, drei halbe Tage, vier Tage, vier Stunden. Es gibt auch Leute, die kommen zwei ganze Tage, einen halben Tag. In der nächsten Woche nur einen Tag, es ist sehr variabel. Wir können auch samstags Dienst leisten mit Vorankündigung. Wir können hier im Haus bis acht Uhr abends arbeiten. Die Telearbeit von zu Hause sogar bis 24 Uhr, die volle Anbindung. Freizeittage können wir natürlich auch nehmen, das sind um die 20 Stück im Jahr." (Frau Seidel, 030)

Ein solcher Gestaltungsspielraum, wie ihn Frau Seidel als Projektleiterin in vollzeitnaher Teilzeit im öffentlichen Dienst bei einer Bundesbehörde hat, ist eher die Ausnahme. Beschäftigte mit Pflegeaufgaben sind aber auch für deutlich geringere Einflussmöglichkeiten bei der Arbeitszeitgestaltung dankbar. Sie gehen sehr verantwortungsvoll mit den Ihnen zugestandenen Gestaltungsspielräumen um und zeigen eine hohe Dankbarkeit dem Arbeitgeber gegenüber. In den Interviews sprechen die Beschäftigten dann auch häufig von einem „Geben und Nehmen":

> „Am Montag, da komme ich eben eine Stunde früher, weil da muss ich die Bestellung für die Apotheke noch vorher gemacht haben. Das muss ich bis am Montag zu einer bestimmten Uhrzeit erledigt haben. Da habe ich gesagt, okay, dann komme ich eine Stunde eher. Da hatte ich gedacht, ich könnte auch entsprechend früher gehen. Das passt aber nicht, weil die Apotheke erst relativ spät liefert. Da passt das nicht. Und dann ist es schon ein Geben und Nehmen auf beiden Seiten. Als ich letztens einen Arzttermin hatte, habe ich auch gefragt, wie ist es, kann ich vielleicht an dem Tag früher anfangen und dementsprechend früher gehen? Weil ich wusste, da kommt keine Lieferung. Dann sagten die, selbstverständlich, teil dir es mal so ein. Du wirst es schon richtig machen. Es ist jetzt nicht so, dass ich da so kontrolliert werde." (Frau Herbst, 086)

Auf den ersten Blick kann die hohe Dankbarkeit verwundern, handelt es sich in der Regel doch „nur" um kleinste Zeiteinheiten. Doch für den verantwortungsvollen Umgang mit der Zeitsouveränität und die positive Bewertung solcher Instrumente existieren zwei wesentliche Gründe: Zum einen ist Pflege aktuell in vielen Betrieben noch kein Thema und deshalb ist es auch keine Selbstverständlichkeit, dass auf die Belange von Beschäftigten mit privater Pflegeverantwortung Rücksicht genommen wird. Zum anderen brauchen die Beschäftigten aufgrund der Unberechenbarkeit des Pflegeverlaufs – sowohl den Alltag betreffend als auch aus der Verlaufsperspektive heraus – Einflussmöglichkeiten, um auf die Pflegeerfordernisse reagieren zu können. Meist sind es kleinere Zeiteinheiten von wenigen Stunden, manchmal auch ein paar Tage, die vom Arbeitszeitkonto entnommen werden.

Gerade um kurzfristig reagieren zu können, schätzen die Befragten ihr Arbeitszeitkonto sehr. Andere Instrumente, wie sie beispielsweise das Pflegezeitgesetz oder betriebliche Freistellungsangebote anbieten, erscheinen den Beschäftigten als zu starr und ihre Beantragung ist zu aufwendig. Nicht selten ist die auslösende Situation bereits vorbei, wenn entsprechende Anträge genehmigt werden. Die meisten Kontenregelungen haben ihre Grenzen sowohl nach oben wie auch nach unten, so dass der Zeitraum, der freigenommen werden kann, eingeschränkt ist. Mit der begrenzten Dauer sind auch die Einsatzmöglichkeiten im Pflegealltag begrenzt. Längere Freiphasen brauchen daher ausgedehntere Freistellungsmöglichkeiten. Entsprechend bewertet Herr Lade als Polizist die Möglichkeiten und Grenzen seines Arbeitszeitkontos:

> „Innerhalb dieser 60 Stunden kann man praktisch ein bisschen hin und her jonglieren. Aber letztendlich, wenn zum Beispiel die Frau dann wirklich mal ausfällt wegen einer Behandlung, dann hat man diese 60 Stunden, und wenn die weg sind, dann muss man eine Lösung finden. Die ist dann oft nicht vorhanden." (Herr Lade, 067)

Nur vereinzelt, wenn sich sowohl die Pflege frühzeitig abzeichnet, als auch die Kontenmodelle ein langfristiges Ansparen zulassen, kommt es vor, dass Pflegende gezielt ein größeres Arbeitszeitvolumen ansparen. So geschehen bei Herrn Schulz, vollzeitbeschäftigter Polizist mit einer seit längerer Zeit pflegebedürftigen Mutter:

> „Ja, diese Krankheit meiner Mutter ... die ist ja absehbar. Die hat sie ja jetzt schon seit 30 Jahren. Das war klar, wenn mein Vater stirbt, dass ich dann sozusagen ... dann brauche ich flexible Arbeitszeiten." (Herr Schulz, 191)

Mehrheitlich sind die Beschäftigten aufgrund der meist ohnehin schon viel zu hohen Doppelbelastung aus Erwerbsarbeit und Pflege gar nicht in der Lage, längerfristig ein größeres Arbeitszeitguthaben anzusparen. Dementsprechend schafft es auch Frau Keller, in Vollzeit als Sachverständige bei der Polizei beschäftigt, nicht mehr, neben der Pflege ihres Partners mit Pflegestufe III noch Überstunden anzusammeln, um diese gezielt wieder frei nehmen zu können.

„Wir haben diese Gleitzeit, die wir dann ansammeln können. Das ist vielleicht
mal schön, wenn man mal einen Tag frei braucht. So habe ich das früher gemacht.
Da hat man eben eine Stunde mehr gearbeitet pro Tag, das sind dann fünf Stunden pro Woche, dann hat man schon einen halben Tag. Also das fällt flach. Das
geht zeitlich gar nicht mehr. Das ist so ausgereizt, dass ich das eben nicht machen
kann." (Frau Keller, 057)

Hieraus wird deutlich: Persönliche Flexibilität wird in Bezug auf zwei große
„Anwendungsfelder" präferiert. Zum einen, um die Chancen zur Organisation
der Alltagsroutine zu verbessern. Flexibilität oder zeitliche Selbstbestimmung bedeuten dann regelmäßige Abweichung vom Normalarbeitstag/Arbeitszeitregime
des Betriebes in mehr oder weniger großem Umfang, je nachdem wie es die
konkrete pflegebezogene Regelung des Betriebes erlaubt.

Zum anderen beziehen sich die Präferenzen auf spontane Notwendigkeiten,
das heißt auf die Erfordernis, bei unerwarteten Ereignissen kurzfristig die Arbeit
unterbrechen und den Betrieb verlassen zu können. Diese unerwarteten Unterbrechungen stellen nicht nur für die Pflegenden, sondern auch für die Betriebe
eine besondere Herausforderung dar. Vor allem im Bezug auf den jeweils unter-
brochenen Arbeitsablauf, wie aber auch auf technisch-organisatorische Besonderheiten der jeweiligen Arbeitsaufgabe, die eine Unterbrechung unabhängig
von der Personalsituation eher zulassen oder nicht. In der Praxis findet sich, jenseits dieser analytischen Trennung, zumeist eine Kombination aus beiden.

Wir sehen auch: Eine hohe Selbstbestimmung bei den Arbeitszeiten kann
sehr bei den Pflegeaufgaben helfen; durch sowohl relativ lange, als auch im Hinblick auf die Freizeitinteressen ungünstig liegende Arbeitszeiten, wird dafür aber
auch ein gewisser Preis fällig. Herr Schlinck, Festangestellter aber zeitlich mehr
oder weniger frei arbeitender Beschäftigter eines Bildungsträgers, arbeitet mit
einem solchen Modell: Bei ihm wird, wie in jedem Konzept des „Home Office",
physische durch telekommunikative Kopräsenz ersetzt. Hieraus ergibt sich eine
völlig freie Zeiteinteilung, die ihm die Betreuung seiner psychisch gestörten Partnerin ermöglicht, die tagsüber in einer Betreuungseinrichtung und im Übrigen
zu Hause lebt. Zum anderen schildert Herr Schlinck ein gewissermaßen radikali-
siertes Beispiel von Flexibilität gegenüber dem Arbeitgeber, wenn man so will
von Vertrauensarbeitszeit im Wortsinne: Die Kontrolle der Arbeit erfolgt über
das Arbeitsergebnis und dessen pünktliche Übergabe, vor dem Hintergrund relativ enger terminlicher Vorgaben. In der Praxis bedeutet dies sehr viele Gestal-
tungsfreiheiten, gleichzeitig arbeits- und pflegebedingt sehr viele Arbeiten am
Abend oder in der Nacht und zudem kampagnenartige Überstunden. Er sieht
seine Arbeitszeiten wegen vieler Entgrenzungen daher auch kritisch und benei-
det manchmal „andere Arbeitnehmer, die dieses ‚um 16 Uhr ist Feierabend' machen können." (Herr Schlinck, 189). Insgesamt zeigt sich hier eine fast bei allen
Befragten präferierte Kombination aus flexibler und reduzierter Arbeitszeit. Dies

alles ermöglicht Herrn Schlinck bei Bedarf optimale Chancen physischer Kopräsenz mit seiner pflegebedürftigen Ehefrau.

4.2.5 Die Nutzung freier Tage

Im Zuge der Arbeitszeitverkürzungen der vergangenen Dekaden, wie aber auch der zunehmenden Flexibilisierung der Arbeitszeiten und durch die damit verbundenen Zeitkonten, sind immer öfter ganztägige freie Zeiten entstanden: *Freie Tage*. Was traditionell vor allem in den klassischen Berufen bei Schichtdienst mit Wochenendarbeit anzutreffen war – wie im Gesundheitswesen oder bei Verkehr und öffentlicher Sicherheit – ist inzwischen für viele Beschäftigte Teil des beruflichen Alltags geworden. Insgesamt ist der Bedarf nach freien Tagen bei Beschäftigten mit privater Pflegeverantwortung recht hoch. Der Bedarf wächst – so der Eindruck aus den Interviews – mit dem Belastungsgrad, der eng mit dem Arbeitszeitvolumen und der Pflegeintensität korreliert. Frau Keller, die ihren Mann halbseitig gelähmten Mann mehr oder weniger alleinverantwortlich pflegt, vermisst schmerzhaft ihre zusätzlichen 17 freien Tage pro Jahr, die durch eine entsprechende Tarifregelung (zehnprozentiger Gehaltsverzicht) entstanden und die nun weggefallen sind:

> „Bis zum vergangenen Jahr hatten wir noch ein Arbeitszeitkonto, wo wir ansparen. Das ist ja jetzt durch den Tarifvertrag, der sich geändert hat, weggefallen. Und ich habe meine 17 zusätzlichen Tage, die ich im Jahr habe, auch wirklich immer aufgebraucht [...] Also man hätte die ansammeln können. Aber das ist bei mir gar nicht möglich gewesen, da ich die für solche Sachen aufgebraucht habe. Seit diesem Jahr ist ja der Tarifvertrag ausgelaufen und wir haben jetzt den alten Modus wieder. Und da habe ich eben 30 Urlaubstage, und die müssen reichen. Für solche Sachen auch. Ist manchmal ein bisschen schwer. Gut, dieses Jahr hat sich das gehäuft [...] Ich war fünf Mal auf der Rettungsstelle. Aber jetzt denke ich mal, nach der Magensonde wird sich das bessern. Da bin ich jedenfalls zuversichtlich." (Frau Keller, 237-241)

Die hohe Bedeutung (zusätzlicher) freier Tage ist auch daran abzulesen, dass sich eine Vielzahl der Interviewpartner/innen, die nicht über solche Möglichkeiten verfügen, solche zusätzlichen Auszeiten sehnlich wünschen. Wie zum Beispiel Frau Höhn, die ihre an Alzheimer erkrankte Mutter pflegt und in Vollzeit bei einer Kommunalverwaltung angestellt ist:

> „Ganz traumhaft wäre ein freier Tag, angekoppelt ans Wochenende, dass man ein bisschen am Stück frei hat, nicht so mitten drin. Und wirklich optimal, glaube ich, wären zweieinhalb Tage ... da wäre der Freitag ja schon drin. Also nicht halbe Tage arbeiten [...] sondern zweieinhalb Tage am Stück, das wäre gut." (Frau Höhn, 238)

Zu unterscheiden ist dies jedoch von den teils zuvor schon beschriebenen einzelnen freien Tagen in besonderen Situationen, die beispielsweise über die Entnahme von Zeitguthaben auf dem Arbeitszeitkonto entstehen. Beispielsweise die in vollzeitnaher Teilzeit bei einem Finanzdienstleister angestellte Frau Ziegler benötigt diese freien Tage:

> „Und ich versuche das dann entweder, dass ich mal einen ganzen Tag frei mache, das dann wieder runterzudrücken. Und das ist jetzt in dieser Situation für mich auch hilfreich, mit meiner Mutter und mit meinem Mann, weil ich dann einfach auch mal spontan sagen konnte, jetzt brauche ich einen Tag frei." (Frau Ziegler, 085)

Solche freien Tage sind eher dadurch charakterisiert, dass die Betroffenen auf eine Pflege- oder Überlastungssituation reagieren. Das Abholen aus der Klinik ist ein Beispiel, ein anderes sind freie Tage, „um einfach mal nichts zu machen" (Frau Fischer, 217) oder „mal mit dem Sohn schwimmen gehen" (Frau Burzlaff, 137). Sie stellen eine Art Flucht aus der Pflege dar, wenn die eigenen Belastungen zu groß werden.

Darüber hinaus gibt es eine zweite Art freier Tage, die andere Nutzungsmuster aufweist. Hier zeigt sich eher ein Agieren, also ein bewusstes Planen. Es geht darum, pflegebedingte Arbeiten ruhiger angehen zu können und so – wie im Falle von Herrn Sommer, einem in überlanger Teilzeit beschäftigten Vater zweier Kinder – den freien Tag u .a. dazu zu nutzen, die soziale Inklusion der pflegebedürftigen Person in ihre Mitwelt zu verbessern:

> „Und da sie selbst nicht mehr richtig telefonieren kann – also sie ruft mich noch an, aber sie spricht sehr schlecht, sie traut sich nicht, nach außen anzurufen – muss ich eigentlich alle Telefongespräche, die sie nach außen führt, machen. Also sie besteht eigentlich darauf, dass ich anrufe und sage: Ich sitze hier mit meiner Mutter, wir wollen gern zu dem Geburtstag, zur Goldenen Hochzeit gratulieren oder den Trauerfall bemitleiden. Diese Sachen. Und wenn sie dann einigermaßen sprechen kann, dann gebe ich ihr mal den Hörer. Oder wir sagen, sie hört mit, dann schalte ich auf laut. Das mache ich aber gewöhnlich an meinem freien Tag [...] Aber solche Sachen schreibe ich mir dann abends auch mal auf, um einfach es dann am Wochenende oder an einem freien Tag nicht zu vergessen." (Herr Sommer, 020)

Mal geht es also darum, bewusst Tätigkeiten anzugehen, die über die alltägliche Routine der Pflegeaufgaben hinausgehen. Mal wird an den freien Tagen Liegengebliebenes erledigt, z.B. im eigenen Haushalt. Freie Tage werden auch dazu explizit genutzt, um Zeit mit der Partnerin oder dem Partner zu verbringen. Der freie Tag dient aber auch der Entschleunigung – dazu im Meer der zeitlichen Flexibilität des Alltags ein paar feste Zeitinseln zu etablieren.

Wie die Entlastung am größten ist, ist individuell sehr unterschiedlich. Herr Sommer beispielsweise hat sich bewusst für einen Tag mitten in der Woche entschieden. Warum er diese eher ungewöhnliche Variante wählt, begründet er wie folgt:

> „Dass es am Donnerstag so ging, das kommt mir entgegen. Und ich habe mich auch gewöhnt an diesen Wochenrhythmus. Ich weiß, drei Tage, dann ist erst mal ein Tag frei. Viele sagen, warum machst du nicht den Freitag oder den Montag? Aber ich finde, es ist in Ordnung. Man kann natürlich nicht alles auf den Donnerstag legen. Es gibt eben auch mal Ärzte oder Kliniken, sie hat ein Augenproblem, Lidsprechstunde ist dienstags. Und dann muss ich versuchen zu tauschen oder irgendwie zu verschieben. Das darf nicht zu starr sein. Es muss eben entweder durch Verschieben des freien Tages oder durch zusätzliche freie Stunden oder durch einen Heimarbeitstag gewährleistet sein, dass ich auch an anderen Tagen mal was für die Pflege machen kann. Ich bemühe mich alles auf den Donnerstag zu legen, aber das geht nicht immer." (Herr Sommer, 100)

Die Lage seines freien Tages hat sich zwar zufällig entwickelt, inzwischen ist dieser Tag aber mehr als ein beliebig austauschbarer Wochentag für ihn. In dem Maße, wie der Wochentag fixiert ist, hat er offensichtlich neben seiner oft praktisch-organisatorisch begründeten Lage eben die Konnotation als „mein Tag", in Abgrenzung zur Erwerbsarbeit wie zur Pflegearbeit. Was nicht bedeutet, dass er frei von Pflege-Verpflichtungen ist, aber doch mit einer anderen Gewichtung als an anderen Wochentagen sowie definitionsgemäß ohne Erwerbsarbeit. Dies lässt jedoch eine andere Gewichtung der pflichtgemäßen Aktivitäten zu den eigenen Bedürfnissen zu.

Freie Tage spielen bei dieser Beschäftigtengruppe eine besonders große Rolle, deren Angehörige in größerer Entfernung leben und die daher „nur" am Wochenende pflegen können. Diese nutzen bevorzugt den Freitag oder Montag oder sogenannte Brückentage, um so kleine Blockfreizeiten zu erreichen, wie die in Vollzeit beschäftigte Krankenschwester Frau Bernau, die ihren weiter entfernt lebenden Vater betreut:

> „Der Freitag ist ja mein arbeitsfreier Tag, da versuche ich dann schon Arzttermine oder Fußpflege für Papa zu organisieren, weil ich das ja abends nicht mehr schaffe. Denn der normale Arbeitstag geht von halb acht bis um vier. Und da versuche ich erst mal meinen Haushalt zu schmeißen. Und wenn es dann schon wieder Freitag ist, muss ich einkaufen für ihn. Also hinfahren – das sind drei Stunden. Hinfahren, alles aufschreiben, was er will, einkaufen, vielleicht noch Apotheke, eine Runde saugen, nur das Nötigste, mehr schaffe ich gar nicht, und mal hinsetzen, einfach fragen, wie es ihm geht." (Frau Bernau, 026)

Gerade dann, wenn die Pflege als besonders belastend empfunden wird bzw. die Beschäftigten davon ausgehen (müssen), dass die Pflegesituation noch viele Jahre anhalten wird, oder die zu pflegende Person extrem weit entfernt wohnt, taucht der Wunsch nach regelmäßigen arbeitsfreien Blöcken häufiger auf. So wie bei der Apothekerin Frau Kerbel, die auch ihre weit entfernt lebende Schwester pflegte:

> „Wenn ich eine Stelle finden würde, wo ich drei Wochen im Monat eine definitive Arbeitszeit hätte, ich sage mal 15 Stunden in der Woche, mehr will ich sowieso nicht mehr arbeiten, aber nur drei Wochen im Monat, nicht vier. Ich möchte eine Woche wirklich frei haben, damit man mal eine Woche wegfahren kann oder mal nach Musterstadt fahren kann oder einfach mal nichts machen kann." (Frau Kerbel, 355)

Hier findet man in fast idealer Weise das Motiv der Selbstpflege – nicht aus Scham vor dem Anspruch auf ein eigenes Leben funktionalisiert und in äußere Zwecksetzungen eingebunden, sondern als Eigenanspruch formuliert.

Das Erarbeiten von regelmäßigen freien Tagen gelingt den Beschäftigten jedoch auf Dauer nur selten. Insbesondere lange Arbeitszeiten wie Vollzeit oder gar überlange Vollzeiten mit mehr als 40 Stunden pro Woche erweisen sich als echte Hemmnisse. Insofern scheint Teilzeitarbeit eine unabdingbare Voraussetzung für diese Art von Zeitwohlstand zu sein. Vollzeitnahe Freizeit aber ist ein „Luxusgut", das sich nur wenige Beschäftigte leisten können.

In der Gesamtschau zeigt sich: Im Kontext der Pflege spielen freie Tage in mehrfacher Hinsicht eine Rolle. Sie haben zum einen eine praktisch-organisatorische Funktion, zum anderen eine symbolische. Auffällig ist, dass die Interviewten die freien Tage sehr häufig als etwas Herausgehobenes behandeln, was sich etwa in dem Possessivpronomen „mein" freier Tag niederschlägt. Wichtig an diesem freien Tag ist nicht nur die Dimension der Dauer, dass nämlich weniger Wochenerwerbsarbeitszeit geleistet werden muss. Wichtig ist auch, dass der Lage des freien Tages eine große Bedeutung zugewiesen wird, z.B. ob es ein Wochentag in der Mitte der Woche ist, oder ob er als Brückentag für ein verlängertes Wochenende auf den Freitag oder Montag gelegt wird.

Die Zeitinstitution freie Tage muss sich allerdings nicht auf Tage beschränken – sinngemäß könnte sie sich auch auf eine Woche oder einen Monat beziehen, wenn man als Regel den Wechsel längerer Blöcke von Erwerbsarbeit und deren Unterbrechung zum Maßstab nimmt. Für die Pflege macht dies Sinn auf der Basis einer reduzierten Grundarbeitszeit, die ständig durchlaufend mit der Pflegeaufgabe kompatibel ist sowie einem Wochenblock arbeitsfrei, der dann auch für die persönliche Regeneration – für Spaß und Freude im Leben und gegebenenfalls herausgehobene Events genutzt werden könnte (vgl. Klenner et al. 2002).

4.2.6   Die Praxis selbstbestimmter Arbeitszeiten

Eigenen Einfluss auf die konkrete Ausgestaltung der Arbeitszeiten zu haben, ist allen 90 Befragten außerordentlich wichtig. Es zeigt sich durchgängig, dass Arbeitszeiten in den seltensten Fällen per se automatisch zu den Pflegeaufgaben der befragten Pflegenden passen, sondern dass die allermeisten von ihnen eine ganz gezielte Abstimmung zwischen ihren Arbeits- und Pflegezeiten vornehmen müssen und wollen. Diese Abstimmung wird für sie dann erheblich einfacher, wenn sie beide Seiten aufeinander ausrichten können – wozu eben auch ein gewisser Verfügungs- und Gestaltungsspielraum bei der Gestaltung der Lage und Verteilung der eigenen Arbeitszeit gehört.

Auch wenn sie ein gemeinsames Anliegen verfolgen, so unterscheiden sich die befragten Pflegenden jedoch dahin gehend, wie sie jeweils ihre Arbeitszeiten ausgestalten möchten, d.h. wozu sie ihre vorhandenen Gestaltungsspielräume einsetzen wollen. In den Interviews werden die folgenden Arbeitszeitelemente als Ziel einer selbstbestimmten Praxis genannt:

Nutzung der Gleitzeit, um eigenständig und bedarfsgerecht über Arbeitsbeginn und Arbeitsende entscheiden zu können: Die hohe Bedeutung der Gleitzeit wurde ja bereits ausführlich in Kapitel 4.2.1 beschrieben.

Geplante Mehrarbeit, um ein Arbeitszeitguthaben aufzubauen, welches zugunsten der Pflegeerfordernisse in Anspruch genommen werden kann: Das sich daraus ergebende Zeitguthaben auf dem Gleitzeit- oder Überstundenkonto ist für die meisten Befragten einer der zentralen Bausteine, um viele kleine und größere Pflegeanforderungen bewältigen zu können. Sei es, um die pflegebedürftige Tochter zu Arztterminen bei weiter entfernten Spezialisten zu fahren, Erledigungen oder Termine mit der pflegebedürftigen Person zusammen zu absolvieren oder bei einer demenzerkrankten Person eine gründliche Wohnungsreinigung durchzuführen. Manchmal wird ein freier Tag aber auch einfach deshalb gebraucht, weil es der zu pflegenden Person an diesem Tag besonders schlecht geht. Die dafür nötigen längeren Arbeitstage im Vorfeld oder Nachgang werden von den betroffenen Beschäftigten gerne in Kauf genommen bzw. sogar aktiv von ihnen im Betrieb angeboten, weil sich nur auf diesem Wege zusätzliche halbe und ganze arbeitsfreie Tage realisieren lassen. Aus diesem Grunde ist es für die betroffenen Pflegenden von besonderem Interesse, auch über das Anrecht zu verfügen, mehrere Ausgleichstage (Gleittage) am Stück in Anspruch nehmen zu können. Nicht in allen Betrieben ist das zulässig – allerdings erhöht dies eine selbstbestimmte Arbeitszeitnutzung enorm.

Kurzfristige Arbeitszeitunterbrechungen oder spontanes Verlassen des Arbeitsplatzes im Tagesverlauf: Einige Pflegende nutzen oder wünschen sich die Gelegenheit, über Mittag eine längere Pause am Arbeitsplatz zu machen, so dies möglich ist, um dann in diesen ein oder zwei Stunden zu Hause nach dem Rechten zu sehen, gemeinsame Mahlzeiten zuzubereiten oder pflegebezogene Besorgungen zu erledigen. Diese Praxis umfasst auch häusliche bzw. pflegebezogene Notsituationen, in denen es den Betroffenen dann ermöglicht wird, den Arbeitsplatz spontan früher als üblich zu verlassen. Dies erstreckt sich beispielsweise auf Phasen, in denen die zu pflegende Person krank ist oder im Krankenhaus liegt.

Verkürzte Arbeitszeitdauer an den Freitagen: Innerhalb der Gestaltung von Wochenarbeitszeiten kommt der Verkürzung der täglichen Arbeitszeiten gerade am Freitag eine besondere Bedeutung zu. Als Beispiel hierzu kommt Frau Grosse zu Wort, die in Vollzeit als technische Angestellte bei einem Versorgungsbetrieb tätig ist und ihre Mutter in deren Haushalt pflegt.

> „Das habe ich auch während der Pflegezeit gemacht, also montags bis donnerstags ein bisschen mehr, weil ich dann freitags nur die sechs Stunden gemacht habe und die anderthalb Stunden dann eben auf die anderen Tage verteilt habe." (Frau Grosse, 057)

Berücksichtigung von Freizeitwünschen bei der Erstellung von Dienstplänen: Dort wo mit Dienstplänen zur Einteilung der Arbeitskräfte gearbeitet wird, beispielsweise im Einzelhandel oder im Gesundheitsbereich, heben Betroffene es als günstig hervor, wenn sie Einfluss auf die Gestaltung der Dienstpläne haben. Sei es, dass sie Wünsche für besonders günstige oder ungünstige Arbeitstage angeben können, oder aber, dass sie sogar direkt am Zustandekommen des Dienstplanes beteiligt sind, wie im Fall der als Krankenschwester tätigen Frau Bernau:

> „Wir dürfen uns selbst eintragen. Der Wunschplan liegt aus. Wir tragen uns ein. Wir tauschen untereinander, wenn irgendwas dazwischen kommt. Im Großen und Ganzen klappt das ganz gut. Wir können eigentlich unsere Dienste hinschreiben." (Frau Bernau, 056)

Bei geringfügig Teilzeitbeschäftigten kann dies auch bedeuten, jeweils gezielt für die gewünschten Wochentage zur Arbeit eingeteilt zu werden. Als positiv erweist sich in diesem Zusammenhang, wenn der Arbeitszeittausch zwischen Kolleg/inn/en von betrieblicher Seite ermöglicht bzw. unterstützt wird. So ist zumindest im Einzelfall eine Anpassung an die individuelle Pflegesituation möglich.

Unkomplizierte Inanspruchnahme von (unbezahlten) Urlaubstagen: Eine solche Regelung wird von den Betroffenen sowohl für geplante als auch für überraschend auftretende Ausnahmesituationen in der Pflege gebraucht. Etwa dann, wenn die zu pflegende Person sich einer Operation unterziehen muss oder zu einer besonderen Therapie begleitet werden soll, aber auch immer dann, wenn eine vorübergehende Störung im eigentlichen Pflegenetzwerk auftritt. Etwa wenn mithelfende Dritte krankheits- oder urlaubsbedingt ausfallen oder die betreuende Tageseinrichtung an einzelnen Tagen geschlossen hat.

Recht auf gleichbleibende, feste Arbeitszeitmuster: Es gibt jedoch auch Pflegende, für die es das Wichtigste ist, zu keinerlei Variation in ihren Arbeitszeiten gezwungen zu werden. Sie können ihren Pflegeaufgaben mit Hilfe gleichbleibender, möglichst gleichförmiger Arbeitszeiten am besten nachkommen, sofern diese auf einen festen Pflegeablauf abgestimmt sind. Dies scheinen besonders solche Beschäftigten wertzuschätzen, die früher schon einmal sehr stark variierenden Arbeitszeiten ausgesetzt waren und dies als nachteilig für die Pflege erlebt haben.

Recht auf phasenweise Verkürzung der Wochenarbeitszeit: Einzelne Befragte entscheiden sich für die Verringerung ihrer vereinbarten Arbeitszeiten, weil ihre Gesamtbelastungen durch Erwerbsarbeit und Pflege insgesamt zu hoch werden. Sie verbinden mit diesem Schritt die Hoffnung, ein auf ihre jeweiligen Pflegeanforderungen zugeschnittenes Teilzeitmodell für sich umsetzen zu können. Dies lässt sich allerdings nicht immer realisieren: nicht immer wird das Teilzeitmodell hinsichtlich Lage und Wochenverteilung im Betrieb so verlässlich praktiziert, wie es für die Betroffenen wichtig wäre. In einzelnen Fällen hätte sich der Schritt einer Verkürzung von Arbeitszeit und Einkommen sogar vermeiden lassen, wenn der Arbeitgeber ihnen stattdessen die Möglichkeit zum „Home-Office" eingeräumt hätte. Frau Holzheu, in vollzeitnaher Teilzeit als Laborantin bei einem Chemieunternehmen tätig, erinnert sich:

> „Ich habe den Vorschlag gemacht, ob ich für die 20 Prozent einen Telearbeitsplatz zu Hause [bekommen könnte], dass ich einfach ... zu Hause meine Arbeit tätige. Dieses wurde abgelehnt. Und da ich nicht zugrunde gehen wollte, habe ich jetzt auf eigene Faust entschieden, meine Arbeitszeit erst mal befristet zu reduzieren." (Frau Holzheu, 023)

Bei anderen ließ sich die vollzogene Reduktion der Monatsarbeitszeit nicht in ein sinnvolles und pflegeorientiertes Arbeitszeitmodell mit weniger Arbeitstagen pro Woche umsetzen, so wie es ursprünglich gewünscht wurde. Stattdessen hat der Arbeitgeber den Wechsel zur Teilzeit für eine zusätzliche Flexibilisierung seiner variablen Einsatzplanung genutzt.

> „Das hat sich als nicht praktikabel rausgestellt. Ganz einfach, weil der Arbeitgeber dann die Möglichkeit hatte, das Ganze mit kurzen Schichten zu regeln. Unterm Strich habe ich in der Woche weniger arbeiten müssen, bin aber genauso oft gegangen, da waren die [täglichen] Schichten nur kürzer. Kann ich mir schenken." (Herr Obert, 199)

Daher hat Herr Obert, sich inzwischen dafür entschieden, seine Arbeitszeitverkürzung geblockt in Form eines zusätzlichen Vier-Wochen-Urlaubs zu nehmen,
im Jahresverlauf sonst aber Vollzeit zu arbeiten. Nur dies bietet ihm die Möglichkeit, die gewonnen Stunden „wirklich auch als Zeit für mich" (Herr Obert,
199) zu nutzen. Bei anderen Befragten schränkt sich das grundsätzliche Recht,
die Arbeitszeitdauer zu verringern, faktisch dadurch ein, dass dies für sie einen
dauerhaften Verbleib in der kürzeren Arbeitszeit bedeuten würde. Sie müssen
sich bei ihrem Arbeitgeber grundsätzlich zwischen kürzeren oder längeren Arbeitszeiten entscheiden und müssen befürchten (oder haben diese Erfahrung
schon gemacht), dann langfristig nicht wieder zurück auf ihr altes Arbeitszeit-
niveau zu können. Wie im Falle von Frau Hanse, Arbeiterin in der chemischen
Industrie, die deshalb sogar ihren Arbeitgeber gewechselt hat:

> „Aber man kommt nie wieder hoch auf Vollzeit. Und ich möchte für meine Ren-
> tenkasse auch was machen. Ich kann mich nicht hinsetzen und sagen ‚na gut, ich
> kann ja von der Rente [meines Mannes] noch mit leben‘. So denke ich nicht. Ich
> möchte für mich selber sorgen." (Frau Hanse, 256)

Was ist mit selbstbestimmten Arbeitszeiten gemeint? Wer verfügt darüber?

Die eigenen Arbeitszeiten auch *selbst* zu bestimmen bzw. zumindest zu beeinflussen, hat für die allermeisten befragten Pflegenden vor allem damit zu tun,
situationsangemessen auf Anforderungen aus der Pflege reagieren zu können.
Frau Grosse, technische Angestellte bei einem Versorgungsbetrieb, beschreibt
ihr Verständnis von selbstbestimmten Arbeitszeiten wie folgt:

> „Dass ich eben sagen kann, wenn das Pflegeheim anrief: ‚Ihrer Mutter geht es
> nicht gut, wir kommen da alle nicht ran, kommen Sie mal‘, dann ging das. Also,
> selbst wenn ich auf einer Baustelle gewesen bin, dann hat man das halt eben noch
> zu Ende geregelt und dann kann man da auch fahren." (Frau Grosse, 079)

Selbstbestimmte Arbeitszeiten umfassen die Möglichkeit, kurzfristig und spontan oder aber langfristig und geplant die eigenen Arbeitszeiten auf Befindlich-
keiten, Ereignisse oder Termine abzustimmen, die aus der Pflegewelt herangetragen werden.
    Als positiv für die eigene Selbstbestimmung bei der Gestaltung der Arbeits-
zeiten wird von den Befragten hervorgehoben, wenn sie die Inanspruchnahme
von halben oder ganzen freien Tagen oder von gewünschten Arbeitszeitabwei-
chungen nicht im Einzelfall bei ihren Vorgesetzten begründen müssen, sondern
diese unkompliziert und eigenverantwortlich beanspruchen können. Dazu noch
einmal Frau Grosse:

> „In der Zwischenzeit geht es sogar mit dem PC. Wenn ich dann mal außerhalb
> unserer Gleitzeit gehen würde, dass ich sage, ich brauche jetzt mal einen halben

Tag frei, dann schicke ich das per Mail [...] Und da braucht man dann nicht reinzuschreiben, warum. Das ist sehr anonym." (Frau Grosse, 123)

Weiterhin erweist es sich als günstig, wenn man an seinem Arbeitsplatz solche Aufgaben erledigt, die nicht in engen zeitlichen Arbeitszusammenhängen stehen, bei denen man durchaus auch mal vertretbar ist. Die eigene Position „in der zweiten Reihe" kann sich damit als durchaus günstig für die Übernahme von Pflegeaufgaben erweisen, wie im Fall von Herrn Mühlhaus, der seine mittlerweile 16-jährige, mehrfachbehinderte Tochter pflegt.

„Ich bin nicht an vorderster Front. Ich bin ja in der technischen Planung, in der Arbeitsvorbereitung [...] Und deswegen bin ich gestalterisch doch ein bisschen besser positioniert, was unsere [Pflege-]Situation betrifft, das kommt der natürlich voll entgegen." (Herr Mühlhaus, 109)

Mehrfach beschreiben Befragte, dass ihnen ein stärker auf Abgabe- oder Fertigstellungstermine orientiertes Arbeiten Freiräume bei der Zeitgestaltung verschafft. Von ihnen wird zwar die Einhaltung der Termine (und die Erbringung der damit verbundenen Leistung) erwartet, nicht aber eine permanente Präsenz am Arbeitsplatz. Gerade Letzteres empfinden sie als ausgesprochen entlastend, da es mit mehr zeitlicher Freiheit für die Übernahme von Pflegeaufgaben und zudem mit weniger Rechtfertigungsdruck gegenüber Kolleg/inn/en und Vorgesetzten einhergeht.

Ähnlich beschreiben es auch zwei Frauen unseres Samples, die als Mitarbeiterinnen in einer Fahrschule bzw. Musikschule selbstverantwortlich Kundenterminen vereinbaren und damit auch direkt die Lage ihrer eigenen Arbeitszeiten steuern. Sie erreichen so ein Maß an Selbstverantwortung für ihre Arbeitszeiten, wie es sonst eher für Selbständige üblich ist, und liegen damit weit über dem Selbstbestimmungsniveau des von uns befragten Samples. Frau Zweig kommt mit dieser Freiheit gut zurecht und sieht die Vorteile im Bezug auf die Vereinbarkeit ihrer beruflichen Interessen und die pflegerischen Notwendigkeiten:

„Ich kann mir das alles aussuchen. ,Ja' sagen oder ,Nein' sagen. Jetzt aktuell an der Schule [wo ich unterrichte] habe ich mich ganz darüber hinweggesetzt, über die vorgegebenen Uhrzeiten. Da habe ich gesagt, ,ich vereinbare mit dem Schulleiter Termine'. Oder wir gucken, ob das passt." (Frau Zweig, 168)

Für die Musikdozentin Frau Zweig und die Fahrlehrerin Frau Fischer ergibt sich damit – anders als bei den meisten anderen befragten Pflegenden – eine umgekehrte Planungsreihenfolge: erst plant sie den jeweiligen Pflegebedarf ihres Vaters für die laufende Woche, „und dann kann ich mir meinen Unterricht einteilen" (Frau Fischer, 026).

Hemmnisse für eine selbstbestimmte Arbeitszeitpraxis ergeben sich vor allem aus drei Wirkungszusammenhängen:

Der Aufbau von zusätzlichem Zeitguthaben auf dem Arbeitszeitkonto gelingt auf Grund einer allgemeinen zeitlichen Belastung nicht: Die hiervon betroffenen Beschäftigten bewegen sich bereits an der Obergrenze der von ihnen bewältigbaren Arbeitszeitdauer und/oder die Pflegeanforderungen geben einen so engen Zeitrahmen vor, dass wenig Gelegenheit zum länger Arbeiten bleibt. Da es ihnen nicht gelingt, durch entsprechendes Vorarbeiten ein Zeitguthaben aufzubauen, geht ihnen auch die Möglichkeit verloren, bedarfsgerecht freie Stunden oder Tage in Anspruch zu nehmen. Dennoch kommt es für die Betroffenen, häufig aus finanziellen Erwägungen, nicht in Betracht, ihre Arbeitszeitdauer grundlegend zu verkürzen. Andere Betroffene befürchten, bei einer Verringerung ihrer Stunden später nicht wieder auf den früheren Arbeitszeitumfang zurückkehren zu können.

Konkrete Situationen, Anforderungen oder Personen begrenzen die Spielräume der eigenständigen Arbeitszeitgestaltung: Solche Einschränkungen ergeben sich meist durch die Notwendigkeit, dringende Arbeitsaufgaben abzuschließen zu müssen. Auslöser sind beispielsweise ein nahendes Projektende, dringliche Kundenwünsche, dienstliche Ausnahmesituationen oder eine Messe bzw. Sitzung, für die die Arbeitsergebnisse gebraucht werden. Auch die Erkrankung bzw. Abwesenheit von Kolleg/inn/en können hierfür ursächlich sein, insbesondere bei einer insgesamt zu geringen Personalausstattung. Weitere betrieblich vorgegebene Taktgeber, die die selbständige Arbeitszeitgestaltung der von uns Befragten einschränken, sind: Anwesenheit von externen Gästen oder Inspektoren, Evaluationstermine, Besprechungen, Telefontermine, abendliche Vorträge, Seminare, notwendige Wochenenddienste, Gremientermine, Dienstbesprechungen oder Kongresstermine. Für viele Befragten stellen diese Einschränkungen Ausnahmesituationen von einer grundsätzlich gegebenen Möglichkeit zur Mitgestaltung dar – bei einigen aber stellen die sogenannten Ausnahmen bereits den Normalfall dar. Als besonders spannungsreich werden Situationen erlebt, in denen das Verhalten der Kolleg/inn/en oder aber zeitliche Vorlieben der Vorgesetzten ungewollt eine längere tägliche Anwesenheit am Arbeitsplatz erfordern, als der bzw. die jeweilige Pflegende eigentlich leisten kann.

Die Arbeitszeitgestaltung im Betrieb ist grundsätzlich auf eine betriebsorientierte Flexibilität angelegt und lässt den Beschäftigten wenig bis keinen Gestaltungsspielraum: Dies gilt im Rahmen unserer Befragung – wie bereits gezeigt – insbesondere für Beschäftigte aus dem privatwirtschaftlichen Dienstleistungsbereich (Einzelhandel, Verkehr, Gesundheitswesen). Ihre Arbeitszeiten werden überwiegend über Dienstpläne festgelegt, die von den Vorgesetzten angefertigt werden. Teilweise kommt es dazu, dass die Betroffenen geradezu entgegengesetzt zu ihren angemeldeten Wünschen in den Dienstplänen eingeteilt werden. Widersprechen die Beschäftigten, werden sie unter Druck gesetzt. So auch bei Frau Sand-Seehausen, die als Verkäuferin in Teilzeit für ein Möbelhaus arbeitet.

„Man kann sich fast nichts erlauben, weil der Arbeitgeber sagt halt, ja, wenn du das nicht machst, dann warten zehn andere auf deinen Job." (Frau Sand-Seehausen, 051)

Zur Bedeutung von planbaren Zeiten

Gerade vor dem Hintergrund einer Pflegeaufgabe ist die große Bedeutung der Planbarkeit zu unterstreichen. Ein Ergebnis, das auch aus anderen Untersuchungen zur Sozialkompatibilität von Arbeitszeiten (vgl. Groß/Seifert 2010, Pfahl/ Reuyß 2009) bekannt ist. Genau diese Planbarkeit war in unserem Sample häufig nicht vorhanden, Unplanbarkeit tritt in der Regel in hoch flexiblen Arbeitszeitsystemen auf und Flexibilisierung bedeutet nicht, wie bereits ausgeführt, notwendigerweise die eigene Dispositionsmacht über die Arbeitszeiten zu haben. Im Zusammenhang mit Pflegeaufgaben wird dies in besonderer Form zu einem Hindernis:

Fast alle Befragten heben gerade die *Planbarkeit* und Voraussehbarkeit der eigenen Arbeitszeiten als zentrales Kriterium für eine selbstbestimmte Arbeitszeitpraxis hervor. Günstig ist für sie vor allem, wenn Dienst- und Einsatzpläne bzw. die eigene Arbeitseinteilung, langfristig vorher feststehen. Für Frau Bernau, die als OP-Schwester im Krankenhaus tätig ist und dort sowohl von 24-Stunden-Schichten als auch von Rufbereitschaft betroffen ist, ist etwa ein Planungsvorlauf von ca. zwei Monaten wünschenswert. Denn jede Veränderung im Arbeitszeitplan zieht entsprechende Veränderungen im familialen Pflegeplan des krebserkrankten Vaters nach sich. Kommt es betriebsbedingt zu einem Verschieben von freien Tagen, zu einem verspäteten Arbeitsende oder zu Zusatzterminen, so wünschen sich die befragten Pflegenden überwiegend einen Vorankündigungszeitraum von zumindest ein „paar Tagen" (Frau Rudolf, 077), „einigen Tagen" (Frau Lang-Hauser, 027), oder besser noch von ein bis zwei Wochen. Denn sie müssen sich dann eine Vertretung für die Pflegeaufgaben an diesem Tage organisieren.

„Eine Woche vorher sollte man es wissen von beiden Seiten. Je früher man es weiß, umso besser kann man es planen." (Herr Sommer, 110)

Zu einer langfristigen Vorausschau über die eigenen Arbeitszeiten gehört auch die Möglichkeit, seine Urlaubstage langfristig und verlässlich im Betrieb anzukündigen zu können bzw. sich genehmigen zu lassen. Auch dies trägt zu einer Praxis selbstbestimmter Arbeitszeiten bei, wenn sich die eigenen Urlaubswünsche – in Abstimmung mit den Kolleg/inn/en – einerseits wunschgemäß und andererseits verlässlich festlegen lassen. Frau Lang-Hauser, mit Pflegeverantwortung für ihre Nachbarin als Sekretärin bei einem Softwaredienstleister in vollzeitnaher Teilzeit tätig und Mutter dreier Kinder, beschreibt eine solche begrüßenswerte Praxis:

„Wir drei sprechen uns auf jeden Fall ab, das klappt auch ganz gut. Am Jahresan-
fang setzen wir uns schon zusammen: ‚Okay, wann wolltest du und wann du Urlaub haben?' Und dann wird das frühzeitig geplant." (Frau Lang-Hauser, 050)

Eine vorausschauende und langfristige Festlegung von regulären Arbeitszeiten
und Arbeitszeitausnahmen, ebenso von Urlaubstagen, scheint jedoch nicht in
allen Betrieben gleichermaßen üblich, vielleicht auch nicht gleichermaßen möglich zu sein. Die Fähigkeit zur Planung variiert offenbar mit der Art der konkreten Tätigkeit sowie möglicherweise auch mit dem arbeitsorganisatorischen Ge-
schick des jeweiligen Betriebes. So verweist Frau Weidinger, als qualifizierte
Angestellte bei einem Finanzdienstleister tätig, darauf, dass bei ihr auch alle
wichtigen Sitzungen – zu deren Vorbereitung sie dann jeweils Mehrarbeit leisten
muss – langfristig für das ganze Jahr im Voraus geplant werden. So kennt sie
auch ihre Mehrarbeitsphasen langfristig im Voraus.

Welche Faktoren erschweren auf der anderen Seite Planbarkeit? Es gibt
eine Reihe von vorübergehenden arbeitsorganisatorischen Momenten, wie beispielsweise Umstrukturierungsphasen, unbesetzte Stellen, Personalmangel auf
Grund von langfristigen Erkrankungen, aber auch bestimmte Formen des pro-
jektförmigen Arbeitens, die sich als hemmend für eine selbstbestimmte Arbeitszeitpraxis der Befragten erweisen. Immer dann, wenn es zu einem phasenweise
erhöhten Arbeitsanfall kommt und sie mit der Notwendigkeit konfrontiert werden, über längere Zeit kontinuierlich Mehrarbeit zu leisten, übt dies auch Druck
auf die Pflegesituation aus. Die Chance auf eine selbstbestimmte Zeitpraxis
schwindet – zumindest vorübergehend. Phasen mit erhöhtem Arbeitsanfall, mit
Sonderdiensten bzw. kurzfristigen Arbeitszeitveränderungen sind dann besser zu
bewältigen, wenn sie möglichst langfristig zwischen Betrieb und betroffenen
Beschäftigten abgestimmt werden. Wie ein solches Vorgehen erfolgreich an-
wendbar ist, beschreibt Herr Sommer:

„Man muss es möglichst früh absprechen [...] weil gewisse Leute nur donnerstags
können und dann wird mir das aber lange angekündigt. Das wird übers ganze Jahr
geplant [...] und dann kann ich mir das einrichten [...] und wenn ich weiß, dass ich
eben privat was anderes brauche, dann kann ich auch sagen, ich möchte es mal
verschieben." (Herr Sommer, 106)

Es gibt im Sample der von uns befragten Pflegenden aber auch Betriebe – vor
allem Dienstleistungsbetriebe – die offensichtlich permanent mit kurzfristigen,
situativen Arbeits- und Zeitplanungen operieren und ihren Beschäftigten ausgesprochen wenig Planbarkeit garantieren. Herr Obert, seit vielen Jahren bei einem
Verkehrsdienstleister tätig, berichtet von einer von Jahr zu Jahr zunehmenden
Unplanbarkeit seiner Arbeitszeiten, welche, neben seiner örtlichen Mobilität,
zunehmend seine übernommenen Pflegeaufgaben erschwert. Der eigentliche
Dienstplan steht zwar acht Wochen im Voraus fest, wird aber durch vielfältige
und kurzfristige Änderungen durchkreuzt.

„Das Schlimme sind diese kurzfristigen Änderungen. Wenn man einmal eine Planung gemacht hat, erwartet man eigentlich, dass die Planung auch verlässlich ist und steht. Wenn die Änderungen auf ein Mindestmaß beschränkt wären, okay. Aber in dem Ausmaß, wie wir sie zurzeit haben, ist es oft schwierig." (Herr Obert, 059)

Infolgedessen hat Herr Obert nicht nur seine Arbeitszeitdauer gezwungenermaßen verkürzt, sondern er richtet die Organisation der Pflege seiner Mutter inzwischen grundsätzlich auf die Ungenauigkeit seiner eigenen Arbeitszeiten aus.

„Aber verlässlich sind die Zeiten eigentlich nicht. Wenn ich da was plane, plane ich immer zwei Stunden vorher und zwei Stunden nachher nichts [ein]." (Herr Obert, 035)

Zukünftig wird dies wohl nicht mehr möglich sein, da die Zeiten, in denen seine Mutter unbeaufsichtigt bleiben kann, abnehmen.

Ähnliche Erfahrungen machen auch andere Beschäftigte aus Dienstleistungsbereichen, so beispielsweise im Einzelhandel. Auch Frau Würsig, die als teilzeitbeschäftigte pharmazeutisch-technische Assistentin in einer kleinen Apotheke tätig ist, erfährt ihre variierenden Arbeitszeiten immer erst donnerstags für die jeweils nächste Woche.

„Das ist für mich sehr belastend – dass ich meinen Dienstplan von Woche zu Woche kriege. Ich arbeite entweder von neun bis eins, von zehn bis zwei, von elf bis drei oder von zwölf bis vier. Und ich weiß das aber nicht weitblickend. Ich weiß jetzt nicht, wie ich nächste Woche arbeite [...] Es kann sein, dass ich an einem Tag von neun bis eins schaffe, am nächsten von zwölf bis vier, am übernächsten Tag von zehn bis zwei. Also das ist sehr anstrengend für mich. Ich kann kaum Termine ausmachen." (Frau Würsig, 026)

Unter solchen zeitlichen Bedingungen die Pflege für ein Familienmitglied zu übernehmen, führt zu enormen zeitlichen Zerreißproben. Es überrascht daher nicht, dass insbesondere Beschäftigte aus privaten Dienstleistungsunternehmen ihre Arbeitszeiten seltener als selbstbestimmt und häufiger als pflegeunfreundlich beschreiben.

Zur Bedeutung der Vorgesetzten

Die zentrale Person, an der sich festmacht, ob die so dringend von den Pflegenden gewünschte Selbstbestimmung und Planbarkeit bei der Ausgestaltung der eigenen Arbeitszeiten tatsächlich realisierbar ist, ist der oder die unmittelbare Vorgesetzte. Hat er bzw. sie grundlegend Verständnis für die Pflegesituation und für die damit vorübergehend verbundenen zeitlichen Anforderungen, ist im Arbeitsalltag vieles an Absprache, Entgegenkommen und Einzelfallregelung möglich.

Ein Begriff, der in diesem Zusammenhang von den Betroffenen immer wieder positiv hervorgehoben wird, ist der des *Vertrauens* zwischen Vorgesetzten und Mitarbeiter/inne/n.

> „Das trage ich ein und das wird von meinem Chef auch abgezeichnet. Das ist natürlich auch Vertrauen [...] also das ist auf gegenseitigem Vertrauen." (Herr Sommer, 066)

> „Aber man bringt mir ein sehr hohes Vertrauen entgegen, dass ich das nicht ausnütze." (Frau Herbst, 086)

Ein Arbeitsklima, das auf gegenseitigem Vertrauen und wechselseitiger Wertschätzung beruht, bereitet erst den Boden dafür, dass sich situationsangemessene Einzelfalllösungen zugunsten der Pflegesituation entwickeln können. Sei es, dass die Vorgesetzten den Arbeitszeittausch mit Kolleg/inn/en unterstützen, kurzfristig einer Freizeitentnahme vom Arbeitszeitkonto zustimmen, oder beim gelegentlichen Übertreten des eigentlichen Gleitzeitrahmens auch mal „ein Auge zudrücken". Ebenfalls geschätzt wird von betroffenen Beschäftigten, wenn Vorgesetzte bei Terminabsprachen auch die Pflegetermine als ganz normale Zeitbegrenzung akzeptieren, ohne große Diskussion um das Warum und Wieso. Positiv überrascht wurde in einer solchen Situation die in Teilzeit beschäftigte Frau Oberpölling:

> „Ich sollte zu irgendeinem Termin an einem Dienstag kommen und das ist genau, wenn meine Tochter ihre Therapiestunde hat. Da sage ich: ‚Ja, an einem Dienstag geht das nicht so einfach.' Und dann sagt er: ‚Ach kein Problem. Wie wäre es Mittwoch früh?' Da dachte ich mir auch: ‚Hups, ich hätte es mir nicht so einfach vorgestellt." (Frau Oberpölling, 076)

Es entwickelt sich häufig ein System des gegenseitigen „Gebens und Nehmens". Dazu gehört im Gegenzug auch, z.B. den für die Pflege reservierten, arbeitsfreien Donnerstag, aus betrieblichen Gründen mal zu verschieben, wie im Fall des in vollzeitnaher Teilzeit bei einer Bank angestellten Herrn Sommer:

> „Zum Beispiel vorige Woche, da gab es hier eine Sitzung, an der ich teilnehmen sollte bzw. musste, die war für den Donnerstag angesetzt. Und dann habe ich gesagt: ‚Dann bleibe ich Freitag zu Hause.' Da habe ich im Vorfeld einen Arzttermin auf den Freitag gelegt [...] Da hatte mein Arbeitgeber was davon gehabt und ich auch. Das war eine ideale Verschiebung." (Herr Sommer, 102)

Der Preis für die situationsorientierte Unterstützung durch die Vorgesetzten ist, dass sich die pflegenden Beschäftigten auf die Logik des wechselseitigen „Gebens und Nehmens" einlassen müssen. Dazu gehört, die gewährten Sonderregelungen nicht übermäßig zu strapazieren, die Pflegetermine stets mit dem betrieblichen Arbeitsanfall abzustimmen, oder im Gegenzug auch mal zusätzliche Arbeitsaufgaben zu übernehmen. Die in Vollzeit bei der Bahn beschäftigte Betriebsrätin und Mutter einer behinderten Tochter, Frau Rudolf, schildert die Nachteile des gegenseitigen Entgegenkommens folgendermaßen:

> „Da fragt niemand danach, wie viele Stunden bist du länger da? Da fragt keiner. Da muss man. Und manchmal wird man dann ganz hektisch." (Frau Rudolf, 062)

Dies ist die Kehrseite der auf Vertrauen beruhenden Absprachelösungen zwischen pflegenden Beschäftigten und ihren Vorgesetzten: die fragile Abstimmung von Pflegezeiten einerseits und betrieblichen Anforderungen andererseits verläuft längerfristig zu Ungunsten der Beschäftigten, da sie unter enormem Druck stehen und damit auch sehr anfällig für überbordende Ansprüche sind.

Selbstbestimmte Arbeitszeiten sind – wie gezeigt werden konnte – für die Beschäftigten häufig ambivalent. Denn indem sie den Pflegenden (zusätzliche) zeitliche Spielräume ermöglichen, schaffen sie damit zugleich (zusätzliche) Entscheidungsprobleme bezüglich der Balance von Arbeitszeit und Pflegezeit. Die Abwägung geht zwar oft zugunsten der Pflegezeit aus – damit wird jedoch nicht selten die oben häufig angesprochene und für die Regeneration und die Lebensqualität der Pflegenden so wichtige Bollwerkfunktion der Erwerbsarbeit unterminiert. „Pflegesensible Arbeitszeiten" bestehen daher nicht aus einem möglichst hohen Anteil frei verfügbarer Arbeitszeitanteile. Hier ist noch einmal an die Unterscheidung von Flexibilität für spontane Interventionen einerseits und für die – demgegenüber längerfristige – persönliche Flexibilität für eine bessere Organisation des Pflegealltags zu erinnern. Die Ambivalenz gilt grundsätzlich für beide, die Kurz- und Langfristoption; bei der Gewichtung kommt es allerdings sehr auf den jeweiligen Einzelfall an, ob der Flexibilität höheres Gewicht zu geben ist oder aber der Bollwerkfunktion. Wie deutlich gemacht wurde, bestehen Pflegesituationen ja auch gerade darin, dass sich die spezifischen Aufgaben und damit auch die Optionen im zeitlichen Verlauf, je nach Zustand der pflegebedürftigen Person, permanent ändern können.

4.3 Der betriebliche Alltag pflegender Erwerbstätiger jenseits der Arbeitszeiten

4.3.1 Die Bedeutung der Erwerbsarbeit

Für den überwiegenden Teil der pflegenden Beschäftigten in unserem Sample nimmt die eigene Erwerbstätigkeit einen großen Stellenwert ein. Aufgrund der Fragestellung des Projektes und der Auswahl des Samples ist dies kein überraschender Befund. Es muss davon ausgegangen werden, dass unser Sample durch das Ausschließen von Nicht-Erwerbstätigen in der Befragung eine Verzerrung bezüglich der Bedeutung der Erwerbsarbeit liefert. Die Befunde zu dieser Thematik innerhalb des Samples haben dennoch Aussagekraft und Relevanz, denn die Interviewten verdeutlichen den Stellenwert von Erwerbsarbeit für Beschäftigte mit privater Pflegesituation und kehren damit eine häufige Annahme in ihr Gegenteil um: Die Gleichzeitigkeit von Erwerbsarbeit und Pflegeverantwortung ist keine „zusätzliche" Belastung, sondern stellt im Gegenteil für die allermeisten Befragten eine Form der Entlastung von der Pflege dar. Die Erwerbsarbeit ist oftmals erst der Garant dafür, dass die private Pflegesituation letztlich überhaupt gemeistert werden kann. Frau Höhn, selbst als Senior/inn/enberaterin in einer Kommune tätig, bringt es auf den Punkt:

> „Wenn ich nicht arbeiten würde, würde ich das mit meiner Mutter nicht aushalten." (Frau Höhn, 122)

Vor allem für die Pflege der Elterngeneration – die in unserem Sample häufigste Pflegekonstellation – spielt Erwerbsarbeit eine tragende Rolle für die Bewältigung der Pflegeanforderungen. Die allermeisten pflegenden Beschäftigten aus unserem Sample könnten sich nicht vorstellen, ihre Berufstätigkeit angesichts ihrer privaten Pflegesituation aufzugeben. Für Frau Bernau, vollzeitbeschäftigte Krankenschwester in momentaner Pflegeverantwortung für ihren Vater, wäre dies keine Option:

> „Dann würde ich mein Leben aufgeben [...] Nein, das kann ich nicht, will ich auch nicht. Dazu bin ich viel zu selbstständig." (Frau Bernau, 298)

Frau Hammer, die ihre Mutter pflegt und Buchhalterin in einem mittelständischen Unternehmen ist, fügt hinzu: „Nur Pflegen ist Hardcore" (Frau Hammer, 088). Die eigene Erwerbstätigkeit ist für die Mehrheit der Befragten ein selbstverständlicher und unverzichtbarer Bestandteil ihrer Lebenssituation. Dies trifft gerade auch für die Hochqualifizierten und/oder die Beschäftigten mit einer hohen beruflichen Position im Sample zu.

> „Gibt mir sehr viel. Ja. Ich bin in meinem Beruf mit Leib und Seele." (Frau Weidinger, 156)

> „Ich habe auch promoviert in dem Bereich [...] und das war immer meine Welt, die Arbeit." (Frau Oberpölling, 068)

Wie die Zitate von Frau Weidinger, qualifizierte Angestellte bei einem Finanzdienstleister mit Pflegeverantwortung für ihre Mutter, und Frau Oberpölling, Fachkraft in der Automobilbranche, zeigen, bedeutet der Beruf für diese Beschäftigtengruppe Selbstverwirklichung und ist im Selbstverständnis der Personen fest verankert. Für die Mehrheit der pflegenden Beschäftigten gilt Ähnliches zumindest in abgeschwächter Form: Erwerbstätigkeit wird gleichgesetzt mit „was konzentriert für mich tun" (Frau Meister, 099).

Darüber hinaus setzen beinahe alle Befragten Erwerbsarbeit mit sozialer Einbindung gleich, wie sich am Beispiel von Frau Kerbel, einer Apothekerin in geringfügiger Teilzeitbeschäftigung zeigt:

„Ist ja auch Teil des sozialen Lebens, das man hat. Gerade wenn man im Team arbeitet. Man sieht die Kollegen wieder. Man spricht mal." (Frau Kerbel, 112)

Nicht unerwähnt bleiben soll, dass pflegende Beschäftigte daneben auch die finanzielle Notwendigkeit zur Erwerbstätigkeit betonen. Erwerbsarbeit dient natürlich auch der existentiellen Sicherung. Stichworte, die in diesem Zusammenhang vor allem von Beschäftigten mit niedrigem Familieneinkommen genannt werden, sind die Abzahlung des Hauskredites (Frau Sand-Seehausen), die Sicherstellung einer qualifizierten Ausbildung der Kinder (Frau Möwen) und das Thema Altersvorsorge (Frau Frosch).

Welche berufliche Motivation und Erwerbsorientierung vor allem die weiblichen Beschäftigten mit privater Pflegeverantwortung aufweisen, ist eng verknüpft mit der Frage, welchen Stellenwert sie der Erwerbsarbeit im Vergleich zur unbezahlten Fürsorgearbeit beimessen. Hierzu berufen sich die Interviewpartner/innen auf ihre Einstellungen und Erfahrungen mit Fürsorgearbeit während der Kindererziehungszeiten. So gibt es auf der einen Seite Frauen, die als Mutter bereits großen Wert auf eine berufliche Integration gelegt und die Berufstätigkeit stets als Ausgleich zu den familiären Verpflichtungen gesehen haben. Ein Beispiel hierfür ist Frau Lang-Hauser, teilzeitbeschäftigte Bürokauffrau und Mutter dreier Kinder, darunter ein geistig behinderter Sohn.

„Das [die Berufstätigkeit] war für mich immer ein Ausgleich. Ich wäre nicht ein Typ gewesen, der nur hätte zu Hause bleiben wollen. Auch mit einem Kleinkind nicht, weil so diese geistige Forderung dann teilweise fehlte." (Frau Lang-Hauser, 086)

Auf der anderen Seite gibt es einen kleineren Anteil an Frauen im Sample, die auch schon während der Elternphase einen größeren Wert auf Fürsorgearbeit gelegt und der Berufstätigkeit stets eine nachrangige Bedeutung zugewiesen haben. Dies erläutert Frau Maibach, vollzeitbeschäftigte Assistentin der Geschäftsführung, Mutter zweier erwachsener Kinder sowie Pflegende ihrer beiden Eltern:

„Für mich war mein ganzes Leben lang klar, dass Kinder und Menschen immer vorgehen [...] als ich bei der Firma angefangen habe [...] war die Kleine vier und der Große war sieben [...] und da hat man mich beim Einstellungsgespräch gefragt, wo sehen Sie sich in fünf Jahren? Da habe ich gesagt: [...] ‚Meine Kinder sind gut versorgt. Aber wenn eines meiner Kinder ernsthaft krank wird oder mich braucht, weiß ich, wo mein Platz ist.' Und die Meinung hat sich nicht geändert." (Frau Maibach, 113)

Doch auch weniger berufsorientierte Frauen als Frau Maibach betonen den Wert eigener Erwerbsarbeit jenseits von Fürsorgeaufgaben und lehnen diese nicht per se ab. Nach Aussage von Frau Maibach ist eine Vereinbarkeit von Berufstätigkeit und Pflege jedoch nur schwer zu erreichen, „weil beides sind Vollzeitjobs" (ebd., 115). Daran schließt sich die Frage an, welchem Lebensbereich einen größeren Stellenwert beigemessen wird bzw. welcher Lebensbereich den jeweils anderen beeinflusst.

Die befragten Pflegenden heben überwiegend die positiven Seiten der eigenen Berufstätigkeit hervor – gerade im direkten Vergleich mit den Anforderungen der Pflegesituation. Häufig wird genannt, dass die Erwerbsarbeit einer *Ablenkung* von der Pflegeverantwortung gleichkomme und so das Abschalten von den damit zusammenhängenden Verantwortungen, Verpflichtungen und Belastungen ermögliche. Frau Lomasch, Verkäuferin und Mutter eines mehrfach behinderten Sohnes, empfindet die Arbeit als einzigen Ort, an dem sie die Pflegeverantwortung hinten anstellen kann:

> „Man kann richtig ausbrechen [...] Wenn ich auf Arbeit bin, sind meine Gedanken wirklich dort. Ich arbeite und ich habe nicht einen Gedanken an zu Hause. Also ich kann völlig alles hinten runter schmeißen und abschalten. Ja, das ist eigentlich das, was mir gut tut." (Frau Lomasch, 097)

Insbesondere Pflegende, die mit der gepflegten Person in einem Haushalt leben, empfinden die Erwerbstätigkeit als willkommene, aber auch notwendige, Abwechslung zum pflegerischen Alltag. Dies ist ebenso wie bei Frau Lomasch, die außer ihren zwei anderen Kindern noch ihren mittlerweile erwachsenen behinderten Sohn im Haus hat, auch bei Frau Herbst der Fall, die neben ihrer Vollzeitstelle als Krankenschwester zu Hause ihren halbseitig gelähmten Partner mit Pflegestufe II pflegt:

> „Weil ich es wichtig finde, hier rauszukommen [...] dass ich mich mit was anderem beschäftigte als hier. Dass ich nicht nur noch in meinen vier Wänden hocke." (Frau Herbst, 133)

In Abgrenzung zu den pflegerischen Aufgaben wird die eigene Erwerbstätigkeit als „Erholung" (Herr Förster, 241), „Entspannung" (Frau Zweig, 160) oder auch „Rettung" (Frau Seidel, 044) bezeichnet. Im Vergleich von pflegerischen und beruflichen Anforderungen werden von den meisten Beschäftigten unseres Samples die pflegerischen Aufgaben als belastender dargestellt als die beruflichen. Anders als in der öffentlichen Diskussion vielfach unterstellt, bildet die Erwerbsarbeit für die von uns Befragten ganz klar einen entlastenden Faktor während der Pflegephase. Erwerbsarbeit schafft einen geschützten Raum für die pflegenden Angehörigen im doppelten Sinne: Zum einen wird der Beruf als *pflegefreier Raum* wertgeschätzt, an dem man andere Erfahrungen machen kann. Dies gilt besonders, wenn die pflegebedürftige Person, wie im Fall der teilzeitbeschäftigten Frau Frosch, mit im eigenen Haushalt lebt.

> „Weil die psychische Anspannung, weg ist. Dieser mentale Stress, diese immer ‚Ohren auf Hab-acht-Stellung'. Was könnte jetzt schon wieder sein?" (Frau Frosch, 124)

Zum anderen erweist sich die Erwerbstätigkeit als legitimer Grund für die Abwesenheit vom Pflegeort und damit für eine *räumliche bzw. zeitliche Begrenzung der eigenen Pflegeverantwortung,* welche sowohl von den Gepflegten als auch innerhalb des Pflegenetzwerkes akzeptiert wird. Exemplarisch dafür steht beispielsweise Herr Hirtl, der im Vollzeitdienst der Bundespolizei lange Schichten und Arbeitswege hat und so nicht einfach mal kurz nach Hause kommen kann, wenn er angerufen wird.

> „Man war nicht immer auf Abruf, wenn irgendwas war [...] und das war Dienst, da konnte man sagen, hier ihr könnt mich zwar anpiepsen, aber ich kann nicht kommen. Das war schon mal eine Entlastung." (Herr Hirtl, 083)

Auch die Legitimierung von pflegerischen Grenzen und Nicht-Zuständigkeiten vor sich selbst wird durch die eigene Berufstätigkeit befördert, wie Frau Seidel, teilzeitbeschäftigte Projektleiterin in einer Bundesbehörde bei gleichzeitiger Pflegeverantwortung für zwei Angehörige, betont:

> „Die Zeit, die man dann zu Hause ist, ist man natürlich verfügbar. Und in der Zeit schleicht sich auch ein schlechtes Gewissen ein, wenn man [den Angehörigen] nicht jeden Tag zur Verfügung steht. Und sagt, ,heute kann ich nicht kommen'. Wenn man arbeitet, ist das automatisch eine Rechtfertigung." (Frau Seidel, 046)

Letztlich kann die Erwerbstätigkeit pflegende Beschäftigte dabei unterstützen, gesund erhaltende Grenzen für das pflegerische Engagement zu etablieren.

Neben der Ablenkung kommt der beruflichen Arbeit noch eine zweite wichtige Funktion zu: Sie bietet eine *kognitive und intellektuelle Beanspruchung,* die im wohltuenden Gegensatz zur stark körperbezogenen Pflege steht. Dazu zählen auch Wertschätzung und Anerkennung, die die pflegenden Beschäftigten aus dem beruflichen Umfeld für ihre beruflichen Leistungen erhalten.

> „Da bin ich einfach wichtig [...] Also nicht, dass ich nicht ersetzbar wäre, aber einfach, ich habe das Gefühl, das ist was wert, was ich mache. Nicht der Finanzen wegen, sondern des Inhaltlichen wegen." (Frau Oberpölling, 194)

Diese Wertschätzung der kognitiven Herausforderung durch Erwerbsarbeit findet sich in unserem Sample nicht nur bei hochqualifizierten Beschäftigten wie Frau Oberpölling, sondern genauso auch bei Beschäftigten mit mittlerer und niedriger Qualifikation. So betont auch Frau Lang-Hauser, teilzeitbeschäftigte Bürokauffrau mit drei Kindern:

> „Man fühlt sich einfach anders wertgeschätzt, und das finde ich unheimlich wichtig." (Lang-Hauser, 208)

Dritte zu würdigende Funktion der Erwerbstätigkeit, neben der Pflege, ist die *soziale Einbindung am Arbeitsplatz.* Der Austausch mit Arbeitskolleg/inn/en wird als hilfreich und wertvoll erachtet. Dies bezieht sich sowohl darauf, einfach mal andere Themen zu besprechen, als auch auf den Austausch über pflegebedingte Probleme.

> „Oder wenn es dann so ist, dass mich zu Hause etwas belastet, dann habe ich hier eine Kollegin, mit der ich darüber reden kann. Das macht auch schon viel aus. Ich würde glaube ich verrückt, wenn ich das nicht hätte." (Frau Lang-Hauser, 086)

Einige pflegende Beschäftigte gelangen in Anbetracht der privaten Pflegesituation sogar zu einer Neubewertung oder Aufwertung der eigenen Erwerbsarbeit, wie es Herr Breitner, der als vollzeitbeschäftigter IT-Spezialist bei einer Bank tätig ist und seinen Lebenspartner pflegt, beschreibt.

> „Es ist für mich [...] eigentlich wichtiger wie vorher. Weil plötzlich ist nämlich mein Beruf ein bisschen mein Hobby. Ich komme raus, ich komme unter Leute [...] ich finde es toll, dass ich arbeite. Ich bin froh, dass ich arbeiten gehen *darf.* So herum muss ich es sagen." (Herr Breitner, 156)

Auf der anderen Seite kann das Eintreten einer Pflegesituation gerade für besonders berufsorientierte Beschäftigte – und damit vermehrt für die männlichen Beschäftigten – auch zu einer Relativierung der Erwerbsarbeit beitragen. Herr Lade, vollzeitbeschäftigter Polizeibeamter, dessen Frau aufgrund einer Krebserkrankung pflegebedürftig wurde, schildert die Prioritätenverschiebung zugunsten seines privaten familialen Lebens.

> „In der Zeit war es eigentlich so, als dann die Chemotherapien angefangen haben, dass im Grunde genommen das Berufsleben an zweiter Stelle stand." (Herr Lade, 021)

Einige der interviewten Männer haben daher pflegebedingt dauerhaft oder zumindest temporär auf Karrieremöglichkeiten verzichtet (vgl. Kap. 4.3.4.). Darüber hinaus thematisieren vor allem Beschäftigte mit mittlerem und niedrigem Erwerbseinkommen die Gefahren, die eine pflegebedingte Auszeit für ihre zukünftige Erwerbstätigkeit im weiteren Lebensverlauf mit sich bringen würde.

> „Wenn man einmal raus ist und ein bestimmtes Alter hat [...] und die Pflegesituation dann ein paar Jahre geht, und dann würde ich wieder anfangen wollen, das wäre heutzutage einfach schwierig. Da hat man ja schon Schwierigkeiten mit über 40 Jahren einen neuen Job zu kriegen. Geschweige denn, wenn man über 50 oder 55 ist." (Frau Lang-Hauser, 208)

Analog dazu reflektieren die pflegenden Beschäftigten auch, welche Effekte eine deutliche Reduzierung der Arbeitszeit auf ihre pflegerischen Aufgaben haben würde. Nicht wenige Beschäftigte sehen in einem Mehr an erwerbsarbeitsfreier Zeit einen Automatismus für ein Mehr an pflegerischem Engagement, der gar nicht immer gewünscht ist. So befürchtet auch Frau Grosse, Angestellte in Vollzeit bei einem Versorgungsbetrieb, dass sie sich in der zusätzlichen freien Zeit eher nicht hätte abgrenzen können:

„Dann hat man natürlich noch mehr Zeit. Im Endeffekt war sie [die Mutter] in den ganzen Grundbedürfnissen abgesichert. Und ja, also ich denke mal, ich hätte mich dann einfach noch mehr reingesteigert in der Zeit." (Frau Grosse, 185)

Mit einer deutlichen Reduktion der Arbeitszeit befürchten einige Interviewte zudem, beruflich nicht mehr ausreichend integriert zu bleiben und inhaltlich im Beruf nichts mehr bewegen zu können (Frau Meister 077, Frau Oberpölling 068). Gleichzeitig wird deutlich, dass eine klassische Vollzeitstelle von der Mehrheit der Interviewten als zeitliche Überlastung wahrgenommen wird.

Zusammenfassend lässt sich sagen, dass die Erwerbsarbeit für die Beschäftigten im Sample eine große Bedeutung einnimmt und ihr besondere, entlastende Funktionen gerade vor dem Hintergrund einer privaten Pflegesituation zukommen. Die vollständige Aufgabe der eigenen Erwerbsarbeit zugunsten der Pflegesituation kommt daher nur für eine kleine Minderheit im Sample in Frage – häufiger formulieren die Betroffenen hingegen den Wunsch (temporär) etwas weniger zu arbeiten. Einen wesentlich größeren Stellenwert nehmen in den Überlegungen der pflegenden Beschäftigten hingegen die konkreten Probleme, Hindernisse und Hürden im betrieblichen Alltag ein, die ihnen eine Vereinbarkeit von Beruf und Pflege tagtäglich unnötig erschweren. Dazu mehr in den folgenden Kapiteln.

4.3.2 Innerbetriebliche Kommunikation: Die Rolle von Vorgesetzten und Kolleg/inn/en

Zeichen eines guten Arbeitsklimas und Grundvoraussetzung für ein Verständnis der Situation pflegender Beschäftigter ist eine funktionierende innerbetriebliche Kommunikation, in der ein „Outing" der Pflegenden in Bezug auf ihre Pflegeverantwortung möglich ist. Leider haben einige Beschäftigte das dafür nötige Vertrauen nicht, sei es aus persönlichen Gründen oder aufgrund eines mangelhaften Vertrauensverhältnisses zum Arbeitgeber. So verschweigen sie ihre Pflegeverantwortung. Hier offenbart sich auch ein grundlegender geschlechtsspezifischer Unterschied in der Befragung. Frauen fällt es mehrheitlich leichter, ihre Fürsorgearbeit offener zu kommunizieren, als ihren männlichen Kollegen. Bei Ihnen entspricht das Eingeständnis einer Doppelbelastung oftmals nicht ihrem männlichen Rollenbild oder dem ihrer Vorgesetzten. Neben der Genderdifferenz spielt hier auch das Betriebsklima eine wesentliche Rolle. Je offener sich dieses gestaltet, desto wahrscheinlicher ist eine vorbehaltlose Kommunikation. So hat Frau Keller, Sachverständige bei der Polizei, also einem eher männerdominierten Beruf, ein gesundes Verständnis von offener Kommunikation, auch über die aus der Pflege ihres schwerkranken Mannes resultierende Belastung.

„Dazu muss ich sagen, dass die Kollegen, die hier arbeiten, einschließlich dem Chef, unwahrscheinliches Verständnis für meine Belastung haben. [...] Ich brauche das auch. Ich brauche Ansprechpartner." (Frau Keller, 077-081)

Wie weit das Öffentlichmachen reicht, wird unterschiedlich eingeschätzt. Mehrheitlich sind die Beschäftigten der Meinung, dass zumindest unmittelbare Kolleg/inn/en und Vorgesetzte über die Problematik der Pflegesituation informiert werden sollten, damit Unverständnis oder negative Reaktionen ausbleiben und ein Entgegenkommen ermöglicht wird. Vereinzelt gehen Beschäftigte auch weiter. So ist Frau Reiter, teilzeitbeschäftigte Projektleiterin in einem mittelständischen Bauunternehmen, bewusst sehr offensiv mit ihrer Pflegesituation umgegangen:

„Es war eine harte Zeit. Aber was ich immer gemacht habe, ich habe mit den Kollegen ganz offen und ehrlich ... ich habe auch eine Rundmail raus gelassen und habe gesagt, ich arbeite jetzt nur noch halbtags aus den und den Gründen. Und es war auch sehr viel Interesse bei meinen Kollegen, wie läuft das ab? Was kann man eigentlich alles beantragen? [...] Und auch jetzt, wenn irgendwas Gröberes ist, da kommt keine dumme Bemerkung, sondern es ist alles selbstverständlich. ‚Ja, geh du zum Papa und versorge ihn.' Ich glaube, das hat ganz viel damit zu tun, dass man von Anfang an alles ausspricht. Und nicht unter dem Deckel hält und sich versteckt. Sondern man muss offen und ehrlich mit allen umgehen. Auch mit den Kunden, denen muss ich auch sagen, ich schaffe jetzt nur noch halbtags. ‚Oh, haben Sie zu viel Geld', kommt ja immer dieser Spruch. Ich sage, ‚nein, ich habe einen pflegebedürftigen Papa'. ‚Oh je, Sie Arme.' [...] Ich sage, man muss darüber sprechen. Dann haben die Leute nämlich ganz schnell viel Verständnis. Gerade in der Baubranche ist ja eigentlich eher ein ruppiges Verhalten üblich." (Frau Reiter, 022)

Das Verschweigen der privaten Pflegesituation erhöht den bereits vorhanden psychischen Druck noch, daher ist es auch aus gesundheitlichen Erwägungen empfehlenswert, über die eigene Belastung zu sprechen. Diese Erfahrung hat auch Herr Lade gemacht, der die Pflege seiner an Krebs erkrankten Frau auf seiner früheren Polizeidienststelle nicht publik gemacht hat.

„Ich habe da zu Anfang vielleicht einen Fehler gemacht und das nicht so offen erzählt auf der alten Dienststelle [...] Den Fehler wollte ich nicht noch mal machen. Ich habe gesagt okay, ich verheimliche hier nichts." (Herr Lade, 081)

Erst wenn die zeitlichen Bedürfnisse und gegebenenfalls pflegebedingten Einschränkungen kommuniziert worden sind, kann mit der Suche nach einer Lösung begonnen oder einem teilweisen Entgegenkommen gerechnet werden. Dort, wo es gefahrlos möglich ist, zahlt sich ein offener Umgang mit dem Thema aus. Man kann dann direkt auf die Kolleg/inn/en und Vorgesetzten zugehen, und stößt auf Verständnis. Diese Erfahrung hat auch Frau Oberpölling gemacht, die eine zweijährige Tochter mit Down-Syndrom hat – und damit am Arbeitsplatz offen umgeht.

„Ich habe die auch am Anfang gleich damit konfrontiert. ‚Das ist mein Kind und gut.' Also [...] manche sind dann da auch überfordert. Da müssen sie durch [lacht]." (Frau Oberpölling, 188)

Besonders verständnisvoll und entgegenkommend sind in der Regel Kolleg/inn/en und Vorgesetzte, die selbst Erfahrung mit häuslicher Pflege oder der Betreuung von Angehörigen haben und die Situation und die Belange besser nachvollziehen können. Sie springen in Notsituationen auch bereitwilliger kurzfristig ein, um Pflegende am Arbeitsplatz zu vertreten.

Offen über die Pflegesituation reden zu können, ist wichtig. Dies bedeutet aber nicht, stets darüber reden zu müssen oder zu wollen. Beim Kommunizieren der bestehenden Pflegesituation geht es den Betroffenen darum, die Kolleg/inn/en und Vorgesetzten über den Zustand zu informieren und nicht darum, aufgrund ihrer Zusatzbelastung nur noch mit Samthandschuhen angefasst zu werden. Herr Schlinck, wissenschaftlicher Mitarbeiter und in Vollzeit bei einem Bildungsträger tätig, bringt es auf den Punkt:

„Aber es ist auch so, ist vielleicht auch gut so, dass [...] ich als normaler Mensch dort wahrgenommen werde und als normaler Kollege. Und nicht, dass man immer wieder sagen wir mal so eine Mitleidssituation oder so was hat. Das hilft mir ja auch nicht weiter. Sondern dass ich da meine Arbeit mache." (Herr Schlinck, 062)

Weder möchten pflegende Erwerbstätige also permanent Rücksicht und Mitleid erfahren, noch als Pflegende einen Sonderstatus einnehmen und dabei womöglich das betriebliche Umfeld überfordern. Im Gegenteil, sie möchten vielfach ein gewisses Maß an betrieblicher Normalität erfahren und ihre Sorgearbeit auch mal ausblenden können – gerade hierfür ist der Betrieb ein geeigneter Ort. Dieses „sowohl als auch", die Möglichkeit zum Reden zu haben, sie aber nicht stetig in Anspruch nehmen zu müssen, Verständnis erfahren zu können, aber dennoch keinen Sonderstatus einzunehmen, all das verlangt von den anderen betrieblichen Akteuren viel Fingerspitzengefühl und die Fähigkeit des dynamischen Eingehens auf die jeweilige Situation.

Wichtig ist, dass Pflege in den Betrieben nicht länger als Tabuthema behandelt wird, so dass die aus den Vereinbarkeitsproblemen resultierenden Belastungen auch als betriebliches Handlungsfeld bearbeitet werden können. Wie ein solches Arbeiten im Kreise sozial kompetenter Kolleg/inn/en aussehen kann, beschreibt Frau Keller von der Polizei:

„Die Kollegen, die sind ja alle in meinem Alter und älter, die haben ja schon eine bestimmte Lebenserfahrung. Und die können eben auch auf Menschen eingehen. Die wissen einzuordnen, brauchst du jetzt einen Tritt in den Hintern, oder brauchst du eben doch mal einen Arm zum Heulen? Das ist schon ganz wichtig." (Frau Keller, 421)

4.3.3   Pflege als Betriebsthema und Teilziel von Familienfreundlichkeit

In einigen Unternehmen ist bereits ein großes Interesse an dem Themenkomplex Vereinbarkeit von Beruf und Familie vorhanden, jedoch bleibt das Stichwort „Familie" in den Köpfen vieler Unternehmer noch auf Kleinfamilien und Kinderbetreuung beschränkt. Pflege der Elterngeneration, des Partners oder behinderter Kinder ist somit in vielen Betrieben immer noch kein alltägliches Thema, das offen angesprochen wird. Die demografische Altersentwicklung in Deutschland wird in absehbarer Zeit jedoch viele Unternehmen vor die Aufgabe stellen, sich mit dem Thema pflegende Erwerbstätige auseinanderzusetzen und Maßnahmen zur Vereinbarkeit von Beruf und Pflege zu entwickeln. Frau Höhn, die Senior/inn/enberaterin, die selbst ihre an Alzheimer erkrankte Mutter pflegt, vergleicht die betriebliche Auseinandersetzung mit dem Thema mit dem Diskurs über aktive Väter vor mehreren Jahren:

> „Ich kenne es ja von vielen [...] die sagen: Ich kann das nicht mehr, ich muss meine Mutter ins Heim geben, denn ich schaffe diese Belastung und dieses Organisieren nicht mehr. Dann habe ich immer gedacht, da muss doch vielleicht ein Arbeitgeber auch mal ein bisschen gucken, wie er das ein bisschen erleichtern kann. [...] Ich glaube einfach, dass das viel zu wenig thematisiert wird. Ich sage mal jetzt in den Etagen, die im weitesten Sinne mit Personal zu tun haben. Ich glaube, das Wort Pflege ist da noch nie vorgekommen. Ich war auch ein bisschen exotisch. So wie damals die ersten Männer exotisch waren, die Elternzeit nahmen." (Frau Höhn, 112)

Gerade weil Pflege als Thema in der Arbeitswelt derzeit noch eine untergeordnete Rolle spielt, existieren nur vereinzelt kollektive betriebliche Lösungen (vgl. Kretschmann/Reuyß 2010). In der Befragung zeigt sich deshalb auch sehr deutlich der hohe Stellenwert von informellen Absprachen und Einzelfallregelungen, die den Betrieben zumindest aktuell leichter zu fallen scheinen, als ein verbindliches Regelwerk für alle Beschäftigten. Es wird deutlich, dass solche Individual- und Ausnahmelösungen der Arbeitskultur eine mindestens ebenso große Rolle spielen wie die offiziellen Strukturen und Maßnahmen, die in der Betriebskultur verankert sind. Die Bandbreite der individuellen Absprachen erstreckt sich über eine ganze Palette von kleinen aber wichtigen Bausteinen, die insgesamt eine höhere Flexibilität für die Arbeitnehmer/innen ermöglichen, um Beruf und Pflege miteinander vereinbaren zu können.

Durch die vielerorts in Betriebsvereinbarungen und Tarifverträgen noch ausstehenden betrieblichen Maßnahmen für pflegende Erwerbstätige befinden sich die allermeisten Betroffenen in der dargestellten Ausnahmesituation. Dies führt zu einer großen Zahl an Ausnahmeregelungen, die diese Beschäftigten in einer Sonderrolle im Betrieb marginalisieren oder sie bereits im Vorfeld davon abhalten, das Thema Pflege offen anzusprechen, um nicht negativ aufzufallen.

Ein Nachteil von Ausnahmeregelungen ist neben der rechtlichen Unsicherheit, die Abhängigkeit von Einzelpersonen und von der Sympathie der Vorgesetzten.

> „Da brauche ich nicht drum herum reden, bei meiner Chefin ist das halt eben, dass die einfach kein Händchen für hat [...] Da hätte jeder normale Chef gesagt: ‚Ist irgendwas?' Da kriegte ich dann nur zu hören: ‚Da hätten Sie doch gleich den ganzen Tag freinehmen können.' Da habe ich gesagt, nein, das kannst du jetzt vergessen, dass ich dir sage, dass meine Mutter gestorben ist. Die hat das überhaupt nicht mitgekriegt ... die wusste auch überhaupt nicht, dass ich pflege." (Frau Grosse, 295-297)

Die Auseinandersetzung mit dem Thema verläuft nur selten als „Top-Down"-Prozess, typischerweise nimmt das Thema den Weg eher von unten nach oben, d.h. von der Ebene der betroffenen Beschäftigten, über Vorgesetzte, Abteilungsleitungen und die Personalabteilung, bis es schließlich auch in der Führungsetage ankommt.

> „Ja, wir haben hier ja den Arbeitskreis ‚Elder Care'. Den bauen wir gerade auf [...] Wir beraten in diesem Arbeitskreis Kollegen, die plötzlich vor einer Pflegesituation stehen. Was könnt ihr tun? Was sind die ersten Schritte? Mein Fachgebiet ist zum Beispiel häusliche Pflege [...] Am Donnerstag haben wir zum Beispiel einen Vortrag vom Leiter des Hospizes [...] Und wir können das Hospiz dann auch besichtigen. Es wird dann auch im Intranet und in der Mitarbeiterzeitung publiziert [...]." (Frau Weidinger, 112)

Dank der Eigeninitiative engagierter pflegender Erwerbstätiger und in Ermangelung an entsprechenden betrieblichen Angeboten bildet sich in manchen Unternehmen eine Art Hilfe zur Selbsthilfe heraus. So werden Erfahrung und Fachwissen zum Thema weitergegeben und Informationen angeboten. Auch hier kann ein Unternehmen mithelfen, indem es beispielsweise temporäre Freistellungen für derart ehrenamtlich tätige Mitarbeiter/innen gewährleistet oder zumindest eine Plattform zur Unterstützung und Bekanntmachung solcher Angebote zur Verfügung stellt.

Einige der Befragten arbeiten in Betrieben, die bereits einen Schritt weiter sind und begonnen haben, verschiedene Maßnahmen für pflegende Erwerbstätige zu entwickeln und die z.B. Informationsseminare anbieten. Frau Seidel, Projektleiterin in einer Bundesbehörde und selbst Pflegende, beschreibt die Entwicklung wie folgt:

> „Es ist lange ein Tabuthema gewesen, man erzählt das nicht so, ich habe einen demenzkranken Opa oder mein Vater ist schwer krank. Wir haben uns dann im Audit das zur Aufgabe gemacht, 2007 das Thema erst mal aufzugreifen. Und haben niederschwellig angefangen mit Vorträgen zu Patientenverfügungen und Vorsorgevollmachten. Und da hatten wir etwa 110 Zuhörer, es war immens." (Frau Seidel, 038)

Oftmals hilft bereits die Bereitstellung von Informationen oder einer Sammlung von möglichen Informationsquellen weiter. Dies kann auch auf betrieblicher Ebene geschehen, statt jeden einzelnen betroffenen oder interessierten Beschäftigten bei der Suche nach Informationen allein zu lassen. Pflegende Erwerbstätige wünschen sich zentrale Ansprechpartner, die entweder weiterhelfen können oder wissen, wo man die nötigen Antworten, Anträge etc. erhält. Anlaufstellen, die

> „einem zumindest auch solche Sachen erzählen, was meine Möglichkeiten sind. Welche Normen es gibt, in welchem Grad der Pflegebedürftigkeit, welche Möglichkeiten existieren." (Herr Lade, 419)

Doch in der Befragung zeigt sich, dass im öffentlichen Dienst, wie auch in privaten Unternehmen, trotz der Einführung der (unbezahlten) Freistellungsmöglichkeiten im Pflegegesetz 2007, die meisten Arbeitgeber/innen in dieser Richtung nicht hinreichend sensibilisiert sind und kaum entsprechende Maßnahmen anbieten.

> „Es war auch noch nie in irgendeinem Umlauf. Auch noch nicht mal, als die Gesetzeslage verändert wurde. Da habe ich gedacht, da müsste mal irgendwas kommen. Nein." (Frau Höhn, 116)

Frau Höhn, als Senior/inn/enberaterin in einer Kommune tätig, teilt diese Erfahrungen mit einer großen Zahl weiterer Beschäftigter aus unserem Sample. Zwar arbeitet ein Drittel der Befragten in Betrieben, die zum jetzigen Standpunkt als aufgeschlossen gegenüber dem Thema gelten können. Doch zeigt sich auch, dass in den allermeisten Unternehmen universelle Vereinbarkeitsthemen und Vereinbarungsmaßnahmen gegenüber den speziell auf Pflege zugeschnittenen Angeboten überwiegen. Auch bedeutet Familienfreundlichkeit, wie sie etwa vielen Unternehmen mittels „audit berufundfamilie" bescheinigt wird, nicht ohne weiteres auch Pflegefreundlichkeit. Viele der angebotenen Maßnahmen passen nur bedingt zu den Bedarfen von Beschäftigten mit privater Pflegeverantwortung (vgl. dazu Kap. 7).

Oftmals lässt sich in den Interviews auch eine Diskrepanz zwischen einerseits den auf dem Papier und in der Praxis existierenden Maßnahmen und andererseits zwischen dem Angebot und der Nachfrage zum Thema überhaupt feststellen. In einigen Unternehmen gibt es z.B. Betriebsvereinbarungen zum Thema, die Vereinbarungen sind aber nur unzureichend bekannt und die dort festgehaltenen Maßnahmen werden kaum aktiv angeboten. Teilweise werden etwaige Anfragen ignoriert und diesbezügliche Anträge in der Bearbeitung derartig verschleppt, dass viele Angestellte nach anderen Lösungen suchen müssen.

Dass Pflege im gesellschaftlichen Diskurs als Privatsache angesehen wird, spiegelt sich auch in den geringen oder nicht existierenden Erwartungen einiger

Beschäftigter wider. Aus vielen Interviews lässt sich der Eindruck gewinnen, dass pflegende Erwerbstätige gar nicht auf die Idee kommen, ihr Arbeitgeber könnte zur Erleichterung der Situation beitragen. Sie betrachten die Pflege als individuelles Problem, stellen keine Forderungen und interessieren sich auch nicht dafür, welche Angebote es von Arbeitgeberseite bereits gibt, bzw. welche Rechte sie gegenüber ihrem Arbeitgeber überhaupt geltend machen könnten. Die Antwort der als Krankenschwester tätigen Frau Bernau ist insofern typisch:

„Wüsste ich nicht, dass es da Angebote gibt [...] Das weiß ich gar nicht. Ob sie da für uns da irgendwelche Möglichkeiten hätten. Habe ich mich noch nicht so mit befasst." (Frau Bernau, 342)

Dieses Defizit wird oftmals auch von betrieblicher Seite nicht angegangen, so dass in den Interviews immer wieder der Eindruck einer unzureichenden Information aller Beteiligten entsteht. Durch die Tabuisierung des Themas Pflege wird der Unvereinbarkeit von Beruf und Pflege jedoch Vorschub geleistet. Den Betroffenen drohen so erhebliche gesundheitliche Probleme und auch für die Betriebe entstehen unnötig große Ausfallrisiken.

4.3.4   Tätigkeitsfelder, Arbeitsinhalte und Qualifikation

Wie bereits ausführlich in Kapitel 3 dargestellt, ist eines der Kennzeichen des Untersuchungssamples die große Diversität in Bezug auf Alter und Pflegesituation, aber auch in Bezug auf die berufliche Situation der Pflegenden (Branchenvielfalt, berufliche Qualifikation, Tätigkeitskeitsfelder, Einkommen). Im folgenden Abschnitt wird gezeigt, welche Auswirkungen die Übernahme von privater Pflegeverantwortung auf die berufliche Position sowie auf die Arbeitsinhalte der Beschäftigten haben kann. Überraschend für das Forschungsteam eine Überraschung war, wie groß dieser Einfluss ist und wie viele Beschäftigte davon freiwillig oder unfreiwillig betroffen sind.

Wechsel von Tätigkeitsfeldern und Arbeitsinhalten im Pflegeverlauf

Für nicht wenige pflegende Erwerbstätige ergeben sich im Pflegeverlauf Veränderungen von Tätigkeitsfeldern und Arbeitsinhalten. Großen Einfluss auf derlei Neuerungen nehmen pflegebedingte Umstellungen der wöchentlichen Arbeitszeit, die sich nicht selten in einer Reduzierung niederschlagen. Der arbeitszeitliche Wandel im Verlauf einer Pflegesituation wird ausführlich in Kapitel 4.4 behandelt. Die Brandbreite von *arbeitsinhaltlichen* und *organisatorischen* Veränderungen im Beruf bleibt dennoch groß und wird an dieser Stelle aufgezeigt.

Einige pflegende Erwerbstätige reduzieren aufgrund der Zusatzbelastung durch die Pflegesituation (zunächst) ihr zusätzliches berufliches Engagement, das über die eigentliche Sollerfüllung ihrer Stelle hinausgeht. Dazu zählt beispielsweise das Aussetzen von Teilnahmen an Fortbildungen. Die Betroffenen lesen in ihrer Freizeit keine berufsrelevante Literatur mehr und übernehmen keine sonstigen (freiwilliger/unbezahlter) Zusatz- und Sonderaufgaben für den Arbeitgeber:

> „Also damals war ich noch mehr darüber hinaus engagiert, habe noch mehr Zeitschriften und so weiter zusätzlich gelesen. Also fachbezogene Zeitschriften." (Frau Weidinger, 406)

> „Aber da waren dann noch ein, zwei Sonderaufgaben zugleich [...] ich bin im Nebenberuf [...] noch Dozent [...] habe Studenten unterrichtet. Und das sind 40 Stunden, insgesamt vier Studiengruppen, die ich unterrichte. Da habe ich gemerkt, ich musste zwei Blöcke ausfallen lassen – ersatzlos. Weil es ganz einfach nicht mehr ging." (Herr Bellscheidt, 031)

Frau Weidinger arbeitet in überlanger Vollzeit als qualifizierte Angestellte bei einem Finanzdienstleister, Herr Bellscheidt übt, neben seiner Beschäftigung als Führungskraft in der Kriminaltechnik mit ähnlich langen Arbeitszeiten, noch eine Nebentätigkeit als Dozent aus. Nicht zuletzt hängt die Einschränkung von zusätzlichem beruflichen Engagement auch damit zusammen, dass die eigene Arbeitsleistung vor dem Hintergrund einer Pflegesituation vermehrt als tagesformabhängig wahrgenommen wird.

> „Es ist für mich mit sehr viel mehr Anstrengung verbunden, dieses gleichbleibende Niveau zu garantieren. Ich habe manchmal Tage, da kann ich bloß Spitzen wegschaffen [...] und muss halt auf einen besseren Tag warten, wo ich selber besser drauf bin, wo ich sage, jetzt kannst Du reinklotzen." (Frau Weidinger, 406)

Physische und psychische Belastungen, die mit der Pflegeverantwortung einhergehen, kann die Mehrheit der pflegenden Erwerbstätigen im Arbeitsalltag nicht jeden Tag so stark ausblenden, dass sie sämtliche anfallenden Arbeiten zur eigenen Zufriedenheit erfüllen können.

Vergleichsweise kleinteilige Veränderungen nehmen pflegende Beschäftigte auch dann vor, wenn sie ihr Tätigkeits- oder Zuständigkeitsprofil auf der gleichen Stelle verändern und/oder einschränken, in dem sie etwa bestimmte Arbeitsinhalte abgeben. Frau Reiter, die in Teilzeit als Projektkoordinatorin in einem mittelständischen Metallbetrieb tätig ist, hat gleich zum entsprechenden Zeitpunkt klargestellt:

> „Ich kann den Teil des Projektes nicht übernehmen. Und das war auch von Anfang an klar, das haben wir dann gleich in der Gruppe besprochen. Was könnte ich machen, was nicht?" (Frau Reiter, 054)

Wenig überraschend ist, dass vor allem Aufgaben oder Inhalte abgegeben oder reduziert werden, die mit großem zeitlichem Aufwand und längeren Abwesenheiten verbunden sind. Dienstreisen, wie im Falle von Frau Weidinger, fallen in diese Kategorie.

„Ich war früher immer noch viel auf Messen dabei, aber das mache ich jetzt nicht mehr." (Frau Weidinger, 068)

Möglich sind darüber hinaus reine Arbeitsplatzwechsel – innerhalb eines Arbeitgebers in eine andere Dienststelle, Filiale oder Niederlassung, z.B. um den eigenen Arbeitsweg zu verkürzen, näher an der gepflegten Person zu arbeiten oder auf ein anderes Arbeitszeitmodell zu wechseln.

Beschäftigte, die einen Stellenwechsel beim gleichen Arbeitgeber vornehmen und damit gezielt das inhaltliche Arbeitsgebiet wechseln, gehen für eine bessere Vereinbarkeit von Beruf und Pflege einen Schritt weiter. So nahm z.B. Frau Herbst, die ihren Mann pflegt und ausgebildete OP-Schwester im Krankenhaus war, das Angebot ihres Arbeitgebers an, das Stationsmanagement zu übernehmen. Sie tauschte damit pflegerische gegen organisatorische Stationstätigkeiten, konnte aber gleichzeitig arbeitszeitliche Vorteile für sich umsetzen, die ihr vor dem Hintergrund ihrer Pflegeverantwortung wichtiger sind.

„Okay, was bedeutet das? Geregelte Arbeitszeiten [...] keine Nachtdienste [...] Und die Pflegedienstleitung sagte, nein, ich möchte dich in den Kernarbeitszeiten von Montag bis Freitag da haben. Und dann sind es auch keine Wochenenden mehr." (Frau Herbst, 066)

Auch andere Beschäftigte im Sample haben ihr Aufgabengebiet und/oder den Tätigkeitszuschnitt durch einen arbeitgeberinternen Stellenwechsel verändert.

Selbst einen Wechsel des Arbeitgebers vollziehen Beschäftigte aufgrund ihrer Pflegeverantwortung, wenn sie sich davon eine höhere Vereinbarkeit von Beruf und Pflege versprechen. Bei einem neuen Unternehmen verändern sich in der Regel auch Tätigkeitsfelder und Arbeitsinhalte und/oder die berufliche Stellung. So hat Herr Breitner, der seinen Lebensgefährten pflegt, von einem Softwareunternehmen in den Softwarebereich einer Großbank gewechselt, um ein pflegekompatibleres Tätigkeitsfeld zu erhalten, das weniger Dienstreisen und direkten Kundenkontakt vor Ort erfordert.

„Da war ich sehr viel unterwegs. Da bin ich montags aus dem Haus gegangen und am Donnerstag heim gekommen. Und für die Firma war ich nur interessant, weil ich mobil war." (Herr Breitner, 056)

Nicht selten betonen pflegende Beschäftigte, wie zentral familiengerechte Arbeitsbedingungen beim neuen Arbeitgeber für sie sind. Auch wenn mit dem Arbeitgeberwechsel Einkommenseinbußen verbunden sind.

„Ich habe dann gesagt: Mach ich. Auch mit monetärer Einbuße. Weil das andere ist mir wichtiger an der Stelle." (Herr Breitner, 060)

Die Annahme, dass im öffentlichen Dienst die Rahmenbedingungen für die Betreuung seiner behinderten Tochter besser sein werden, hat bei Herrn Schwan erst dazu geführt, dass er Polizist geworden ist:

> „Ich habe bei der Reichsbahn Lokführer gelernt, habe dann gekündigt und was anderes gemacht. Und bin dann wieder zur Bundesbahn gegangen und bin da Lokführer geworden. Musste die Ausbildung noch mal komplett neu machen, bzw. ich stand vor der Wahl. Ich hätte einen Dreimonatslehrgang machen können. Dann kannst du gleich richtig Geld verdienen. Ja, und alternativ? Ja, dann müsstest du Laufbahn machen. Was in drei Teufels Namen ist Laufbahn? Ja, noch mal den kompletten Lehrgang, und dann bist du Beamter. Ja, alles klar, ich mache Laufbahn. Weil da war für mich klar, da hast du was Sicheres und kannst du dich um die Göre kümmern [...] Also ich hätte nichts Besseres machen können. Dann bin ich Beamter geworden und Lokführer. Habe dann ganz normal im durchgehenden Schichtsystem gearbeitet und bin nach dem 11. September ... kam der damalige Bundesgrenzschutz, die haben 1992 die Bahnpolizei übernommen [...] Dann habe ich mit 39 noch mal komplett die Ausbildung gemacht. Noch mal anderthalb Jahre [...] Und dann bin ich Bulle geworden. (Herr Schwan, 145)

Einige Interviewpartner/innen verknüpfen Familien- und häufig auch pflegesensiblere Arbeitsbedingungen mit der Frage, ob es eine Arbeitnehmervertretung im Betrieb gibt, oder nicht.

> „Es ist einfach ein gesettelter Betrieb, der einen entsprechenden Betriebsrat hat. Und wenn man soziale Dinge umsetzen will, braucht man einen Betriebsrat." (Herr Breitner, 056)

Deutlich geworden ist, dass die Auslöser für Veränderungen und Wechsel von Tätigkeitsfeldern und Arbeitsinhalten vor allem in den an sie gekoppelten arbeitszeitlichen, örtlichen und organisatorischen Bedingungen liegen, die von pflegenden Erwerbstätigen nicht mehr oder nicht mehr im gleichen Umfang erfüllt werden können. Die Übernahme von Pflegeverantwortung führt häufig dazu, dass Prioritäten verschoben werden, Grenzen des eigenen Arbeitsvermögens schneller erreicht sind und neue (zeitliche) Rahmenbedingungen aus der konkreten Pflege mit in die eigene Erwerbstätigkeit hineinspielen. Die Interviews mit pflegenden Beschäftigten zeigen, dass sich bestimmte Aufgaben- oder Tätigkeitszuschnitte als besonders inkompatibel mit der persönlichen Pflegesituation erweisen.

Mit Pflege unvereinbare Tätigkeitsfelder

Das Thema Arbeitszeit treibt die meisten pflegenden Beschäftigten auch im betrieblichen Alltag um. Als pflegeinkompatibel werden an erster Stelle solche Tätigkeitsfelder und Arbeitsaufgaben beurteilt, die mit *nicht planbaren und fremdbestimmten Arbeitszeiten* einhergehen. Doch neben den Arbeitszeiten sind unflexible Arbeitsformen ein zweiter behindernder Aspekt pflegeinkompatibler Tätigkeitsfelder.

So kritisieren die Befragten die weit verbreitete Anwesenheitskultur. Sie bemängeln, wenn Vorgesetzte Leistung mit Anwesenheit im Betrieb gleichsetzen und das Arbeitsergebnis nur eine untergeordnete Rolle spielt. So berichten viele Interviewpartner/innen von den Nachteilen, bestimmte Arbeitsaufgaben nicht auch von zu Hause erledigen zu können bzw. von den Vorteilen, die beispielsweise „Home-Office" mit sich bringt. Mobile Arbeitsformen sind daher noch einmal explizit Thema von Kapitel 4.3.7.

Eng damit verknüpft ist die Frage, ob die ausgeübten Tätigkeitsfelder und Arbeitsinhalte *im Tagesverlauf* unterbrechbar sind oder nicht. Als nachteilig wird empfunden, wenn pflegende Beschäftigte ihre Arbeit sowohl zeitlich als auch inhaltlich nicht ohne weiteres unterbrechen können. So berichtet Frau Kerbel, Apothekerin mit Pflegeverantwortung für ihre Schwester, von arbeitsrechtlichen Problemen:

> „In jeder Apotheke muss ja immer ein Apotheker anwesend sein, diese Kollegin ist PTA [pharmazeutisch-technische Assistentin]. Ich hätte nie kommen und gehen können, wann ich wollte, weil ich die Apotheke ja nicht hätte verlassen können." (Frau Kerbel, 081)

Um pflegebedingte Unterbrechungen im Arbeits- und Tagesablauf zu ermöglichen, hat Frau Holzheu den Tätigkeitsbereich bei ihrem Arbeitgeber gewechselt – weg von der Versuchsarbeit im Labor, die ununterbrochene Anwesenheit erfordert, hin zu Büroarbeit.

> „Dann letztendlich habe ich gesagt, Labor ist wirklich Planung und Versuche. Und mir ist das wirklich so wichtig, dass ich halt meinen PC ausschalten kann, wenn Not am Mann ist oder wenn irgendwas ist [...] ja, und viele Versuche gehen eben acht Stunden." (Frau Holzheu, 111)

Auch im Bereich personenbezogene Dienstleistungen mit direktem Kundenkontakt sprechen pflegende Beschäftigte von Hürden und Hindernissen in Bezug auf spontane pflegebedingte Unterbrechungen.

Bereits angeklungen ist der Aspekt der *Ortsgebundenheit* in Bezug auf einen pflegeadäquaten Aufgaben- und Tätigkeitszuschnitt. So kritisieren viele Interviewpartner/innen lange Wegezeiten zwischen Wohnort und Arbeitsplatz und damit einhergehend die sowohl für die Erwerbstätigkeit als auch für Pflege verlorene Zeit. Selbst wer bei der Suche nach einem Arbeitsplatz bereits auf die örtliche Nähe achtet, ist nicht gänzlich vor langen Wegezeiten gefeit. Dies zeigt sich am Beispiel von Frau Möwen, die als Bürokauffrau in der Buchhaltung eines Wohlfahrtsverbandes durch firmeninterne Veränderungen nun einen wesentlich längeren Arbeitsweg in Kauf nehmen muss.

„Seit sechs Jahren fahre ich jetzt nach Musterstadt, und vorher hatte ich meinen
Arbeitsplatz hier, das heißt, zehn Kilometer bin ich dann nur gefahren [...] Aber
dadurch, dass die Firma fusioniert hat und die Buchhaltung nach Musterstadt gekommen ist, fahre ich nach Musterstadt. Das habe ich mir nicht ausgesucht."
(Frau Möwen, 124)

Vor allem Eltern behinderter Kinder schätzen einen Arbeitsplatz in der Nähe des
Wohnortes. Herr Mühlhaus, Vater einer pflegebedürftigen Tochter und Angestellter in einem Autozuliefererbetrieb, erklärt:

„Unterm Strich, es ist eine relative Nähe zum Wohnort und es ist ... ja die Sache
mit der Schule. Es war ja erst der Kindergarten, mit dem Bringen und Holen, und
das ist natürlich schon eine Qualität." (Herr Mühlhaus, 325)

Andererseits empfinden pflegende Beschäftige Tätigkeitsfelder, die mit langen
Abwesenheiten vom Arbeitsort – etwa durch Dienstreisen – verbunden sind, als
negativ, weil der Pflegeablauf unterbrochen und neu bzw. umorganisiert werden
muss. Die dadurch entstehenden Probleme kennt auch Herr Hiller, Kunsthandwerker in Vollzeit, bei der Pflege seiner Partnerin.

„Wir haben die Jahre vorher auch in der Zeit, wo meine Frau noch krank war,
Messeauf- und Messeabbau gemacht. Dann muss ich halt schauen, dass eine von
meinen Töchtern hier nach meiner Frau schaut." (Herr Hiller, 084)

Ein letzter zentraler Aspekt im Hinblick auf pflegeinkompatible Tätigkeitsfelder
sind *zusätzliche inhaltliche Herausforderungen*. Viele pflegende Beschäftigte
empfinden solche außerplanmäßigen berufsbedingten Anforderungen während
der Leistung privater Pflegearbeit als Be- oder Überlastung. Dazu zählen unter
anderem:

a) Verpflichtende, regelmäßige Fort- und Weiterbildungen:

„Ich nehme eigentlich viele Weiterbildungsangebote wahr. Aber die helfen mir
jetzt nicht in meiner Situation" (Frau Lomasch, 327),

b) Das Erschließen neuer Aufgabenfelder im Unternehmen:

„Man muss jetzt erst mal einen Arbeitskreis bilden [...] ich bin angesprochen
worden [von dem Vorgesetzten, Anmerk. d. Verf.] und deswegen habe ich nicht
nein gesagt, sondern weil ich das auch sehr wichtig finde. Auch wenn es jetzt
wieder noch eine Mehrbelastung ist." (Frau Möwen, 064)

c) Außergewöhnliche Einsätze und überlange Arbeitsdienste etwa bei Polizei-
    beamt/inn/en und im Gesundheitssektor:

„Da sind zum Beispiel auch solche Tage dabei gewesen, wo wir drei Tage nach
Westdeutschland gefahren sind und da an der Grenze zu Holland gewartet haben,
bis der Rauschgiftkurier wieder zurückkam." (Herr Lade, 093)

Während der Pflegesituation gilt, dass sich die meisten pflegenden Beschäftigten im Sample für ihren betrieblichen Alltag demnach keine zusätzlichen beruflichen Herausforderungen wünschen.

Die besondere Rolle als pflegende Führungskraft

Abschließend soll auf die besondere betriebliche Situation von Führungskräften eingegangen werden. Die Interviewpartner/innen in Führungsposition im Sample sprechen häufig von den großen inhaltlichen Herausforderungen, dem höheren Arbeitsdruck und der besonderen Verantwortung gegenüber den Mitarbeiter/inne/n und dem Betrieb, die mit einer Leitungsposition einhergehen und derer sie sich bewusst sind. So beispielsweise auch Frau Reiter, die in Teilzeit als Projektkoordinatorin in einem mittelständischen Betrieb tätig ist und ihren Vater pflegt:

> „Ich habe zum Beispiel Projekte, bei einem sind 30 Monteure auf der Baustelle [...] wenn die keine Arbeit haben, dann stehen vielleicht 20 Personen rum. Weil ich am Wochenende zu faul war, das fertig zu machen [...] Das geht nicht." (Frau Reiter, 086)

Gleichzeitig spüren auch und gerade Führungskräfte die Grenzen ihrer eigenen Möglichkeiten und Leistungsfähigkeit während der Übernahme von Pflegeverantwortung, vor allem in besonders pflegeintensiven Phasen. So berichtet Herr Bellscheidt, leitender Kriminaltechniker, von der Zeit der aktiven Sterbebegleitung seiner Mutter:

> „In dem Fall muss ich sagen, ich hatte da bei meinen Mitarbeitern [...] gemerkt, ich führe sie nicht mehr so, dass ich jetzt das offene Ohr habe für dienstliche Probleme. Das war mir in dem Moment aber auch egal gewesen, weil meine Familie war mir wichtiger." (Herr Bellscheidt, 023)

Nicht immer können demnach leitende Beschäftigte in einer Pflegesituation die besonderen betrieblichen Anforderungen an eine Führungsposition erfüllen. Nicht selten haben sich aus diesem Grund Führungskräfte im Sample für einen Wechsel des Tätigkeitsfeldes oder des Verantwortungsbereiches entschieden und damit einen Wandel von der Führungskraft hin zum betrieblichen Experten vollzogen.

> „Die Stelle heißt jetzt offiziell ‚Senior Experte Vertriebssteuerung'. Das trifft es eigentlich auch ganz gut. Ich bin ja mittlerweile in der Position [...] vorher als Führungskraft, aber auch in der Vertriebssteuerung seit etwa acht Jahren." (Herr Sommer, 324)

Andere Beschäftigte schildern einen bewussten Verzicht auf eine Führungsposition zugunsten einer gelingenden Vereinbarkeit von Beruf und Pflege. So erläutert es Herr Mühlhaus als Vater einer behinderten Tochter und Angestellter in einem Autozuliefererbetrieb:

„Ich habe mich entschieden, irgendwann einmal. Und wer weiß, was dann passiert wäre. Da wäre ich räumlich woanders – in Karlsruhe oder Stuttgart – gewesen und das hätte eindeutig Einbußen hier [zu Hause] gebracht." (Herr Mühlhaus, 325)

Anzumerken ist jedoch, dass die Führungskräfte im Sample auch positive Aspekte ihrer beruflichen Position in Bezug auf die Pflegesituation sehen. Vor allem die Autonomie hinsichtlich der Arbeitszeitgestaltung wird positiv hervorgehoben.

Interviewer/in: „Das heißt, da hat Ihnen Ihre Führungskraftposition eigentlich eher geholfen?"

Herr Bellscheidt: „Ja, auf jeden Fall."

Interviewer/in: „Weil Sie mehr Gestaltungsfreiheit über Ihre eigene Arbeitszeit haben?"

Herr Bellscheidt: „Hundertprozentig." (Herr Bellscheidt, 259-263)

Darüber hinaus sind sich die meisten Führungskräfte ihrer überdurchschnittlichen Leistungen bewusst – nicht nur in Bezug auf die Arbeitszeit – und nehmen sich das Recht heraus, gewisse Freiräume im eigenen Interesse, d.h. für eine gelingende Vereinbarkeit von Beruf und Pflege, zu nutzen. So auch Herr Stadler, als Verwaltungsleiter in überlanger Vollzeit im öffentlichen Dienst beschäftigt:

„Es ist so, dass ich einerseits verantwortlich bin für einen Bereich, der laufen muss. Es ist ganz deutlich, dass ich die Formalkriterien, nämlich die Einhaltung der Arbeitszeit, mehr als erfülle. Und auch entsprechend für die Arbeit gute Ergebnisse, gute Bewertungen rückgemeldet werden. So dass ich einfach denke, dass meine derzeitige Vorgesetzte sich leicht tut zu sagen [...] und wenn der mal einen Tag fehlen sollte [...] dann ist das kein Problem." (Herr Stadler, 162)

4.3.5   Arbeitstempo und Arbeitsdichte

Eng verknüpft mit pflegeinkompatiblen Aufgaben- und Tätigkeitszuschnitten ist die Frage nach einem adäquaten Belastungsprofil pflegender Erwerbstätiger. Es wurde bereits erwähnt, dass Herausforderungen durch zusätzliche Arbeitsinhalte von den Interviewpartner/inne/n während einer Pflegephase unerwünscht sind. Ähnliches gilt für ein hohes Arbeitstempo und eine hohe Arbeitsdichte im betrieblichen Alltag – sei es stetig oder auch nur phasenweise.

Von den pflegenden Erwerbstätigen kritisierte Zeitzwänge in der Erwerbsarbeit entstehen dabei aus ganz unterschiedlichen Gründen. Auf der einen Seite handelt es sich etwa um einen Beruf oder eine Tätigkeit, die grundsätzlich, d.h. täglich, von einem hohen Arbeitstempo bei großer Arbeitsmenge bestimmt ist. So klagen pflegende Beschäftigte aus dem Dienstleistungsbereich über eine mangelhafte Personalausstattung. Als Folge müssen sie nicht nur mehr arbeiten, sondern sind auch mit Kritik von Seiten der Kunden konfrontiert. Davon ist zum Beispiel Frau Sand-Seehausen als Verkäuferin im Möbelhaus betroffen:

> „Der Trend ist eher aus unserer Sicht, dass es zu wenig Personal ist, dass wir sagen, wir wissen jetzt schon nicht mehr, wie wir die Arbeit schaffen sollen. Und auch die Kunden beschweren sich, dass zu wenig Personal da ist, vor allem im Verkauf." (Frau Sand-Seehausen, 151)

Ebenso klagen pflegende Beschäftigte z.b. aus Kleinstbetrieben über fehlendes Personal und als Folge über hohe Arbeitsbelastung auch für Teilzeitbeschäftigte:

> „Weil wir eine sehr kleine Apotheke sind. Und da ist die Personaldecke sehr, sehr straff." (Frau Würsig, 026)

Andere Beschäftigtengruppen, etwa mit Führungsverantwortung, tragen aufgrund ihrer beruflichen Position eine besondere Verantwortung und sind in der Folge stetigem hohen Arbeits- und Leistungsdruck ausgesetzt. Wie subtil dieser Druck entsteht, beschreibt Frau Reiter, die als Projektkoordinatorin in Leitungsposition ist:

> „Hier wird eigentlich nie gesagt, dass Du musst. Sondern du weißt schon, dass du musst [lacht]. Du hast ein Projekt und das muss laufen." (Frau Reiter, 86)

Einer besonderen Konstellation aus Arbeitstempo und Arbeitsdichte sehen sich auch einige hochqualifizierte Expert/inn/en gegenüber, die zwar von mobilen Arbeitsformen und hoch flexiblen Arbeitszeiten profitieren, dafür jedoch eine ständige Erreichbarkeit für berufliche Angelegenheiten und eine Entgrenzung von Arbeits- und privater Familienzeit akzeptieren müssen. Dies betrifft beispielsweise die qualifizierte Vollzeitangestellte eines Chemiekonzerns, Frau Tell:

> „Ja, also ich weiß nicht, was besser ist. Eine klare Struktur – dann habe ich auch einen Feierabend. Oder diese totale Flexibilität, wo ich mir letztendlich auch Freizeit einplanen muss, was man sonst nicht braucht." (Frau Tell, 319)

Frau Oberpölling, Mutter einer Tochter mit Down-Syndrom und Ingenieurin in der Automobilbranche, gehört ebenfalls zu dieser Gruppe von Beschäftigten. Sie hat ihre Arbeitszeit zwar in Folge der Pflege- bzw. besonderen Betreuungssituation ihrer Tochter reduziert, ihr Aufgabenprofil wurde jedoch nicht bzw. nur geringfügig an die verminderte Arbeitszeit angepasst.

> „Mein Chef möchte, dass ich mehr mache. Also effektiv mache ich sowieso mehr, weil es ist klar, wenn ich zu Hause bin und es läutet das Telefon oder es kommt eine E-Mail, dass ich das natürlich dann auch mache." (Frau Oberpölling, 072)

Die beschriebenen Arbeitsbedingungen bedeuten für die Mehrzahl der pflegenden Beschäftigten im Sample eine für die Pflegesituation zu hohe Belastung.
  Gleiches gilt für Berufe und Tätigkeiten, die zwar nicht stetig, aber doch phasenweise von hohen Arbeitstempi und großen Arbeitsmengen geprägt sind.

„Das heißt, wenn wir Spitzen haben, dann ist ganz klar, zehn Stunden Arbeits-
tag, ganz normal", beschreibt Frau Tell den Umgang mit solchen Zeiten (046).
    Dies gilt für saisonale Schwankungen im Betriebsablauf aber zunehmend
auch für projektförmige Arbeit, die vor allem in den Abschlussphasen großen
zeitlichen und inhaltlichen Einsatz der Beschäftigten erfordert. Pflegende sind
nicht immer in der Lage, diesen Einsatz zu leisten.

> „Wir befinden uns jetzt in der Planungsphase und das ist eine ziemliche Hochzeit
> [...] eine ziemlich starke Arbeitsbelastung, die mich auch im Augenblick ein biss-
> chen an die Grenzen geführt hat." (Herr Sommer, 030)

Sowohl für betriebsbedingte wie für projektbezogene Arbeitsspitzen und termin-
liche Verpflichtungen gilt jedoch: Sind diese planbar und vorhersehbar, sind
auch pflegende Beschäftigte eher in der Lage, sie zu meistern. Im Mittelpunkt
der Kritik der Beschäftigten stehen – ähnlich wie bei den Arbeitszeiten – fehlende
oder eingeschränkte Dispositionsspielräume in Bezug auf Arbeitstempo und Arbeitsdichte. Die Interviewpartner/innen empfinden die Tatsache, selbst keinen
Einfluss auf die Arbeitsdichte und das Arbeitstempo zu haben, als besonders
belastend.

> „Einfluss aufs Arbeitstempo. Gibt es bei uns nicht. Einfluss auf die Arbeitsmenge
> kann ich nicht haben [...] Wenn ich zehn Kunden habe, habe ich zehn Kunden.
> Wenn ich nur einen Kunden habe, habe ich nur einen Kunden. Wenn ich eine
> lange Schlange an der Kasse habe, habe ich eine lange Schlange. Das kann man
> vorher nicht bestimmen." (Frau Lomasch, 317)

Als Verkäuferin in einem Warenhaus in Teilzeit hat Frau Lomasch so gut wie
keine Einflussmöglichkeiten. Umgekehrt werden die Möglichkeiten, Arbeitsmengen eigenständig und nach Bedarf zu verschieben und selbst das Arbeitstempo zu bestimmen, als positiv bewertet:

> „Ich bin eigentlich sehr frei in meiner Gestaltung, wann ich was tue. Gott sei
> Dank. Ich habe nur Endtermine [...] bei mir steht Gott sei Dank keiner da, der
> sagt: Heute Abend muss das jetzt ... sondern ich weiß meine Termine langfristig."
> (Frau Weidinger, 032)

Druck von Seiten des Arbeitgebers und/oder von Vorgesetzten auf die Beschäftigten, bestimmte Arbeitsinhalte in vorgegebenen Arbeitszeiten zu schaffen, stellen daher vor allem für Pflegende eine Belastung dar. So berichten Frau Sand-
Seehausen, Verkäuferin einem Möbelhaus, und auch Frau Frosch, Reinigungskraft mit drei Minijobs, von ihren Belastungen:

> „[...] und das muss alles gemacht werden und am besten, wenn du nur vier Stun-
> den in der Arbeit bist, kriegst du Arbeit für acht Stunden und sollst dich aber ne-
> benbei noch um die Kundschaft kümmern." (Frau Sand-Seehausen, 242)

„Ich hatte eine Kollegin, die hatte kurz nach mir angefangen, ein Stockwerk tiefer [...] und ist [...] wegen mangelnder Leistungsfähigkeit jetzt strafversetzt worden [...] Harsche Sitten in der Abendarbeit." (Frau Frosch, 116)

Hinzu kommt: in Prekären Beschäftigungsverhältnissen sind Erwerbstätige häufig dem Arbeitsdruck von Seiten des Betriebs hilflos ausgesetzt.

Abschließend lässt sich sagen, die ohnehin schon viel zu hohe Belastung durch ein konstant (zu) hohes Arbeitstempo und eine konstant (zu) hohe Arbeitsdichte stellt *per se* eine Belastung für alle Beschäftigte dar. Die Beschäftigten aber, die neben ihrem Beruf auch noch Verantwortung für die Pflege einer nahestehenden Person tragen, trifft eine solche Intensivierung der Arbeit noch einmal härter. Fehlen dann außerdem entsprechende Steuerungsinstrumente seitens der Beschäftigten, mit denen sie im betrieblichen Alltag selbst Einfluss auf ihr Belastungsprofil nehmen können, rückt eine Vereinbarkeit beider Lebensbereiche in weite Ferne.

4.3.6 Vertretungen

In einer privaten Pflegesituation haben die meisten pflegenden Erwerbstätigen im betrieblichen Alltag einen größeren Bedarf sowohl an planbaren Arbeitszeiten als auch an Möglichkeiten der kurzfristigen Anpassung der Arbeitszeiten an den Pflegebedarf. Ob dies gelingt und in welcher Qualität hängt unmittelbar mit der Frage der Vertretungsmöglichkeiten zusammen.

Die Möglichkeit, pflegebedingte Abwesenheiten organisieren zu können, ist also eine wesentliche Stellschraube für die Inanspruchnahme betrieblicher Maßnahmen. Seien es kurz- oder längerfristige Freistellungslösungen, das etwas frühere Verlassen des Arbeitsplatzes oder die befristete Reduzierung der Arbeitszeit. Meist besteht in den Betrieben keine geregelte Vertretungslösung, was den Gestaltungsspielraum der Pflegenden einschränkt. Frau Tell, die sowohl ihre Mutter als auch ihre Tante pflegt und als Chemikerin angestellt ist, befindet sich in einer solchen Situation:

„Vertretungsmöglichkeiten – wäre super, wenn es da wäre. Habe ich nicht." (Frau Tell, 483)

Als Folge muss hier die nicht erledigte Arbeit nach der eigenen Abwesenheit durch Mehraufwand nachgearbeitet werden. Dies ist gerade für pflegende Beschäftigte, die ohnehin über Zeitnotstand klagen, besonders belastend.

„Aus dem Urlaub zurückkommen, ist manchmal schrecklich." (Frau Tell, 483)

Dort, wo dagegen flexible Arbeitsorganisationsformen bekannt sind und geregelte Vertretungsformen existieren, sind die Betriebe deutlich besser aufgestellt für die Organisation von pflegebedingten Ausfällen.

Bei einer Inanspruchnahme pflegesensibler Arbeits(zeit)angebote, z.B. von gesetzlichen oder betrieblichen Freistellungsmöglichkeiten, beschäftigt die Pflegenden, ob die Arbeitskolleg/inn/en ihre Aufgaben mit übernehmen müssen. Entlang dieser Unterscheidung gruppieren sich ihre positiven oder negativen Erfahrungen. Dort, wo es auf Dauer nicht zu übermäßigen Mehrbelastungen kommt, weil der Betrieb über ein cleveres Vertretungssystem verfügt, bewerten die Beschäftigten dies deutlich positiver, als wenn sie wissen, dass den Kolleg/inn/en die liegen gebliebene Arbeit aufgebürdet wird. Schlechte Erfahrungen werden insbesondere in solchen Betrieben gemacht, in denen Vertretungsregeln schlichtweg gar nicht existieren.

Ob Beschäftigte in ihrer Arbeit grundsätzlich vertreten werden können, hängt eng mit ihrem Tätigkeitsprofil und dem direkten Arbeitsumfeld zusammen. So profitieren Beschäftigte, die in ein Arbeitsteam integriert sind, in Phasen betrieblicher Abwesenheiten von ihren Teamkolleg/inn/en. Wie Frau Lomasch, die Verkäuferin und Mutter eines pflegebedürftigen Sohnes ist.

> „Man ist ja nicht alleine [...] In der Regel sind mindestens drei in der Abteilung, dass nicht einer allein da steht." (Frau Lomasch, 057)

Wichtig ist nicht nur, dass ein Team vorhanden ist, sondern auch, dass die Teamkolleg/inn/en inhaltlich in der Lage sind, sich gegenseitig in den Aufgabenfeldern zu vertreten. Denn wenn innerhalb eines Teams oder einer Abteilung der Grad an Qualifikationen, Positionen sowie Spezialisierungen und Ausdifferenzierungen von Aufgaben und Zuständigkeiten groß ist, sinkt die Wahrscheinlichkeit, dass Beschäftigte von Kolleg/inn/en vertreten werden können, ohne dass zumindest eine Einarbeitungsphase erforderlich ist. Diese Erfahrung macht auch Frau Keller, Sachverständige im Dienst der Polizei.

> „Aber wir sind alle mehr oder weniger spezialisiert. Also man müsste denjenigen, der dann vertritt, einführen. Auf den neuesten Stand bringen, sage ich mal so. Nicht einführen, weil wir ja alle die gleiche Ausbildung haben. Aber [...] weil man so spezielle Sachen hat." (Frau Keller, 047)

Schwierig wird es für pflegende Beschäftigte, die keinem Arbeitsteam zugeordnet sind, die als Spezialisten mit einem qualifikatorischen Alleinstellungsmerkmal versehen sind. Deren Aufgabenfeld bleibt während der eigenen betrieblichen Abwesenheit unbearbeitet. Auch diese Beschäftigten müssen nach ihrer Rückkehr die aufgestauten Dinge erst einmal abarbeiten.

Bei der Frage von Vertretungsmöglichkeiten spielt auch die Betriebsgröße eine Rolle. Je kleiner das Unternehmen, desto unwahrscheinlicher ist die Übernahme der Arbeit durch andere Beschäftigte oder Aushilfskräfte. Aufgrund der geringen Beschäftigtenzahlen werden Vertretungsregelungen eventuell gelöst, allerdings nur im Bereich der Organisation der Alltagsroutine und des Urlaubs.

Wenn überraschende Ereignisse auftreten – wie im Rahmen der Übernahme von Pflegeverantwortung – wird es eng. Eine solche Situation besteht bei Frau Fischer, die jeweils in Teilzeit als Fahrlehrerin und Sportdozentin arbeitet, hier bedeutet der Ausfall unmittelbare Einkommensverluste für den Betrieb:

> „Nein, die haben keinen Vertreter gefunden, sondern er wird nicht angeboten und fällt aus." (Frau Fischer, 116)

Kommen mehrere Aspekte einer pflegeunsensiblen Arbeitskultur zusammen, treten erhebliche Schwierigkeiten auf: Dies ist der Fall bei Herrn Obert, der als Lokomotivführer im Schichtdienst arbeitet. Durch die Art seiner Arbeit bedingt ist erstens eine individuelle Flexibilität praktisch nicht möglich, zweitens lässt die Schichtplangestaltung keine Flexibilität zu, drittens sind kurzfristige Abwesenheiten vom Arbeitsplatz wegen unerwarteter Ereignisse nicht möglich und viertens ist die Personaldecke für kurzfristige Vertretungen sehr dünn. Und schließlich kommt hinzu, dass die Ankündigungszeiten für die Schichten sehr kurz sind. Auf die Frage, wie die Vertretungsmöglichkeiten aussehen, antwortet er entsprechend:

> „Es gibt natürlich Spielräume. Aber die Spielräume sind, je kurzfristiger es wird, umso enger. Wir haben einen bestimmten Anteil an Reservepersonal, der wird rechnerisch genau ermittelt für Dienstunterricht, krank, Urlaub, und so weiter. Das ist natürlich in den Jahren auch immer weiter runtergefahren worden. Und mit 15% Urlaubern ist das Reservepersonal schon fast verbraucht. Wenn dann noch Kranke dazu kommen, dann läuft das so, dass der Kollege in Erfurt dann andere Kollegen anruft, die frei haben und fragt die, könntest du mal an deinem freien Tag kommen? Also das kommt nicht selten vor, wenn die Personallage so ist." (Herr Obert, 051)

Dort wo betriebliche Regelungen gänzlich fehlen, berichten manche Interviewte von Versuchen, eigenständig Vertretungsmöglichkeiten im Team zu schaffen. Frau Möwen, die als Büroangestellte einen bestimmten Arbeitsbereich erledigt, hat angesichts der Pflegeverantwortung gegenüber ihrer Mutter mit einer Kollegin Absprachen getroffen.

> „Ich habe jetzt gerade eine Kollegin, eine Jüngere, die ich schon ein bisschen eingearbeitet habe [...] die weiß bei mir eigentlich Bescheid, wo was liegt [...] insofern wäre das jetzt schon mal im Notfall gut. Das war aber bislang nicht so." (Frau Möwen, 074)

Nicht selten bleibt für eine solche Einarbeitung zur Etablierung eigener teaminterner Vertretungen im betrieblichen Alltag gar keine Zeit. Die Grenzen einer solchen teaminternen Vertretungsregelung kennt Herr Sommer aus seiner Arbeit als Bankangestellter:

„Es gibt eine ganze Menge Tätigkeiten, wo die Vertretungsregelung nicht so gut organisiert ist [...] wir versuchen das hier, besonders im Zimmer, dass wir uns eigentlich gegenseitig vertreten können. Das klappt nicht hundertprozentig [...] in der Hauptplanungszeit schafft man es fast gar nicht." (Herr Sommer, 034)

Das kollegiale Bemühen, Vertretungen zu organisieren, ohne neue Probleme zu erzeugen – z.B. durch eine übermäßige Belastung der verbleibenden Kolleg/inn/en – braucht, wie gezeigt, bestimmte strukturelle Voraussetzungen, die vom Betrieb selbst zu organisieren sind oder zumindest nicht behindert werden sollten.

Die Frage nach der grundsätzlichen personellen sowie inhaltlichen Vertretbarkeit stellt sich Führungskräften oft in noch verschärfter Form. Von ihnen wird schlichtweg erwartet, die betrieblichen Abwesenheiten durch entsprechende Eigenorganisation autonom aufzufangen. Hier zeigen sich zwischen öffentlichem Dienst – Herr Stadler – und privatem Unternehmen – Frau Reiter – nur graduelle Unterschiede, wie die folgenden Zitate zeigen:

„Bei Kollegen auf gleicher Ebene oder Vorgesetzten, da ist es eher so, dass schon klar ist, ja, da müssen sie sich drum kümmern." (Herr Stadler, 052)

„Deshalb, auch wenn irgendwie mit dem Papa was war, dann muss ich das in einer anderen Zeit machen." (Frau Reiter, 054)

Ständiger oder auch nur phasenweise auftretender Personalmangel führt nicht nur dazu, dass pflegende Beschäftigte nur schwer eine Vertretung finden, teilweise müssen sie selbst Vertretung für die fehlenden Kolleg/inn/en sein und sind damit zusätzlichen zeitlichen Belastungen ausgesetzt. Vertretungsprobleme gibt es aber auch in umgekehrter Richtung: Nicht nur für pflegende Beschäftigte müssen im Fall von unerwarteten Ereignissen Vertretungen gefunden werden. Von Pflegenden wird, wie von normalen Arbeitnehmern erwartet, ihrerseits Vertretungen zu übernehmen. Diese Erfahrung musste auch Frau Kerbel in ihrer Apotheke machen:

Interviewer/in: „Hat es sich anfangs sicher umgedreht, dass Sie da als Vertretung gebraucht wurden? Hat das funktioniert?"

Freu Kerbel: „Ja, hier in der Apotheke ging das natürlich eher, weil ja noch eine approbierte Kollegin außer mir da war und der Chef. Wir waren drei Apotheker in der Apotheke. Meine Kollegin hat auch Kinder und das ist natürlich auch irgendwie begrenzt. Denn es fiele ja nicht nur mein einer Nachmittag weg, sondern eben auch diese Vertretung, die ich sonst gemacht habe. Die mussten ja mit abgedeckt werden und das ging auf die Dauer nicht." (Frau Kerbel, 43-44)

Vor allem ungeplante Vertretungen zu leisten, stellt für pflegende Beschäftigte, wie die in Teilzeit beschäftigte Frau Kerbel eine Herausforderung dar.

Wie in der Praxis sogar bestehende Vertretungsregelungen ad absurdum geführt werden können, zeigt das Beispiel von Frau Sand-Seehausen, die in einem großen Möbelhaus angestellt ist. Hier setzt man in Fragen der Arbeitszeit- und Vertretungsregelungen auf die selbstständige Planung der Beschäftigten-Teams. Die Beschäftigten stoßen aber aufgrund fehlenden Personals bereits an ihre Kapazitätsgrenzen. Hinzu kommt, dass auch die Kolleg/inn/en von Frau Sand-Seehausen Vereinbarkeitsprobleme haben und daher hin und wieder selbst ausfallen.

> „Die Sabine ist alleinerziehend, hat drei Kinder [...]. Und die Dagmar hat noch ein schulpflichtiges Kind." (Frau Sand-Seehausen, 115)

Ein weiterer Kollege ist zudem selbst gesundheitlich stark eingeschränkt, so dass die offiziellen Regelungen des Unternehmens in der Praxis Makulatur sind. Die eigenständige Arbeits(zeit)organisation der Beschäftigten ist vor diesem Hintergrund kritisch zu bewerten.

Positiv hervorzuheben ist das große Verständnis der Beschäftigten gegenüber der persönlichen Situation ihrer pflegenden Kolleg/inn/en. Auch in schwierigen betrieblichen Situationen erfahren die Pflegenden Unterstützung. Dort, wo es zu Unverständnis oder Spannungen zwischen den Arbeitskolleg/inn/en kommt, liegt dies weniger an der Pflegesituation und den Auswirkungen auf die Arbeitssituation als vielmehr daran, dass den vertretenden Kolleg/inn/en keine zusätzliche Zeit für die Abarbeitung der übernommenen Arbeitsaufgaben eingeräumt wird. Frau Frosch, Reinigungskraft mit Pflegeverantwortung u.a. gegenüber der Schwiegermutter, schildert die Problematik während der Urlaubszeit, die entsprechend auch in pflegebedingten Vertretungssituationen besteht.

> „Also wir haben keine Springer mehr, die gibt es nicht mehr. Und wenn jemand Urlaub macht, müssen andere Kollegen in derselben Arbeitszeit die Arbeit mit machen." (Frau Frosch, 110).

Wünschenswert wäre es insgesamt, den aus pflegebedingten Abwesenheiten häufig beschriebenen Arbeitsdruck für pflegende Beschäftigte durch funktionierende Vertretungsregelungen aufzufangen und zu reduzieren. Dies wünscht sich zum Beispiel auch der in Vollzeit tätige Herr Schlink, der seine psychisch kranke Partnerin pflegt.

> „Das habe ich auch immer gesagt. Jeder Mensch, jede Arbeitskraft muss ersetzbar sein." (Herr Schlinck, 046)

Vorhandene Vertretungsregelungen erleichtern zudem die Kommunikation in Arbeitsteams. Sie entlasten pflegende Beschäftigte von der Verantwortung, ihre pflegebedingten Abwesenheiten vom Arbeitsplatz im betrieblichen Alltag eigenständig und/oder mit Arbeitskolleg/inn/en bilateral und informell zu organisieren.

Alles in allem stellen die Vertretungsbedingungen einen der zentralen Ermöglichungsfaktoren für pflegesensible Arbeitszeiten dar – das gilt insbesondere für den Fall unvorhersehbarer Unterbrechungen des Arbeitsablaufs durch plötzlich eintretende Pflegeanforderungen. Solche Anforderungen lassen, insbeson-

dere wenn sie kurzfristig auftreten, fast immer stressige Situationen im betrieblichen Alltag entstehen. Sehr häufig werden hierdurch Kolleg/inn/en mit zusätzlichen Aufgaben belastet, eher selten stehen organisierte Vertretungen bereit. Ein
effizientes, vorausschauendes Vertretungsmanagement scheint eher noch eher
die Ausnahme als die Regel zu sein. Dies gilt insbesondere für kleine Betriebe
mit heterogener Qualifikationsstruktur, wie auch für Betriebe mit durchgehend
(zu) geringer Personaldecke. Wenn die Arbeit zeitlich nicht disponibel ist und
keine Vertretung organisiert werden kann oder aus Kostengründen nicht eingesetzt werden soll, lastet der Druck in vielfältiger Weise auf den Beschäftigten.
Sie müssen ihren Anspruch gegenüber den Vorgesetzten und im Kolleg/inn/en-
kreis glaubhaft kommunizieren. Das hängt oftmals von der Stellung einer Person
in der Betriebshierarchie, aber auch von ihrer Beliebtheit im Betrieb ab (vgl.
neuere Diskurse über Gender-Gerechtigkeit).

4.3.7   Telearbeit und „Home-Office"

Telearbeit gilt seit einigen Jahren als eine Form der Arbeitsorganisation, die
mehr Nachteile als Vorteile für die Beschäftigten mit sich bringt. Als wesentliche
Nachteile werden die soziale Isolierung, die Abkoppelung vom Betriebsgesche-
hen sowie der höhere Arbeitsdruck empfunden und daraus resultierend eine
schlechtere Vereinbarkeit von Beruf und Familie (Kamp 2000). Überraschend
war daher das hohe Interesse der pflegenden Beschäftigten an Formen außerbe-
trieblicher Arbeit wie Telearbeit oder „Home-Office".

Formen von Telearbeit und „Home-Office"

Unter dem Begriff Telearbeit werden verschiedene Arbeitsformen zusammengefasst, bei denen Beschäftigte zumindest einen Teil der Arbeit außerhalb Ihres
Unternehmens verrichten. Klassische Teleheimarbeit, bei der die Arbeitnehmer/in-
nen die gesamte Arbeit als Heimarbeit in der eigenen Wohnung verrichten und
ein betrieblicher Arbeitsplatz nicht existiert, fand sich bei keiner/keinem der Befragten. In den meisten Fällen fanden sich Modelle alternierender Telearbeit, bei
denen die Beschäftigten einzelne Tage zu Hause arbeiten (ein bis zwei Tage pro
Woche) und die restliche Zeit in Ihrem Unternehmen tätig sind.

> „Wir haben einen Antrag gestellt auf Telearbeit. [...] Also angedacht sind zwei
> Tage zu Hause, drei Tage hier. Und das sollte variieren [...] Zwei Tage zu Hause,
> aber individuell mit Absprache. [...] Und es ist ja auch nur zeitlich begrenzt."
> (Frau Keller 083-091)

Diese Arbeitsplätze sind in der Regel mit dem Unternehmen durch elektronische
Kommunikationsmittel verbunden. Da es sich bei diesen Arbeitsplätzen rein
rechtlich betrachtet um eine ausgelagerte Betriebsstätte des Unternehmens han-

delt, sind die Arbeitsbedingungen nach geltendem Arbeitsrecht zu gestalten. Arbeitgeber haben demnach die einschlägigen gesetzlichen Vorgaben einzuhalten und einen umfassenden Arbeitsschutzstandard zu gewährleisten. Dies bedeutet für den Betrieb zunächst einmal erhöhte Kosten, muss er doch bei den Beschäftigten zu Hause einen vollwertigen Arbeitsplatz errichten. Ein recht aufwendiges Verfahren für seinen Arbeitgeber, wie Herr Sommer zu berichten weiß:

> „Dann verschafft die Bank einem den Zugang, dann hat das Büro gewisse Sicherheitsausrüstungen [...] Das ist ein richtiger Aufwand, kostet die Bank auch mehr Geld, weil sie den Telefonanschluss bezahlen muss. Das Internet wird dann getrennt vom Privaten und so weiter." (Herr Sommer, 060)

Eine stärkere Verbreitung haben in unserem Sample sogenannte „Home-Office"-Varianten, also solche Lösungen, bei denen Beschäftigten gelegentlich die Arbeit am heimischen Computer oder am firmeneigenen Laptop ermöglicht wird. Dies hat für die Betriebe den Vorteil, dass die gesetzlichen Vorgaben und damit auch die Kosten für die Einrichtung deutlich geringer sind. Es handelt sich bei unseren Befragten zum größten Teil um zwischen Beschäftigten und Arbeitgeber informell abgesprochene Ausnahmeregelungen. Je nach Tätigkeitsbereich wird den Arbeitnehmer/inne/n ermöglicht, an bestimmten Tagen in der Woche einen Teil der Arbeit zu Hause zu erledigen. In diesen Arrangements existieren sowohl Heimarbeitstage als auch Anwesenheitstage im Betrieb, die miteinander verknüpft werden.

In den Interviews zeigte sich, dass es diese Form der Telearbeit ermöglicht, temporär – je nach den vorherrschenden (und sich dynamisch verändernden) zeitlichen Anforderungen der häuslichen Pflegesituation – einen wenn auch nur geringen Anteil der beruflichen Dinge von zu Hause aus erledigen zu können. So hätte sich Frau Holzheu aufgrund der Anforderungen aus der Pflege ihrer Tochter von ihrem Arbeitgeber, einem Chemiekonzern, bei dem sie in vollzeitnaher Teilzeit beschäftigt ist, die Möglichkeit zum „Home Office" gewünscht.

> „Habe den Vorschlag gemacht, dass ich vielleicht, weil ich einen PC-Arbeitsplatz habe [...] für die 20 Prozent einen Telearbeitsplatz zu Hause [bekomme], [...] weil ich auch weiter weg wohne und oft halt ein Termin mittendrin ist, dann rentiert es sich nicht mehr hier zur Arbeit zu kommen. Die Zeit hätte ich genutzt, um zu Hause meine Arbeit zu tätigen. Das wurde abgelehnt." (Frau Holzheu, 023)

Nutzer/innen von „Home Office"

Auffällig ist, dass es in unserem Sample vor allem die Fachkräfte aus dem Dienstleistungsbereich sind und diejenigen, die für den Betrieb nicht so einfach zu ersetzen sind, denen solche Arbeitsmöglichkeiten angeboten werden. Als grobe Tendenz kann gelten: Je höher und spezifischer die Qualifikation und damit meist auch die Stellung im Unternehmen, desto wahrscheinlicher die Chance auf eine „Home-Office" Lösung.

Selbstverständlich hängt eine Bewilligung auch mit dem Tätigkeitsbereich zusammen und der damit verbundenen Notwendigkeit zur Präsenz. Ist für die Tätigkeit insgesamt oder zumindest für Teile der täglichen Arbeit eine solche Präsenzpflicht nicht gegeben, zeigen sich Vorgesetzte und Personalleitung eher bereit, einer solchen Lösung zuzustimmen. Insbesondere dann, wenn eine virtuelle „Anwesenheit" keinen großen Unterschied gegenüber einer persönlichen Kopräsenz macht, da ein Großteil der Arbeit sowieso über den PC erledigt wird. Dies ist besonders ausgeprägt bei Herrn Breitner der Fall, der als EDV-Verantwortlicher bei einer Bank tätig ist:

> „Für die Kollegen ist es egal, ob ich da oder zu Hause bin. Nur ... wenn ich zu Hause bin und nicht verfügbar bin oder in der Firma bin und nicht verfügbar bin, das ist, wo sie allergisch drauf reagieren. Ihnen ist egal, ob ich virtuell anwesend bin oder ob ich real da bin. Genauso wie jetzt der Kollege da hinten, der ist im Moment in Berlin. Habe ich heute Morgen das Telefon umgestellt auf ihn, weil ich heute Nacht Rufbereitschaft gehabt habe. Ja, und die anderen Kollegen, die haben ... also der ganze Bereich arbeitet eigentlich zu Hause. Teilweise aus Erziehungsgründen, weil Kinder da sind. Teilweise, weil der Kollege pendelt und eigentlich nicht fünf Tage in der Woche hier sein möchte, sondern nur drei Tage. Der ist dann Montag und Freitag nicht da. Aber wenn Sie nicht ins Büro gehen und nicht auf die Rufweiterschaltung achten, werden Sie nie feststellen, wo der Kollege ist. Das A und O ist die Verfügbarkeit." (Herr Breitner, 074)

Bei solchen Expert/inn/en, die im Unternehmen kaum oder nur nach langwieriger Einarbeitung ersetzt werden können, kommt es in Ausnahmefällen sogar zu besonders großzügigen Einzelfalllösungen. Eine solche Situation ergab sich bei Frau Weidinger, deren Mutter aufgrund von Demenz vereinzelt unter psychischen Störungen leidet, die eine 24-Stunden-Betreuung notwendig machen:

> „Ich habe jetzt im Juni oder Juli mal eine Phase gehabt, da habe ich zehn Tage hintereinander ‚Home-Office' machen müssen. Da hat mein Chef Gott sei Dank mitgemacht. Wir waren dann im telefonischen Kontakt. Das ist für mich eine ganz, ganz große Entlastung." (Frau Weidinger, 038)

Betriebliche Hindernisse

Neben den Kosten fanden sich seitens der Arbeitgeber Sicherheitsbedenken als Verhinderungsargumente gegen Telearbeit und „Home-Office". Insbesondere wenn es sich um hochsensible Daten handelt (Polizei, Forschung) und die Datensicherheit nicht, oder nur unter Einsatz höherer technischer und finanzieller Aufwendungen, gewährleistet werden kann.

Als weiteres großes Problem von Telearbeit oder „Home-Office" ist die in vielen Unternehmen immer noch vorherrschende Anwesenheitskultur zu sehen. Dies führt dazu, dass Mitarbeiter/innen, die teilweise von zu Hause aus arbeiten, weniger wahrgenommen werden und dadurch Nachteile bei ihrer Karriere befürchten müssen. Herr Sommer hat in der Bank, in der er beschäftigt ist, entsprechende Erfahrungen bereits gemacht:

„Dann bin ich halt nur noch vier Tage im Büro, dann will ich das nicht überstrapazieren, weil wenn ich jetzt noch mal einen kompletten Heimarbeitstag hätte, dann wäre ich nur noch drei Tage hier. Und man wird halt umso weniger ernst genommen, je weniger man anwesend ist. Deshalb behalte ich mir das vor für Tage, wo es wirklich notwendig ist. Aber die technische Möglichkeit ist da und es ist auch gut so." (Herr Sommer, 060)

Den Beschäftigten wird mancherorts unterstellt, weniger leistungsfähig zu sein und nicht wirklich zu arbeiten. So berichtet Frau Reich von immer wiederkehrenden ironischen Bemerkungen bezüglich der ihr eingeräumten Sonderregelung wie: „[...] fährst du nach Hause und legst dich wieder hin?" (Frau Reich, 015). Hier wird nicht die wirkliche Leistung der Beschäftigten bewertet, sondern vielmehr die reine Anwesenheit im Betrieb.

Manche Betriebe gewähren vor allem bei Mitarbeiter/innen, die nicht der Führungsebene zugerechnet werden können, ungern die Möglichkeit zu „Home-Office" Arbeit. Nach Aussagen von Beschäftigten befürchten Vorgesetzte ein Ausufern solcher Arbeitsformen und damit einen Kontrollverlust.

„Da sind auch unsere Chefs schon restriktiv. Das wollen sie nicht so gern, weil sie dann der Meinung sind, man hat die Leute nicht mehr so zur Verfügung. Ich will nicht sagen, nicht mehr unter Kontrolle, aber auch nicht mehr als Ansprechpartner so leicht." (Herr Sommer, 060)

„Das ist aber wirklich eine Unter-der-Hand-Regelung. Das soll ich auch nicht an die große Glocke hängen. Weil da könnte ja jeder kommen, hat sicher auch was mit Vertrauen zu tun, dass ich diese Zeit auch wirklich arbeite und nicht irgendwie die Fußnägel lackiere [...] mache ich auch nicht. Das würde ich mir wünschen, dass so was auch offiziell möglich ist. [...] Ich würde gerne von zu Hause meine E-Mails abrufen. Das ist nicht, um Gottes Willen, ein Hochsicherheitstrakt." (Frau Höhn, 236)

Beschäftigte mit einer formellen oder informellen „Home-Office" Regelung fühlen sich – so die Erkenntnisse aus den Interviews – loyaler an ihren Arbeitgeber gebunden. Sie sind dankbar für diese Möglichkeit und leisten dann eher mehr, um dem Vorurteil einer eingeschränkten Leistungsfähigkeit durch die Belastungen der Sorgearbeit entgegen zu treten.

Ein weiteres Hindernis kann der langwierige Dienstweg bei der Beantragung von „Home-Office" darstellen. Meist erfordert eine unvorhersehbare Veränderung der Pflegesituation (z.B. durch einen Sturz oder Krankenhausaufenthalt etc.) eine prompte Reaktion in Form einer Anpassung der Arbeitszeiten oder der Arbeitsorganisation. Dies trifft so auch auf eine plötzlich notwendig werdende Regelung für „Home-Office" zu, wie sich im Fall von Herrn Breitner, einem in Vollzeit bei einer Bank beschäftigten Computerexperten, zeigt:

> „Nur habe ich das damals innerhalb von zwei Tagen gebraucht. Und wenn wir das den offiziellen Weg gehen hätten lassen, dann hätte ich zwei Monate gebraucht, bis ich einen [mobilen] Arbeitsplatz gekriegt hätte." (Herr Breitner, 068)

Dort, wo bereits eine Vielzahl von Erfahrungen mit Arbeitsformen jenseits des Schreibtisches im Betrieb existieren und die Vorgesetzten eher auf Leistung und Verfügbarkeit achten, als auf die Anwesenheit ihrer Mitarbeiter/innen, scheint der Umgang mit Telearbeit und „Home-Office" leichter zu fallen. Derart aufgeschlossene Unternehmen sind aber eher die Ausnahme als die Regel und oftmals herrschen in ein und demselben Betrieb – abteilungsabhängig – unterschiedliche Kulturen. Vor allem in größeren Unternehmen existieren zwar teils Betriebsvereinbarungen zum Thema Heim- und Telearbeit, jedoch wird eine Genehmigung oft insgeheim an Bedingungen wie Geschlecht und Position geknüpft. In der Befragung zeigt sich, dass vor allem Männer in Führungspositionen oder in von männlichen Beschäftigten dominierten Abteilungen wie IT und Investmentbanking, einen Heimarbeitsplatz zugestanden bekommen. Beschäftigte wie Frau Maiwald, Assistentin der Geschäftsführung in einem mittelständischen Metallbetrieb, haben dann leicht das Nachsehen:

> „Was mir zum Beispiel helfen würde, was es bei uns auch gibt, was es aber für mich nicht gibt, ist ein Telearbeitsplatz. Ich kann das, was ich mache, zu 80 Prozent hier machen. Genauso gut und zuverlässig wie in der Arbeit. Und die Firma hat auch eine Betriebsvereinbarung dahingehend, aber das gilt eben nur für bestimmte Leute. Verstehen Sie? IT oder irgendwelche ganz wichtigen Männer. Aber für Frauen geht das nicht. Warum weiß ich nicht, haben sie mir auch nicht erklärt." (Frau Maibach, 093)

Letztlich muss vor eine Entscheidung über das Für und Wider der betrieblichen Möglichkeiten von Telearbeit oder „Home-Office" geprüft werden, welche Tätigkeiten vor Ort und welche außerhalb des Betriebs erledigt werden können. Es braucht aber offensichtlich auch den guten Willen und das Vertrauen der Vorgesetzten. Der wesentliche Vorteil von Telearbeit und „Home-Office" liegt auf der Hand: Die Arbeitszeiten können in hohem Maße selbstbestimmt auf die Pflege- bzw. Betreuungszeiten abgestimmt werden.

> „Also ich arbeite insgesamt 20 Stunden und eigentlich ist angedacht, am Montagvormittag vier Stunden zu machen [...] Ich kann mir das aber frei einteilen und mache dann immer Freitagabend oder am Samstagmittag, wenn sie schläft, und

Sonntagmittag, wenn sie schläft, da immer schon meine Sachen, so dass ich Montag dann nicht mehr so viel habe." (Frau Oberpölling, 034)

4.4 Der Pflegealltag der pflegenden Beschäftigten

Wesentliches Charakteristikum von Pflege ist, dass die Pflegeaufgaben im Verlauf des Pflegeprozesses in der Regel kontinuierlich anwachsen. Das kontinuierliche Anwachsen ist jedoch nicht verlässlich vorhersagbar. Es kann auch zu Schüben kommen. Herr Schulz, der sich seit geraumer Zeit um seine unter MS und anderen Krankheiten leidende Mutter kümmert, beschreibt diesen Prozess:

> „Also eine Verschlechterung ist da, auf jeden Fall innerhalb der letzten anderthalb bis zwei Jahre. Wann dieser Tag X ist? Sie will diesen Tag X auf keinen Fall, und dementsprechend arbeitet sie daran, den so lange wie möglich hinauszuschieben. Nur man kann nicht sagen, das ist in einem halben Jahr oder in einem Jahr. Das kann morgen sein, das kann auch erst in anderthalb Jahren sein. Das ist nicht vorhersehbar." (Herr Schulz, 268)

Je nach Pflegesituation gewinnen unterschiedliche Arbeitszeitelemente an Bedeutung und werden wichtiger für die Vereinbarkeit von Pflege und Beruf. Andere wirken dagegen eher belastend. Die teils freiwillig erbrachten, teils erzwungenen Anpassungen der Arbeitszeiten an die Pflegebedarfe werden im Folgenden ausführlicher beschrieben.

4.4.1 Die Arbeitszeiten im Wandel des Pflegeverlaufs

Rund die Hälfte der Befragten hat während der Pflege mindestens einmal die Arbeitszeiten grundlegend verändert. Diese Veränderungen umfassen sowohl die Dauer als auch die Lage und Verteilung der Arbeitszeit. Der Einstieg in die Arbeitszeitverkürzung vollzieht sich oft fließend. Einige Interviewte reduzierten sofort mit Beginn der Pflegeaufgabe, andere erst in deren weiterem Verlauf. Darin drücken sich sowohl unterschiedliche Bedarfe aus – etwa wenn mit zunehmendem Pflegeaufwand die Arbeitszeit proportional reduziert wird – als auch unterschiedliche Einstellungen gegenüber der Erwerbsarbeit. Also in welchem Umfang diese generell für wichtig gehalten wird und wie hoch der Druck sein muss, um die Nachteile einer reduzierten Erwerbsarbeit in Kauf zu nehmen, vor allem ein reduziertes Einkommen, aber auch Karriereeinbußen und das Gefühl, nicht mehr „voll dazuzugehören".

Meist erfolgt eine Veränderung erst, nachdem sich bei den Betroffenen gesundheitliche Folgeerscheinungen einstellen oder sie aus anderen Gründen mer-

ken, dass eine Vereinbarkeit von Beruf und Pflege in der bestehenden Form
nicht mehr zu leisten ist. Ähnlich hat sich es bei Herrn Förster, Lehrer mit einer
schwerstpflegebedürftigen Frau, entwickelt:

> „Habe aber dann in der Zeit voll gearbeitet, gute zwei Jahre. Anfang 2010 ist mir
> dann die Luft ausgegangen, da konnte ich nicht mehr. Das war einfach zuviel. Ich
> bin dann von Januar bis Juli krank geschrieben worden. Nach den großen Ferien
> gab es einen Wiedereingliederungsablauf, dass ich dann erst mit sechs Stunden
> arbeiten darf oder kann, bis jetzt zum neuen Schulhalbjahr. Im nächsten Schul-
> halbjahr, wenn alles entsprechend organisiert ist, will ich wieder mit voller Stun-
> denzahl arbeiten." (Herr Förster, 020)

Die häufigste Anpassung der Arbeitszeiten an die Pflegeerfordernisse ist die Reduzierung der Arbeitszeitdauer. Dies erfolgt insbesondere dann, wenn die Pflege
sehr intensiv ist und/oder die Beschäftigten zuvor in (überlanger) Vollzeit gearbeitet haben, wie Frau Reiter, die die Pflege des Vaters übernommen hat und
zudem kaum auf Infrastruktur zurückgreifen kann:

> „Dann im April bin ich zu meinen Chefs und habe gesagt, das geht so nicht mehr,
> es ist zu viel. Ob sie sich vorstellen könnten, dass ich nur noch halbtags arbeite.
> Dann haben sie gesagt, nachdem sie wissen, dass ich entweder halbtags arbeite
> oder gar nicht mehr arbeite, nehmen sie lieber die Halbtagsvariante." (Frau Rei-
> ter, 022)

Immer wieder zeigt sich, dass gerade auch Eltern mit einem schwerbehinderten
Kind Vollzeitarbeit und Pflege kaum miteinander in Einklang bringen können
und früher oder später quasi gezwungen sind, ihre Arbeitszeit im Pflegeverlauf
zu reduzieren.

> „Zuerst wollte ich möglichst viel arbeiten, weil das einfach ... Ich habe es Ihnen ja
> erzählt, ich habe promoviert in dem Bereich und das war immer meine Welt, die
> Arbeit. Dann konnte ich mir das am Anfang überhaupt nicht vorstellen, wie ist
> das, wenn ich dann zu Hause bin. Ich wollte eigentlich nach einem halben Jahr
> wieder anfangen. Also die Lea ist ein absolutes Wunschkind, ganz klar. Trotzdem
> wollte ich nach einem halben Jahr wieder anfangen zu arbeiten. Das hat nicht so
> ganz geklappt ... weil mein Mann nicht so mitgespielt hat, wie er das wollte. Der
> war ein bisschen überfordert mit der Situation, dass die Lea eben ein Down Syn-
> drom hat. So bin ich ein Jahr zu Hause geblieben und war sehr froh darüber. Aber
> dann wollte ich wieder loslegen. Und 20 Stunden erschien mir so viel, dass ich in
> der Arbeit was bewerkstelligen kann und trotzdem noch das andere auf die Reihe
> kriege. Also es ist gerade so auf Messers Schneide." (Frau Oberpölling, 068)

Ein weiterer Faktor, der die Beschäftigten dazu bringt, ihr Arbeitszeitvolumen
im Laufe der Pflege zu reduzieren, sind Mehrfachbelastungen im privaten Umfeld, sei es, dass zu der Pflege auch noch Kinderbetreuungsaufgaben kommen
oder mehrere pflegebedürftige Personen zu betreuen sind:

Interviewer/in: „Wie hat sich denn Ihre Arbeitszeit bzw. Ihre Arbeitssituation verändert mit dem Beginn der Pflegetätigkeit?"

Frau Lomasch: „Es wurden immer weniger Stunden, die ich dann gearbeitet habe."

Interviewer/in: „Dieses Schrittweise, was Sie schon erwähnt haben?"

Frau Lomasch: „Ja, immer wieder ... immer mehr ein Abbau, weil ich immer wieder gemerkt habe, ich schaffe das nicht mehr und ich schaffe das nicht mehr. Und dann kam natürlich ein Kind dazu, dann kam noch ein Kind dazu, dann waren es drei Kinder. Und ja, dann eben bis auf die 14 Stunden runter." (Frau Lomasch, 238-241)

Frau Lomasch arbeitet nur noch Teilzeit als Verkäuferin und hat zwei gesunde Kinder und einen mehrfach behinderten Sohn groß gezogen, die immer noch im Haushalt leben. Frau Frosch hat ihren Vater gepflegt und nach dessen Tod ist erst ihre Tante pflegebedürftig geworden, dann schrittweise ihre Mutter. Mittlerweile betreut sie zu Hause zusätzlich auch noch ihre Schwiegermutter.

„Ich habe vor sieben Jahren noch als Ausbilderin gearbeitet in Teilzeit. Ich habe zwei volle Tage gearbeitet. Und das hat dann aufgehört, als meine Tante krank wurde, weil meine Mama gesagt hat, ich kriege das alleine nicht mehr gebacken." (Frau Frosch, 320)

Wie hoch das „richtige" Volumen ist, hängt nicht nur von der eigenen Arbeitsmotivation ab, sondern auch von der beruflichen Stellung – gerade höher Qualifizierte, insbesondere wenn sie Personalverantwortung haben, scheinen tendenziell den Wunsch nach einer Teilzeitstelle mit hoher Stundenzahl zu haben. In dieser Gruppe ist die Differenzen zwischen den Geschlechtern auch nicht so stark ausgeprägt. Ein weiteres Entscheidungskriterium für oder gegen eine pflegebedingte Verkürzung der Arbeitszeiten ist die Sicherheit. Arbeitsplatzsicherheit und Planungssicherheit haben in den langfristigen Kalkulationen der Pflegenden einen hohen handlungsleitenden Stellenwert. Dabei wird auch noch einmal die Kalkulation Zeit gegenüber Geld deutlich, die ebenfalls langfristig und für beide Partner/innen gemacht wird. Es zeigt sich, dass individuelles, angestammtes Arbeitszeitvolumen durchaus als Besitzstand gesehen wird, eben als Ressource zum Einkommenserwerb, die man nicht ohne weiteres aufs Spiel setzen darf. Auch dann nicht, wenn kurzfristig und unter der Voraussetzung eines größeren Vertrauens in die Arbeitgeber, beziehungsweise die wirtschaftliche Situation, eine Anpassung an die aktuelle Lebenssituation möglich wäre. All die, die zwar den Wunsch nach einer Verkürzung haben, diesen aber nicht umsetzen, handeln ökonomisch völlig zweckrational und auf Nachhaltigkeit bedacht, was allerdings ihre Chancen minimiert, die Pflege belastungsfreier zu gestalten.

Aber auch in Bezug auf die Lage und die Verteilung finden sich im Pflegeverlauf immer wieder Änderungen der Arbeitszeit. Das beginnt bei ganz kleinen
Variationen des Arbeitsbeginns, wie im Falle des in Vollzeit bei einem Bildungsträger beschäftigten Herrn Schlinck, der seine pflegebedürftige Frau zu
einer bestimmten Uhrzeit bei einer Tagespflegeeinrichtung abholen muss:

> „Es gab auch schon Jahre, wo ich auch Unterricht gemacht habe. Da hat man
> dann Rücksicht genommen, dass ich die Blöcke erst ab 10 Uhr legen kann und
> dann gibt es nach oben hin Blöcke, die enden ... jetzt muss ich mal überlegen –
> das war 14 Uhr 20. Wegen dem Abholen, damit ich das einrichten kann. Das hat
> man dann so vereinbart, dass ich so gearbeitet habe." (Herr Schlinck, 054)

Manchmal besteht auch der Wunsch nach kleineren oder größeren Blockfreizeiten. Wie bei Herrn Hiller, der auf einer Vollzeitstelle arbeitet und seine pflegebedürftige Partnerin versorgt, oder auch bei dem Lokführer Herrn Obert:

> „Dann habe ich das so gelegt, dass man immer Montag bis Freitag zusammen
> hatte, da hat man ein ganz langes Wochenende gehabt. Man hat zweimal eine
> kurze Woche geschafft, und dann wieder ein ganz langes Wochenende." (Herr
> Hiller, 108)

> „Ich habe meine Arbeitszeit – die Möglichkeit gibt uns der Tarifvertrag – indivi-
> duell abgesenkt und mache mal vier Wochen im Jahr frei, je nach Situation, wie
> es passt. Ohne dass ich da Urlaub brauche. Das ist direkt ein Freizeitblock. Ich
> hatte versucht, die Arbeitszeit abzusenken und mehr nach Bedarf freizunehmen.
> Das hat sich aber als nicht praktikabel rausgestellt. Ganz einfach, weil der Arbeit-
> geber dann die Möglichkeit hatte, das Ganze mit kurzen Schichten zu regeln.
> Unterm Strich habe ich in der Woche weniger arbeiten müssen, bin aber genauso
> oft gegangen, da waren nur die Schichten kürzer. Kann ich mir schenken. Da
> fahre ich besser, wenn ich in einem Arbeitsvertrag die Zeit habe von – bis, arbeite
> da eben nicht. Aus. Das ist Zeit auch für mich. Das ist dann wirklich Zeit auch für
> mich. Da kann ich mal sagen, Mutter heute komme ich mal und morgen kommt
> die Bärbel, da komme ich mal nicht. Und das ist dann mein Tag. Das hilft. Un-
> gemein hilft das. Mal ganz davon abgesehen, dass man die Arbeit nicht an der
> Backe kleben hat." (Herr Obert, 199)

Einige Wenige passen ihre Arbeitszeit den sich wandelnden Pflegebedürfnissen
an und variieren sowohl Dauer und Lage als auch Verteilung der Arbeitszeit.
Am sichtbarsten wurde dies bei Herrn Schwan, der sich hauptverantwortlich um
seine schwerbehinderte Tochter kümmert und seine Arbeitszeit als Bundespolizist schrittweise immer weiter reduzierte:

> *Herr Schwan:* „Da bin ich schon rausgegangen aus dem Schichtdienst. Habe
> noch, ich glaube, 32 Stunden gearbeitet. 32 oder 35? Weiß ich jetzt gar nicht
> mehr.

Interviewer/in: „Also ein bisschen runter gegangen mit der Arbeitszeit."

Herr Schwan: „Ja, mit der Arbeitszeit. Von sieben bis 15 Uhr habe ich gearbeitet. Dann ist sie 2006 zu mir gekommen und da bin ich dann runter auf 28, dann 24 und dann 18 Stunden. Weil es war immer alles ... ich dachte, ich komme damit hin. Und dann ... War aber nicht. Bin dann immer weiter runter. Habe mich ein bisschen übernommen, sagen wir mal so." (Herr Schwan, 129-131)

Es zeigen sich zwei Motivgruppen für eine Anpassung der Arbeitszeiten. Bei der einen Gruppe geht es darum, die unmittelbare Pflege zu gewährleisten. Die andere Gruppe nutzt die Arbeitszeitanpassung, um für sich selbst Freiräume zur Erholung zu verschaffen. Zur Verdeutlichung ein Zitat von Frau Höhn, die in Vollzeit erwerbstätig ist und ihre an Alzheimer erkrankte Mutter pflegt:

„War wirklich, weil ich gemerkt habe, dass mir das gut tat. Habe ich gesagt, Mutter ist immer noch, aber das war dann das letzte halbe Jahr, was mir unheimlich gut getan hat. So ein Freitag, alleine schon der Freitag. Vormittags für mich zu haben, ganz allein, irgendwelchen Schiet [lacht]. Und wenn es nur zwei Stunden lesen war ohne schlechtes Gewissen." (Frau Höhn, 226)

Bei der Entscheidung über das richtige Volumen spielen auch finanzielle Gründe eine Rolle. Für Frau Herbst ist die Arbeit auch immer wieder ein Ausgleich zur Pflege. Sie wünscht sich ein Stundenvolumen von 32 bis 34 Stunden pro Woche, aber „wenn Sie auf unter 30 Stunden sind, zahlt die Pflegekasse Ihnen Rentenversicherungsbeiträge." (Frau Herbst, 082) So äußert sie gegenüber ihrem Arbeitgeber, einem Krankenhaus, den Wunsch nach einer Arbeitszeit von unter 30 Stunden.

Bei Alleinerziehenden, prekär Beschäftigten, oder wenn beide Partner/innen arbeiten, jedoch eine Familie zu versorgen ist, scheitert die Arbeitszeitverkürzung oft an der Nicht-Finanzierbarkeit. Wie schnell diese Grenze erreicht ist, schildert Frau Sand-Seehausen. Sie arbeitet als Verkäuferin, ihr Mann ist als Industriearbeiter beschäftigt. Neben der Versorgung der Kinder müssen sie den Geschwistern auch noch das Erbe (ein alter Bauernhof) auszahlen. Auf die Frage nach einer möglichen Arbeitszeitverkürzung antwortet sie:

„Das ist einfach finanziell nicht möglich [...] Jetzt wieder haben wir das Öl nachgefüllt und dann kriegst du eine Riesenrechnung und so was [...] Ich habe keinen Pfennig Unterhalt gekriegt, gar nichts, und habe immer die drei Kinder alleine großgezogen. Und habe das Geld verdient. Und jetzt auch den ganzen Umbau, also wo ich sage, ich bin bestimmt bescheiden. Und trotzdem, gerade das Nötigste. Jeden Monat, was vom Konto schon weggeht mit Versicherungen, und mit allem. Unser Ziel wäre eben eher, dass mein Mann dann noch mal ein bisschen reduziert, dass wir beide auf dem Gleichstand von 120 Stunden wären oder zumindest 140. Aber bei ihm ist es in der Arbeit nicht möglich und er hat auch Angst, dass einfach die Mobbingsachen erweitert werden, wenn sie da jemand einmal auf dem Kieker haben. Und das ist ja im Endeffekt bei uns auch so." (Frau Sand-Seehausen, 591)

Neben dem ganz konkreten Einkommensverlust wirken auch die Ängste um den Arbeitsplatz restriktiv, wie sich am Beispiel von Frau Fischer, teilzeitbeschäftigte Fahr- und Sportlehrerin ablesen lässt:

> „Wenn ich mich noch mehr rausziehen würde, dann wäre wahrscheinlich auch irgendwann die Konsequenz, dass mein Chef sagen würde, so, jetzt suche ich jemanden, der für dich einspringt." (Frau Fischer, 263-264)

Die Interviews zeigen, wie wichtig die Möglichkeit ist, die Arbeitszeiten dem Verlauf der Pflegeanforderungen in beiden Richtungen anpassen zu können. Denn wenn keine Rückkehrmöglichkeiten auf das alte Arbeitszeitmodell bestehen, werden entsprechende Entlastungsmöglichkeiten nicht genutzt – mit Folgen für die Gesundheit der Pflegeperson, die besonders im höheren Alter durch Schlaganfälle, Rückenleiden oder Burnout nicht selten selbst zum Pflegefall werden. Exemplarisch dafür die Äußerungen von Herrn Lade, Kriminalpolizist in flexibler Vollzeit, der seine Partnerin pflegt und zwei Kinder groß zieht:

> „Wenn das noch mal passieren sollte, dass da irgendwelche Behandlungen stattfinden, mit entsprechenden Nebenwirkungen und pflegebedürftigen Situationen, die da entstehen, dann werde ich diesmal sicherlich den Schritt überlegen, ob ich da nicht reduziere. Die Möglichkeit wird einem ja zur Verfügung gestellt von Seiten der Behörde. Dass man sagt, man reduziert von 40 auf 30 Stunden, was natürlich eine ganz schöne Einkommenseinbuße darstellt. Aber die Möglichkeit besteht ja. Und die Möglichkeit besteht auch, dass man sagt, man möchte vorübergehend das gerne so machen und danach dann wieder auf eigenen Wunsch die Arbeitszeit erhöhen." (Herr Lade, 351)

In einzelnen Fällen wirken die positiven Erfahrungen mit einer Veränderung der Arbeitszeit aber auch nach, wie im Fall der Musiklehrerin Frau Zweig. Sie schränkt ihre Arbeitszeit einerseits wegen ihrer Mutter ein und empfindet das als ein gewisses Opfer. Auf der anderen Seite hat sie die Vorteile einer reduzierten Arbeitszeit schätzen gelernt. Das zeigt sich bei der Frage, wie es weiter gehen könnte, wenn die Pflegeaufgabe nicht mehr besteht:

> „Was mit meiner Mutter dann ist, weiß ich nicht. Kann sein, dass sie dann noch lebt, kann auch nicht sein [...] Was ich auf jeden Fall für mich gelernt habe, ist, dass ich nie wieder irgendwo so richtig abhängig Vollzeit arbeiten gehen möchte. Da habe ich echt keine Lust mehr zu." (Frau Zweig, 250)

Und gelegentlich ändern sich die Arbeitszeiten durch eine unerwartete Änderung betrieblicher Rahmenbedingungen, z.B. durch die befristete Einführung von Kurzarbeit. Hier kann dann eine positive Vorstellung von dem entstehen, was für die Pflege gut tut. Herr Hiller, angestellter Kunsthandwerker, der seine halbseitig gelähmte und harninkontinente Frau rundum versorgt, machte eine solche Erfahrung und stellt fest:

> „Letztes Jahr von Ende August, also September, bis Februar haben wir kurzgearbeitet. Das war natürlich sehr schön, da konnte ich mich richtig um die Frau kümmern." (Herr Hiller, 102)

Die unerwartete Phase der Kurzarbeit in seinem Betrieb hat so dazu geführt, ein Lösungsmodell zu offerieren, das sich Herr Hiller zuvor gar nicht ausgemalt hatte. Nach dieser Erfahrung die Arbeitszeit zu reduzieren wäre die adäquate Maßnahme – die aber aus finanziellen Gründen für ihn nicht in Frage kommt.

4.4.2 Differenzierte Anforderungen an die Arbeitszeitgestaltung in Abhängigkeit zur Pflegephase

Die vergleichende Analyse des empirischen Materials zeigt, dass, abhängig von der jeweiligen Pflegephase, bestimmte Arbeitszeitelemente häufiger oder weniger oft von den Beschäftigten gewünscht bzw. in Anspruch genommen werden. Die Bedürfnisse lassen sich danach unterscheiden, ob die Beschäftigten sich

a) am Anfang einer Pflegesituation befinden (insbesondere, wenn diese plötzlich eintritt),
b) in der teils langjährigen Phase der alltäglichen Pflege befinden oder
c) in der Schlussphase der Pflege, also meist der Sterbebegleitung befinden.

Bei Eintritt der Pflege

Eine private Pflegesituation kann einerseits plötzlich und unerwartet eintreten – etwa bei einem Herzinfarkt oder Unfall eines Elternteiles oder Partners sowie der Geburt eines behinderten Kindes – andererseits kann die Übernahme einer Pflegeverantwortung langsam und schleichend beginnen, wie beispielsweise bei einer Alzheimer- oder Demenzerkrankung älterer Angehöriger. Doch auch im letzteren Fall gibt es häufig einen Punkt, an dem den pflegenden Erwerbstätigen unseres Samples bewusst wird, dass sie sich in einer Pflegesituation befinden. Daher gilt für die Mehrheit unserer Befragten, dass der Anfang einer Pflegesituation besondere Herausforderungen und Entscheidungen mit sich bringt, um einen Pflegealltag erst einmal zu organisieren und zu etablieren. Wie geht es der zu pflegenden Person gesundheitlich, was kann sie bzw. was kann sie nicht (mehr) und welcher Pflegeumfang kommt dementsprechend auf mich zu? Stehen Rehabilitationsmaßnahmen an und sind diese wohnortnah verfügbar? Was kann ich an Pflegearbeit selbst leisten und welche Pflegeaufgaben gebe ich in professionelle Hände? Wer kann mich darüber hinaus aus dem familiären Umfeld unterstützen? Welche Pflegestufe erhält die/der Gepflegte und wie beantrage ich diese? Kommt es überhaupt zu einer häuslichen Pflegesituation oder muss ein Heimplatz organisiert werden? Kann ich weiterhin und im gleichen Umfang berufstätig sein wie zuvor? All diese Fragen müssen bei Eintritt einer Pflegesituation geklärt werden und kosten viel Zeit und Kraft. Es überrascht daher nicht, dass die Mehrheit der Beschäftigten mit Pflegeverantwortung die Einschätzung von Frau Keller teilt, die sich mit den organisatorischen Auseinandersetzungen mit Kranken- und Pflegekassen bezüglich der Pflege ihres Partners anfangs überfordert und allein gelassen fühlte.

> „Es ist zu Anfang viel [...] Und da fängt man ja erst einmal bei null an. Es sagt einem ja auch niemand was, das ist schlimm." (Frau Keller, 121)

Wichtige Faktoren für pflegende Beschäftigte sind daher eine gegenüber einer Pflegeverantwortung offene Betriebskultur und eine gute innerbetriebliche Kommunikation (vgl. Kap. 4.3.2). Um Verständnis und Unterstützung für die eigene Situation zu bewirken, informieren die Meisten der Befragten unseres Samples ab einem bestimmten Zeitpunkt ihre/n Vorgesetze/n und die (direkten) Arbeitskolleg/inn/en über ihre private Pflegesituation. So auch Frau Reiter, die in einem mittelständischen Betrieb im technischen Bereich angestellt ist.

> „Letztes Jahr im Januar habe ich mit meinem Chefs darüber geredet, dass mein Vater immer mehr Pflegeaufwand benötigt. Und habe nachgefragt, ob ich, wenn irgendwas ist, gehen kann – Arzttermine wahrnehmen kann und so weiter. Da bin ich sofort auf offene Ohren gestoßen und es hieß sofort, wenn Sie weg müssen, gehen Sie halt." (Frau Reiter, 022)

Verständnis für die veränderte private Situation von Seiten des Betriebes ist für die Interviewpartner/innen ein hohes Gut, um den Beginn einer Pflegesituation und die vielen Unwägbarkeiten zu meistern.

Vor allem bei plötzlichem Eintritt der Pflegesituation benötigen pflegende Beschäftigte darüber hinaus eine berufliche Auszeit zur Organisation der Pflege und zur Erledigung aller Formalien, etwa die Beantragung einer Pflegestufe. Wichtig ist dabei, dass diese berufliche Freistellung kurzfristig realisiert werden kann, wenn eine Pflegesituation eintritt. Nur wenige im Sample nehmen dafür jedoch die bestehende gesetzliche Regelung in Anspruch. Eine Ausnahme ist Frau Groß, die über eine Leiharbeitsfirma als Kassiererin angestellt ist.

> „An dem Tag hätte ich sie [die Mutter] Heim kriegen sollen, weil sie draußen in der Reha noch keinen Platz haben. Und dann bin ich wieder ins Geschäft und habe gesagt, was mache ich jetzt? Nehme ich jetzt die zehn Tage? Ah ja, hat meine Chefin gesagt, jetzt nehmen Sie mal die zehn Tage." (Frau Groß, 238)

Die Mehrheit der pflegenden Beschäftigten nutzt dagegen die Möglichkeiten, die flexible Arbeitszeitmodelle in Kombination mit einem Arbeitszeitkonto bieten.

Oder es werden eigene Urlaubstage genutzt, die kurzfristig vom Arbeitgeber genehmigt werden, um so das spontane Fernbleiben vom Arbeitsplatz auszugleichen.

In jedem Fall sind kurzfristige und mehrheitlich auch kurz dauernde berufliche Freistellungen in dieser Pflegephase das bestimmende Thema für die pflegenden Beschäftigten in unserem Sample. Eng damit verknüpft sind vorhandene und funktionierende Vertretungsregelungen im Betrieb, die eine berufliche Freistellung intern abfangen.

Deutlich wird zudem, dass der Fokus der meisten pflegenden Angehörigen bei Eintritt einer Pflegesituation auf dem Wohlergehen und Wohlbefinden der zu pflegenden Person liegt und eigene und/oder berufliche Belange zunächst in den Hintergrund treten.

Gilt es, nach Eintritt einer Pflegesituation, den Pflegealltag zu leben, rücken andere Arbeits(zeit)elemente in den Vordergrund.

Im Pflegealltag

Im weiteren Verlauf der Pflegearbeit, dem Pflegealltag, leisten pflegende Beschäftigte vielfältige und unterschiedlich belastende Pflegeaufgaben, die unterschiedliche arbeits(zeit)liche Dimensionen beinhalten. Vorab sei darauf hingewiesen, dass zu dem in dieser Studie zugrunde gelegten Verständnis von Pflege unmittelbare, körperliche Aufgaben ebenso wie mittelbare Tätigkeiten zählen, das heißt Gespräche und der soziale Austausch sowie administrative Aufgaben. Interessanterweise beschreiben die meisten Befragten die mittelbaren Pflegeaufgaben, also die Pflegetätigkeiten, die häufig gar nicht als Pflegearbeit betrachtet oder anerkannt werden, als sehr zeitaufwendig.

„Dieser ganze Bereich Soziales, sage ich mal, Gespräche, soziales Miteinander. Auf der einen Seite, das Personenbezogene, auf der anderen Administratives, das ist viel." (Frau Höhn, 166)

Vor allem die Regelung organisatorischer Dinge mit den Pflege- und Krankenkassen, das Besorgen technischer Geräte und pflegerischer Hilfsmittel sowie das Wahrnehmen von Arztterminen werden von den meisten pflegenden Beschäftigten als besonders zeitintensiv und belastend empfunden. Frau Frosch, die u.a. ihre Schwiegermutter pflegt, schildert den zeitlichen Aufwand für Fachärzte besonders eindringlich:

„Sie muss wegen der Brust zur Frauenärztin vierteljährlich. Sie muss zum Neurologen vierteljährlich, sie muss zur Hausärztin regelmäßig, zum Urologen müssen wir im Moment auch vierteljährlich. Im Moment sind wir alle paar Wochen bei der HNO-Ärztin [...] wir müssen zum CT und zur Mammographie – ich habe noch acht Überweisungen abzuarbeiten." (Frau Frosch, 175)

Unabdingbar sind daher für die meisten pflegenden Beschäftigten flexible Arbeitszeiten im Pflegealltag und die Möglichkeit über Gleitzeitmodelle und/oder ein Arbeitszeitkonto den Beginn und das Ende der Arbeitszeit individuell und täglich neu an die pflegerischen Anforderungen anzupassen. Andere pflegende Beschäftigte, wie Herr Sommer, haben für sich aus diesem Grund eine Vier-Tage-Woche im Betrieb organisiert, um dauerhaft und verlässlich einen Tag in der Woche für Arzttermine o.ä. freizuhaben.

> „Das mache ich alles an dem Donnerstag." (Herr Sommer, 098)

Flexible Arbeitszeiten sind auch dort nötig, wo die Krankheit der zu pflegenden Person Taktgeber für den gesamten Tagesablauf ist und zu bestimmten Uhrzeiten bestimmte Tätigkeiten erfolgen müssen. Im Sample finden sich dafür vielfältige Beispiele: Die künstliche Ernährung über eine regelmäßig anzustellende Magensonde des Partners, die mehrfach täglich zu kontrollierende Diabetes der Schwiegermutter oder die mehrfach am Tag anstehende Katheterisierung der behinderten Tochter.

Auch Herr Tull, Angestellter bei der Bundeswehr, ist auf flexible Arbeitszeiten, vor allem in Form von kurzen Unterbrechungen im Tagesverlauf angewiesen, da er drei Mal am Tag nach Hause fährt, um nach seiner an multipler Sklerose erkrankten Frau zu sehen, die sich nach dem letzten Krankheitsschub nicht mehr eigenständig versorgen kann.

> „Um sieben fange ich an, um acht komme ich zum ersten Mal zurück, dann frühstückt sie [...] und dann fahre ich, und komme ich um zehn wieder. Dann frage ich, was ist [...] und dann um halb zwölf bin ich das nächste Mal zu Hause bis eins [...] Mittagessen, was alles zu machen ist. Und um ein Uhr fange ich wieder an zu arbeiten. Dann komme ich noch mal so um halb drei nach Hause, wieder fragen. Und dann um halb fünf habe ich Feierabend." (Herr Tull, 020)

Doch nicht nur schwer erkrankte oder pflegebedürftige Menschen bedürfen einer derart zeitintensiven Betreuung. Nahezu alle pflegenden Beschäftigten im Sample berichten von je nach Tagesform schwankenden Stimmungen der zu pflegenden Person, die dazu führen, dass die zu verrichtende Pflegearbeit mal schneller und mal langsamer von der Hand geht.

> „Die Zeiten sind immer abhängig von seinem Zustand. Ich kann da nichts Festes sagen. Gestern war mal ein relativ guter Tag. Vorgestern war ein relativ schlechter Tag." (Frau Keller, 023)

Dementsprechend groß ist der Bedarf an täglich flexiblen Arbeitszeiten für Beschäftigte mit privaten Pflegeaufgaben. Demgegenüber stehen jedoch Absprachen mit dem gesamten Pflegenetzwerk und dem Pflegedienst, für die zuverlässige und planbare Arbeitszeiten als Vorteil angesehen werden. Die Kommunikation mit Dritten, die sich ebenfalls um die zu pflegende Person kümmern, wird durch feste Arbeitszeiten erleichtert.

Alles in allem wird deutlich, welche vielfältigen Pflegetätigkeiten pflegende Beschäftigte im Rahmen eines Pflegealltages übernehmen. Nicht wenige Interviewpartner/innen vergleichen die Anforderungen einer privaten Pflegesituation mit der Rund-um-die Uhr-Betreuung eines Kleinkindes.

> „Die Omi ist wie ein großes Kind. Die ist zwar erwachsen und hat den Intellekt eines Erwachsenen, aber in vielen Sachen ist sie wie ein zweites Kind." (Frau Frosch, 213)

Es überrascht daher nicht, dass das Thema Arbeitszeitverkürzung angesichts der dauerhaften Doppelbelastung durch Pflege und Beruf für viele Befragte ebenfalls eine große Rolle spielt. So ist die Mehrheit der Befragten im Sample der Auffassung, dass eine Vollzeittätigkeit mit der Übernahme privater Pflegearbeit kaum vereinbar ist. Allerdings können sich viele eine Erwerbstätigkeit im vollzeitnahen Bereich vorstellen, bzw. empfinden diese als angemessen. Der Doppelbelastung aus Beruf und Pflege steht stets die entlastende und ausgleichende Funktion der Erwerbsarbeit gegenüber. Denn eine ständige Verfügbarkeit für die Pflege – darauf legt die Mehrheit der Befragten im Sample großen Wert – soll im Eigeninteresse vermieden werden. Dies gilt insbesondere für pflegende Beschäftigte, die mit der pflegebedürftigen Person in einem Haushalt leben.

> „Was für mich so extrem belastend ist, ist dieses permanente ... ich gucke auf die Uhr. Ich weiß, ich muss jetzt rauf. Ich kann mal dahin, aber ich muss um so und so viel Uhr ... also das ist auch was, wo ich zunehmend nervöser werde [...] ich gucke halt ständig auf die Uhr." (Frau Würsig, 152)

Aber auch pflegende Beschäftigte, die nicht mit der zu pflegenden Person zusammen leben und von längeren Wegezeiten zwischen Arbeitsplatz, eigenem Wohnort und dem der pflegebedürftigen Person betroffen sind, benötigen eine Reduzierung der Arbeitszeit.

Es fällt insgesamt auf, dass die Befragten im Pflegealltag ihren Fokus vermehrt auf sich selbst legen und damit Antworten auf die Frage suchen, wie sie den Pflegeverlauf dauerhaft meistern können. Regenerationsphasen zu sichern und beispielsweise Urlaub zu realisieren, bedarf dann eines planerischen Aufwandes, etwa weil ein Platz in einem Kurzzeitpflegeheim organisiert werden muss. Auch Sport als Eigenzeit und zur Gesunderhaltung rückt für einige pflegende Beschäftigte, wie für die in Vollzeit tätige Frau Maibach mit pflegebedürftigen Eltern, weiter in den Vordergrund:

> „Tai Chi brauche ich auch für meinen Rücken. Damit halte ich meinen Rücken fit [...] das muss, ja, das ist ein Muss einfach. Ohne das geht gar nichts. Das wäre das Letzte, was ich aufgeben würde." (Frau Maibach, 052)

Abschließend soll zumindest darauf hingewiesen werden, dass der Pflegealltag von pflegenden Beschäftigten weiterhin mit der täglichen Sorgearbeit für die

Familie und den eigenen Haushalt einhergeht. Das Managen mindestens eines oder sogar zweier Haushalte – bei separater Wohnung der pflegebedürftigen Person – sowie die Betreuung eventueller Kinder oder einer notwendigen Beziehungsarbeit mit dem/der Partner/in sind Anforderungen an einen jeden Menschen, die auch im Pflegealltag weiterhin bestehen bleiben.

Die Sterbebegleitung

Die Schlussphase der Pflege, die vielfach mit einer Sterbebegleitung gleichzusetzen ist, stellt ihre ganz eigenen Anforderungen an pflegende Beschäftigte. Das Thema Tod ist sowohl für die Angehörigen und die pflegenden Beschäftigten sowie für die gepflegte Person, ein sehr schwieriges und persönliches Thema, das Kraft kostet. Sich mit dem sogenannten „Tag X", wie er im Gespräch mit den Interviewpartner/inne/n genannt wurde, bewusst und aktiv auseinanderzusetzen, ist keine Selbstverständlichkeit, auch wenn das Sterben bestimmte Absprachen und Entscheidungen nötig macht – etwa die Frage, ob man zu Hause oder im Hospiz sterben möchte.

> „Leider Gottes war das Thema Alter bei meinen Eltern kein Thema. Absolutes Tabuthema [...] warum soll man da über sowas reden? Das gibt's einfach nicht." (Frau Würsig, 073)

Der Fokus der pflegenden Beschäftigten liegt in dieser Phase sowohl auf der pflegebedürftigen Person, der ihr letzter Wille und ein „gutes Sterben" ermöglicht werden soll, als auch auf sich selbst, um Abschied nehmen zu können. Dementsprechend geht die dritte Pflegephase mit einer hohen psychischen Belastung für pflegende Erwerbstätige einher.

> „Das ist dann eigentlich das Problem. Nicht das Essen machen, einkaufen, das ganze Zeug, aber dieser Abbau von einem Menschen, den man liebt. Und diese Angst von dem Menschen [...] das sind so die Sachen, die einen psychisch ..." (Frau Reiter, 160)

Es überrascht nicht, dass die Erwerbstätigkeit in dieser Phase in den Hintergrund tritt und die Belastungen durch die Pflegesituation sich auch in der Arbeitszeit bemerkbar machen. So beschreibt der in Vollzeit tätige leitende Kriminaltechniker Herr Bellscheidt die Überforderung, der er sich angesichts der Sterbebegleitung für seine Mutter ausgeliefert sah.

> „Man hat gesehen, dass sich der Körper verändert hat. Das war für mich die schlimmste Zeit. Weil ich gesehen habe, meine Mutter stirbt. Da ist nichts mehr. Und die Ärzte haben gesagt, es gibt keine Chance mehr. Und das hat mich nervlich so stark beansprucht, dass ich nachts aufgeschreckt bin. Ich habe das Telefon klingeln hören, obwohl es nicht geklingelt hat. Ich konnte nicht mehr richtig schlafen. Ich bin dann am nächsten Tag auch zu den Mitarbeitern ... habe Sachen durcheinander gebracht, die Termine hin und her geschoben." (Herr Bellscheidt, 091)

In Bezug auf die Arbeitszeiten wird – wie bei Eintritt einer Pflegesituation – besonders häufig der Bedarf nach einer vollständigen beruflichen Auszeit geäußert, da in dieser Phase der private Lebensbereich in den alleinigen Mittelpunkt rückt. Nicht wenige pflegende Beschäftigte lassen sich in den letzten Wochen oder Tagen der Pflege krankschreiben. Frau Kerbel, die ihre weit entfernt lebende Schwester bis zum Tod begleitet hat, hat ihre Erwerbsarbeit sogar aufgrund der Unvereinbarkeit von Beruf und Pflege beendet.

> „Ich habe dann von mir aus gekündigt. Ich weiß nicht, ob das ein Fehler war oder nicht. Nur man muss sagen, man ist ja dann so unter Druck, weil einen das unheimlich belastet." (Frau Kerbel, 045)

Nicht wenige pflegende Beschäftigte spüren die Beanspruchungen, die ihnen der Pflegealltag abverlangt hat, erst nach dem Tod der pflegebedürftigen Person. Zudem sind, auch über den Tod der betreffenden Person hinaus, wichtige Dinge im familialen Kreise zu regeln. So hat Herr Sommer die gesetzliche Pflegezeit auch noch über den Tod seines Vaters hinaus in Anspruch genommen.

> „Und da war ich so fertig, dass ich gesagt habe nach dieser Beerdigung, da ist so viel zu machen auch mit den Erbauseinandersetzungen bzw. was da alles mit meiner Mutter ist, ihr beistehen." (Herr Sommer, 072)

Herr Sommer erwähnt zudem die Betreuung der weiteren Familienangehörigen während der Sterbebegleitung – eine Anforderung, die alle pflegenden Berufstätigen, die diese Pflegephase durchlebt haben, schildern.

4.4.3   Planbares und Unvorhersehbares in der Pflege

In den Interviews wurde fast immer eine Unterscheidung in planbare und unerwartete bzw. unvorhersehbare Situationen vorgenommen und die Interviewpartner/innen zu ihren jeweiligen Lösungsstrategien befragt. Je nach Gesundheitszustand der zu pflegenden Person existieren im Pflegealltag eine Reihe von wiederkehrenden Tätigkeiten und festen Terminen, wie z.B. Arztterminen, die dem planbaren Bereich zugerechnet werden. Ebenso fallen ein Urlaub, eine Abwesenheit etwa zu einer Weiterbildung, ein anstehender Reha- oder Krankenhausaufenthalt, also jeder feststehende Termin, der eine Änderung des Pflegearrangements mit sich bringt, in diesen Bereich.

Bei näherer Betrachtung zeigt sich, dass planbare Situationen selbstverständlich besser gemeistert werden können als unvorhersehbare.

> „Wenn das ein geplanter Krankenhausaufenthalt ist, dann ist es für mich ganz normal. Dann organisiere ich das so, da spreche ich das mit dem Professor ab im Krankenhaus, dass ich sage, in der Woche kann ich ihn hinbringen ..." (Frau Hanse, 041)

Doch nicht immer funktioniert das reibungslos. Oftmals geht die Lösung eines Zeitkonfliktes, beispielsweise zwischen Arzttermin und Arbeit, zu Lasten der Beschäftigten, die ihren Urlaub für solche Termine stückchenweise aufbrauchen oder die notwenigen Auszeiten über ihr Arbeitszeitkonto auffangen, was auf Dauer zu entsprechenden Überlastungen führt und die eigene Gesundheit gefährdet.

In Betrieben, die ihren Mitarbeiter/inne/n das Instrument Arbeitszeitkonto zur Verfügung stellen und ihnen ermöglicht, dieses Mittel zu nutzen, um ihre Arbeitszeit etwas selbstbestimmter zu gestalten, werden angesammelte Überstunden für solche Termine abgebaut oder Minusstunden geschrieben. So auch im Fall von Herrn Lade, Kriminalpolizist in Vollzeit, der seine krebskranke Frau pflegt.

> „In der Zeit habe ich mir Urlaub genommen. Wenn das planbar war, wenn es dann hieß, sie muss für eine Woche ins Krankenhaus für irgendeine Untersuchung oder so. Entweder auf Urlaubsbasis oder auf Überstundenbasis dann komplett freigenommen." (Herr Lade, 247)

Die Urlaubstage erwerbstätiger Pflegender werden so schnell für die Pflege aufgebraucht. Die wenigsten Interviewpartner/innen wussten von der Möglichkeit, mittels des Pflegezeitgesetzes (§ 2) bis zu zehn Pflegetage freibekommen zu können.

Pflegende Erwerbstätige, die in Urlaub fahren wollen, benötigen ein entsprechendes Netzwerk und auch ein Bewusstsein dafür, dass es besser ist, sich selbst eine Erholungspause zu gönnen, um wieder Kraft für die Pflege und den Beruf zu sammeln. Bei den meisten Interviewpartner/inne/n ist ein Urlaub jedoch geprägt von Gedanken und Sorgen über die Pflegesituation zu Hause, oder es wird eine Erreichbarkeit vorausgesetzt, in der es schwerfällt, überhaupt richtig abzuschalten. Der vollzeitbeschäftigte Polizist Herr Schulz trägt Pflegeverantwortung für seine sehr auf ihn fixierte Mutter und beschreibt, wie es ist, sich gedanklich wie emotional nicht aus der Pflege „ausklinken" zu können:

> „Sie verlangt, dass ich alle zwei oder jeden Tag anrufe [...] Also ich kann ... an dem Urlaubsabend, wo ich anrufe, schon fängt mein Magen an und ich weiß, wenn du jetzt anrufst, dann heult sie dir die Ohren voll. Also der Urlaub ist nicht so entspannend, wie als könnte ich sagen, ich habe keinen, auf den ich mich irgendwo einlassen muss." (Herr Schulz, 300-302)

Viele Befragte geben an, seit längerer Zeit keinen Urlaub mehr zu machen oder anderweitig zu verreisen. Zum Teil fehlt es an geeigneten alternativen Pflegekräften bzw. Pflegestätten in der Umgebung oder die Betroffenen können sich eine zeitweise Unterbringung gar nicht erst leisten. Zum Teil liegt es aber auch an den Pflegebedürftigen, die für Helfer/innen, die ihnen nicht vertraut sind, nicht aufgeschlossen sind und daher die Pflege verweigern. Dies betrifft vor allem ältere Patienten und Demenzkranke. Sie kommen zudem in ungewohnter Umgebung nicht zurecht und die Wieder-/Eingewöhnungsphase ist teilweise derart intensiv, dass die Pflegenden gezwungenermaßen auf eine eigene Auszeit verzichten. Die Tatsache, dass zudem die ständigen administrativen Arbeiten ebenfalls unerledigt liegen bleiben, beklagt Herr Schwan, der sich um seine mittlerweile fast erwachsene, behinderte Tochter kümmert, mit deutlichen Worten:

> „Ja, was habe ich denn davon? Ich fahre mit ihr drei Wochen oder vier Wochen in die Kur, kriege alles abgenommen, brauche mich um nichts mehr kümmern. Und dann komme ich nach Hause, habe den Briefkasten voll mit Scheiße, muss dann wieder wochenlang probieren, dass ich in den Alltag reinkomme. Dann brauche ich eine Kur hinterher." (Herr Schwan, 279)

Neben der Routine der täglich zu verrichtenden Aufgaben gestaltet sich die Pflegesituation für viele Beteiligte jedoch jeden Tag ein wenig anders. Jeder Mensch hat so etwas wie eine Tagesform und auch der Gesundheitszustand vieler Pflegebedürftiger schwankt manchmal. Daher resultiert der erhöhte Bedarf der meisten pflegenden Erwerbstätigen sowohl an planbaren, als auch an unvorhersehbaren Abwesenheiten vom Arbeitsplatz (vgl. 4.4.2.).

> „Das ist halt das, weil bei alten Leuten, wenn man sie pflegt, kein Tag wie der nächste ist. Gute Tage, chaotische Tage." (Frau Würsig, 222)

Hinzu kommen Ereignisse, die zwar keine unmittelbare Intervention seitens der Pflegenden erfordern, die aber dennoch zeitlich wie psychisch belastend sein können, und sei es nur als potentielle Gefahr. Ein Beispiel hierzu liefert Frau Meister, Kriminalpolizistin und Mutter dreier Kinder mit Pflegeverantwortung für ihren Vater:

> „Und man darf ja gerade bei so einem Demenzerkrankten auch nicht vergessen, die richten ja manchmal auch Schaden an [...] Also mein Vater hat dann irgendwann mal, als wir weg waren, ein Telefonat entgegengenommen. Da konnte er noch laufen. Und hat dann einen Internetanschluss sich aufschwatzen lassen, hat aber gar keinen Computer. Weil man ihm gesagt hat, ach, das ist ganz billig. Und wenn irgendwas billig war, das fand mein Vater immer toll." (Frau Meister, 089)

Unvorhergesehene Ereignisse, die plötzlich auftreten, wie eine Erkrankung, Unfälle oder andere Notfälle, verursachen bei den Pflegenden einen unmittelbaren Handlungsdruck. Dabei sind bestimmte Pflegesituationen anfälliger für unvorhersehbare Ereignisse und erfordern eine sofortige Intervention der Hauptpflegeperson – so etwa auch dementielle Erkrankungen, wie im Fall der pflegebedürftigen Mutter von Frau Zweig, Honorarkraft an einer Musikschule.

> „Der letzte Krankenhausaufenthalt ist noch gar nicht lange her. Ein Monat oder so. Da habe ich einen Anruf aus der Tagespflege gekriegt. Da hat sie sich ver-

schluckt. Das passiert leider mittlerweile immer häufiger, das ist halt die fortge-
schrittene Demenz. Und die waren da nicht in der Lage, damit adäquat umzugehen. Dann hat sie den Notarzt gerufen. Zu Hause ist das auch schon oft passiert.
Da muss man schleunigst zusehen, dass man das Essen wieder raus befördert [...]
Dann war der Verdacht vom Notarzt, dass sie das Essen schon in die Lungen
aspiriert hätte." (Frau Zweig, 134)

Alle diese plötzlich eintretenden, unvorhersehbaren Veränderungen, bedingen
eine rasche Anpassung des Pflegearrangements, also eine Neuorganisation des
Pflegenetzwerkes. Wenn das bestehende, eigene Pflegenetzwerk die Ausnahmesituation nicht auffangen kann, kommt es zwangsläufig zu Konflikten mit der
Arbeitszeit erwerbstätiger Pflegender. Spontan eine Aushilfe zu finden, die ein-
springt, oder eine Tagespflegestätte, ist ohne Vorlauf in den allermeisten Fällen
schlichtweg unmöglich. Dann ist Verständnis seitens des Arbeitgebers gefragt,
wenn sich eine temporäre, außerplanmäßige Abwesenheit während der Arbeitszeit nicht vermeiden lässt. In prekären Beschäftigungssituationen kann ein Entgegenkommen des Vorgesetzten zwar helfen, jedoch auch einen Einkommensverlust für die Zeit bedeuten.

> „Dann breche ich die Arbeit ab, fahre ins Krankenhaus. In dem Moment verdiene
> ich dann natürlich auch kein Geld mehr. Da kann ich jetzt froh sein, dass ich die-
> sen Job so habe an der Musikschule. Und mein Chef, aufgrund der Tatsache
> wahrscheinlich, dass er selbst eine Freundin hat, die ihre demenzkranke Mutter
> pflegt, dass ich bei dem einen Riesenbonus habe [...]." (Frau Zweig, 150)

Sobald unvorhersehbare Situationen eintreten, oder keine Möglichkeit besteht,
während der Arbeitszeit zu bestimmten Terminen gezielt Überstunden abzubauen, müssen andere Lösungsansätze gefunden werden. Als eine Art Notbremse fungiert bei vielen Interviewpartner/inne/n der Gang zum eigenen Arzt.
Zum einen sind sie derart (doppelt) belastet, dass Ärzte ihnen sofort Ruhe und
Erholung verordnen würden, zum anderen bleibt ihnen oftmals kein anderes
kurzfristig verfügbares Mittel als eine Krankschreibung. Als Beispiel sei hier
eine in Vollzeit bei der Bahn Beschäftigte mit häuslicher Pflegeverantwortung
für ihre behinderte Tochter angeführt:

> „Das ist natürlich dann der Notstand bei mir [...] Ich bin zum Doktor gegangen,
> habe gesagt, also Frau Doktor, es geht nicht. Ich muss jeden Tag zur Tochter,
> sonst geht das doch nicht. Und da hat sie mich eine Woche krankgeschrieben."
> (Frau Rudolf, 390-392)

Selbst in pflegesensiblen Betrieben, die bereits Maßnahmen eingeführt haben,
liegt das Hauptproblem darin, dass Instrumente wie Freistellung oder gesetzliche
Pflegetage einen langwierigen bürokratischen Vorlauf erfordern und es bis zu
einer Genehmigung einfach zu lange dauert. In diesen Punkten besteht noch

Nachholbedarf; die Bewilligungsverfahren müssen beschleunigt und der Pflegerealität angepasst werden. Gleichzeitig lassen sich viele Pflegende bei einer tatsächlichen Erkrankung nicht krankschreiben und/oder nehmen sich nicht die Zeit sich auszukurieren, da sie sich in der Pflegesituation für unersetzlich halten und es manchmal tatsächlich auch sind. So kommen die eigene Gesundheit und auch die Vorsorge deutlich zu kurz. Die in Vollzeit als Bürokauffrau tätige Frau Maibach etwa vernachlässigt ihre eigene Gesundheitsvorsorge zugunsten der häufigen Arzttermine ihrer pflegebedürftigen Mutter.

> „Was für mich ganz blöde ist, muss ich schon sagen, ich bin 57 und müsste eigentlich auch regelmäßig zum Frauenarzt. Ich bin da jetzt zwei Jahre nicht gewesen, und irgendwie bin ich da sehr nachlässig geworden [...] Die Arzttermine sind immer für meine Mutter." (Frau Möwen, 292-294)

In der Untersuchung zeigt sich in der Mehrheit der Fälle eine verstärkt negative Bewertung der Vereinbarkeit in solchen unerwarteten Situationen sowie ein starker Anstieg der empfundenen Belastung. Aufgrund der Ergebnisse kann man eine Differenzierung nach zu Pflegenden (Kinder, Eltern, Partner) vornehmen. Für die Pflege von Kind oder Partner kommt in den meisten Fällen kein fremder Ersatz in Frage, bei der Elterngeneration in vielen Fällen schon, selbst wenn dieser nur widerwillig angenommen wird. Die Ablehnung fremder Personen, z.B. von Pflegediensten, besonders durch Demenzkranke wurde bereits mehrfach erwähnt.

4.4.4 Pflegenetzwerke

Im Rahmen der Untersuchung wurde von unterschiedlichen Pflegenetzwerken berichtet. Die Größe dieser Netzwerke reicht von einer bis zu 15 Personen, die pflegende Erwerbstätige bei der Betreuung und Pflege unterstützen. Eine Person alleine kann eine Pflegesituation kaum ohne berufliche Einschnitte oder gesundheitliche Belastungen bewältigen. Dass die Familie nicht immer alle Helfer/innen und Freundschaften ersetzen kann, zeigt sich am Beispiel von Frau Peters, die als Lehrerin arbeitet und zu Hause ihren teilweise gelähmten Ehemann pflegt:

> „Ich habe zwei Brüder. Der eine wohnt bei mir nebenan, aber das ist so ein lockeres Verhältnis. Und mein anderer Bruder wohnt in der Stadt, das ist auch ein lockeres Verhältnis. Das sind keine Gesprächspartner für mich für meine Sorgen. Und meine Studienfreundin, die wohnt in Dessau. Das ist ab vom Schuss, die hat da ihre eigenen Probleme. Ja, ich fühle mich schon oft sehr, sehr alleine." (Frau Peters, 205)

Die meisten pflegenden Erwerbstätigen versuchen daher, sich ein Netzwerk aufzubauen. Mit wachsender Größe dieses Netzwerkes steigt auch die Zahl der Möglichkeiten und Ressourcen, auf die zurückgegriffen werden, kann. So kann die hauptpflegende Person entlastet und die weitere Berufstätigkeit in einigen Fällen überhaupt erst ermöglicht werden. Die Größe eines Pflegenetzwerkes ist jedoch, wie in den meisten anderen Netzwerken auch, nicht immer die entscheidende Variable. Ausschlaggebend für ein gutes Funktionieren ist eher die Qualität des Netzwerkes, die vor allem von der Verfügbarkeit und Flexibilität aber auch von der Zuverlässigkeit der beteiligten Personen abhängt. Wenn mehrere Personen an einem Pflegenetzwerk beteiligt sind, wie in der häuslichen Pflegesituation der geh- und sehbehinderten Schwiegermutter von Frau Sand-Seehausen, lassen sich durch technische Möglichkeiten auch für Notfälle Zuständigkeiten festlegen.

> „Erst klingelt es bei uns oben, wenn sie den Notruf auslöst, dann bei meinem Mann das Handy, dann meins. Und dann, wenn wir uns alle nicht melden, wird es weitergeleitet ans Handy der Pflegestation, und dann kommen die Schwestern und schauen nach." (Frau Sand-Seehausen 514)

Zwar lässt sich in einem größeren Netzwerk leichter eine Alternative finden, wenn Helfer/innen aus dem Netzwerk ausfallen, jedoch steigt die zeitliche Arbeitsbelastung durch das „managen" größerer Netzwerke deutlich an. Die Interviews haben gezeigt, dass es zu einer extrem zeitaufwendigen Tätigkeit werden kann, Pflegenetzwerke täglich zu organisieren. Viele Menschen bieten sich zunächst zwar an, gehen tatsächlich aber kaum aktiv auf die Betroffenen zu, um wirklich zu helfen. Viele Pflegende bitten von sich aus kaum um Hilfe, sei es, weil sie Außenstehende nicht belasten oder ihnen nicht gerne Einblick in ihre Privatsphäre gewähren wollen, sei es, weil sie die Aufgabe keinem Laien zutrauen. So besteht die Gefahr eines Teufelskreises. Je größer das Netzwerk wird, desto weniger fühlen sich die eingebundenen Personen direkt verantwortlich und desto spezialisierter werden die unterschiedlichen Aufgabenbereiche, die von einzelnen Beteiligten abgedeckt werden. Der Organisationsaufwand und ein unentwegtes Nachfragen können ebenso zeitraubend und ermüdend sein, wie die Pflegeaufgaben selbst. Dies bringt z.B. Frau Röder zu Sprache, die in Vollzeit als Sachbearbeiterin bei der Polizei tätig ist und gemeinsam mit ihrem Bruder die halbseitig gelähmte Mutter pflegt.

> „Dieses neu zu organisieren, ist nicht einfach. Weil es nicht so viel Menschen gibt, die bereit sind, dann 24 Stunden am Tag zur Verfügung zu stehen. Das ganze Drumherum zu organisieren, mit meinem Bruder zusammen, das ist eben wesentlich aufwendiger, als wenn meine Mutter beispielsweise jetzt in einem Pflegeheim wäre." (Frau Röder, 166)

Grundlegend können die an Pflegenetzwerken beteiligten Personen in zwei Gruppen unterteilt werden. Zum einen gibt es die ehrenamtlich tätigen Helfer/innen, zum anderen, unabhängig von einer beruflichen Qualifikation im Pflegebereich, die professionellen bzw. bezahlten Helfer/innen. Diese bezahlten Kräfte können auch Nachbarn, Haushaltshilfen oder andere Betreuungskräfte mit einschließen. Hier entstehen immer wieder Abrechnungsprobleme. So bei Frau Hammer, die zu Hause ihre an Diabetes und Demenz erkrankte bettlägerige Mutter pflegt.

> „[...] ich aber dann der Krankenkasse gegenüber nicht sagen kann: Hör mal, die und die, die ist so nett mit alten Leuten, die würde sich gerne Taschengeld verdienen. Sei es als Schülerin oder Studentin. Nein, das darf ich nicht, das müssen Fachkräfte sein [...] Und denen könnte ich zehn oder 15 Euro die Stunde geben und dann wäre das okay [...] Das kann ich nicht abrechnen, der Pflegedienst rechnet aber eine Fachkraft ab und setzt aber keine da hin. Ich brauche zum Mensch-ärgere-dich-nicht spielen auch keinen Krankenpfleger." (Frau Hammer, 165-167)

Art und Umfang der von Helfer/inne/n im Pflegenetzwerk übernommenen Aufgaben können stark variieren. Neben den aus der Pflegesituation resultierenden Tätigkeiten sind es insbesondere die Arbeitszeiten der Hauptpflegenden, die das Tätigkeitsspektrum der Helfer/innen bestimmen. Der Lehrer Herr Förster hat seine Arbeitszeiten an der Schule immer weiter reduziert, um seine sehr pflegebedürftige Frau nicht mit der Pflegehilfe allein zu lassen.

> „Ich kann sie [die Pflegekraft] mit meiner Frau nicht alleine lassen. Wenn mal irgendwas ist, ist sie nicht in der Lage, sie in irgendeiner Form zu bewegen. Sie kann höchstens am Telefon Hilfe holen. Aber für manche Sachen dauert das einfach zu lange. Ich bin damals in den zwei Jahren schon immer morgens mit einem schlechten Gewissen aus dem Haus gegangen." (Herr Förster, 162)

In der Gruppe der unentgeltlich tätigen Pflege- oder Betreuungskräfte in einem Netzwerk wurden Helfer/innen aus dem Kreis der eigenen Familie, meist Partner/innen und Geschwister am häufigsten genannt.

In den meisten Pflegesituationen werden Angehörige gepflegt, die entweder im eigenen Haushalt oder in der Nähe wohnen. So bleibt die Sorgearbeit oft an einer zentralen Figur, dem/der sogenannten Hauptpflegenden aus der Familie hängen. Diese Verantwortlichkeit eines einzelnen Familienmitgliedes, bedingt durch geografische Zwänge und teilweise auch Vorlieben der pflegebedürftigen Eltern (Stichwort: „Lieblingskind"), birgt ein hohes Konfliktpotential, das im Kapitel 4.5 noch näher erläutert wird.

Viele Familien versuchen, ihre eigenen Kinder aus der Pflegearbeit herauszuhalten. Ein kategorischer Ausschluss der Kinder bzw. Enkelkinder von der Pflege der Eltern bzw. Großeltern wird von den Interviewpartner/inne/n jedoch kaum rational begründet. Erstaunlich ist dies vor allem dann, wenn die Kinder ihre Hilfe von selbst anbieten. Wie auch in folgender Pflegesituation, in der der Ehemann und Familienvater pflegebedürftig geworden ist und die erwerbstätige Mutter versucht, ihre Kinder nicht mit einzubeziehen.

„Aber eigentlich möchte ich ihn [den älteren Sohn] da raushalten. Und unser jüngster Sohn, der ist 26, der wohnt ja noch zu Hause. Der unterstützt mich schon sehr. Aber ich möchte ihn eigentlich auch raushalten. Bloß sieht er in manchen Situationen auch ... Mensch Mutti, du musst jetzt Papa nicht ins Bett heben, ich bin doch da." (Frau Keller 191)

Männern werden eher entlastende Arbeiten im Haushalt oder technische Aufgaben zugewiesen und bei pflegerischen Arbeiten werden deutlich häufiger die (Schwieger-)Töchter gefragt als die (Schwieger-)Söhne. Hierzu die Aussage von Frau Lang-Hauser, erwerbstätige Mutter dreier Kinder, die Pflegeverantwortung für ihre Nachbarin übernommen hat:

„Mein Mann hat schon mal so technische Hilfeleistungen gemacht. Der Fernseher war kaputt und dann musste der ausgetauscht werden. Oder wenn irgendetwas war, so im technischen Bereich, das war mein Mann. Und mein Mann und mein Stiefsohn die haben im Sommer jede Woche den Rasen mit gemäht." (Frau Lang-Hauser, 154)

Neben der Doppelbelastung von Beruf und Pflege sind es in der großen Mehrheit der untersuchten Fälle die Frauen, die zusätzlich die Hausarbeit erledigen und sich um die eigenen Kinder kümmern und die damit die sogenannte "Sandwich-Position" innehaben. Ausnahmen von der klassischen Rollenverteilung der Geschlechter tauchen dennoch vereinzelt im Sample auf, wie im Fall der Familie Möwen:

„Mein Mann. Den dürfen wir nicht vergessen. Der macht zwar nicht das Pflegerische, aber der kocht ja auch viel [...] Aber dass wir uns da gegenseitig ein bisschen unterstützen." (Frau Möwen, 226)

Häufiger noch wird dem Partner eine Schutzfunktion zuteil. Er ist es, der der pflegenden Partnerin hilft, Grenzen zu setzen, z.B. indem er ein „Machtwort" (Frau Holzheu) mit der pflegebedürftigen Person spricht oder die Partnerin in ihrer Pflegeaktivität bremst, wenn sie überlastet wirkt.

Zum Pflegenetzwerk gehören auch Personen, die keine verwandtschaftliche Beziehungen zur pflegebedürftigen Person haben oder für ihre Pflegetätigkeit bezahlt werden. So beteiligen sich Freunde/Freundinnen, Nachbar/inne/n oder andere ehrenamtliche Helfer/innen an den Aufgaben der Pflege.

Ihr Aufgabenspektrum variiert: mehrheitlich übernehmen sie die Rolle von Aufpassern, Notfallhelfern oder Betreuern. Auch bieten sie den Pflegebedürftigen Sozialzeit, indem sie zum Kaffeetrinken vorbeikommen, zum Spielen oder Vorlesen. Direkt körperbezogene Pflege wird aber mehrheitlich abgelehnt.

Zumeist geht es bei der nachbarschaftlichen Hilfe um die Absicherung gegenüber dem Eventualfall durch gesteigerte Aufmerksamkeit einer Person, die im Ernstfall eingreifen könnte und um gesellschaftliche Inklusion, die Eingebundenheit in ein funktionierendes soziales Nah-System – das der Nachbarschaft. In dieser Form tragen Freunde/Freundinnen oder Nachbar/inne/n durchaus zur Erleichterung der Pflege bei. Insbesondere die Wächter/innen-Funktion wirkt für die Hauptpflegenden entlastend, da sie sich im Notfall auf ein unmittelbares Alarmieren verlassen können. Vorteile von Nachbar/inne/n im Pflegenetzwerk sind klar die wohnliche Nähe und damit verbundenen kurzen Wege und vielerorts die Vertrautheit mit der zu pflegenden Person.

Die Bedeutung der Nachbarschaft für die Unterstützung pflegebedürftiger Menschen tritt im Zusammenhang mit Hilfe- und Pflegebedürftigkeit vor allem dann deutlich hervor, wenn nachbarschaftliche Beziehungen nicht oder nicht mehr vorhanden sind und somit nicht in Bezug auf die oben genannten Funktionen mobilisiert werden können.

Besonders Pflegebedürftige mit Pflegestufe nehmen die Hilfe von professionellen Pflegediensten in Anspruch, da diese Dienstleistungen dank eines vom medizinischen Dienst bescheinigten Anspruches – zumindest zum Teil – mit dem monatlichen Pflegegeld finanziert werden können. Sowohl der gewählte Pflegedienst als auch die dort tätigen Kräfte sind Zufallsauswahlen, wenngleich Empfehlungen eine wichtige Rolle spielen. Dabei ist dem von Pflege betroffenen Angehörigen oft nicht klar, welche Qualitätsmerkmale adäquat sein könnten, was die Auswahl nicht nur erschwert und sehr zeitintensiv macht, sondern auch dazu führt, dass die pflegenden Angehörigen gezwungen sind, nach dem „try-and-error"-Prinzip so lange zu suchen, bis ein passender Pflegedienst gefunden ist.

Die Mehrheit der Interviewpartner/innen berichtet von kleinen bis größeren Streitpunkten mit Sozialdiensten. Die Palette der Probleme reicht von Unpünktlichkeit bis hin zu qualitativen Mängeln. Da lohnt es sich in vielen Fällen, verschiedene Anbieter auszuprobieren. Gerade das Problem der Unpünktlichkeit taucht in der Bewertung von professionellen Pflegediensten häufig auf. So stört sich etwa Frau Herbst – bei allem Verständnis – daran, dass der Pflegedienst, der täglich morgens zu ihrem Mann mit Pflegestufe II kommt, nicht immer pünktlich erscheint.

> „Wenn die natürlich selber mal Engpässe haben, weil jemand krank wurde, dann ist es nicht mehr abschätzbar. Mich stört es schon, aber ... ja. Ich denke, das ist dann einfach für die organisatorisch nicht machbar." (Frau Herbst, 291)

Besonders wiederholte Unpünktlichkeit kann zum Problem werden, selbst wenn manche Befragte Verständnis dafür aufbringen, dass die Variable Mensch eben nicht berechenbar ist und die Abfertigung von Pflegebedürftigen anhand zeitlicher Ablaufpläne in Minuteneinheiten nicht reibungslos funktioniert. Der zeitliche Tagesablauf von pflegenden Erwerbstätigen ist eng gestrickt und kann solche Unregelmäßigkeiten nur in den seltensten Fällen auffangen. Wo immer es

möglich ist, händigen viele Pflegende den Diensten einen Hausschlüssel aus, um
nicht völlig von deren Zeitplan abhängig zu sein.

> „Das ist schon ein Problem, die Menschen rein zu lassen. Die müssen ja teilweise
> einen Schlüssel haben. Der Pflegedienst hat einen Schlüssel. Und auch jetzt der
> Krankengymnast. Anders wäre es nicht gegangen." (Frau Möwen, 120)

Ein weiteres Problem ist die Schwierigkeit älterer, insbesondere demenzkranker
Menschen, mit neuen Gesichtern klarzukommen, in Anbetracht von teilweise
fast täglich wechselndem Personal bei einigen Pflegediensten. Pflegekräfte drin-
gen zwangsläufig in die Intimsphäre eines Kranken ein und die zu Pflegenden
müssen sich immer wieder an neue Personen gewöhnen. Dazu gehört ein ausrei-
chendes Grundvertrauen und ein Mindestmaß an Regelmäßigkeit in den Strukturen, da viele ältere Menschen Fremde generell ablehnen. Zudem begreifen sie
oft nicht, dass sie sich nicht mehr selbst versorgen können und müssen erst
schrittweise an die Einsicht herangeführt werden, dass sie auf Hilfe angewiesen
sind. Zusätzlich müssen sie akzeptieren, dass ihre eigene Familie aufgrund ihrer
Erwerbsarbeit nicht alle nötigen Tätigkeiten selbst übernehmen kann.

Bei manchen Pflegebedürftigen geht die Ablehnung so weit, dass sie nicht
einmal mehr Bekannte treffen wollen und aus eigener Motivation kaum noch aus
dem Haus gehen, selbst wenn die körperlichen Leiden gar nicht so einschränkend
sind, sondern vielmehr eine soziale Betreuung nötig wäre. Einer solchen Situation sieht sich Frau Dachs bei der Pflege ihrer unter Demenz und weiteren
Krankheiten leidenden Mutter ausgesetzt. Sie ist Angestellte bei einem Chemiekonzern.

> „Ja aber jetzt im Moment ist das, was das Körperliche angeht, gar nicht notwen-
> dig. Es wäre eher so, dass sie jemand bräuchte, der sich mal mit ihr abgibt. Aber
> es ist schwierig, weil sie das von sich aus ablehnt. Aber das wäre gut und das
> wäre auch eine Entlastung für mich." (Frau Dachs, 232)

Insbesondere pflegende Erwerbstätige, die in – manchmal überlanger – Vollzeit
arbeiten, ohne die Möglichkeit, Teile der Arbeit von zu Hause aus erledigen zu
können, schaffen es kaum, eine Pflegesituation aus eigener Kraft ohne Netzwerk
zu bewältigen. Dies gilt umso mehr, wenn es sich um alleinstehende Arbeitnehmer handelt. In solchen Situationen kommen auch professionelle Pflegehelfer in
Betracht, die direkt im Haushalt wohnen und so eine dauerhafte Betreuung
sichern können. In der Studie wurden offiziell als Haushaltshilfen beschäftigte
Pflege- und Betreuungskräfte aus Osteuropa häufig als bereits realisierte Lösung, oder als eine für die Zukunft angestrebte finanzierbare Alternative zu den
deutschen Pflegediensten genannt. Sind die legalen Hürden für eine solche Beschäftigung erst einmal genommen, ist jedoch auch bei ihnen eine Eignung für
bestimmte Pflegeaufgaben nicht automatisch gegeben. Bei der Anleitung kommt
zusätzlich die Sprachbarriere hinzu. Die teilzeitbeschäftigte Frau Lomasch be-

schreibt die Anforderungen an eine mögliche Pflegekraft für ihren mehrfach behinderten Sohn:

> „Das muss jemand sein, der sich damit auskennt. Der auch mit einem Spastiker umgehen kann, der ihn auch mal windeln kann, der ihn ins Bett kriegt. Der das Handling begreift und auch schafft. Also man kann nicht jemanden von der Straße nehmen. Dem man das ja auch erst mal beibringen muss." (Frau Lomasch, 197)

Abschließend bleibt zu sagen, dass ein großer Freundeskreis und eine große Familie die Schaffung eines großen Pflegenetzwerkes tendenziell begünstigen. Doch nicht immer halten die freundschaftlichen Beziehungen den Anforderungen aus der Pflege stand. So mussten einige Interviewpartner/innen die Erfahrung machen, dass sich Freundschaften durch die Pflegesituation verändern.

> „Wir haben ein eng befreundetes Ehepaar, mit dem wir schon sehr viele Jahre befreundet sind. Dann ist aber vor sieben Jahren der Sohn tödlich verunglückt. Wir waren zwar weiterhin befreundet, aber als das jetzt mit meinem Mann passiert ist, hatte ich so das Gefühl, dass jetzt noch mal solche Verlustängste entstehen und sie sich davor schützen wollen. Sie haben sich sehr zurückgezogen, haben mich auch ganz schön hängen lassen, muss ich schon sagen. Als ich jetzt sechs Wochen zur Kur war, haben sie sich nicht um meinen Mann gekümmert oder mal nachgefragt [...] Sonst haben wir gar nicht so einen großen Freundeskreis. Ich bin ja mit meiner Schule verheiratet gewesen. Und die eigentlichen Freunde, da bin ich schon auch enttäuscht." (Frau Peters, 201)

Ein Pflegenetzwerk ins Leben zu rufen und aufrecht zu erhalten, ist in der Regel Aufgabe der Hauptpflegeperson, hängt aber auch – wenn es sich um eher körperliche Gebrechen der pflegebedürftigen Person handelt – von dieser selbst und ihren kommunikativen Kompetenzen ab. Die Stabilität eines Pflegenetzwerks ist somit das Ergebnis eines kontinuierlichen, relativ komplexen sowie mehr oder weniger gut gelingenden Interaktionsprozesses zwischen den Beteiligten.

Die Doppelbelastung durch Beruf und Pflege ist zudem oftmals so intensiv, dass kaum Zeit für die Pflege sozialer Beziehungen bleibt, die als stabilisierende Faktoren, als Hilfe und seelischer Ausgleich eigentlich sehr wichtig wären.

4.5 Die Auswirkungen der Doppelbelastungen aus Beruf und Pflege

In den folgenden Abschnitten werden die Auswirkungen der Unvereinbarkeit von Beruf und Pflege genauer analysiert. Im Fokus stehen die Folgen der Doppelbelastung für Partnerschaft und Familie, für die Möglichkeit, überhaupt noch Zeit für sich zu haben, für die Nutzung bzw. Nichtnutzung der klassischen Zeitinstitutionen Feierabend, Wochenende und Urlaub sowie die Bewertung ihr Qualität.

Im letzten Abschnitt stehen die Wünsche und Bedürfnisse der Betroffenen in Bezug auf das Zusammenspiel beider Lebenswelten im Vordergrund.

4.5.1   Partnerschaft und Familie

Familienzeiten sind in vielen Fällen die klassischen Essenszeiten, vor allem Frühstück und Abendbrot. Hier treffen oft noch alle Familienmitglieder zusammen. Hinzu kommt allgemein der Feierabend, wenn alle Haushalts- und Pflegeaufgaben des Tages erledigt sind. Die Feierabende sind in der Regel sehr kurz und erwerbstätige Pflegende sind oftmals zu müde, sie ausgedehnt zu gestalten. Unter der Woche, bzw. an Werktagen oder Arbeitstagen müssen die Betroffenen meist zu früh aufstehen, um die Zeit am Vorabend als Familienzeit intensiv nutzen zu können. Mehrheitlich werden das Wochenende, Feiertage, Familienfeiern sowie Urlaube als bleibende Familienzeit genannt (vgl. 4.5.3).

> „Wenn dann bei uns Besuch ist – Omi komm runter. Wenn denn mal Besuch da ist. Und unser großer Sohn, der guckt dann auch irgendwo, wenn mal was ist. Komm, wir nehmen unsere alten Weiber mal mit. Wir gehen mal ins Theater oder irgendwas. Aber dann müssen wir schon mehrere sein. Weil meine Tante schon recht dibbelig ist und naja, also ein paar Highlights haben wir dann schon auch. Bei Familienfeiern sind wir sowieso immer alle zusammen." (Frau Frosch, 336)

Unter der Doppelbelastung von Erwerbsarbeit und Pflegearbeit leiden in vielen Fällen nicht nur die Pflegenden selbst, sondern auch die Partner/innen und das ganze soziale Umfeld. Freie Zeit, die als Paar- oder Familienzeit genutzt werden kann, bleibt neben der Pflegesituation kaum. Die wenigen Zeiten, die nicht durch Beruf oder Pflege belegt sind, werden vorrangig zur Regeneration gebraucht. Diese Auswirkungen einer Pflegesituation neben seiner Vollzeitbeschäftigung beschreibt der Kriminaltechniker Herr Bellscheidt wie folgt:

> „Sie haben eben gemerkt, es wird weniger. Ja also die Kapazität, die Sie noch so haben an Reserven. Das ist wie ein Akku, der so langsam sich entleert, nicht wahr? Und Sie haben nicht die Möglichkeit gehabt, das wieder aufzuladen. Das spüren Sie richtig." (Herr Bellscheidt, 228)

In den Interviews rückten auch die Arbeitszeiten der Partner/innen in den Blick, denn klassische Rollenverteilungen, in denen der Mann alleiniger Familienernährer ist, sind in den Fallbeispielen der Studie in der Minderheit. In den meisten Fällen tragen die Partner/innen zum Unterhalt der Familie bei und somit müssen auch deren Arbeitszeiten mit der Pflege abgestimmt werden. Wie auch in der Familie Sommer, wo neben den zwei Kindern nach der Pflege des Vaters nun die Mutter Herrn Sommers pflegebedürftig geworden ist.

> „Meine Frau ist auch berufstätig. Und zwar mit einer halben Stelle. Sie hat diese Berufstätigkeit blöderweise genau angefangen vier Wochen vor dem Tod meines

Vaters. Das konnte man aber alles nicht wissen. Das war längerfristig geplant, über ein Jahr, der Wiedereinstieg nach fünf Jahren Babypause. Und man ist ja froh, dass man eine Stelle hat." (Herr Sommer, 078)

Gerade bei den Doppelverdiener-Haushalten sind feste geregelte Arbeitszeiten notwendig, die eine Strukturierung des Tagesablaufes und ritualisierte Zeit mit den Partner/inne/n oder der Familie ermöglichen. Wenn beide Partner sehr unterschiedliche Arbeitszeitlagen haben, fällt zwar einerseits manchmal die Betreuung leichter, da größere Zeiträume abgedeckt werden können, in denen jemand zu Hause sein kann, andererseits leiden die gemeinsamen Familienzeiten darunter.

Pflegesituationen sind für eine Partnerschaft ungemein belastend. Da die Pflegearbeit neben der Erwerbsarbeit viel Zeit in Anspruch nimmt, kann sich der/die Partner/in leicht vernachlässigt fühlen. Dadurch verändert sich die gefühlte Stellung im Leben des jeweiligen Partners. Konkret kann das bedeuten, dass man nicht mehr die Hauptrolle spielt, sondern, nach Beruf und Pflege erst an zweiter, dritter oder, wenn Kinder vorhanden sind, die ebenfalls noch Zeiten einfordern, erst an vierter Stelle kommt. Gleichzeitig beginnt mit zunehmender Doppelbelastung auch die Qualität der miteinander als Paar oder Familie verbrachten Zeit unter der Erschöpfung und Müdigkeit der Hauptpflegeperson zu leiden.

„Wäre das so weiter gegangen, wäre meine Ehe [...] Es war wirklich sehr kritisch. Vielleicht ist meine Frau auch ein bisschen sensibel in der Sache, oder ich bin zu unsensibel. Vielleicht hätten wir uns da etwas intensiver mit auseinandersetzen müssen. Weil es war Familie, Familie, Familie. Aber nur meine Familie. Und ich sage mal, nach professionellem Rat, dass ich da einen Fehler gemacht habe. Das tut mir auch leid." (Herr Bellscheidt, 236)

In vielen Fällen wurde von Betroffenen berichtet, wie es ihnen nach Feierabend oder am Wochenende an Energie mangelt, gemeinsam mit dem/r Partner/in etwas Besonderes zu unternehmen oder sich ausgiebig zu unterhalten. Oftmals lässt die Müdigkeit noch nicht einmal einen gemeinsam vor dem Fernseher verbrachten Abend zu, da freie Zeit einfach nur zum Schlafen genutzt wird. Dies geschieht teils bewusst, teilweise überkommt die Pflegenden der Schlaf auch unfreiwillig, sobald Ruhe eingekehrt ist und die Entspannung einsetzt.

„Wir sind ja regelmäßig tanzen gegangen. Das findet nicht mehr statt. Wir sind auch walken gegangen. Wir sind unwahrscheinlich viel Fahrrad gefahren. Das findet alles nicht mehr statt. Also diese Aktivitäten, die gemeinsamen Aktivitäten die finden alle nicht mehr statt." (Frau Peters, 211)

Manche Interviewpartner/innen haben ganz gezielte Strategien entwickelt, dem entgegenzuwirken. Eine fest vereinbarte Routine von Gesprächen an einem festen Wochentag zu einer bestimmten Uhrzeit oder eine kleine gemeinsame Un-

ternehmung beispielsweise jeden Sonntag helfen dabei, einer Vernachlässigung
des Partners und fehlender Kommunikation vorzubeugen. Wie wichtig das ist,
kann am Beispiel von Frau Höhn gezeigt werden, die ihre an Alzheimer erkrankte Mutter betreut, die ca. 30 bis 45 Autominuten vom eigenen Haushalt entfernt lebt. Frau Höhn und ihr Mann arbeiten beide Vollzeit, teils mit Überstunden, so dass kaum noch Zeit für andere Dinge übrig bleibt. Auf die Frage, ob es
noch so etwas wie Zeit mit dem Partner gibt, antwortet sie:

> „Ja, aber wir müssen da schon sehr achtsam mit umgehen, das ist so. Manchmal
> merken wir beide, wir haben auch ein Ritual untereinander in der Woche, am Wo-
> chenende geht das ja. Jetzt setzen wir uns mal eine Stunde hin und wenn nichts zu
> erzählen ist, dann ist gut. Aber dass man einen fixen Raum hat, damit wir nicht
> untergehen. Das hat sich bewährt, wir haben das früher ‚Speakers Corner' ge-
> nannt [lacht]. Ich glaube schon, dass so was, wenn es ritualisiert ist, sage ich sel-
> ber, wenn ich pflegende Angehörige hier sitzen habe, versuchen Sie sich feste
> Zeiten zu schaffen und Rituale. Dass Sie selber auch kein schlechtes Gewissen
> haben, sondern dass Zeit ist, die nur Ihnen gehört. Und niemand anders. Und da
> zählt für mich dazu, das Telefon wegzudrängen, weil sonst ist sie immer da. Im-
> mer. So sehr ich sie liebe, aber ..." (Frau Höhn, 208)

Die Regelmäßigkeit und die Festlegung des Zeitpunktes dienen dazu, die Paar-
oder Familienzeit als eine Konstante zu etablieren, ihr einen festen Platz im Ter-
minkalender zu sichern. Diese festen Termine schaffen außerdem eine gute
Grundlage, um eine Betreuungskraft zu organisieren bzw. einzustellen, die diese
Auszeiten von der Pflege erst ermöglicht. Denn ein Problem und Hinderungs-
grund ist in vielen Fällen der drohende Wegfall der Betreuung, wenn beide Part-
ner/innen gleichzeitig abwesend sind. So ist auch im Fall von Frau Tell, in Vollzeit erwerbstätig mit zweifacher Pflegeverantwortung, eine Planung der Paarzeiten notwendig:

> „Also ich gucke, dass ich mit meinem Mann einen Tag in der Woche habe. Wir
> gucken, dass wir einen Tag ... egal was wir machen. Ob wir gemeinsam die Ga-
> rage aufräumen oder ob wir wandern gehen, das ist ja egal. Aber einfach, dass wir
> uns auch noch sehen." (Frau Tell, 327-329)

Partner/innen, die ihrerseits selbst in eine Pflegesituation mit ihren Angehörigen
eingebunden sind, bringen meist sehr viel Verständnis für den Partner und seine
Pflegeaufgaben auf. Auch wird eine gegenseitige Rücksichtnahme durch eine
derartige Ausgangslage begünstigt. Das Beispiel von Herrn Obert, der seine gehörlose und altersschwache Mutter pflegt, veranschaulicht eine solche Situation:

> „Ich muss dazu sagen, sie selber – Gott sei Dank, dadurch ist Verständnis da –
> mit ihrer Oma ähnliche Probleme hat. Das heißt, sie investiert auf ihrer Seite wie-
> der Zeit in die Oma, wo ich dann auch sage okay, ich weiß, wie es ist, diskutieren
> wir nicht rum, ist halt so. Sie würde sicher, wenn ich sie bitten würde, auch hier

mit einspringen. Aber ich hätte dann das Gefühl, dass ich jemandem die Zeit wegnehme, die er selber eigentlich irgendwo anders braucht." (Herr Obert, 185)

Aus dem beschriebenen Mangel an Paar- und Familienzeiten entstehen in vielen Familien Konflikte, weil Kinder oder Partner/in vernachlässigt werden. Ebenso birgt die Verteilung der Aufgaben nach klassischen Geschlechterrollenbildern Konfliktpotential, wenn etwa von der Partnerin neben der Pflege erwartet wird, dass sie kocht, den Haushalt in Ordnung hält und sich um die Kinder kümmert.

Pflegende Erwerbstätige müssen gezielt Grenzen setzen und auch mal „nein" sagen können, um Zeit für sich, die Partnerschaft und die Familie sicherzustellen.

„Das hat mir aber auch Spaß gemacht zu einem gewissen Teil. Bis ich dann merkte, ja du machst eigentlich nichts mehr für dich, sondern du bist nur noch für deine Eltern da. Alles andere bleibt auf der Strecke. Eigenartigerweise. Ich habe meiner Frau gesagt: Du, ich kann nicht einkaufen, ich muss ja für meine Eltern alles machen. Meine Frau ist fast verrückt geworden. Weil natürlich kann ich auch für uns einkaufen. Das ist ja nun gar keine Frage. Es war aber total so drin, ich kann nicht, ich muss das da und da machen. Also musste meine Frau die Wäsche waschen, sie aufhängen, sie musste einkaufen gehen [...] Das war ungerecht, ohne Frage. Und das ist dann die Sache, wenn es also länger geht, dass man sich auch mal eine Auszeit gönnen muss. Dass man auch mal sagen muss, ja, das ist dann zuviel." (Herr Bellscheidt, 145)

Im Rahmen der Befragung vermieden einige Interviewpartner/innen das Thema Partnerschaft gänzlich oder erwähnten es nur peripher. Andere wiederum führten eine zurückliegende Trennung und das Scheitern der Beziehung oder Ehe direkt oder indirekt auf die Belastung durch die Pflegearbeit zurück. So hat die Pflege der dementen Mutter, bei gleichzeitiger Erwerbsarbeit in überlanger Vollzeit auch die Beziehung von Frau Weidinger belastet:

„Wobei ein Teil der Ehe auch durch diese Pflege kaputt gegangen ist. Gut, das ist in der Persönlichkeitsstruktur von meinem Mann, der war sehr eifersüchtig. Der wollte, dass ich sehr auf ihn bezogen bin. Damit ist er nicht zurechtgekommen. Du kümmerst dich ja nur noch um deine Mutter. Und dann hat er sich halt anders orientiert. Also, ich denke nicht ausschließlich durch die Pflege, aber es hat mit reingespielt." (Frau Weidinger, 566)

Wieder andere, momentan alleinstehende pflegende Beschäftigte haben die Hoffnung auf eine funktionierende Partnerschaft bei gleichzeitiger Pflegesituation ganz aufgegeben oder auf ein reduziertes Maß zurückgeschraubt. Die als Honorarkraft tätige Musikdozentin Frau Zweig pflegt ihre demenzkranke Mutter und beschreibt ihr Privatleben folgendermaßen:

„Das ist vielleicht auch ein bisschen Flucht in die Arbeit. Weil klar, also Privatleben hat man nicht. Ich habe auch keine Beziehung. Also den Mann, den müsste

man wahrscheinlich noch erfinden, der das mitmacht. Der auch erst mal keine Be-
rührungsängste mit einer Demenzerkrankung hat, der einigermaßen ekelfest am
besten auch ist. Und ich kann ja nie spontan. Also eine Beziehung würde nur funktionieren, wenn der Partner dann auch bereit ist, hier in diese Umgebung zu kommen. Das heißt, dass man den Kranken zumindest auch dabei hat. Ja und ekelfest
insofern, weil es kann ja ständig irgendwie was sein." (Frau Zweig, 186)

4.5.2   Eigenzeiten

Viele der befragten Pflegenden berichten davon, dass sie auf Grund ihrer Pflegeverantwortung Hobbys aufgegeben oder eingeschränkt haben. Sei es, weil es
ihnen an Zeit oder Kraft dafür fehlt, sei es, weil sie ihre eigene Zeit pflegebedingt so schlecht planen und einteilen können, dass sie Freizeittermine letztlich
nicht mehr wahrnehmen. „Ich bin ja froh, wenn ich mal zu Hause bin", beschreibt es die vollzeitbeschäftigte Bürokauffrau Frau Möwen, die ihre psychisch
kranke Mutter seit 30 Jahren im eigenen Haushalt pflegt. Gerade die Hobbys,
die keiner festen Zeitbindung unterliegen, fallen häufig weg, wenn es nach Beruf und Pflege an Energie mangelt. Dieses Phänomen beschreiben Frau Seidel,
neben ihrer Berufstätigkeit in vollzeitnaher Teilzeit erst für die Pflege ihres Vaters und nun die ihres Onkels zuständig, und Herr Hirtl, Bundespolizist in Vollzeit und Vater zweier Kinder, der seinen Vater pflegte, folgendermaßen:

> „... abends, ich mache jetzt gar nichts mehr, da lege ich mich auf die Couch und
> denke einfach an nichts. Wenn man dann wirklich völlig ausgebrannt ist." (Frau
> Seidel, 120)

> „... man war immer zu Hause. Oder wenn man nicht zu Hause war, dann war man
> immer irgendwo in der Nähe und immer auf Abruf." (Herr Hirtl, 340)

Diejenigen, die ihre Eigenzeiten pflegebedingt aufgegeben haben, leiden darunter und empfinden dies als Manko. Auch sie haben den Anspruch, dass neben
Beruf und Pflege noch Eigenzeiten für Hobbys und Ausgleich bleiben sollten,
denn gerade Eigenzeiten sind die Zeiten, „wo ich wirklich regeneriere [...] da
schalte ich mal von allem ab" – so die vollzeitbeschäftigte technische Angestellte
Frau Grosse (237), die ihre demente Mutter pflegt. Die Betroffenen sind sich
durchaus bewusst, dass ihnen ein Verzicht auf Eigenzeiten nicht gut tut, schaffen es aber nicht, ihren Anspruch auf eigene Zeit gegen alle anderen Ansprüche
durchzusetzen. Die Nachteile eines solchen Verzichts bestätigt auch Herr Bellscheid:

> „Es war keine Zeit mehr für Sport, für irgendwelche persönlichen Sachen [...] je-
> des Thema, was ich hatte, kreiste also um meine Eltern [...] bis ich dann merkte,
> du machst eigentlich nichts mehr für dich, sondern du bist nur noch für deine El-
> tern da. Und alles andere bleibt auf der Strecke [...] also intensive Pflege war so

ein halbes, dreiviertel Jahr. Aber ganz intensiv. Gott sei Dank – hört sich doof an –
sie ist dann gestorben." (Herr Bellscheid, 023 & 145)

Klare, eindeutig vom Pflegealltag abgegrenzte Eigenzeiten ergeben sich für die
Pflegenden am ehesten dann, wenn sie feste, verbindliche Freizeittermine in
Vereinen wahrnehmen („am Mittwoch gehe ich zum Schießen", Herr Hiller,
339), wenn sie auswärts sportlichen Aktivitäten nachgehen („mal laufen gehen,
mal eine Stunde weg, rausgehen und laufen", Herr Tull, 254) oder wenn sie sich
um gemeinsame Tiere kümmern müssen („am Freitag mit dem Hund auf den
Hundeplatz", Herr Hiller, 379). Es sind solche fest strukturierten Aktivitäten außer Haus, die Pflegenden – vor allem solchen, die mit der zu pflegenden Person
zusammenleben – dabei helfen, auch persönliche Erholzeiten zu realisieren bzw.
Eigenaktivitäten trotz Pflegeanforderungen beizubehalten.

Allerdings sind einige der Befragten mit dem Problem konfrontiert, dass sie
die zu pflegende Person nicht allein zu Hause lassen können und damit nur unter
erschwerten Bedingungen außerhäusliche Eigenzeiten wahrnehmen können. Dies
gilt insbesondere für diejenigen, die Kinder oder Demenzerkrankte pflegen bzw.
eine kognitiv eingeschränkte oder geistig behinderte Person. Aber auch für diejenigen, deren Angehörige einer besonders intensiven Pflege bedürfen. Zu ihnen
gehört auch Herr Förster, der seine Frau, die nach einem Verkehrsunfall körperlich und geistig schwerstbehindert ist, nicht mehr unbeaufsichtigt in der gemeinsamen Wohnung lassen kann. Tagsüber kümmert sich eine osteuropäische
Haushaltshilfe um die Versorgung der Ehefrau, abends jedoch ist er alleine für
sie zuständig – und damit ans Haus gebunden:

> „Selbst wenn ich einkaufen fahre, muss ich dafür sorgen, dass jemand hier ist, um
> einkaufen gehen zu können. Und meine Freizeit gibt es gar nicht mehr. Also im
> Prinzip muss ich sagen, mich gibt es nicht mehr. Ich funktioniere nur noch hier."
> (Herr Förster, 032)

Andere Befragte haben daher gezielt neue Hobbys aufgenommen, die flexibel
und damit zeitlich kompatibler zu ihren Pflegeaufgaben sind – wie etwa Frau
Maibach, die ihre an Leukämie und Diabetes erkrankten Eltern im eigenen Haushalt aufgenommen hat und dort pflegt. Sie hat das Stricken als ein neues, zeitlich
flexibles und zugleich ortsunabhängiges Hobby für sich entdeckt:

> „Das habe ich in der Kur angefangen und habe es als beruhigendes Element in
> meinem Leben entdeckt, weil ich ja viele, viele Wartezeiten habe in Krankenhäu-
> sern, Arztpraxen, auf Ämtern und sonst wo." (Frau Maibach, 347)

Vereinzelt wird der Wunsch geäußert, die vorübergehend aufgegebenen Hobbys
später wieder aufzunehmen, wenn die Zeit der Pflege vorbei sein wird. So verzichtet Frau Hanse, Vorarbeiterin in einem chemischen Produktionsbetrieb, vorübergehend auf das von ihr geliebte Motorradfahren. Allerdings hat sie das Mo-

torrad ganz bewusst nicht verkauft. Sie tröstet sich mit dem Gedanken, dass „es ein Leben danach auch noch gibt" (Frau Hanse, 216), und dann ihr Hobby wieder einen Platz einnehmen wird.

Eine Reihe von Befragten verweist darauf, dass sie Eigenzeiten eher wahrnehmen, wenn sie in feste soziale Zusammenhänge eingebunden sind und sich daraus unverrückbare Freizeittermine ergeben. So im Falle von Frau Brüning, Gartenbauingenieurin, die trotz Pflege von Vater und Mutter weiter ihr Amt als Vereinsvorsitzende ausübt, oder Frau Brunner, technische Angestellte in einem Entsorgungsbetrieb und Frau Sand-Seehausen, teilzeitbeschäftigte Verkäuferin in einem Möbelhaus, die sich neben der Pflege ihrer (Schwieger-)Mütter weiterhin gewerkschaftlich engagieren. Selbst wenn andere Freizeittermine aufgegeben werden müssen, so liegt vielen Pflegenden doch daran, wenigstens die Kontakte zum Freundeskreis nicht ganz abreißen zu lassen, „das ist natürlich total wichtig" (Frau Meister, 264). Aus diesem Grund hat sich Frau Meister, teilzeitbeschäftigte Polizistin, die ihren Vater pflegt, auch während der Pflege ganz gezielt jede Woche mit einer Freundin getroffen, „einfach, um zu quatschen und irgendwie was zu machen" (254). Frau Würsig berichtet, dass sie es ihren pragmatischen Freundinnen zu verdanken hat, dass der Kontakt zu ihnen erhalten blieb, obwohl sie selbst kaum noch Zeit und Gelegenheit hat, an auswärtigen Veranstaltungen im Freundeskreis teilzunehmen. Aber immer, wenn sie nicht zu den Freundinnen kommen konnte, kamen diese zur ihr ins Haus, von wo sie selbst, auf Grund der Pflege ihrer Mutter nicht weg konnte:

> „Die sind teilweise gekommen wie Rotkäppchen. Kaffee gekocht, mit Kuchen, das Geschirr dabei, mit allem. ‚Du kannst nicht mehr fort – wir kommen! Du hast keine Arbeit mit uns. Wir bleiben jetzt da [...] Dann bleiben die da. Manchmal ist dann schon gespült." (Frau Würsig, 182)

Daneben versuchen viele der Pflegenden wenigstens einen festen Sporttermin pro Woche für sich als feste Eigenzeit zu verankern – auch deshalb, weil ihnen im Laufe der Pflege bewusst wird, wie wichtig der Erhalt ihrer eigenen körperlichen Unversehrtheit für die ganze Lebenssituation ist. Wichtig ist „die Verbindlichkeit des Sports" (234), so beschreibt es auch Frau Höhn, vollzeitbeschäftigte Angestellte bei einer Kommunalverwaltung, die ihre stark demente Mutter pflegt und seit langem feste Sporttermine für sich etabliert hat.

> „Mittwochabend bin ich immer zum Sport, das ist ein Ausgleich. Im Sommer schwimmen morgens vor dem Dienst [...] im Winter laufen am Wochenende ... das brauche ich." (Frau Höhn, 202)

Sport als Hobby wird von vielen Pflegenden auch deshalb geschätzt, weil man durch die aktive körperliche Betätigung „endlich mal den Kopf frei" bekommt. Deshalb legen Pflegende wie Frau Hanse, Vorarbeiterin in einem Produktionsbetrieb, die ihren schwerkranken Partner pflegt, großen Wert darauf, dass zumindest für den Ausgleichssport Zeit bleibt, auch wenn vieles andere neben der Pflege keinen Platz mehr hat.

> „Ich bin ein Mensch, wenn mich was belastet [...] dann gehe ich zum Sport." (Frau Hanse, 186)

Sport hilft dabei – genauso wie andere aktive Betätigungen – mental wie emotional von der Pflege und der damit verbundenen Verantwortung für die Angehörigen Abstand zu gewinnen. Dies hat auch Frau Seidel, Projektleiterin in einer Bundesbehörde für sich entdeckt:

> „Sport, Joggen, Kopf frei kriegen ... ‚Mama Mia' gucken und dabei lauthals irgendein Lied grölen. Dinge machen, die man sonst nicht macht, wie Rafting oder Skifahren, da konzentriert man sich auf die Dinge und hat den Kopf frei." (Frau Seidel, 128)

Die Wahrnehmung solcher Termine fällt umso leichter, je fester verankert das jeweilige Hobby im eigenen Leben bereits ist, bestätigt auch Frau Peters, Lehrerin an einem Gymnasium, deren Mann an den Folgen eines Schlaganfalls leidet.

> „Ich gehe jeden Montag, ich glaube schon seit 20 Jahren, zum Yoga [...] Zum Yoga gehe ich immer ... das lasse ich nicht verstreichen." (Frau Peters, 197)

Bei ihr ist das eigene Hobby nicht nur fest in den wöchentlichen Pflegeablauf eingeplant, es liegt auch parallel zu den Therapieterminen ihres Mannes, so dass sie die Wartezeit sinnvoll für sich selbst nutzen kann:

> „Dann am Sonnabend, wenn ich meinen Mann ... bin ich dann in der Zwischenzeit zum Sport gegangen. Das mache ich nach wie vor." (Frau Peters, 197)

Auch die Pflege und Betreuung eines Tieres beinhaltet eine gewisse regelmäßige Verpflichtung, die zwar eine zusätzliche feste Zeitanforderung darstellt, der aber auch systematisch nachgegangen werden muss und die nicht von Tag zu Tag der Pflege „geopfert" werden kann. Sei es das regelmäßige Spazierengehen mit dem Hund, der ausgeführt werden muss, das Versorgen der Aquarien und Terrarien, die bei der pflegebedürftigen Mutter im Haus stehen oder das tägliche Bewegen des eigenen Pferdes. Diese Betätigungen weisen eine Eigendynamik auf, die sich beharrlicher gegen die Pflegeanforderungen stemmen als andere Hobbys und damit den Pflegenden auch eine gewisse Eigenzeit pro Tag oder Woche zusichern.

> „Mein Pferd steht bei guten Freunden am Haus. Und das ist eh so ein Treffpunkt. Da sitzt man dann noch und trinkt ein Glas Wein. Das habe ich mir nicht nehmen lassen." (Frau Reiter, 300)

Frau Reiter schafft es neben der – nun auf Teilzeit reduzierten – Erwerbstätigkeit und der Pflege ihres Vaters ebenso an der Leidenschaft für Tiere festzuhalten wie Herr Obert. Hingegen werden andere Tätigkeiten, die allein ausgeübt werden können und keinen festen Zeittakt erfordern, häufiger eingestellt:

„Ich nehme mir die Zeit, weil ich habe Tiere zu Hause: Aquarien, Terrarien. Ein Hobby aus der Kinderzeit [...] Die Zeit nehme ich mir [...] andere Sachen, wie Fotografieren oder so, das steht ein bisschen zurück. Das hat nicht mehr so den Stellenwert." (Herr Obert, 181)

Auch Frau Hammer, die geringfügig beschäftigt ist und als Buchhalterin in einer kleinen Firma aushilft, hat auf Grund der Pflege keinen festen Feierabend und kaum Eigenzeiten: „Muss ich mir stehlen." (Frau Hammer, 217) Die einzige Freizeit, derer sie sich gewiss sein kann, hat mit ihren Tieren zu tun:

„Freizeit habe ich eigentlich immer mit meinen Tieren [...] drei Hunde, zwei Pferde, eine Katze." (Frau Hammer, 368)

4.5.3   Zeitinstitutionen: Feierabend, Wochenende, Urlaub

Eine gelingende Vereinbarkeit von Erwerbstätigkeit und Pflege zeigt sich nicht zuletzt auch daran, ob und wie gut die Betroffenen an kollektiven (Frei-)Zeitinstitutionen, wie dem Feierabend, dem Wochenende und dem Urlaub teilhaben können. Unsere Interviewten sind häufig mit zeitlich extensiven Pflegezeiten konfrontiert, die sich nicht selten situativ ergeben, schwer planbar sind und keinesfalls stets einem festen Zeitplan folgen. Gleichzeitig arbeiten viele der Befragten unter flexiblen Arbeitszeitbedingungen. Zu prüfen ist daher, inwieweit unter diesen Anforderungen eine Beachtung kollektiver (Frei-)Zeitinstitutionen noch möglich ist und welche sozialen, familialen und gesundheitlichen Folgen eine Exklusion aus diesen Zeitinstitutionen für die Betroffenen hat.

Feierabend

Vielen der von uns befragten Pflegenden geht es ähnlich wie Frau Weidinger, qualifizierte Angestellte bei einem Finanzdienstleister, vollzeitbeschäftigt mit vielen Überstunden, die ihre demenzerkrankte Mutter pflegt:

„Mit Feierabend ... schaut es schlecht aus. Denn muss ich sehr viel situativ reagieren." (Frau Weidinger, 368)

Einen echten Feierabend, d.h. eine abgegrenzte, tägliche Zeitspanne *nach der Arbeit und der Pflege,* haben viele der befragten Pflegenden nicht bzw. nicht mehr. Oder aber der Feierabend ist für sie zeitgleich mit dem Moment, wo sie vor Erschöpfung bereits selbst fast einschlafen. So jedenfalls definiert Frau Meister, die ihren demenzerkrankten Vater pflegt, ihren Feierabend:

„Sie meinen wahrscheinlich die Momente, wo man dann erschöpft ins Bett gefallen ist? Das war dann mein Feierabend." (Frau Meister, 262)

Einen echten Feierabend zu realisieren, etwa von 20 oder 21 Uhr an, fällt fast nur den Pflegenden leicht, die bei der Pflege umfassend Hilfe erhalten. Dies gilt etwa für Herrn Bulenda, Personalleiter in einem Elektrotechnikunternehmen oder Herrn Sommer, Führungskraft im Bereich Controlling bei einer Bank. Beide pflegen ihre Mütter bzw. ihre Eltern und beide erhalten dabei umfangreiche Unterstützung durch eine Haushaltshilfe aus Osteuropa, die dauerhaft im Haushalt der zu pflegenden Eltern lebt. Wenn Herr Sommer abends in seine eigene Wohnung zurückkehrt (nur wenige Fußminuten entfernt), ist für nächtliche Notfälle immer noch die polnische Haushaltshilfe bei der Mutter. Deshalb kann er sich abends guten Gewissens zu einem festen Zeitpunkt ‚verabschieden:

> „‚So jetzt bringt dich die Eva', oder wie sie gerade heißt, ‚ins Bett. Gute Nacht. Schlaf gut.'" (Herr Sommer 240)

Die jeweilige Haushaltshilfe sichert den Feierabend der pflegenden Söhne ab, die abends Zeit für die eigenen Kinder oder ihre Frauen brauchen. Je passgenauer die Entlastung für die Befragten verfügbar ist, umso größer ist die Chance, nicht immer für alles zuständig zu sein, sondern auch einen eigenen Feierabend bzw. das Recht auf eigene Zeit verwirklichen zu können. Frau Frosch sichert sich beispielsweise (etwas mehr) eigene Zeit, indem sie eine im Haus wohnende junge Ergotherapeutin stundenweise privat engagiert, um „Spiele und irgend so einen Bespaßungskram" mit der zu pflegenden Schwiegermutter durchzuführen: „Dafür habe ich keine Nerven", stellt Frau Frosch schuldbewusst fest (240), die drei verschiedenen geringfügigen Beschäftigungen im Reinigungsgewerbe nachgeht.

Zentraler Störfaktor, der den erhofften Feierabend immer wieder aufs Neue beeinträchtigt, ist das Telefon. Immer wieder berichten die von uns befragten Pflegenden davon, wie belastend es für sie ist, wenn auch der späte Feierabend noch durch das Telefon gestört wird:

> „[...] auch nach 20:00 Uhr, wo Sie eigentlich ihre Ruhe haben wollen. Oder so eine heilige Zeit haben, die Tatort-Zeit oder Polizeiruf-Zeit am Sonntag. Was war? 20:15 Uhr hat das Telefon geklingelt." (Herr Bellscheid, 230)

Hier wird sichtbar, dass der Feierabend nicht nur von der zeitlichen Gelegenheit abhängt, sondern auch von der Fähigkeit zur Abgrenzung. Gerade seitens der *pflegebedürftigen Eltern* wird manchmal ein hohes Maß an Verfügbarkeit erwartet, das ihre pflegenden Kinder ihnen gegenüber aufbringen sollen. Mit der Folge permanenter Schuldgefühle beim Verteidigen der Eigenzeiten, wie z.B. bei Herrn Schulz, der sich um seine kranke Mutter kümmert:

> „... da kriege ich schon ein schlechtes Gewissen, wenn ich das Handy nur eine halbe Stunde ausmache." (Herr Schulz, 213)

Daneben wird der Feierabend auch dadurch qualitativ entwertet, dass es vielen Pflegenden nicht mehr gelingt, die abendliche Freizeit produktiv für sich selbst zu nutzen. Dies hat mit der eigenen Überarbeitung, dem Schlafmangel sowie der

Erschöpfung zu tun, aber auch damit, dass die Betroffenen nach tagelangem Zeitdruck in den Abendstunden nicht mehr gezielt „geistig abschalten" können. Davon berichtet neben vielen anderen auch Herr Stadler (144), der als Verwaltungsleiter im Öffentlichen Dienst tätig ist und dort über seine Vollzeit hinaus regelmäßig Überstunden leistet. Er hat sich darauf eingestellt, wegen seiner Pflegeverantwortung für seine stark dementen Eltern, immer für die Pflege erreichbar und immer verfügbar für zu sein:

> „Ich habe die ganzen 14 Jahre, in der Badewanne, überall, das Handy dabei. Ich bin gerade dabei, mir das ein bisschen abzugewöhnen. Und die Freunde haben sich darauf eingelassen, dass ich jederzeit quasi unter Strom stehe und abgerufen werden kann." (Herr Stadler, 150)

Auffällig ist auch, dass Pflegende immer wieder berichten, ihre Abendgestaltung falle inzwischen ruhiger und häuslicher aus, als vor dem Beginn der Pflege. Mit der fortbestehenden Pflegeverantwortung verändert sich der Feierabend also auch inhaltlich. Wo Frau Brunner, technische Vollzeitangestellte in einem Entsorgungsbetrieb, früher zwei bis viermal pro Woche abends unterwegs gewesen ist, verbringt sie ihre Abende jetzt fast ausnahmslos zu Hause, weil sie – bedingt durch die Pflege – auch selbst viel mehr Ruhe und Erholung braucht. Dies beschreiben viele andere Befragte in ganz ähnlicher Weise. Gerade pflegende Frauen vergleichen die Zeitanforderungen der aktuellen Pflegephase mit denen der Kindererziehungszeiten – und stellen dabei fest, dass sie sich durch die Pflegeaufgaben stärker ans Haus gefesselt fühlen.

> „Weil das noch mehr fordert, als wenn du Kinder hast [...] Weil die Kinder ... die habe ich ins Auto reingepackt und habe gesagt, ‚kommt jetzt gehen wir baden oder machen irgendwas'. Aber das kannst du hier nicht. Da bist du wirklich gefesselt. Gefesselt." (Frau Sand-Seehausen, 669)

Ein echter Feierabend wird auch dadurch erschwert, dass manche zu pflegenden Eltern gerade abends noch einmal „relativ aktiv" werden, wie etwa im Fall von Frau Dachs (354), die ihre demenzerkrankte Mutter in den eigenen Familienhaushalt aufgenommen hat. Oder dadurch, dass die Schwiegermutter nachts noch mal eigenmächtig aufsteht und unbegleitet auf die Toilette geht – obwohl sie das sonst eigentlich gar nicht mehr alleine kann. Durch die räumliche Nähe des Zusammenwohnens bekommen Pflegende wie Frau Sand-Seehausen das auch abends oder nachts unweigerlich mit und sehen dann auch noch einmal nach der zu pflegenden Person.

> „Je nachdem, wie groß das Malheur ist, braucht sie dann Hilfe [...] entweder sie drückt den Notruf oder wir schauen einfach noch mal [...] manchmal merkst du es dann schon am Geruch im Treppenhaus und dann gehst du halt noch mal und schaust." (Frau Sand-Seehausen, 518)

Dieser „Bereitschaftsmodus" auch während des Feierabends schränkt die soziale Qualität dieses Tagesabschnitts erheblich ein und hat zudem negative Konsequenzen für die eigene Schlafqualität.

Es gibt unter unseren Befragten auch pflegende Angehörige, die gar nicht mehr dazu kommen, im normalen Alltag Zeiten für sich selbst zu reservieren, die dann eindeutig „pflegefrei" bleiben. Frau Maibaum, die als Assistentin der Geschäftsführung in Vollzeit tätig ist und beide Eltern in ihren eigenen Haushalt zur Pflege geholt hat, erlebt die Pflegeanforderungen neben ihrem Beruf als so nahtlos, dass sie die vierwöchige Kur, die sie dieses Jahr besucht hat, als einzige echte Freizeit seit einer Ewigkeit empfunden hat. Das Gefühl eines echten Feierabends kennt sie schon seit geraumer Zeit gar nicht mehr. Da die Eltern in ihrer Wohnung leben, ist ihr die Pflegeverpflichtung selbst präsent.

Die genannten Beispiele verdeutlichen, dass das Aufrechterhalten eines eigenen Feierabends schwieriger ist, wenn die zu pflegende Person *im gleichen Haushalt* mit der Pflegeperson lebt. In besonderem Maße gilt dies, wenn es sich dabei um die *eigene Partnerin* bzw. den *eigenen Partner* handelt, das Abgrenzen eines Feierabends fällt den Pflegenden dann besonders schwer. Für sie beginnt so etwas wie Feierabend erst dann, wenn der Partner bzw. die Partnerin schlafen gegangen ist.

Der Mangel an klar abgegrenzten Eigenzeiten bei der Partner/innenpflege hat auch damit zu tun, dass die Betroffenen nicht nur für den Beruf, die Pflegeaufgaben und die vorhandenen Kinder zuständig sind, sondern auch für Haus, Garten und Haushalt. Dies trifft zu auf Herrn Hiller, Kunsthandwerker in Vollzeit und Herrn Tull, Berufssoldat mit Pflegeverantwortung:

„Das ist ein großes Haus. Ich habe jetzt so viel Arbeit im Keller unten ..." (Herr Hiller 347)

„Der Rest ist viel ums Haus. Der Haushalt und ..." (Herr Tull, 254)

Andere Pflegende nutzen die Schlafenszeiten der Gepflegten gezielt, um währenddessen via „Home-Office" gezielt Arbeitsstunden nachzuholen. Sie wollen möglichst viel gemeinsame Zeit mit dem Partner oder der Partnerin ermöglichen, wenn diese wach sind. Dies gilt beispielsweise für Herrn Schlinck, der seine psychisch erkrankte Partnerin pflegt und möglichst viele von der eigenen Wohnung aus arbeitet, um wenigstens zu Hause anwesend zu sein. Er verzichtet dazu weitgehend auf einen eigenen Feierabend, um stattdessen mehr Pflege- bzw. Paarzeiten während des Tages zu ermöglichen.

Ein eindeutig abgegrenzter Feierabend ist auch deshalb für alle, die Partner/innen pflegen schwierig zu realisieren, weil es häufig keine klare Abgrenzung zwischen Pflegezeiten und Paarzeiten gibt oder diese Zeiten teils auch gewollt ineinanderfließen, wie bei Herrn Breitner, der seinen an Parkinson erkrankten Lebenspartner pflegt:

„Und dann halt gemeinsam zum Essen gehen und gemeinsam kochen. Also das
ist für mich keine Pflegezeit [...] also das mache ich gern." (Herr Breitner, 144)

Frau Keller, die ihren schwer an Multipler Sklerose und Demenz erkrankten,
bettlägerigen Partner pflegt, will abends nicht aus dem Haus gehen, um ihren
Partner nicht allein zu lassen:

> „Die Zeit, die ich dann zu Hause bin, kann ich nicht auch noch weggehen. Das ist
> unfair. Dann kann ich ihn auch ins Pflegeheim geben [...] wenn ich jetzt sage, ich
> möchte ihn zu Hause pflegen, weil ich denke, dass er dann noch ein bisschen län-
> ger lebt [...] dann möchte ich ihm ja auch noch ein bisschen Lebensqualität geben.
> Da kann ich nicht sagen, ‚hör zu, ich habe heute keinen Bock, ich geh mal
> [raus]'". (Frau Keller, 273)

Auch Zeiten *extremer Pflegeanforderungen,* wie etwa während der Sterbephase,
erschweren das Einhalten von eigener, klar abgegrenzter Freizeit und eine Teilnahme am sozialen Leben. Frau Kerbel, teilzeitbeschäftigte Apothekerin, deren
Schwester an Brustkrebs gestorben ist, beschreibt, dass es ihr in dieser Zeit auch
selbst gar nicht möglich war, sich abzugrenzen. In dieser besonderen Phase der
Pflege tritt auch das eigene Bedürfnis, an sozialen Zeitinstitutionen zu partizi-
pieren, in den Hintergrund:

> „Der Punkt ist diese seelische Anspannung. Es ist ja jetzt nicht so, dass Sie dau-
> ernd irgendwas am arbeiten sind oder so [...] Aber diese seelische Anspannung
> [...] Und ich konnte dann auch nicht mehr weg. Und meine Schwester wollte auch
> nicht mehr, dass ich weggehe [...] Also ich bin manchmal abends um halb zehn
> eine Stunde oder eine halbe Stunde spazieren gegangen, natürlich immer mit dem
> Handy, damit ich überhaupt mal raus gekommen bin." (Frau Kerbel, 269)

Betroffenen mit *pflegebedürftigen Kindern* fällt die Abgrenzung zwischen Pflegezeiten, Familienzeiten, beruflichen Zeiten und Eigenzeiten ebenfalls besonders
schwer. Frau Oberpölling, die als Ingenieurin in Teilzeit arbeitet und ein zwei-
jähriges Kind mit Down-Syndrom hat, nutzt ihre pflegefreien Stunden während
der Mittagschlafzeiten der Tochter, wenn irgend möglich stets dazu, um von Zuhause aus zu arbeiten. „Das verschwimmt total." (Frau Oberpölling, 324) Ein
richtiger Feierabend ergibt sich für sie erst, wenn die Tochter abends schläft.
Erst dann hat sie Zeit, ihre täglichen Gymnastikübungen durchzuführen, die sie
wegen ihrer eigenen Beschwerden möglichst jeden Tag eine Stunde lang absolvieren soll. Und selbst diese Stunde, die sie als „meine Zeit" bezeichnet (324),
lässt sich nicht immer einrichten.

Befragte mit pflegebedürftigen Kindern sind abends überwiegend ans Haus
gebunden – dies gilt in besonderer Weise für Alleinerziehende. Ihr Feierabend
fällt mit dem Zu-Bett-Gehen der Kinder zusammen, dann verbleiben ihnen meist
nur noch ein bis zwei Stunden, bis sie selbst zu müde sind, um noch etwas ande-

res zu machen. Während dieser Zeit müssen sie die schlafenden Kinder beaufsichtigen, weshalb sie nur selten einmal abends ausgehen. Auch Frau Rudolf, Vollzeitangestellte bei der Deutschen Bahn, mit einer geistig behinderten Tochter, verbringt ihren Feierabend fast ausschließlich häuslich.

> „Da liest man mal was, oder du musst noch irgendwas bügeln [...] Ich bin früher immer mal zu einer Freundin gegangen. Aber Ina schläft ja abends immer so schlecht ein [...] Und sie [die Tochter] wird immer wieder wach. Wenn die merkt, dass keiner da ist, da würde die natürlich aufdrehen und quatschen und stundenlang, und das kann sie nicht, wenn sie früh raus muss." (Frau Rudolf, 678)

Wochenende

Ähnlich wie schon beim Feierabend droht auch das Wochenende, nicht wirklich frei von Pflegeaufgaben zu bleiben. Die meisten Befragten reduzieren zwar samstags oder sonntags ihre Besuche im Haushalt der zu Pflegenden, da sie die Wochenendzeit bevorzugt mit der eigenen Kleinfamilie verbringen möchten. Im „Extremfall" fahren sie allerdings, genau wie Herr Bellscheid, leitender Beschäftigter in einer Polizeibehörde, auch am Wochenende zu den Eltern, wenn diese Probleme haben und telefonisch um Hilfe bitten. Das Telefon wird damit für die große Gruppe derjenigen, die ihre Eltern pflegen, zu einem ungeliebten Störfaktor im eigenen Wochenende.

> „Also ein komplettes freies Wochenende gab es nie. Weil, es war immer das Telefon da. Und das Telefon hat immer geklingelt." (Herr Bellscheidt, 230)

Diese regulären Wochenendeinsätze im Haushalt seiner Eltern, der immerhin eine knappe Autostunde entfernt liegt, haben bei Herrn Bellscheid zunehmend zu Streit mit seiner Frau geführt, denn Frau Bellscheid wollte das Wochenende stärker für die eigene Familie geschützt sehen. Andere Befragte machen ganz ähnliche Erfahrungen. Auch Frau Weidinger hat über lange Zeit am Wochenende regelmäßig ihre demenzerkrankte Mutter besucht. Zum einen hatte sie den Eindruck, dass ihre Mutter dies erwartet, zum anderen hat sie sich Sorgen gemacht, ob die Mutter auch genug isst und trinkt und den ganzen Tag alleine zurechtkommt. Auch sie merkt aber, dass sie das Wochenende eigentlich für sich selbst bräuchte – in letzter Zeit war sie selbst mehrfach krank war und hat sich außerdem erst kürzlich von ihrem Mann getrennt. Nun versucht sie als Kompromiss, wenn, dann nur ganz kurz nach der Mutter zu sehen:

> „Ich habe jetzt sehr viel häufiger schon gesagt ... ‚ich bleibe nicht lange, ich gehe ins Kino oder sonst was, ich treffe mich mit einer Freundin.' Da merke ich so innerliches Zähneknirschen bei ihr. Da ist sie dann sehr wütend auf mich [...] Aber ich muss die Trennung von meinem Mann auch irgendwo in die Reihe kriegen. Irgendwie brauchst du da auch mal Zeit um nachzudenken." (Frau Weidinger, 378)

Andere von uns befragte Pflegende schaffen es, sich hin und wieder ein pflege-freies Wochenende zu gönnen. Herr Hirtl, vollzeitbeschäftigter Bundespolizist mit einem stark pflegebedürftigen Vater, unternimmt mit seiner Familie an manchen Wochenenden einen Familienausflug mit dem Auto – bleibt dabei aber stets in der näheren Umgebung:

> „... immer nur soweit, dass man dann ruckzuck wieder hier sein könnte". (Herr Hirtl, 342)

Andere Kompromisse können etwa daraus bestehen, nur am Samstag für die Pflege der Eltern zur Verfügung zu stehen – den Sonntag für sich und die eigene Familie zu nutzen und an diesem Tag einfach „mal nichts machen" (Frau Fischer, 218). Eine Reihe von Pflegenden betont, dass dieses Bedürfnis, das eigene Wochenende vor den Anforderungen der Pflege zu schützen, mit fortschreitender Pflegedauer immer stärker wird.

Für Pflegende, die wie Frau Maibach mit den pflegebedürftigen Eltern *in einem Haushalt* leben, ist es besonders schwierig, das Wochenende frei von den üblichen Pflegeverpflichtungen zu halten. Das Wochenende unterscheidet sich bei ihr und anderen nur dadurch von den Werktagen, dass sie an diesen Tagen nicht ins Büro muss. Statt der Erwerbsarbeit nutzt Frau Maibach das Wochenende verstärkt für aufwendigere Pflegeaufgaben: sie leistet ihren an Leukämie bzw. Diabetes erkrankten Eltern Hilfestellung beim Baden, Duschen oder Haare waschen. Oder sie erledigt dann endlich die wöchentliche Wäsche der Eltern. Zur wirklich freien Verfügung bleiben für sie und ihren Mann nur der Samstagabend („ab und zu gibt's mal eine Veranstaltung, wo wir abends hingehen", 377) sowie der Sonntagnachmittag.

Wer regelmäßig Samstagsarbeit leisten muss, für den schrumpft das Wochenende noch stärker zusammen: es beginnt erst „am Samstagabend um acht" (Frau Sand-Seehausen, 508). Für Frau Sand-Seehausen ist es schwierig, sich vom Anspruch nach permanenter Verfügbarkeit zu lösen, da ihre Schwiegermutter ebenfalls mit im Haus wohnt. Richtig Abschalten, „die Gedanken frei haben" (542) von der Pflege, das kann sie eigentlich nur, wenn sie das Haus verlässt – was höchstens einmal am Sonntag zusammen mit ihrem Mann geschieht:

> „Mein Mann ist ja leidenschaftlicher Motorradfahrer [...] Und wenn schönes Wetter ist, dann gehen wir gar nicht rein zur Mutter [...] dann setzen wir uns aufs Motorrad und fahren einfach. Ohne ihr zu sagen, dass wir wegfahren, wo wir hinfahren, weil sonst ist das schon wieder das große Drama und sie hat Angst, dass was passiert und dass wir sterben." (Frau Sand-Seehausen, 510)

Dort wo Pflegende den *eigenen Partner* bzw. die *eigene Partnerin* im gemeinsamen Haushalt pflegen, lässt sich ein pflegefreies Wochenende kaum realisieren. Frau Herbst, vollzeitbeschäftigte Krankenschwester, etwa pflegt seit fast zehn Jahren ihren nach einem Hirnschlag halbseitig gelähmten und kognitiv eingeschränkten Mann. Seit Beginn der Pflege hat sie kaum mehr ein freies Wochenende gehabt, weil sie entweder arbeiten musste oder das Wochenende mit ihrem Mann verbracht hat – was immer auch Pflegeaufgaben impliziert. Dieses Jahr hat sie zum Geburtstag von ihren Schwestern und der Mutter zum ersten Mal ein Wellness-Wochenende geschenkt bekommen, damit sie sich einmal zwei Tage lang von allem erholen kann. Das folgende Zitat zeigt, wie minutiös ein solches Ereignis vorbereitet werden muss. Das ganze Pflegenetzwerk muss das Vorhaben unterstützen:

> „Dann hatten sie sich so verabredet, denn man würde so was ja nicht alleine machen, haben sie gesagt. Und meine Mutter ... die ja auch nicht hier in der Nähe wohnt, auch nicht mit dem Auto fahren kann [...] die ist dann hierher gekommen, hat den Alltag um meinen Mann herum strukturiert. Der Pflegedienst ist dann [ausnahmsweise] morgens und abends gekommen, und ja, meine Schwestern sind mit mir weggefahren." (Frau Herbst, 317)

Auch für Eltern mit *pflegebedürftigen Kindern* sind die Wochenenden meist nicht weniger arbeitsintensiv als die Werktage, da Pflegeaufgaben an den Wochenenden ebenso erledigt werden müssen, während die unterstützenden Betreuungsangebote (Kita, Schule, Behindertenwerkstätten) an diesen Tagen geschlossen haben. Frau Oberpölling, die eine zweijährige Tochter mit Down-Syndrom hat, empfindet das Wochenende daher für sich selbst nicht als entspannender als andere Tage: „Eigentlich nicht, nein." (Frau Oberpölling, 339). Dies, obwohl sie an den Arbeitstagen jeweils einen weiten Fahrweg in die Großstadt bewältigen muss und sie am Wochenende zumindest partiell von ihrem Mann unterstützt wird. Genauso erlebt es auch die alleinerziehende Frau Rudolf, die mit ihrer erwachsenen, geistig behinderten Tochter zusammenlebt und sie pflegt. Ihre Tochter kann maximal eine Stunde lang allein gelassen werden, braucht sonst permanente Beaufsichtigung. Das Wochenende ist bei Frau Rudolf daher nicht „frei" in dem Sinne, dass sie dann etwas ganz für sich machen könnte:

> „Ich habe mein Kind da. Kind und Haushalt." (Frau Rudolf, 680)

Auch wenn Frau Holzheu mit ihrem Mann einmal etwas allein machen möchte, müssen dem aufwendige Vorbereitungen vorausgehen. Eine der beiden Töchter braucht eine intensive und zeitlich engmaschige Hilfe. Da die Tochter ihren Darm und ihre Blase nicht ohne Hilfe entleeren kann, muss dies von einer nahen, vertrauenswürdigen weiblichen Person übernommen werden. Selbst wenn das Ehepaar Holzheu einmal etwas Zeit für sich hat, ist es ihnen nicht möglich, von den Pflegeaufgaben abzuschalten.

> „Dann haben mein Mann und ich eine Fahrradtour gemacht und dann war es so [flüstert]: ‚Jetzt müsste sie kathetert werden, sollen wir schnell anrufen? [lacht]' Also es ist einfach so ... Zum Teil funktionieren wir wie Roboter." (Frau Holzheu, 419)

Ein Problem, das sie mit vielen anderen Pflegenden teilen.

Eine Ausnahme hierzu stellt Herr Schwan dar – alleinerziehender Bundespolizist in Teilzeit, der seine mehrfach körperlich und geistig behinderte Tochter
zu Hause intensiv pflegt. Auch Herr Schwan macht kaum Urlaub von der Pflege:
„Mein letzter Urlaub für mich alleine war 1996." (064). Seinen Urlaub verbraucht er größtenteils tage- oder wochenweise dafür, die Ferienzeiten seiner
Tochter sowie Feiertage oder sonstige Pflegeereignisse abzusichern. Allerdings
gönnt sich Herr Schwan – anders als die meisten anderen pflegenden Eltern –
immer wieder mal ein gänzlich pflegefreies Wochenende. Dazu bringt er seine
Tochter in einer Kurzzeitpflegeeinrichtung unter. Da seine Tochter einer Inten-
sivpflege bedarf – sie hat Pflegestufe III – ist Herr Schwan an allen übrigen Tagen in den zeitlich sehr engmaschigen Pflege- und Betreuungsplan seiner Tochter eingebunden. Um so bedeutungsvoller sind diese gelegentlichen für ihn
gänzlich freien Wochenenden, die er dann für Kurzbesuche und eigene soziale
Aktivitäten nutzt:

> „Das halte ich mir komplett frei. Ist mein Wochenende. Da fange ich auch nicht
> an zu diskutieren [...] das ist meins und das bleibt meins [...] das ist ein Heiligtum.
> Das brauche ich." (Herr Schwan, 058)

Allerdings stellt Herr Schwan damit einen echten Einzelfall unter den Befragten
dar.

Urlaub

Jenseits von Beruf und Pflegeaufgaben einen echten Erholungsurlaub zu machen,
dies kommt für eine Reihe der von uns befragten Pflegenden gar nicht mehr in
Betracht. Sei es, dass sie keine Vertretung für die häuslichen Pflegeaufgaben
organisiert bekommen, sei es, dass sie meinen, das der zu pflegenden Person
nicht zumuten zu können. „Das geht schon seit den neunziger Jahren nicht
mehr", sagt etwa Herr Obert, der bei der Deutschen Bahn beschäftigt ist und seit
Jahren seine alleinstehende, behinderte Mutter pflegt (171). Selbst Pflegende,
die durchaus von den Möglichkeiten der Kurzzeitpflege wissen und ihren Anspruch auf Verhinderungspflege kennen, nehmen aus unterschiedlichen Gründen
von dieser Idee Abstand.

Wichtigste Voraussetzung für einen *Urlaub von der Pflege* – d.h. ohne die
zu pflegende Person – ist die Frage der Vertretung bei den Pflegeaufgaben. Sie
stellt hohe Anforderungen an das Pflegenetzwerk, welches die Pflege dann eine
Zeitlang ohne den verreisten Angehörigen leisten muss. Sei es, dass alle anderen
Helfer/innen währenddessen mehr Aufgaben übernehmen, der eingespielte Pflegedienst dann häufiger pro Tag ins Haus kommt, Bekannte während der eigenen
Abwesenheit einspringen oder die eigenen Geschwister bzw. Kinder in dieser Zeit
die Pflege übernehmen oder koordinieren. Gerade bei psychisch kranken oder an
Demenz erkrankten Pflegebedürftigen sehen die Betroffenen häufig als zwin-

gende Voraussetzung für einen eigenen Urlaub, dass andere Angehörige während dessen die Vertretung in der Pflege übernehmen. Sie wollen es ihren zu Pflegenden nicht zumuten, sich für die kurze Zeit des Urlaubs an ganz neue Rahmenbedingungen gewöhnen zu müssen. Dies gilt auch für Frau Möwen, vollzeitbeschäftigte Bürokauffrau, die sich wünscht, dass ihre Geschwister während ihrer Abwesenheit die psychisch kranke Mutter betreuen:

> „Also für uns ist es so, wir geben sie dann nicht in so einen Pflegedienst, sondern dann versuchen wir das mit der Familie ... dass meine Schwester dann mal ...“ (Frau Möwen, 278)

Die Option der sogenannten Verhinderungspflege bietet für pflegende Beschäftigte die Möglichkeit, den ambulanten Pflegedienst während einer urlaubsbedingten Abwesenheit häufiger kommen zu lassen als im normalen Alltag. Dies erleichtert Frau Sand-Seehausen und ihrem Mann die Entscheidung, nach Jahren der Mehrfachbelastung erstmalig eine Woche Urlaub zu machen. Als günstig erweist sich dabei, dass ihr ambulanter Pflegedienst seit Neuestem eine zusätzliche Pflegekraft beschäftigt, die für solche Gelegenheiten „dazu gebucht“ werden kann. Ihr Betreuungsangebot bewertet Frau Sand-Seehausen als adäquate Vertretung für die eigene Pflegeleistung – und nimmt es daher gerne in Anspruch:

> „... die macht keine medizinische Versorgung, sondern die beschäftigt sich nur mit den Menschen [...] tut denen was vorlesen oder geht spazieren und so.“ (Frau Sand-Seehausen, 244)

Spätestens nach einigen Jahren der häuslichen Pflege stellen die allermeisten Befragten fest, dass ein eigener Urlaub zur eigenen Erholung und zum Erhalt der eigenen Pflegefähigkeit für sie dringend notwendig ist. Wie auch im Falle von Frau Keller, die neben der Pflegearbeit auch noch in Vollzeit ihrer Erwerbsarbeit nachgeht.

> „Die ersten zweieinhalb Jahre habe ich gar keinen Urlaub gemacht. Und habe aber festgestellt, dass das nicht geht. Das hält man nicht durch.“ (Frau Keller, 285)

Frau Keller, die ihren schwerkranken Partner pflegt, hat es zunächst einmal mit einem Kurzurlaub von vier Tagen probiert und dabei entdeckt, wie gut ihr eine solche Auszeit tut: „Und dieses Jahr habe ich mal eine ganze Woche gemacht.“ (Keller 287). Das Beispiel von Frau Keller ist insofern typisch, als sich die allermeisten Pflegenden kaum vorstellen können, mehr als einen Kurzurlaub zu machen. Leider machen viele von Ihnen die Erfahrung, dass für sie dauerhaft ein längerer Urlaub kaum mehr in Frage kommt. Sie bekommen nicht genügend Unterstützung durch Dritte bzw. ein Pflegenetzwerk, um eine längere Abwesenheit organisieren zu können. Zum Teil liegt dies nur an organisatorischen Kleinigkeiten, wie etwa dem Problem, dass niemand zur Verfügung steht, der zweimal in der Woche für die leicht demente Mutter einkaufen gehen könnte – wie im Falle von Herrn Neuss, vollzeitbeschäftigter Personalleiter:

> „Das ist eine Einschränkung [...] es gibt überhaupt keinen Pflegedienst, der einkauft." (Herr Neuss, 182)

Hinzu kommen andere Einschränkungen bei der Urlaubsplanung, so soll der Urlaub soll möglichst heimatnah verbracht werden, um notfalls spontan und schnell wieder nach Hause fahren zu können. Zudem kann er nicht lange im Voraus gebucht werden, weil der Reisetermin nur kurzfristig in Abhängigkeit vom Gesundheitszustand und vom Wohlbefinden der zu Pflegenden festgelegt werden kann.

Als weitere – eher mentale – Hürde erweist sich zudem, dass die meisten Pflegenden nach Jahren des Pflegens erst einmal wieder lernen müssen, wirklich Urlaub von der Pflege zu machen, ohne auch aus der Ferne permanent an die zu Pflegenden zu Hause zu denken. Frau Zweig, die ihre demenzerkrankte Mutter pflegt, musste richtiggehend „üben", im Urlaub von allen Pflegeaufgaben abzuschalten und diese Zeit für sich selbst zu nutzen. Als sie ihre Mutter vor zwei Jahren das erste Mal in einem Kurzzeitpflegeheim unterbringen konnte und 14 Tage ans Meer gefahren war, machte sie sich noch permanent Sorgen um die zu Hause gebliebene Mutter:

> „Dann habe ich permanent nur daran gedacht, ‚hoffentlich passiert jetzt nichts! Hoffentlich stirbt sie jetzt nicht. Hoffentlich ist nicht irgendwas.' Ich war auf Norderney, bin da am Strand spazieren gegangen und habe ständig ‚Judith' rufen gehört. Also bescheuert! Das war auch keine Erholung. Ich war froh, als ich wieder zu Hause war und meine Mutter zurückgekommen ist und nichts passiert war." (Frau Zweig, 192)

Beim zweiten Urlaub ein Jahr später fiel ihr das Abschalten von der Pflege im Urlaub allerdings schon wesentlich leichter. „Und jetzt habe ich mich daran gewöhnt." (Frau Zweig, 192) Sie ist fest davon überzeugt, dass so ein innerer Abstand von den alltäglichen Pflegeaufgaben nur gelingt, wenn man tatsächlich von zu Hause wegfährt – um im wörtlichen Sinne Abstand zu gewinnen:

> „Sonst ist man in diesem Mist drin, wenn da kein Ortswechsel ist. Und man erholt sich dann nicht." (Frau Zweig, 196)

Viele Befragte bestätigen, dass der Urlaub für sie in erster Linie der körperlichen Erholung oder zum Nachholen von Schlaf dient. Es tut ihnen gut, weit weg zu sein, weniger zu erledigen, weniger Zeitdruck zu haben, sich körperlich auszuruhen – „aber es war trotzdem ein komisches Gefühl", beschreibt Herr Hirtl (346), vollzeitbeschäftigter Bundespolizist, den zehntägigen Familienurlaub mit Ehefrau und seinen beiden kleinen Kindern. Innerlich blieb er in diesen knapp zwei Wochen stets auf dem Sprung, auch kurzfristig nach Hause zurück fahren zu müssen, wenn es den Eltern schlechter gegangen wäre.

Erschwerend kommt hinzu, dass pflegebedürftige Eltern teilweise (zu) hohe Verfügbarkeitserwartungen an ihre pflegenden Kinder stellen. Die an Multipler Sklerose erkrankte Mutter von Herrn Schulz, einem vollzeitbeschäftigten Polizisten, erwartet von ihm in der Pflege eine „24-Stunden-Verfügbarkeit" (Herr Schulz, 211) und verlangt, dass er auch im Urlaub regelmäßig Telefonkontakt zu ihr hält:

„An dem Urlaubsabend, wo ich anrufe, fängt schon mein Magen an und ich weiß, wenn du jetzt anrufst, dann heult sie dir die Ohren voll [...] Also der Urlaub ist nicht so entspannend, als hätte ich keinen, auf den ich mich irgendwo einlassen muss [...] Sondern nein, jeden oder jeden zweiten Tag muss ich anrufen." (Herr Schulz 301)

Manchmal wird der angestrebte Urlaub von den immer wieder neuen Wendungen des Pflegeverlaufes überrascht, so dass sich nie das Gefühl einstellt, dass ein Urlaub jetzt richtig passend ist. Schaffen es die Betroffenen dennoch, stellt sich teilweise kein richtiger Urlaubseffekt ein. Diese Erfahrung musste auch Frau Seidel, teilzeitbeschäftigte Projektleiterin in einer Bundesbehörde, machen, die erst ihren Vater betreute und nun ihren Onkel pflegt:

„... gerade eine Woche vorher [hatten wir meinen Vater] beerdigt. Hatten wir eine Karibik-Kreuzfahrt gebucht. Einen Tag vorher, ich war am Packen, kommt der Pflegedienst hoch. ‚Dem Onkel Max geht es so schlecht, den müssen wir einliefern!' Kam auf die Intensivstation. Am Samstagmorgen am Flughafen Frankfurt musste mein Mann noch Auskunft geben. ‚Lebensverlängernde Maßnahmen, wenn es zum Äußersten kommt?' Und er fragt: ‚Sollen wir hierbleiben?' Der Arzt sagt: ‚Nein, Sie können nichts tun, fliegen Sie!' Vom Schiff haben wir jeden Tag gemailt. Er hat es auch geschafft. Man ist mit einem Ohr immer zu Hause [...] aber du kannst nicht jeden Urlaub absagen. Du musst fahren, du brauchst auch diese Erholungspause." (Frau Seidel, 112)

Ganz andere Anforderungen stellen sich, wenn es darum geht, mit der pflegebedürftigen Person zusammen Urlaub zu machen. Gerade Beschäftigte, die ihre Eltern pflegen, befinden sich in dem Dilemma, dass sie ihren Eltern einerseits noch einmal eine Abwechslung in Form einer schönen Reise ermöglichen wollen – andererseits als Erwerbstätige und Pflegende aber auch mal eigenen Erholungsurlaub brauchen würden. Frau Würsig, teilzeitbeschäftigt in einer kleinen Apotheke, die erst ihren Vater gepflegt hat und jetzt ihre Mutter betreut, fühlt sich so bereits bei der Vorstellung, welcher Vorbereitungsaufwand durch eine Urlaubswoche entsteht, überfordert:

„Dann hätte ich alles mitbringen müssen, Rollator, alles, alles. Und die Kleider kennzeichnen. Und dann hin und her, rauf und runter. Ich muss ganz ehrlich sagen, da habe ich mir gedacht: ‚für eine Woche wegfahren so eine Aktion?'" (Frau Würsig, 166)

Zudem hat sie während eines Reha-Aufenthaltes beider Eltern die Erfahrung gemacht, dass solche Ortsveränderungen die Eltern stets völlig durcheinander bringen – so dass sich nach dem Urlaub für sie ein höherer Pflegeaufwand ergeben würde als zuvor:

> „... die waren beieinander, das habe ich so gebüßt! Die waren so verändert, dass ich gedacht habe, ‚lieber Gott, nein, das tue ich mir freiwillig bestimmt nicht an'.“ (Frau Würsig, 166)

Sofern es sich beim Pflegebedürftigen um den eigenen Partner bzw. die eigene Partnerin handelt, stellt der gemeinsam verbrachte Urlaub in mancher Hinsicht weniger eine Erholung als eine zusätzlich zu organisierende besondere Pflegezeit dar. Sei es, dass der Weg zum Urlaubsort mit einem Partner, der nur eingeschränkt mobil ist, bewältigt werden muss, sei es, dass bei der Auswahl der Unterkunft besondere Anforderungen berücksichtigt werden müssen. Aus diesem Grund verzichten einige der von uns Befragten (inzwischen) sogar darauf, gemeinsam wegzufahren. So auch im Fall von Herrn Tull, dessen Partnerin an fortgeschrittener Multipler Sklerose erkrankt ist und im Rollstuhl sitzt. Ein gemeinsames Wegfahren vorzubereiten und dann auch durchzuführen, wäre für Herrn Tull anstrengend und würde ihn deutlich über das übliche Maß hinaus belasten. Solche Schwierigkeiten kennt auch Frau Herbst, vollzeitbeschäftigte Krankenschwester, deren Mann nach einer Hirnblutung halbseitig gelähmt und kognitiv eingeschränkt ist:

> „Erstens brauchen Sie ein rollstuhlgerechtes Quartier. Das ist nicht alles immer so barrierefrei eingerichtet, wie Sie sich das vorstellen. Selbst wenn die sagen, es ist barrierefrei, dann wundert man sich, was die unter barrierefrei verstehen. Da sind wir auch schon drauf reingefallen [...] dann ist auch schlicht und einfach das Geld nicht im Budget bzw. ist so eingeschränkt, dass Sie sich so was gar nicht leisten können. Dann machen Sie lieber Gardenien.“ (Frau Herbst, 207)

Den hohen Vorbereitungsaufwand vor einer Urlaubsreise, zusammen mit dem mehrfach behinderten spastischen Sohn und ihrem Mann, kennt auch Frau Lomasch, teilzeitbeschäftigte Verkäuferin in einem Kaufhaus:

> „Da fängt man dann so zwei Wochen vorher an mit Sachen packen, dass man auch am letzten Tag alles beisammen hat. Und einen Tag vorher packt man das Auto, dass du auch genau weißt, ‚wo stecke ich jetzt den Rollstuhl hin, wo kommt jetzt der Duschstuhl oder die Duschliege hin?‘ Dass du das auch alles so ins Auto sortierst und mit kriegst.“ (Frau Lomasch, 201)

Andere Pflegende, wie beispielsweise Herr Schlinck, dessen Partnerin psychisch erkrankt ist, fahren deshalb lieber mal übers Wochenende zu Verwandten, statt einen langen Urlaub zu planen. Die Umgebung dort ist für seine Frau vertrauter als ein neuer Urlaubsort, zudem wird Herr Schlinck dort bei der Pflege und

Betreuung seiner Frau von den Eltern unterstützt. Dies bedeutet für ihn eine Erleichterung der eigenen Pflegesituation. Da die eigentliche Pflege auch im Urlaub weiterlaufen muss, ist Urlaub für die Pflegenden also nicht immer gleichbedeutend mit weniger Belastung. Für Herrn Förster, teilzeitbeschäftigter Lehrer, der seine mehrfach körperlich und geistig behinderte Frau pflegt, bedeuten Ferienzeiten sogar einen Zuwachs an Belastungen – weil er dann all das alleine leisten muss, wobei er sonst Unterstützung erhält.

> „Ferien heißt, dass die Anwendungen geringer werden. Dann haben auch alle anderen Leute Urlaub. Das heißt, meine Familie, die mich zeitweise unterstützt, die fahren natürlich dann auch in Urlaub. Und ich stehe dann hier. Also im Grunde genommen, was so Freizeit sein sollte, sind für mich immer besondere Belastungszeiten." (Herr Förster, 066)

Herr Lade, der seine an Brustkrebs erkrankte Frau pflegt, bewertet den zweiwöchigen Familienurlaub dagegen alles in allem als Gewinn. Denn: „Es war kein Dienstplan, der an einem gezogen hat." (Herr Lade, 295) Der Wegfall beruflicher Zeitanforderungen macht für ihn den Urlaub zur Erholungszeit – auch wenn diese bei ihm keinesfalls frei von Pflege- und Familienaufgaben ist und auch die emotionale Belastung durch die Krebserkrankung weiterhin präsent sind:

> „Da hat meine Frau sogar im Urlaub dann ihre Chemotherapie in Tablettenform weitergeführt. Das hat uns eigentlich auch sehr gut getan, obwohl sie sich in den zwei Wochen Urlaub natürlich auch schlecht gefühlt hat, an dem einen oder anderen Tag, aber insgesamt war es eine schöne Sache." (Herr Lade, 291)

Für Eltern mit pflegebedürftigen Kindern kommt hinzu, dass für sie ein Urlaub ohne ihr Kind gar nicht unbedingt wünschenswert ist. Zwar wäre die Abwesenheit des Kindes mit Entlastung für die Eltern verbunden – wenn das Kind beispielsweise an einem Erholungsprogramm eines Wohlfahrtsverbandes teilnehmen würde und die Eltern währenddessen allein Urlaub machen würden – andererseits wünschen sich die Eltern für den Urlaub ein Zusammensein der ganzen Familie, was für sie allerdings eine Fortsetzung ihrer Pflegeaufgaben bedeutet.

> „Ja, heißt eine Woche ohne Kind [...] ich würde schon gern gucken, dass ich was für mich mache, aber es tut dann irgendwie ... ich weiß nicht, weh. Es rumort in einem, es beschäftigt einen [...]. Es tut mir auch ein bisschen ... mir geht dann was an dem Kind verloren." (Herr Mühlhaus, 333)

Ein Urlaub allein mit seiner Frau, ohne die mehrfachbehinderte 16-jährige Tochter, das wäre für Herrn Mühlhaus, der vollzeitbeschäftigt bei einem Mischkonzern tätig ist und große Teile der Pflege der Tochter übernimmt, nicht wirklich vorstellbar – und auch nicht erstrebenswert.

Hinzu kommt, dass viele abhängig beschäftige Eltern ihre eigenen Urlaubstage bereits dafür verbrauchen, die pflegebedürftigen Kinder zu Arzt- oder Therapieterminen zu begleiten, oder um Brückentage bzw. Ferientage abzusichern, an denen die Betreuungseinrichtungen der Kinder geschlossen haben. Für sie bleiben dann nur wenige „echte" Urlaubstage übrig, die sich für gemeinsame Reisen mit den Kindern bzw. der ganzen Familie nutzen ließen. So antwortet Frau Rudolf, vollzeitarbeitende alleinerziehende Mutter einer geistig behinderten Tochter, auf die Interviewfragen, wie sie Arzttermine der Tochter oder die Brückentage bewältigt, an denen die Behindertenwerkstatt ihrer Tochter geschlossen bleibt, stets mit einem: „Ich nehme Urlaub." (Frau Rudolf, 145) Es gelingt ihr im Alltag gar nicht so oft, nachmittags einmal länger zu bleiben, um so genügend Überstunden aufzubauen, für alle die pflegebedingten Situationen, in denen sie zusätzliche freie Stunden oder Tage benötigt. Stattdessen bleibt ihr nur die Lösung, für all diese besonderen Gelegenheiten Urlaub zu nehmen. Dementsprechend selten und kurz macht sie mit ihrer Tochter zusammen richtigen Urlaub.

4.5.4   *Lebensqualität der Pflegenden in der Selbstbeurteilung*

Zum Ende der Interviews wurden die Befragten gebeten, a) ihre eigene Belastungssituation, b) die Pflegesensibilität ihrer Arbeitszeiten sowie c) ihre Vereinbarkeitssituation insgesamt abschließend mit Hilfe von Schulnoten (von „sehr gut" bis „ungenügend") zu bewerten.

Meist wurde die Benotung dabei von einer argumentativen Erläuterung der Befragten begleitet, in der sie ihre Beweggründe für die jeweilige Benotung darlegten.

Die Bewertung der drei abgefragten Aspekte durch die pflegenden Frauen und Männer zeigt folgende Auffälligkeiten (vgl. Abb. 4.1):

a)   Die *eigene Belastungssituation* wird sowohl von Frauen wie auch von Männern am schlechtesten bewertet: fast die Hälfte der Frauen und Männer vergibt hierfür ein „mangelhaft" oder „ungenügend".

b)   Insbesondere die Frauen bewerten die eigenen *Arbeitszeiten* auffallend häufig als pflegesensibel: zwei Drittel von ihnen bewerten ihre Arbeitszeiten in dieser Hinsicht mit einem „gut" oder sogar „sehr gut". Männer bewerten die Pflegesensibilität ihrer Arbeitszeiten insgesamt kritischer, auch von ihnen vergibt jedoch die Hälfte ein „gut" oder „sehr gut".

c)   Die *Vereinbarkeit zwischen Beruf, Pflege und eigenem Leben* – hier als zusammenfassendes Resümee der gesamten aktuellen Lebenssituation gemeint – wird von den Männern meist als „gut" oder „sehr gut" erlebt, von den Frauen jedoch mehrheitlich nur als „befriedigend" bis „ausreichend" bewertet.

Abb. 4.1: *Bewertung Lebenssituation durch die Pflegenden in Schulnoten*
(n = 90)

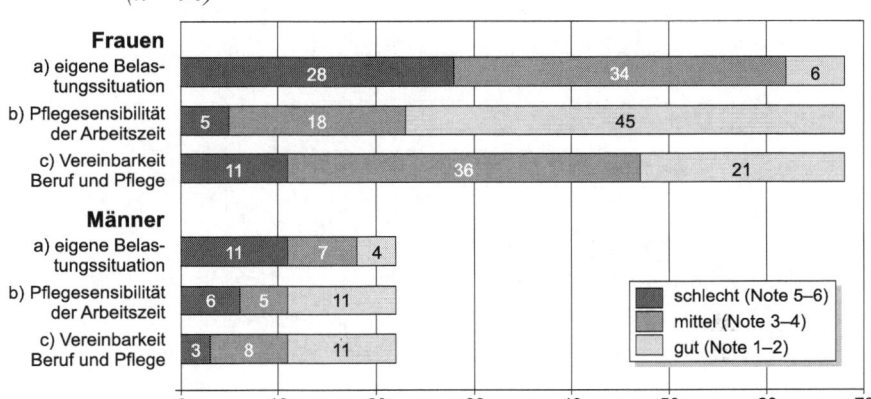

Am wenigsten überraschend fällt die Bewertung der eigenen *Belastungssituation* (a) durch die Pflegenden aus. Gemäß des aktuellen Forschungsstandes und der Erfahrungen aus Vorarbeiten zum Projekt wurde bereits von der Annahme ausgegangen, dass abhängig beschäftigte Pflegende gleichzeitig mit vielfältigen, auch gegensätzlichen Anforderungen konfrontiert werden, unter hohem Zeitdruck stehen und dementsprechend auch Einschränkungen in Gesundheit und Wohlbefinden hinnehmen müssen. Das lässt sich an dieser Stelle auf Basis der Schulnotenbewertung der Befragten so bestätigen.

Während die gemäßigte *Arbeitszeitbewertung* (b) der Männer eher den Vorannahmen entspricht, überrascht die deutlich günstigere Bewertung der Frauen. Daher werden hier die jeweiligen Bewertungen noch einmal in Relation zur Arbeitszeitdauer der befragten Frauen und Männer gesetzt, um mögliche Zusammenhänge zwischen Dauer und Pflegesensibilität der Arbeitszeiten zu überprüfen.

Wie Abbildung 4.2 zeigt, lässt sich ein solcher Zusammenhang tatsächlich beobachten: *Männer* bewerten ihre Arbeitszeiten dann als deutlich sensibler gegenüber der Pflege, wenn ihre tatsächlichen Arbeitszeiten im Bereich von Teilzeitarbeit oder normaler Vollzeitarbeit liegen. Männer aus der großen Gruppe derjenigen, die in überlanger Vollzeitarbeit arbeiten, äußern sich dagegen kritischer zur Pflegesensibilität ihrer Arbeitszeiten. Die Hälfte von ihnen bewertet die Pflegesensibiltiät ihrer Arbeitszeiten mit der Schulnote „Fünf" oder „Sechs".

Bei den *Frauen* zeigt sich ein umgekehrter Effekt: Frauen, deren tatsächliche Arbeitszeiten im Bereich von normaler oder überlanger Vollzeit liegen, bescheinigen ihren Arbeitszeiten mit knapper Mehrheit eine „gute" oder „sehr gute"

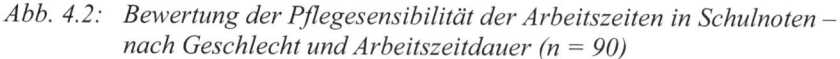

*Abb. 4.2: Bewertung der Pflegesensibilität der Arbeitszeiten in Schulnoten –
nach Geschlecht und Arbeitszeitdauer (n = 90)*

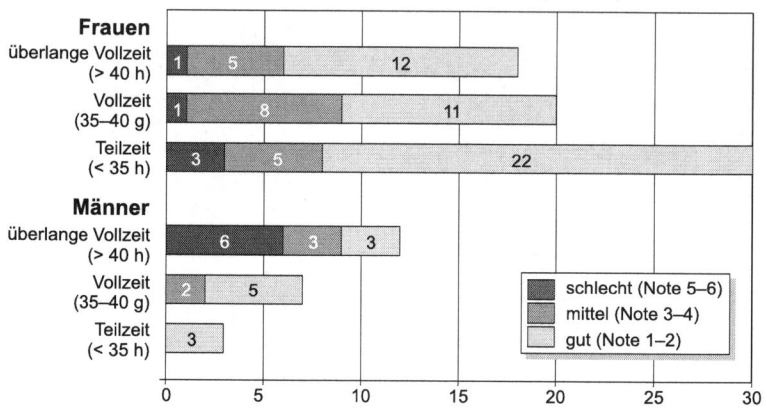

Pflegesensiblität. Die andere (knappe) Hälfte von ihnen bewertet sie hingegen kritischer mit den Schulnoten „Drei" bis „Vier", in Einzelfällen sogar noch schlechter. In der großen Gruppe von Frauen, deren tatsächliche Arbeitszeiten im Bereich von Teilzeitarbeit liegen, teilt sich die Bewertung hingegen in zwei Extreme auf: eine überwältigende Mehrheit bewertet die Pflegesensibilität – gerade wegen der kürzeren Arbeitszeitdauer, so vermuten wir – besonders positiv, während die anderen sich hinsichtlich der Pflegesensibilität besonders negativ äußern. Dafür spricht nicht nur, dass sie von drei Frauen mit den Schulnoten „Fünf" und „Sechs" bewertet wird, sondern auch, dass die fünf Frauen mit mittlerer Bewertung allesamt lediglich die Note „Vier" vergeben haben.[1] Offensichtlich hat Teilzeitarbeit einen polarisierenden Effekt: für viele Frauen sind die kürzeren Arbeitszeiten besonders pflegesensibel, für eine Teilgruppe sind die kurzen Arbeitszeiten jedoch gerade besonders pflege*un*sensibel. Ursache für Letzteres dürften vor allem die Tätigkeitsmerkmale der jeweiligen Teilzeitstellen sein, die häufig mit hoher Arbeitsintensität und geringer Selbstbestimmung (auch bei den Arbeitszeiten) einhergehen – so beispielsweise im Einzelhandel.

Wie Abbildung 4.1 zeigt, fällt auch die Bewertung der eigenen Vereinbarkeitssituation (c) durch die Pflegenden eher günstig aus: immerhin rund ein Drittel der Frauen und knapp die Hälfte der Männer bewerten diese als „gut" bzw. sogar als „sehr gut". Wie lässt sich dies erklären? Für viele der Befragten ist die Tatsache, dass sie die Pflegeverantwortung akzeptiert und die Pflegeaufgaben zumindest eine Zeit lang (häufig sogar über Jahre) neben dem Beruf tat-

---

1   Die Schulnote „drei", die in anderen Gruppen regelmäßig vergeben wurde, wird von
    Teilzeitbeschäftigen kein einziges Mal vergeben.

sächlich bewältigt haben, bereits hinreichender Beweis dafür, dass es „irgendwie" ging mit der Vereinbarkeit.

> „Ich schwanke zwischen ‚Zwei' und ‚Drei'. Weil ich denke, ich habe das ganz
> gut hingekriegt. Deshalb würde ich zur ‚Zwei' tendieren." (Frau Seidel, 152)

Weil man die Aufgabe – im Falle von Frau Seidel ist damit die Pflege des eigenen Vaters bis zu dessen Tode gemeint – neben der Ausübung des Berufes immerhin „ganz gut" gemeistert hat, soll diese Lebenszeit rückblickend auch als
einigermaßen „vereinbar" bewertet werden. Viele der Befragten wollen sich
nicht selbst ein schlechtes Zeugnis für ihr Pflegearrangement austellen, welches
sich häufig nur unter Abstrichen bei den Familienzeiten, bei den Eigenzeiten
und in machen Fällen sogar bei der eigenen Gesundheit realisieren ließ. Die Mü-
hen, die man auf sich genommen hat und derer man sich durchaus bewusst ist,
sollen nicht nachträglich abgewertet werden. Demzufolge formuliert die vollzeitbeschäftigte Krankenschwester ihre Antwort auf die Frage nach der Bewertung der Vereinbarkeit ihres Berufes mit der Pflegeverantwortung für ihren Vater folgendermaßen:

> „Das ist schlecht zu beurteilen, weil ich ja alles packe. Ich sage mal, ich stehe gut
> da, weil ich das alles schaffe. Fragt sich nur wie? Auf meine Kosten." (Frau Ber-
> nau, 326)

In den Augen vieler Befragter würde es zudem die eigene Leistung in der Pflegezeit schmälern, wenn sie diese entbehrungsreiche Zeit rückblickend als einen
nur „ungenügend" verlaufenen Lebensabschnitt klassifizieren würden. Damit
steht die Bewertung in Form von Schulnoten in gewissem Widerspruch zu den
in den Interviews geäußerten differenzierten Belastungs- und Alltagsbeschrei-
bungen, in denen die Zwänge und Anforderungen, die im Leben der Pflegenden
ausgelöst wurden, sehr viel eindringlicher sichtbar werden. Hinzu kommt, dass
die Vereinbarkeit von Beruf, Pflege und eigenem Leben für manche Befragten
nicht als Ganzes zu bewerten ist.

> „Also zwischen Beruf und Pflege zu vereinbaren, da würde ich fast eine ‚Eins'
> geben, oder zumindest eine ‚Zwei'. Zwischen Pflege und mir aber eine ‚Fünf bis
> Sechs'." (Frau Weidinger, 448)

Die Frage nach der Vereinbarkeit wird gedanklich in zwei getrennte Aspekte
geteilt. Auch dies ist ein Hinweis darauf, dass sich die *Vereinbarkeit von Beruf
und Pflege* durchaus gewährleisten lässt, gerade weil sie priorität gewünscht
wird, wenn auch nur um den Preis, dass die Pflegeaufgaben zu massiven Ein-
schnitten im eigenen Leben führen.

> „... man muss halt sehen, es ist sehr anstrengend für mich, aber es ist möglich.
> Daher eine ‚Drei' auch." (Frau Maibach, 405)

Frau Maibach ist in Vollzeit als Assistentin der Geschäftsführung erwerbstätig und pflegt im eigenen Haushalt beide pflegebedürftigen Elternteile. Frau Möwen ist ebenso in Vollzeit als Bürokauffrau berufstätig und betreut zu Hause ihre pflegebedürftige Mutter.

> „Wenn ich das Private mit rein nehme? Dann würde ich sagen, ist das eine ‚Vier'." (Frau Möwen, 338)

Eigenbewertung der Lebensqualität anhand der qualitativen Interviewaussagen

Darüber hinaus werden eine Reihe weiterer Bedingungen sichtbar, die die Eigenbewertung durch die Befragten ebenfalls günstig beeinflussen: Zunächst einmal bestätigt sich, dass gerade die Bewertung der Arbeitszeiten einen wichtigen Effekt auf die Gesamtbewertung der Lebenssituation („Vereinbarkeit von Beruf, Pflege und eigenem Leben") als auch auf die eigene Belastungssituation hat. Wer über günstige, *„pflegefreundliche" Arbeitszeiten* verfügt, dessen Bewertung der Lebens- als auch der Belastungssituation fällt tendenziell positiver aus. Oder anders herum: diejenigen Beschäftigten, die über wenig pflegefreundliche und fremdbestimmte Arbeitszeiten klagen, bewerten die Vereinbarkeit von Beruf und deutlich negativer und ihre Belastungen als höher.

Herr Lade, vollzeitbeschäftigter Polizist, der seine an Brustkrebs erkrankte Partnerin pflegt, hat seine Arbeitszeiten zu Beginn der Pflege noch mit Schulnote „ungenügend" bewertet, gibt seinen Arbeitszeiten aber jetzt, nach einem Stellenwechsel beim gleichen Arbeitgeber, ein glattes „gut". Was hat sich durch den Stellenwechsel an seinen Arbeitszeiten verbessert? Er kann nun selbstbestimmt morgens später zur Arbeit zu kommen oder auch einmal spontan einen ganzen Tag frei zu nehmen – und stößt auch an solchen Tagen auf das Verständnis und Entgegenkommen seines Vorgesetzten.

> „Und dann halt eigentlich nur einen Anruf tätigen muss und sagen muss, ich bleibe heute zu Hause, meiner Frau geht's nicht gut, ich nehme Überstunden und dann ist gut." (Herr Lade, 381)

Was sind die Kriterien anhand derer die befragten Pflegenden ihren eigenen Arbeitszeiten sehr gute oder gute Noten für „Pflegefreundlichkeit" geben? Hier werden von den befragten Pflegenden angeführt:

–   eine Verkürzung der bisherigen Vollzeitzeitarbeit auf hohe Teilzeit,
–   Selbstbestimmung bei der täglichen Arbeitszeitlage, z.B. im Rahmen von Gleitzeit,
–   keine spontan auftretende ungewollte Mehrarbeit,
–   die langfristige Planbarkeit der Arbeitszeiten,
–   die Einhaltung eines von Erwerbsarbeit freien Wochenendes,
–   die Möglichkeit, sich (auch kurzfristig) tageweise eine Auszeit zu nehmen,
–   die Möglichkeit, stunden- oder tageweise von zu Hause aus zu arbeiten.

Eine weitere Variable, die in die Bewertung mit hineinspielt, ist die Frage, welchen *Stellenwert die eigene Berufstätigkeit* innerhalb des gesamten Pflegearrangements einnimmt.

> „Ich funktioniere einfach, weil ich meinen Job auch mag." (Frau Fischer, 270)

Die berufliche Arbeit wird von den allermeisten Pflegenden generell stärker als eine Entlastung gesehen, denn als eine Belastung. Auch dies ist ein wichtiger Grund dafür, dass dann auch das „gleichzeitige Miteinander" von Beruf und Pflegeaufgaben geschätzt wird und nicht mit schlechten Schulnoten abgewertet werden soll.

> „Insofern bedeutet mir der Beruf viel. Weil ich weiß, dass die Sachen, die ich hier mache, von großer Bedeutung sind. Und das motiviert. Es ist für mich, auch wenn es stressig ist, ein guter Ausgleich, um mich wieder zu spüren und mal zu sagen: ‚Okay, du kannst das immer noch! Du versinkst nicht bloß in der Pflege sondern es gibt dich auch noch anders.'" (Frau Weidinger, 156)

Diese grundsätzlich wohlwollende Einschätzung der Interviewpartner/innen gegenüber ihrer Berufstätigkeit verhält sich proportional zur Intensität der Belastungen durch die Pflegesituation. Die berufliche Arbeit wird vor allem dann als belastend empfunden – mit negativen Effekten für ihre Vereinbarkeitsbewertung – wenn akute Zeitprobleme bzw. Konflikte zwischen Arbeits- und Pflegezeit entstehen, etwa durch überlange Arbeitszeiten oder durch zu kurzfristige Einteilung der Arbeitszeiten.

Wie bereits erwähnt, spielen Betriebskultur und Kollegen eine große Rolle bei der Beurteilung der Arbeitsstelle, wenn es nicht ausschließlich um Arbeitszeiten geht. Als enorm wichtiger Faktor, gerade auch für die Bewertung der eigenen Lebenssituation, erweist sich ein *unterstützendes Arbeitsklima,* mit verständnisvollen Vorgesetzten und Kolleg/inn/en. Davon profitiert auch Frau Dachs, als Angestellte in minimaler Teilzeit bei einem Chemiekonzern beschäftigt.

> „Da habe ich immer noch meine Kollegen im Hintergrund, die mich dann abdecken. Und Verständnis haben..." (Frau Dachs, 376)

Allerdings sehen die Betroffenen durchaus die Gefahr, dass sich das Entgegenkommen von Vorgesetzten und Kolleg/inn/en irgendwann abschwächen könnte, wenn sie deren Unterstützung über einen zu langen Zeitraum zu oft in Anspruch nehmen. Sie sorgen sich um die langfristige Tragfähigkeit des Arrangements, fürchten also den Zeitpunkt, wo sie – ganz im Sinne des vielbeschworenen „Geben und Nehmens" – zu viel von den Kolleg/inn/en genommen und zu wenig zurückgegeben haben werden.

> „Weil im Moment habe ich noch einen starken Rückhalt [...] Die Frage ist, wie lange können die das Geleier noch erdulden? [......] Sich das anhören? Wo ich einfach von denen abhängig bin." (Frau Holzheu, 573)

Aus diesem Grund achten manche Pflegende, so auch etwa Herr Hirtl, sehr genau darauf, nicht nur Unterstützung entgegen zu nehmen, sondern die Kollegen auch selbst aktiv zu unterstützen, wenn es sich mit den eigenen zeitlichen Möglichkeiten vereinbaren lässt.

> „... dass ich trotz meiner Situation [...] die Kollegen, wo es nur ging, auch unterstützt habe, wenn irgendwas war. Und ich auch schon freiwillig teilweise Dienste gemacht habe, wo dann der andere gesagt hat, nein, da kann er nicht. Und wo ich dann gesagt habe, dann mache ich den Dienst." (Herr Hirtl, 053)

Auch ein ausgeprägtes *Gefühl von Selbstverantwortung* trägt bei zu einer – teilweise unangemessen günstig erscheinenden – Bewertung der eigenen Lebens- bzw. Arbeitszeitsituation. Ausschlaggebend ist das Bewusstsein, die aktuelle (Arbeitszeit-)Situation schließlich selbst gewählt zu haben und damit auch selbst für die Bewältigung der Arbeitszeitsituation verantwortlich zu sein. „Pflegefreundlichkeit" der Arbeitszeiten wird dann stärker als Anspruch an die eigene Gestaltungsfähigkeit empfunden, denn als Merkmal des eigenen Arbeitsplatzes bzw. Betriebes. Dieses Gefühl der Selbstverantwortung ist bei einigen der von uns befragen pflegenden Männer stark ausgeprägt und führt zu einer auffallend positiven Bewertung ihrer Arbeitszeiten. Dies spiegelt sich in den Selbstbewertungen von Herrn Schwan, Bundespolizist in Teilzeit, und Herrn Sommer, in vollzeitnaher Teilzeit bei einer Bank tätig, wieder.

> „Ich würde definitiv sagen: ‚Eins'. Weil ich habe sie mir selber ausgesucht, die Zeit. Ich konnte ja reduzieren ... Und von daher ist das die Zeit, die ich mir gewählt habe ... und wenn ich sage, das passt mir nicht, dann ändere ich die." (Herr Schwan, 267)

> „Auch eine ‚Zwei' ... weil es läge ja an mir. Ich könnte ja auch morgens noch früher aufstehen [...] das liegt dann nicht am Arbeitgeber. Ein bisschen vielleicht schon. Also wer früh da ist, das wird hier manchmal nicht so registriert ... die Arbeitszeiten liegen hier eher zwischen 9:00 und 18:00 Uhr und wenn man dann immer um 7:15 Uhr anfängt und geht aber schon um 17:00 Uhr ... dann würde man abends öfter mal auffallen." (Herr Sommer, 256)

Natürlich spielt auch die *Unterstützung,* die man in der Pflege erhält, etwa durch ein tragfähiges und ausgewogenes Pflegenetzwerk, eine wichtige Rolle für die Bewertung der eigenen Lebenssituation. Herr Breitner, IT-Spezialist in einer Bank, der bei der Pflege seines an Parkinson erkrankten Lebensgefährten umfangreiche Hilfe durch eine osteuropäische Haushaltshilfe erhält, bewertet sowohl seine Vereinbarkeitssituation insgesamt als auch seine Arbeitszeiten sehr positiv – gerade weil er nicht auf sich allein gestellt ist.

> „Wenn man das wirklich alleine erbringen müsste, das können Sie einfach nicht. Sie bringen sich selber ins Grab damit. Eine Pflege wirklich alleine darstellen, das

ist sehr hart. Und da würde ich auch sagen, da wäre eine Grenze." (Herr Breitner, 154)

Herr Stadler, Verwaltungsleiter mit überlangen Vollzeitarbeitszeiten, der seine schwer demenzerkrankte Mutter und seinen Stiefvater dagegen viele Jahre weitgehend allein gepflegt hat, beurteilt seinen Belastungszustand während dieser Zeit in drastischen Worten:

„‚Sechs'. Sorry, wenn ich es so knallhart sage [...] Die ‚Sechs' resultiert auch aus der Massivität dieser Jahre, die mich auch fertig gemacht haben." (Herr Stadler, 168)

Die wenigsten Befragten verfügen über die Kompetenz, den Grad der Unterstützung situativ an die eigenen Bedürfnisse anzupassen, wie es Frau Höhn für sich beschreibt. Offensichtlich ist die vollzeitbeschäftigte Verwaltungsangestellte einer Kommunalverwaltung hier auch auf Grund ihrer beruflichen Tätigkeit im Vorteil, da sie sich auch beruflich mit Fragen des Alters und der Altenbetreuung befasst.

„Ich habe für mich jetzt ... das richtige Maß gefunden zwischen Belastung und Überlastung. Wenn ich Überlastung habe, baue ich kurzfristig das Netzwerk aus. Dass mein Mann übernimmt ..." (Frau Höhn, 168)

Schließlich erweist es sich als günstig, wenn man über die *persönliche Kompetenz* verfügt, *Grenzen ziehen zu können*. Einerseits zwischen Arbeit und Pflege, um so die Belastungen des einen Lebensbereichs nicht mit in den anderen zu nehmen:

„Also wenn ich auf Arbeit bin, bin ich hier auf Arbeit. Wenn ich zu Hause bin, bin ich zu Hause. Ich kann alles ausblenden. Das fällt mir auch nicht schwer." (Frau Keller, 269)

Andererseits gilt es aber auch, eine Grenze zwischen den Anforderungen der Pflegesituation und dem eigenen privaten Leben zu ziehen, um nicht selbst daran kaputt zu gehen:

„Ich hatte Augenränder bis zum Kinn, ich bin durch die Gegend gerannt, also das war heftig. Da bin ich auf dem Zahnfleisch gekrochen. Da habe ich gelernt, wo meine Grenzen sind." (Herr Schwan, 048)

Wer dazu nicht in der Lage ist, wird zwangsläufig psychisch wie physisch unter den Auswirkungen der Pflege zu leiden haben. Aber diese Kompetenz zu erlangen, ist nicht immer einfach: nur von wohlwollenden Freund/inn/en daran erinnert zu werden, reicht häufig nicht. Es bedarf stattdessen auch der professionellen Begleitung, um sich diese Fähigkeit zu erarbeiten. Wie schwer diese Abgrenzung im Pflegealltag tatsächlich fallen kann, hat Frau Maibach festgestellt, vollzeitbeschäftigte Assistentin der Geschäftsführung eines mittelständischen Betriebes, die beide Eltern bei sich im Haus pflegt.

„Ich schaffe es einfach nicht, mich abzukoppeln – was mir immer wieder geraten wird. ‚Du musst mehr für dich tun!' ‚Du musst nach dir gucken!' ‚Du musst für dich sorgen!' Ja, wie denn, bitte?" (Frau Maibach, 411)

In einigen Interviews stellte sich heraus, dass es am ehesten der Hausarzt ist, der die Notbremse zieht und den gestressten pflegenden Erwerbstätigen Ruhe, Urlaub oder eine Kur verordnet. Ein erstaunlich großer Anteil der befragten Pflegenden hat zudem im Laufe des Pflegeverlaufs auf die Möglichkeit zurückgegriffen, sich im Rahmen einer psychotherapeutischen Therapie Unterstützung zu holen. Entweder, weil es gilt, einen Burnout zu bewältigen, oder, wie im Falle der erwerbstätigen, zweifachen Mutter mit Pflegebelastung, Frau Sand-Seehausen, weil das Übermaß an familialen Belastungen und das Fehlen jeglicher Paarzeiten auch die Ehe des pflegenden Ehepaares zu zerstören beginnt.

> „Also ohne professionelle Hilfe würden wir es gar nicht schaffen, muss ich wirklich so Revue passieren lassen. Wir sind kläglich gescheitert, auf ganzer Linie kläglich gescheitert. Und unsere Ehe wäre draufgegangen [...] wir haben professionelle Hilfe gebraucht, brauchen wir immer noch." (Frau Sand-Seehausen, 637)

Dem steht auf der anderen Seite eine Reihe von *ungünstigen Bedingungen* gegenüber, die zu schlechter Eigenbewertung von Lebens- und Belastungssituation beitragen. Gerade Männern fällt es manchmal schwer, sich am Arbeitsplatz belastet und erschöpft zu zeigen. Sie spielen die eigene Belastung vor sich und den Kolleg/inn/en herunter, möchten am Arbeitsplatz nicht auffallen und versuchen daher einfach irgendwie durchzuhalten. Hier schimmert das *Geschlechterstereotyp* des *„starken Mannes"* bzw. *„starken Sohnes"* durch, der unendlich belastbar ist und mit breitem Kreuz allen Anforderungen in Beruf und Familie trotzt. Die Möglichkeit sich krankschreiben zu lassen, oder die eigene Arbeitszeit (phasenweise) zu reduzieren, bleibt für eine Reihe der von uns befragten pflegenden Männer daher nur eine theoretische Möglichkeit, wie sich am Beispiel des in Vollzeit tätigen Kriminalpolizisten Herrn Lade zeigt:

> „Vielleicht der Druck der Kollegen sage ich mal, dass man sagt: Mensch, na ja, dann wird noch mehr über dich gequatscht, und so versuchst du halt immer wieder doch da zu sein und deinen Mann zu stehen. War schon nicht einfach. Letztendlich im Nachhinein betrachtet hätte ich es machen sollen. In der Situation habe ich daran vielleicht gedacht, aber es nicht so richtig für voll genommen." (Herr Lade, 191)

Manchmal brauchen die Pflegenden länger, um die Intensität und voraussichtliche Dauer der Belastung, die mit der Pflegesituation auf sie zukommt, richtig einzuschätzen. Sie warten dann teilweise zu lange, bis sie beginnen, auch ihre Arbeitssituation in Frage zu stellen bzw. ihre Arbeitszeiten gezielt so zu verändern, dass sie besser zu den auftretenden Pflegebelastungen passen.

„Ein halbes Jahr hat das bestimmt gedauert, bis ich das überhaupt so ein bisschen
registriert habe. Eigentlich hätte da der Punkt kommen müssen [...] dass ich gesagt hätte, na ja also mit der Dienststelle geht das auf keinen Fall, ich muss mir
eine Dienststelle suchen ... die besser passt. Da war dieser Knoten. Ist leider recht
spät erst ... nach zweieinhalb Jahren erst geplatzt." (Herr Lade, 317)

Dem männlichen Geschlechterstereotyp steht auf Seite der Frauen ein vergleich-
bares *Stereotyp der „guten Tochter"* gegenüber, die allzuständig ist, sich um alle
Familienangelegenheiten kümmert, die Sorgen und Belange aller Familienmitglieder registriert, aufnimmt und durch eigenes Handeln behebt. Diese Erwartungen wurden auch an Frau Seidel, Mutter zweier Kinder und neben der Pflege
in vollzeitnaher Teilzeit im öffentlichen Dienst tätig, gerichtet:

„Ganz schwierig für unsere Generation ... dass wir ‚gute Töchter' sind. Immer für
alle da zu sein, alles zu regeln, zu managen und dafür zu sorgen, dass alle glück-
lich und zufrieden sind. Das haben noch ganz viele Frauen in meinem Alter. Tota-
ler Mist!" (Frau Seidel, 124)

Beide Geschlechterstereotype verleiten die Betroffenen dazu, sich zu überfordern
und sich nicht die Entlastung zu organisieren, die sie eigentlich bräuchten: sich
also im Betrieb um veränderte oder reduzierte Arbeitsbedingungen und Arbeitszeiten zu bemühen (vor allem: Männer) oder sich von übermäßigen Erwartungen
und Anforderungen der Familienmitglieder abzugrenzen (vor allem: Frauen).
Dazu gehören auch der Mut und die Selbsterkenntnis, sich einzugestehen, dass
man es alleine nicht schafft, die doppelte Belastung langfristig zu schultern.

Eine übermäßige Arbeitsbelastung bleibt auch dann problematisch für die
Pflegenden, wenn sie die Lage der täglichen Arbeitszeiten ansonsten an ihre
Zeitbedarfe anpassen können. Frau Reiter, technische Projektkoordinatorin in
einem mittelständischen Betrieb, die ihren Vater in der eigenen Wohnung pflegt,
beschreibt ihre Vollzeittätigkeit mit vielen Dienstreisen und Außenterminen
rückblickend als besonders belastende Zeit:

„Diese Mehrarbeit und alles, das blieb ja trotzdem, also es war schon ein bisschen
schwierig. Du hast einen wahnsinnigen Berg Arbeit und weißt, du solltest heim
und was machen ... Ein bisschen schwierig in der Zeit [...] da habe ich sogar meinen Chef angeschrien. Da war ich dermaßen fertig ..." (Frau Reiter, 334)

Sowohl die Lebenssituation im Ganzen als auch ihre eigene Belastungssituation
bewertet sie daher mit „mangelhaft" bis „ungenügend". Erst mit der vollzogenen
deutlichen Reduzierung ihrer Arbeitszeit auf jetzt 20 bis 25 Stunden pro Woche
sowie dem damit verbundenen Rückgang an Außenterminen und Mehrarbeit
verbesserte sich die Belastungssituation auf ein „gut" und die Gesamtsituation
immerhin auf ein „ausreichend".

Viele qualifiziert beschäftigte Pflegende berichten vor der Erfahrung, dass
die Arbeitsintensität in den letzten Jahren bei ihnen immer weiter zugenommen

hat. Beispielsweise auf Grund von geringerer Personalbesetzung oder immer engeren Terminen. Genau dies trägt zunehmend dazu bei, dass auch Frau Tell, vollzeitbeschäftigte Chemikerin in der Chemischen Industrie, mit Mann und 15-jähriger Tochter, die ihre Mutter und ihre Tante pflegt, die Übernahme der Pflegeaufgaben als immer belastender empfindet:

> „Die letzten eineinhalb Jahre hat sich das Arbeitsaufkommen bei der Erwerbstätigkeit sehr verändert. Und da würde ich mir Entlastung wünschen [...] jetzt kann ich dieses ‚Mehr' nicht mehr länger ausgleichen. Jetzt müssten wir unser Niveau halt runter schrauben ... die ‚Timelines' müssten anders gesetzt werden. Die Projekte [...] Ich bin auch bereit Einsatz zu bringen ... aber ich habe auch noch ein Privatleben." (Frau Tell, 443)

Welche Faktoren nehmen Einfluss auf die Bewertung der eigenen Belastungssituation?

Die Wahrnehmung der eigenen Belastungssituation wird bei vielen der von uns befragten Pflegenden durch *hohe normative* Ansprüche gebrochen, wie stark sie sich idealerweise in der Pflege engagieren sollten. Diese Ansprüche, die am deutlichsten von pflegenden Töchtern benannt werden, fallen so hoch aus, dass sie im Alltagsleben neben Beruf und eigener Familie häufig gar nicht umsetzbar scheinen oder nur um den Preis des persönlichen Verzichts. Viele abhängig Beschäftigte übernehmen die familialen Pflegeaufgaben auf Grund eines starken familialen Verpflichtungsgefühls, insbesondere wenn es um die eigenen Eltern geht. Häufig wird dies mit dem Argument der Generationensolidarität erklärt:

> „Weil ich halt gute Eltern gehabt habe, die sind immer für mich da gewesen. Meine Eltern hätten mich nie in ein Heim gebracht, wenn ich blöd gewesen wäre. Hätten dann nicht gesagt, ‚ach den Blödel tun wir ins Heim'. Eltern machen das für ihre Kinder ... meine Eltern waren immer für mich da. Und jetzt mache ich es halt auch." (Frau Würsig, 198)

Bei manchen Pflegenden entwickelt sich der Wunsch, die im häuslichen Umfeld begonnene Pflege auch bis zum Tod im häuslichen Umfeld fortzusetzen – selbst wenn dies mit hohem Aufwand und umfangreichen Belastungen verbunden ist. Die in einer Apotheke beschäftigte Frau Würsig, erlebt dies als moralische Verpflichtung ihrer mehrfach pflegebedürftigen Mutter gegenüber, aber auch als frei gewählten Akt, aus dem sie eine gewisse Selbstbestätigung zieht:

> „Jetzt habe ich so viel gemacht und bin über meine Grenzen gegangen und dann möchte ich es auch zu Ende gebracht haben [...] Da sage ich, jetzt habe ich das alles geschafft und die letzte Zeit, das habe ich jetzt auch noch geschafft." (Frau Würsig, 262)

Auch Herr Hirtl, vollzeitbeschäftigter Polizist, hat durch die Übernahme der Pflege seines inzwischen verstorbenen Vaters ein Gefühl der Zufriedenheit und Selbstbestätigung erlebt, das ihn rückblickend für viele Belastungen entschädigt:

> „Ich habe ein sehr gutes Gefühl. Ein Gefühl, was gegeben zu haben. Und die Dankbarkeit, die kam im großen Stil auch von meinem Vater wieder zurück [...] viel Liebe und Anerkennung, die ich von meinem Vater so [zuvor] nie – ich bin über 50 Jahre alt – nie so erfahren habe." (Herr Hirtl, 217)

Das Verpflichtungsgefühl und der Wunsch, die Pflegebedürftigen adäquat betreuen zu wollen, kann dazu führen, dass stationäre Pflege mit einem „Abschieben" ins Heim gleichgesetzt wird, unabhängig von der tatsächlichen Qualität der Pflegeheime:

> „Es ist mir die menschliche Komponente wichtig ... Mir sind meine Eltern sehr wichtig. Ich weiß, dass ich sie demnächst verlieren werde [...] Eben darum finde ich, haben sie es verdient, dass sie in den letzten Wochen, Monaten, Jahren vernünftig versorgt sind und dass ich sie nicht einfach irgendwohin abschiebe." (Frau Maibach, 113)

Die hohen Ansprüche an das eigene Zeitvolumen, das sie für die zu Pflegenden aufbringen sollten, führt bei den Pflegenden immer wieder auch zu einem schlechten Gewissen, da sie das Gefühl haben, nicht genug Zeit und Kraft für ihre Pflegebedürftigen zu erübrigen. Neben all ihren anderen Belastungen sind sie dann auch noch mit sich selbst unzufrieden, wie der vollzeitbeschäftigte Personalleiter Herr Neuss, der seine demente Mutter pflegt und Frau Seidel, in vollzeitnaher Teilzeit beschäftigte Mutter zweier Kinder mit zusätzlicher doppelter Pflegebelastung:

> „Ich habe so ein bisschen ein schlechtes Gewissen, man könnte vielleicht mehr tun, ja? Oder ich müsste mehr tun. Ich müsste mich sicherlich mehr mit meiner Mutter beschäftigen, mit ihr spielen, mit ihr Sachen machen [...] und ich habe auch Schwierigkeiten mit dieser Demenz, wie man damit umgeht." (Herr Neuss, 216)

> „Und in der Zeit schleicht sich ein schlechtes Gewissen ein, wenn man nicht praktisch jeden Tag zur Verfügung steht [...] Dann hatte ich oft ein schlechtes Gewissen, weil ich die Zeit für meine eigene Familie nicht hatte." (Frau Seidel, 046)

Auch die *Art der Belastungen,* die in der Pflege an die Pflegenden herangetragen werden, wirken sich auf ihr individuelles Belastungsempfinden aus:

–   Pflegende die mit seelischen oder psychischen Störungen ihrer zu pflegenden Angehörigen konfrontiert werden – beispielsweise mit Depressionen – führen dies häufig als Grund für eine schlechte(re) Bewertung ihrer eigenen Belastungssituation an. Offensichtlich fühlen sich die von uns befragten Pflegenden gerade durch psychische Störungen oder Stimmungsveränderungen bei den Gepflegten schneller überfordert, als durch rein körperliche Pflegeanforderungen. Dies wird auffallend häufig von Töchtern berichtet, die Mutter und/oder Vater pflegen:

„Eben das Konfrontiert-Sein mit so psychischen Dingen, die man gar nicht richtig einordnen oder einschätzen kann. Und wenn meine Mutter dann immer so deprimiert da sitzt ... sie sitzt da und tut so, wie wenn es nicht schlechter gehen könnte. Es ist sehr undankbar eigentlich." (Frau Dachs, 384)

– In vergleichbarer Weise gilt dies auch für die Belastungen, die im letzten Lebensabschnitt des Gepflegten für die pflegende Person auftreten: die Auseinandersetzung mit dem Tod des/r Angehörigen sowie seine/ihre Begleitung im Sterbeprozess:

„Viel so emotionaler Stress [...] also gerade so das letzte halbe Jahr ... da hat man sich jede Woche wieder von irgendwas verabschiedet, was sie konnte. Und dieser Abschied auf Raten, das erst einmal zu können und zu sagen, ‚so, es ist jetzt eine Frage der Zeit, dann ist sie nur noch bettlägerig' [...] Plus die Sachen, die man sich dann ausmalt, ‚wie geht es weiter?'" (Frau Grosse, 287)

– Ein besonderer Belastungsfaktor ergibt sich auch aus einer Demenzerkrankung der zu Pflegenden. Dies nicht nur auf Grund der Vielzahl praktischer Fragen, wie der rund um die Uhr erforderlichen Beaufsichtigung der an Demenz Erkrankten, sondern auf Grund der hohen Verantwortung, die im Krankheitsverlauf etwa für die Eltern übernommen werden muss, da diese immer weniger für sich selbst entscheiden können:

„Das ist so eine Frage der Verantwortung, die man hat. Was ist möglich? Was muss man tun? Wo muss man sich über den Dementen hinweg setzen?" (Frau Weidinger, 434)

Frau Weidinger pflegt als alleinstehende Erwerbstätige ihre demente Mutter in Pflegestufe II mit Hilfe eines Pflegedienstes und zwei Nachbarinnen. Auch Frau Grosse, vollzeitbeschäftigte technische Angestellte, musste im letzten Lebensjahr ihrer inzwischen verstorbenen demenzerkrankten Mutter vieles „mit sich selber ausmachen" (287). Da sie dies als besonders schwere Belastung erlebt hat, bewertet sie gerade diesen Abschnitt des Pflegeverlaufs mit „mangelhaft".

– Als besonders belastend werden in einigen Fällen die Pflicht zur andauernden Verfügbarkeit zu fast jeder Tages- und Nachtzeit sowie eine starke Unberechenbarkeit von eintretenden Veränderungen beschrieben. Frau Frosch beschreibt die Zeit zu Hause auch zwischen den eigentlichen pflegerischen Aufgaben, die bei der Betreuung ihrer Schwiegermutter anfallen, folgendermaßen:

> „Dieser mentale Stress, dieses immer so, Ohren in ‚Habtachtstellung'. Was könnte jetzt schon wieder sein ..." (Frau Frosch, 124)

Die Bewertung durch die Befragten unterscheidet sich außerdem nach dem persönlichen *Bezugspunkt*, den Pflegende für die Benotung ihrer Belastungssituation heranziehen. Viele setzen ihre aktuelle Situation in Relation zu dem Gesundheits- bzw. Befindlichkeitszustand vor Beginn der Pflege, da sie diesen als „Normalzustand" begreifen. Einige empfinden sich vergleichsweise kaum stärker belastet als zuvor, sie vergeben für sich dann tendenziell die Note „gut". Andere fühlen sich im Vergleich dazu heute (etwas) stärker belastet – sie vergeben für sich dann tendenziell ein „befriedigend" oder „ausreichend":

> „Es ist schwerer. Einfach schwerer. Befriedigend." (Frau Groß, 268)

> „Im Augenblick ... bin ich schon belastet [...] Ich habe im Augenblick ein bisschen gesundheitliche Probleme mit dem Blutdruck und führe das schon auf diesen Stress zurück [...] Im Augenblick ist es ein bisschen zu viel. Also würde ich im Augenblick eine Vier geben." (Herr Sommer, 258)

Andere gehen bei der Bewertung ihrer Befindlichkeit ganz anders vor: sie gehen gedanklich von einem schlechtestmöglichen Belastungszustand aus – dem Moment etwa, wo sie zusammenbrechen würden und die Pflege gar nicht mehr übernehmen könnten – und stellen im Vergleich zu diesem gedachten „Worst Case" fest, dass es ihnen momentan doch noch relativ gut geht. So auch Frau Peters, Lehrerin, die ihren nach Schlaganfall halbseitig gelähmten Ehemann mit großem Engagement und großem Zeitaufwand neben einer wöchentlichen Gesamtarbeitszeit von rund 60 Stunden pflegt, ihren Belastungszustand insgesamt aber dennoch mit einem „ausreichend" bewertet. Denn:

> „Ich bin noch nicht am absoluten Limit ... ‚Vier'." (Frau Peters, 245)

Herr Schwan, teilzeitbeschäftigter und alleinerziehender Polizist, der seine schwerstbehinderte Tochter pflegt, sagt von sich, dass er belastungsmäßig bereits „am Limit" sei (275). Dennoch gibt auch er sich noch die Note „ausreichend" für seine aktuelle Befindlichkeit, unter Verweis darauf, dass er die Pflegesituation immerhin noch aus eigener Kraft bewältigen kann:

> „Nein, ‚Sechs' so viel ist es noch nicht. Bei ‚Sechs' müsste ich die Pflege abgeben [...] Aber ‚Vier' würde ich schon sagen. Dass ich wirklich Federn gelassen habe ... dass ich mir viele Sachen gar nicht mehr merken kann. Durch die wenigen Stunden Schlaf und so." (Herr Schwan, 277)

Nach einem Tiefpunkt im Pflegeverlauf oder auch im eigenen Befinden neigen einige Befragte dazu, die eigene Lebens- oder Belastungssituation in der sich anschließenden Phase sehr positiv zu beurteilen. Hier zeigt sich ein gewisser *Zweckoptimismus* der Befragten: im Vergleich zu vergangenen, weitaus schwierigeren Zeiten, sieht die Gegenwart gleich gar nicht mehr so düster aus. Immerhin geht es jetzt schon etwas besser als noch vor einigen Wochen oder Monaten. So auch das Argument von Frau Keller, neben der Pflege ihres schwerstkranken Partners in Vollzeit berufstätig, die ihr Befinden vor zwei Monaten noch mit einem „ungenügend" bewertet hätte.

> „Also wenn Sie mich das im Juni gefragt hätten, hätte ich eine ‚Sechs' gesagt. Ich war am Limit. Jetzt nach dem Urlaub muss ich sagen, okay, eine ‚Zwei'. Ich bin jetzt wieder gut drauf. Die psychische Belastung ist im Moment nicht da, weil ich sehe, es geht vorwärts [...] Mein Mann wollte sterben. Ich habe ihn jetzt daran gehindert. Ich habe ihm sein letztes Mittel genommen, um zu sagen, ich möchte nicht mehr. Das war für mich eine extreme psychische Belastung. Habe ich das jetzt richtig gemacht?" (Frau Keller, 370)

Obwohl für Frau Oberpölling die Betreuung der Tochter mit Down-Syndrom, neben ihrer anspruchsvollen Tätigkeit als technische Ingenieurin bei einem Automobilhersteller, einige Belastungen mit sich bringt, entschließt sie sich dennoch, ihre eigene Belastungssituation mit der Schulnote „gut" zu bewerten. Dies überrascht angesichts der Tatsache, dass Frau Oberpölling selbst chronisch krank ist und nur eingeschränkt laufen kann. Sie beschreibt, dass sie inzwischen gelernt hat, mit ihren Belastungen besser umzugehen – und sich dementsprechend heute *besser* fühlt als in den vergangenen Monaten.

> „Ich habe schon immer sehr dazu geneigt, meine eigenen Belange ganz hintenan zu stellen. Und das ist natürlich für die eigene Gesundheit nicht gerade förderlich [...] Und ich habe jetzt auch so viel gelernt und lernen dürfen, dass ich jetzt eigentlich die Oberhand habe, meine ich." (Frau Oberpölling, 518)

Auf einen solchen positiven „Lerneffekt" bezieht sich auch Frau Hanse, die ihren schwer pflegebedürftigen, im Rollstuhl sitzenden Ehemann pflegt.

> „Ich trainiere ja schon zwei Jahre. Eigentlich würde ich sagen eine ‚Zwei'." (Frau Hanse, 246)

Allerdings tritt mit zunehmender Dauer der Pflegesituation bei einigen der von uns befragten Pflegenden offenbar eine Gewöhnung an die Mehrfachbelastung durch Beruf und Pflege ein, so dass sie Gefahr laufen, die eigenen Belastungen gar nicht mehr in vollem Ausmaß zu registrieren. Wie viele andere berichtet auch Frau Zweig, die seit mehr als acht Jahren ihre demenzerkrankte Mutter pflegt und als Honorarkraft ca. 18 Stunden die Woche arbeitet, über ihren Gesundheitszustand:

> „Also ich bin hoch belastet ... Ich bin so belastet, dass ich das schon gar nicht mehr mitkriege. Ich stehe ständig unter Strom. Man sieht es mir nicht an, ich wirke immer so ruhig und gelassen ... Aber ich bin hoch belastet." (Frau Zweig, 264)

Dennoch benotet sie aktuelle Befindlichkeit abschließend mit der Schulnote „ausreichend":

> „Ich kriege es einfach nicht mehr so mit. Das ist für mich normal. Weil ich das so lange schon mache [...] Ich würde sagen, eine ‚Vier' vielleicht." (Frau Zweig, 264)

Diese Gewöhnung und die damit verbundene Vernachlässigung des eigenen Wohlbefindens haben gefährliche Auswirkungen auf die Gesundheit pflegender Beschäftigter. In den meisten Fällen beginnt es mit Schlafmangel, der verbunden mit anhaltenden Stresssituationen nicht ohne gesundheitliche Folgen bleibt. Ein Zusammenbruch und ein Eingestehen der Überforderung und der mangelhaften Lebensqualität erfolgen häufig erst in einer Ruhephase oder nach Ende der Pflegesituation.

Insgesamt muss festgehalten werden, dass sich gewisse Einbußen an Lebensqualität in Folge der Übernahme von Pflegeaufgaben nicht vermeiden lassen. Eine Pflegesituation bedeutet fast immer finanzielle Einbußen durch die zusätzlichen Ausgaben für Pflegeleistungen oder Sachmittel sowie eine Reduzierung bei den persönlichen Erhol- und Eigenzeiten der Pflegenden und oftmals auch ihrer Paar- bzw. Familienzeiten. Etwas drastisch formuliert bricht Frau Hammer dies auf eine kurze Formel herunter, besteht aber trotzdem weiterhin darauf, ihre Mutter zu Hause selbst zu betreuen, statt sie in ein Pflegeheim zu geben.

> „Wenn ich privat pflege – ich mache immer einen Verlust. Grundsätzlich immer." (Frau Hammer, 408)

Allerdings – auch das zeigen die Beispiele aus den Interviews – heißt dies nicht, dass sich aus Pflegesituationen nicht gleichzeitig auch Bestätigung, Anerkennung, Zufriedenheit, Selbstbestätigung oder positive Lerneffekte ergeben würden.

4.5.5   Die Wünsche und Vorstellungen der Beschäftigten

Insgesamt lassen sich die Wünsche und Vorstellungen der Beschäftigten mit privater Pflegeverantwortung zu drei großen Themenblöcken zusammenfassen: Wünsche in Bezug auf die (arbeits)kulturelle Ebene im Betrieb, Vorstellungen bezüglich der Arbeitszeiten und schließlich Wünsche und Vorstellungen in Bezug auf die Arbeitsorganisation. Die Themenblöcke lassen sich dabei inhaltlich nicht immer klar voneinander trennen, vielmehr überlappen und beeinflussen sie sich gegenseitig. Dennoch ist eine Unterscheidung dieser drei Ebenen sinnvoll und wurde auch für das Konzept pflegesensibler Arbeitszeiten beibehalten.

Neben den Aussagen in den Interviews wird für dieses Kapitel auch die Auswertung der Kartenabfrage herangezogen. Alle Interviewten konnten nach dem Gespräch aus einem Katalog von 23 betrieblichen Maßnahmen ihre „Top Drei" wählen. Das Ergebnis dieser Abfrage ist in Abbildung 4.3 dargestellt.

Abb. 4.3: Gewünschte betriebliche Maßnahmen (n = 290)

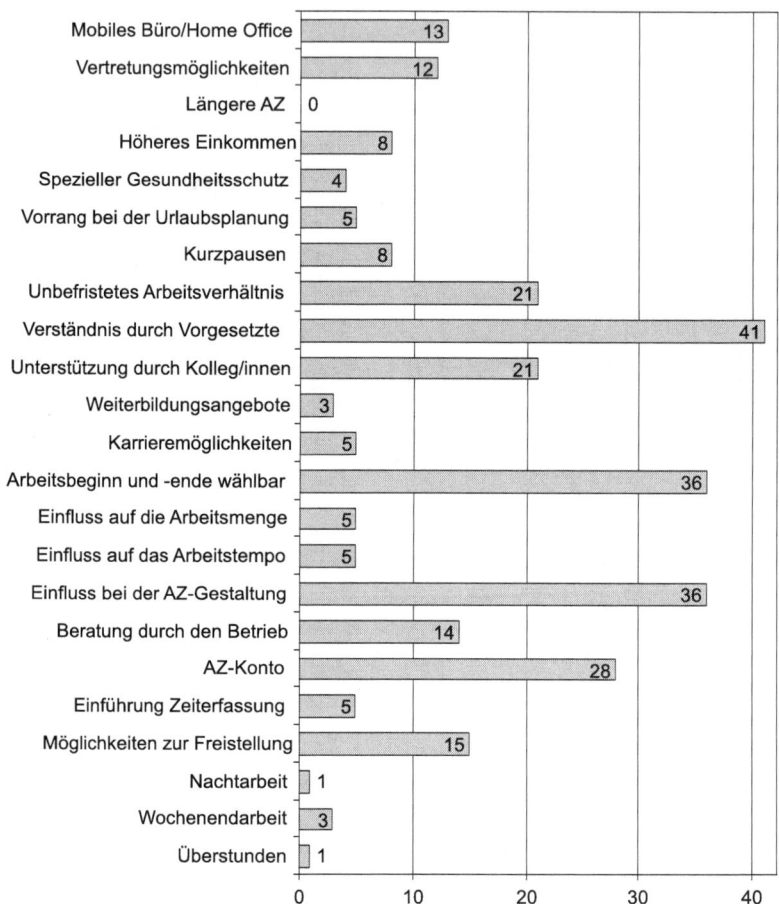

Anmerkung: Eine Person mit fehlenden Angaben. Befragte auch mit mehr bzw. weniger als drei Nennungen.

Eingangs muss festgestellt werden, dass die Erwartungen an den Betrieb seitens pflegender Beschäftigter insgesamt sehr gering ausfallen, sofern diese überhaupt vorhanden sind. Anders als bei der Vereinbarkeit von Familie und Beruf ist es für viele der Interviewpartner/innen keine Selbstverständlichkeit, dass im Betrieb das Thema Pflege stattfindet, als (ebenso) wichtig erachtet wird und der Arbeitgeber damit ein potentieller Ansprechpartner und ein Adressat für Veränderungswünsche und Entlastungsstrategien sein könnte. Frau Keller, die als Polizeiangestellte ihren Partner pflegt, drückt dies so aus:

> „Man kann jetzt nicht vom Arbeitgeber erwarten, dass er sagt, wir machen mal was, wenn einer pflegt [...] das weiß ich nicht, ob das beim Arbeitgeber richtig angesiedelt ist." (Frau Keller, 380)

Die meisten pflegenden Beschäftigten suchen daher – auch angesichts des Mangels an betrieblichen und kollektiven Lösungen – von Beginn der Pflegesituation an individuelle und informelle Wege mit dem Nebeneinander von Pflege und Beruf umzugehen. Diese gehen – wie beschrieben – häufig zu Lasten des eigenen Wohlbefindens und der eigenen Gesundheit. Der Gedanke, dass Arbeitgeber/innen auch ein Eigeninteresse an einer funktionierenden Vereinbarkeit von Pflege und Beruf für ihre Beschäftigten haben könnten, kommt selten auf. Dennoch beziehen sich die im Rahmen der Interviews artikulierten Wünsche und Vorstellungen der Beschäftigten mit privater Pflegeverantwortung in ihrer großen Mehrheit auf Veränderungen und Verbesserungen, die an die Arbeitswelt und damit Betrieb gerichtet sind.

Betriebskultur

Auf Ebene der Betriebskultur wünscht sich die Mehrheit der pflegenden Beschäftigten vom Betrieb an erster Stelle ein grundlegendes Verständnis für die persönliche Pflegesituation. Dazu gehört zuerst, dass die zusätzliche Belastung der Beschäftigten durch die Pflege wahrgenommen und ernstgenommen und zum Thema gemacht wird.

> „Anerkennung von Pflegesituationen [...] sich damit auseinanderzusetzen, was das für Beschäftigte heißt und darauf zu gucken, wie kann man [...] flexibler reagieren?" (Frau Höhn, 260)

Pflege als Thema in der Betriebskultur zu etablieren, ist Wunsch der meisten pflegenden Beschäftigten in unserem Sample. Wie schon beschrieben wurde, schätzen sie die Abwechslung und Ablenkung durch die Erwerbsarbeit und den Betrieb als pflegefreien Bereich. Gleichzeitig möchten sie dort als „ganzer Mensch" – d.h. mit privaten Bindungen, Verantwortungen und Belastungen – wahrgenommen werden.

In einem zweiten Schritt wünschen sich pflegende Beschäftigte, wie Frau Höhn es beschreibt, eine gewisse Flexibilität oder ein Entgegenkommen von Seiten des Betriebes. Welche zentrale Rolle die direkten Vorgesetzten dabei spielen, verdeutlicht Frau Hanse, die als Arbeiterin in der chemischen Fertigung beschäftigt ist und ihren Mann pflegt.

> „Dass mein Vorgesetzter hinter mir steht und sagt, wenn was ist, ruf einfach nur an. Du musst dich nicht rechtfertigen. Sage nur, deinem Mann geht es nicht gut und hinterher können wir immer reden, wie wir das abrechnen." (Frau Hanse, 254)

Letztlich sind es die Führungskräfte, die einerseits mit den fehlenden Möglich-keiten für eine gelingende Vereinbarkeit von Beruf und Pflege von Seiten der Beschäftigten konfrontiert werden und andererseits die Vorgaben und Leitbilder der Unternehmen in ihrem Zuständigkeitsbereich umsetzen müssen. Führungs-kräften kommt daher eine besondere Rolle zu, wenn es um die generelle Etablie-rung einer pflegesensiblen Betriebskultur geht. Doch auch im Einzelfall haben sie Gestaltungsspielraum, der – entgegen einer konservativen Betriebskultur – zu pflegefreundlichen Arbeitsbedingungen in ihrem Zuständigkeitsbereich füh-ren kann. Dessen sind sich auch die Interviewten bewusst. „Verständnis durch Vorgesetzte" ist bei allen pflegenden Beschäftigten in unserem Sample die am häufigsten gewünschte betriebliche Maßnahme – unabhängig ihres Geschlechts, des Haupt- oder Nebenpflegestatus, der Frage nach prekärer Beschäftigung oder eines gemeinsamen Haushalts mit der gepflegten Person. 41 Mal wurde diese Maßnahme in die „Top Drei" gewählt (siehe Abb. 4.3).

Die pflegenden Beschäftigten orientieren sich bei ihrem Wunsch das Thema Pflege in die Betriebskultur und damit in den betrieblichen Alltag zu integrieren, automatisch an der Thematik der Vereinbarkeit von Familie und Beruf. Die Pro-blematik der Fürsorgeverantwortung gegenüber hilfsbedürftigen Menschen hat im direkten Vergleich mit der Betreuung und Erziehung von Kindern nach den Aussagen der Befragten jedoch noch deutlichen Nachholbedarf, findet auch Herr Neuss, leitender Angestellter mit einer pflegebedürftigen Mutter mit Blick auf seinen Arbeitgeber.

> „Also wir machen schon, was Kinderbetreuung anbelangt, einiges. Bei der Pflege,
> meine ich, sind wir noch in den Kinderschuhen. Da müsste man vielleicht mehr
> tun." (Herr Neuss, 224)

Neben dem Betrieb als Ganzes und den Vorgesetzten im Speziellen, nehmen auch die Arbeitskolleg/inn/en einen wichtigen Stellenwert ein. Die Interviewten wünschen sich ein gutes Arbeitsklima mit den Kolleg/inn/en und einen vertrau-ensvollen und unterstützenden Umgang miteinander. Bei der Frage nach den gewünschten betrieblichen Maßnahmen liegt „Unterstützung durch Kolleg/in-n/en" auf Platz fünf (vgl. Schaubild 4.3). Oftmals ist der Zusammenhalt mit den Kolleg/inn/en für die pflegenden Beschäftigten im betrieblichen Alltag sogar Voraussetzung, die Pflegesituation zu meistern. So beschreibt es zumindest Frau Möwen, die ihre Mutter pflegt und in Vollzeit bei einem Wohlfahrtsverband beschäftigt ist.

> „Das finde ich ganz ... wenn man ein schlechtes Arbeitsklima hätte, dann würde
> ich das nicht mehr schaffen. Das sagen wir unter uns, das ist eben ganz wichtig.
> Auch für die anderen." (Frau Möwen, 409)

Viele pflegende Beschäftigte wünschen sich den Betrieb als „sozialen Ort", an dem sie sich mit Kolleg/inn/en austauschen können und wo das Betriebsklima von Verständnis und Entgegenkommen geprägt ist.

Darüber hinaus wünschen sich die Interviewten besondere betriebliche Angebote für pflegende Beschäftigte und bringen dabei vielfältige Ideen auf den Tisch, die sich sowohl auf Einzelfalllösungen als auch auf kollektive Regelungen beziehen.

> „Dass vielleicht irgendwo für so eine Extremsituation das Arbeitsverhältnis ich will nicht sagen aufgelockert wird, aber vielleicht ein bisschen entgegengekommen wird [...] dass dann halt automatisch [...] die doppelte Zahl von Urlaubstagen zur Verfügung gestellt wird, dass die Arbeitszeit runtergeschraubt wird bei gleichem Lohnausgleich." (Herr Lade, 425)

Wie an dem Zitat von Herrn Lade, Polizeibeamter mit einer pflegebedürftigen Partnerin, bereits abzulesen ist, beziehen sich die meisten Wünsche und Vorstellungen pflegender Beschäftigter auf die Arbeitszeiten.

Arbeitszeiten

Ganz oben auf der Wunschliste der Befragten in unserem Sample in Bezug auf Arbeitszeiten steht mit 36 Nennungen „Einfluss bei der Arbeitszeitgestaltung" gleichauf mit „Arbeitsbeginn und Arbeitsende wählbar" (vgl. Abb. 4.3). Das bedeutet, dass die Befragten großen Wert auf eine bedarfsgerechte und *durch* sie bestimmte Flexibilität der Arbeitszeiten legen – vor allem morgens bei Arbeitsbeginn und nachmittags bei Arbeitsende.

Nur auf den ersten Blick widersprüchlich klingen dazu die Wünsche und Vorstellungen, die die Befragten im Rahmen der Interviews artikulieren. Dort wird Wert auf regelmäßige Arbeitszeiten gelegt – wie von Frau Sand-Seehausen, die ihre Schwiegermutter pflegt und in einem Möbelhaus arbeitet.

> „Regelmäßige Arbeitszeiten wären gut, weil man einfach ein bisschen Ordnung und auch Zuverlässigkeit hätte. Und ein bisschen einen Rhythmus rein bringt." (Frau Sand-Seehausen, 061)

Zusätzlich wünschen sie sich zuverlässige Arbeitszeiten, die nicht kurzfristig und unangekündigt vom Betrieb verändert und verschoben werden können – wie Frau Lomasch, Verkäuferin im Warenhaus und Mutter eines pflegebedürftigen Sohnes.

> „Feste Arbeitszeiten. Also geregelte, feste Arbeitszeiten [...] so dass man ja einfach langfristiger planen kann." (Frau Lomasch, 275)

Eine langfristige Planung, aufbauend auf regelmäßigen und zuverlässigen Arbeitszeiten, ist für die meisten Beschäftigten mit privater Pflegeverantwortung eine notwendige Voraussetzung, um das Nebeneinander von Beruf und Pflege leisten zu können. Darüber hinaus benötigen die Pflegenden aber auch Einflussmöglichkeiten und Freiräume für Selbst- bzw. Mitbestimmung der Arbeitszeiten, die sie bedarfsorientiert geltend machen können.

Überraschend war die große Ambivalenz, die Überstunden für pflegende Arbeitnehmer/innen haben. Sie sind auf der einen Seite häufig ein Hindernis für die Vereinbarkeit von Pflege und Beruf. Etwa wenn sie als ungewollte Zusatzzeit auf der Basis eines Vollzeitarbeitsplatzes die Wochenarbeitszeit in die Höhe treiben. Auf der anderen Seite sind sie als zeitliche Dispositionsmasse sehr willkommen – vor allem auf der Basis einer reduzierten Wochenarbeitszeit in Verbindung mit Zeitkonten: Immer wieder wurde berichtet, dass Überstunden willkommen sind, um das Zeitkonto aufzufüllen und sich damit Zeitpuffer zu schaffen. Vorzugsweise für die Erledigung bestimmter Aufgaben im Pflegezusammenhang, wie für Arztbesuche mit der pflegebedürftigen Person oder für unerwartete Ereignisse im Pflegealltag. Weniger dagegen, um sich bei Bedarf ausruhen zu können. Hier zeigt sich also versteckt ein großer Bedarf an betrieblichen Auszeiten und Freistellungen (vgl. Abb. 4.3). Die Vorstellungen der pflegenden Beschäftigten, Freistellungen zu nutzen, beziehen sich sowohl auf einen kurzfristigen Zeitraum, d.h. tägliche oder wöchentliche Freistellungen als auch auf langfristige, mehrmonatige Zeiträume.

> „Ganz traumhaft wäre ein freier Tag, angekoppelt ans Wochenende, dass man ein bisschen am Stück [frei hat]." (Frau Höhn, 238)

> „Ein halbes Jahr wäre ideal." (Herr Lade, 363)

Auffällig ist, dass der Wissensstand hinsichtlich der bereits bestehenden gesetzlichen Regelungen zum Teil mangelhaft ist. So wünscht sich etwa auch Frau Fischer, die als Fahrlehrerin arbeitet und ihren Vater pflegt, eine *unbezahlte* mehrmonatige Freistellung von der Erwerbsarbeit in einem Rahmen, den ihr die gesetzliche Pflegezeit bereits heute zugesteht.

> „Wenn es einfach Gesetze geben würde, die das festhalten würden, dass man einen Pflegeaufwand betreibt und für diese Zeit in irgendeiner Weise freigestellt wird. Das heißt ja nicht, dass derjenige hier [der Arbeitgeber] weiter zahlen muss [...] aber dass man einfach unbezahlten Urlaub nimmt." (Frau Fischer, 292)

Um ihren Bedarf an Freistellungen von der Arbeit realisieren zu können, nutzen viele pflegende Beschäftigte ihre Urlaubstage oder möchten gerne bewusst Überstunden auf ihrem Arbeitszeitkonto ansammeln, um für den Notfall davon zehren zu können (vgl. Kap. 4.4.2). So auch Herr Bellscheidt, leitender Kriminalbeamter in Vollzeit, der bereits seine Mutter pflegte und nun seinen Vater betreut, und hier einen ausgedehnteren Verfügungsrahmen wünscht.

„Es wäre schön, wenn wir unsere Überstunden mehr ansammeln könnten [...] weil wir dürfen ja zurzeit nur 20 Überstunden ansammeln und die dann nehmen. Dass man, wenn eine Bescheinigung da wäre [...] Vater pflegen, dass ich das auf 80 Stunden wenigstens legen kann und dann auch problemlos mal zwei Tage, drei Tage eben nicht da bin." (Herr Bellscheidt, 023)

Vor diesem Hintergrund wird der Verfall von Überstunden ohne (zeitlichen) Ausgleich von den meisten pflegenden Beschäftigten kritisch gesehen, wie Herr Sommer, leitender Bankangestellter mit Pflegeverantwortung gegenüber seiner Mutter verdeutlicht.

„Ich muss nicht auf jede Stunde achten, aber im Prinzip will ich nicht, dass ich hier Tage arbeite und es wird abgeschnitten und es ist weg. Dafür ist meine Situation einfach zu angespannt insgesamt." (Herr Sommer, 054)

Zusammenfassend lässt sich sagen, dass hinter den meisten Freistellungswünschen die Vorstellung steht, im Betrieb auch kurzfristig unbürokratische Lösungen für die Abwesenheit von Arbeitsplatz finden zu können. Herr Schwan, Beamter und Vater einer pflegebedürftigen Tochter, betont, welche zentrale Rolle Vorgesetzte diesbezüglich einnehmen.

„Anrufen: ‚Es geht nicht, ich kann morgen nicht', ‚alles klar' – aber wie gesagt, das liegt an dem jeweiligen Chef." (Herr Schwan, 072)

Dieser Wunsch wird auch bei der Frage nach den gewünschten betrieblichen Maßnahmen deutlich, bei der „Einfluss auf die Arbeitszeitgestaltung" auf Platz zwei steht – ein „Arbeitszeitkonto", für viele das betriebliche Arbeitszeitinstrument, dass diese selbstbestimmte Flexibilität erst ermöglicht, nimmt Platz vier ein (vgl. Abb. 4.3).

Die große Mehrheit der pflegenden Beschäftigten im Sample wünscht sich eine Arbeitszeitverkürzung. Auch bei der Kartenabfrage bezüglich der gewünschten betrieblichen Maßnahmen wird dies deutlich Vollzeit Erwerbstätige wünschen sich dabei überwiegend eine Reduktion auf ca. 30 Wochenarbeitsstunden. Wichtig ist den Interviewten dabei, dass sie nicht langfristig auf eine Teilzeitstelle gesetzt werden, sondern diese Arbeitszeitreduktion von Beginn an zeitlich befristet und damit auch wieder auf Vollzeit angehoben wird, wenn die private Pflegesituation beendet ist.

„Dass man sagt, man reduziert von 40 auf 30 Stunden [...] dass man sagt, man möchte das vorübergehend gerne so machen und danach wieder auf eigenen Wunsch die Arbeitszeit erhöhen." (Herr Lade, 351)

Die Führungskräfte im Sample betonen diesbezüglich, dass im Regelfall schon die bloße Einhaltung der Regelarbeitszeit einer wöchentlichen Arbeitszeitreduktion gleichkäme und damit eine Entlastung bieten würde.

Arbeitsorganisation

Bezüglich einer Arbeitsorganisation, die die Vereinbarkeit von Beruf und Pflege erleichtern würde, wünscht sich die Mehrheit der Interviewten eine Flexibilisierung von Arbeitsformen. In Abbildung 4.3 wurde „Mobiles Büro/Home Office" auf Platz 9 von 23 gewünschten betrieblichen Maßnahmen gewählt. Auch im Interview wird das Thema Telearbeit und „Home Office" häufig angesprochen. So wünscht sich beispielsweise Frau Keller, in Vollzeit beschäftigte Sachverständige bei einer Polizeibehörde, mehr von zu Hause aus arbeiten und so der Pflegeverantwortung gegenüber ihren Partner besser gerecht werden zu können.

> „Wir haben jetzt den Antrag erst mal gestellt. Also das würde mir sehr entgegenkommen [...] angedacht sind zwei Tage zu Hause, drei Tage hier." (Frau Keller, 083/091)

Wie bei der Arbeitszeitreduktion beschränkt sich der Wunsch der pflegenden Beschäftigten nach flexibleren Arbeitsformen auf den Zeitraum der Pflege. Sie würden sich mit einer befristeten Regelung durchaus zufriedengeben, wie die in Vollzeit erwerbstätige Pflegende, Frau Maibach, verdeutlicht.

> „Zumindest solange die Situation so ist. Das könnte man sofort wieder ändern, wenn sich die Situation ändert." (Frau Maibach, 421)

Voraussetzung dafür wäre eine breitere Akzeptanz von Heimarbeit seitens der Betriebe. Einige Befragte, wie zum Beispiel Herr Sommer, sehen an diesem Punkt noch Handlungsbedarf.

> „Akzeptanz von Heimarbeit, die ist hier eher restriktiv. Das wird zwar offiziell vielleicht nicht so gesagt, aber [...] es wird schon immer als Entgegenkommen gesehen." (Herr Sommer, 262/264).

Ein weiterer Wunsch hinsichtlich der Arbeitsorganisation betrifft Vertretungsregelungen, ihr Vorhandensein und Funktionieren. In der Abfrage landet diese gewünschte betriebliche Maßnahme auf Platz 10 (vgl. Abb. 4.3).

Nach den Wünschen und Vorstellungen der pflegenden Beschäftigten stellt sich abschließend die Frage, wie sich die Interviewpartner/innen ihre eigene Zukunft in pflegerischer und beruflicher Hinsicht vorstellen. In Bezug auf die private Pflegesituation unterscheiden sich die Einschätzungen in Abhängigkeit von der pflegebedürftigen Person stark voneinander. Beschäftigte, die ihre Eltern pflegen, gehen mehrheitlich davon aus, dass sich die Pflegesituation eher verschlechtern wird. Die meisten Befragten gehen davon aus, dass sie ihre Eltern bis zum Tod pflegen. Das bedeutet allerdings nicht, dass sich die Pflegenden aktiv und bewusst damit auseinandersetzen, ob ihr Arbeits- und Pflegearrangement dauerhaft trägt. Beschäftigte, die ihre erkrankten Partner/innen pflegen, hoffen auf eine schnelle Genesung und eine Rückkehr in den Alltag hoffen.

Pflegende mit dauerhaft pflegebedürftigen Partner/inne/n, etwa nach einem Unfall oder Schlaganfall, verfolgen nicht selten die Strategie „Augen zu und durch" (vgl. Kap. 4.4.). Berufstätige Eltern, die ihre Kinder pflegen, setzen sich dagegen sehr bewusst mit ihrer Situation der langfristigen Pflegeverantwortung auseinander und beschäftigten sich mit Fragen, wie sie sich grundsätzlich allen Eltern – wenn auch in anderem Umfang – stellen. Dies sind etwa Fragen der Kinderbetreuung und die grundsätzliche Einstellung zu Erwerbstätigkeit als Elternteil oder ihrem angemessenen Umfang.

Hinsichtlich der beruflichen Zukunft gehen die Wünsche und Vorstellungen der Beschäftigten nicht sehr auseinander. Die überwiegende Mehrheit geht davon aus, dass sich an ihrer beruflichen Situation weder im positiven noch im negativen Sinne etwas ändert. Wie Frau Lomasch setzen sich überraschend wenig Interviewpartner/innen konkret mit der beruflichen Zukunft auseinander:

> „Da habe ich noch gar nicht drüber spekuliert. Ich denke mal, es wird sich nichts ändern an der Situation [...] kann ich mir nicht vorstellen." (Frau Lomasch, 251)

Einige pflegende Beschäftigte setzen sich jedoch mit dem Ende des eigenen Erwerbsarbeitslebens auseinander und denken über die Möglichkeit nach, sich vor dem üblichen Renteneintrittsalter zur Ruhe zu setzen. Das Thema Rente oder Pension ist daher für viele pflegende Beschäftigte greifbar nahe.

> „In fünf Jahren arbeite ich nicht mehr." (Frau Kerbel, 357)

Für einige Pflegende stellt sich auch die Frage, ob sie es angesichts der Belastungen in Beruf und Pflege überhaupt schaffen, bis zum Renteneintritt erwerbsfähig zu bleiben.

5 Erwerbsarbeit und private Pflege – aus Sicht der Expert/inn/en

Wie in Kapitel 3.2.2 dargelegt, wurden insgesamt siebzehn Interviews mit Expert/inn/en aus Arbeitswelt und Pflege geführt. Ziel der Expert/inn/enbefragungen war es, die Besonderheiten pflegesensibler Maßnahmen in Betrieben herauszuarbeiten und von sonstigen familienfreundlichen Maßnahmen abzugrenzen.

5.1 Betriebskultur

Unter den Expert/inn/en aus Arbeitswelt und Pflege besteht weitgehende Einigkeit darüber, dass das Thema Pflege in Betrieben mit einem Tabu behaftet ist. Während viele Unternehmen im Bereich der Kinderbetreuung eine ausdifferenzierte Vereinbarkeitspolitik bieten, bleibt die Vereinbarkeit von Beruf und Pflege unterbelichtet. Aus der Perspektive einiger betrieblicher Expert/inn/en wird dies mit einer Unsicherheit im Umgang mit dem Thema Pflege erklärt. Auch Wissenslücken unter Mitarbeiter/inne/n und Führungskräften werden für das Ausblenden des Themas angeführt. So wissen die Beschäftigten zum einen häufig nicht, wie die rechtlichen und versicherungstechnischen Bedingungen der Pflege aussehen, welche Möglichkeiten sie bei der Vereinbarkeit von Beruf und Pflege haben und welche betrieblichen und örtlichen Pflegeeinrichtungen und Pflegeangebote es gibt. Die Ausblendung des Themas Pflege führt dazu, dass Beschäftigte häufig erst spät, d.h. bei Eintreten eines Notfalls, handeln:

> „Ich sage immer, Pflege ist wie Zahnarzt. Man geht da erst hin, wenn es wehtut." (Exp. 16)

Zum anderen ist auch der Leitungsebene vieler Betriebe nicht bekannt, wie viele ihrer Beschäftigten überhaupt Pflegeverantwortung übernehmen und was den Mitarbeiter/inne/n mit Pflegeverantwortung helfen würde.

> „Die meisten Unternehmen wissen eigentlich gar nicht, was ist bei ihren Beschäftigten los ist, gerade beim Thema Pflege. Das läuft irgendwie, die machen das irgendwie. Und vielleicht kommt dann eine Kündigung oder jemand ist häufiger oder andauernd krank, vielleicht auch stärker erkrankt, ohne dass man weiß, warum die Person krank ist, weil eine permanente Überforderungssituation da ist. Wenn ich dagegen weiß, was die Beschäftigten eigentlich berührt, wenn ich also wie ein Unternehmer denken würde, dann könnte ich gucken, welche Möglichkeiten ich überhaupt habe. Vielleicht sind es auch nur kleine Möglichkeiten, je nach Grad der Pflegebedürftigkeit oder Betreuungsform. Aber auch dadurch kann

ich vielleicht entlastend für meine Beschäftigten wirken und gute Mitarbeiter halten, die mir sonst irgendwann wahrscheinlich ausfallen würden." (Exp. 4)

Die Ausprägung der Tabuisierung des Themas Pflege schwankt deutlich zwischen den Unternehmen. In einigen Betrieben gibt es auf allen Ebenen, d.h. unter Kolleg/inn/en im Betriebsrat und auf der Führungsebene, so gut wie keinen Austausch über die Pflege von Angehörigen. Besonders gilt dies in männerdominierten Arbeitsbereichen, wie z.B. dem Straßenbau oder bei der Polizei. In anderen Betrieben ist der Austausch über die eigene Betroffenheit durch Pflegeaufgaben zwischen Beschäftigten bzw. zwischen Beschäftigten und Arbeitgeber durchaus üblich. In Letzteren gibt es zumeist eine Vielzahl von Maßnahmen und Angeboten, die das Thema Pflege im Betrieb „sichtbar" machen. In einigen Fällen sind es die Beschäftigten selbst, die initiativ handeln und das Thema Pflege in den Unternehmensalltag einbringen. Dies ist insbesondere in Unternehmen der Fall, die ganz allgemein stark auf die Partizipation von Mitarbeiter/inne/n an der Unternehmenskultur setzen, etwa über „Diversity"-Strategien (z.B. Automobilhersteller, Pharmahersteller). Oder in Betrieben, die allgemein für eine „familienfreundliche" Vereinbarkeitspolitik stehen und sich bereits seit vielen Jahren im Bereich der Vereinbarkeit von Beruf und Familie engagieren (z.B. Bank, Chemieunternehmen).

Während einige der Expert/inn/en aus Arbeitswelt und Pflege es als Aufgabe von Führungsebene Beschäftigten gleichermaßen betrachten, der Tabuisierung des Themas Pflege entgegen zu wirken, sehen andere Expert/inn/en es als vorrangige Aufgabe der Führungskräfte an, die Bewusstseinsbildung über die Pflege von Angehörigen voranzutreiben. In jedem Fall wird es als sinnvoll erachtet, wenn Führungskräfte in Trainings für die Bedürfnisse und Nöte ihrer Mitarbeiter/innen mit Pflegeverantwortung sensibilisiert und über verschiedene Maßnahmen, die Beschäftigte mit Pflegeverantwortung unterstützen, informiert werden. Befragungen unter den eigenen Beschäftigten sind nützlich, um Wissenslücken im eigenen Betrieb zu schließen. Dies wird zum Teil kontrovers diskutiert. So erachten es einige Expert/inn/en für besser, vom statistischen Alter der Beschäftigten auszugehen und in Abhängigkeit der Altersstruktur den Mitarbeiter/inne/n die entsprechenden Maßnahmen anzubieten – egal, ob diese Bedarfe anmelden oder nicht.

> „Die Gleichstellungsbeauftragten berichten, wenn sie versuchen das Thema Pflege im Betrieb voranzubringen, dass dann die Personalverantwortlichen immer fragen: ‚Ja, wie viele pflegende Angehörige haben wir denn?' Und da beißt sich die Katze in den Schwanz, weil dann gesagt wird, wir machen im Betrieb oder in der Einrichtung nur was, wenn wir wissen, wie viele pflegende Angehörige überhaupt da sind. So kommt man da nicht dran. [...] Besser ist, einfach mal vom statistischen Alter auszugehen, und zu sagen, zwischen vierzig und sechzig Jahren ist es wahrscheinlich, dass soundsoviel Prozent der Bevölkerung pflegen, das heißt, in

unserer Belegschaft können wir davon ausgehen, dass wir eben auch so viele pflegende Angehörige haben." (Exp. 5)

Um einen offenen Umgang mit dem Thema Pflege im eigenen Unternehmen zu erzielen, wird es zudem als sinnvoll erachtet, wenn Führungskräfte ihre eigenen Erfahrungen aus Pflegesituationen den Beschäftigten zugänglich machen.

Besonders die Pflege-Expert/inn/en weisen auf eine Veränderung in der Wahrnehmung des Themas Pflege in den letzten Jahren hin. Aus ihrer Perspektive hat die Debatte zum Pflegezeitgesetz (PflegeZG) die öffentliche Wahrnehmung der Situation von pflegenden Angehörigen insgesamt positiv gestärkt.

Als wichtig wird es zudem erachtet, bei der betrieblichen Sensibilisierung auch das Geschlecht der Mitarbeiter/innen mit einzubeziehen. Das Thema Pflege wird – wie es auch beim Thema Vereinbarkeit von Beruf und Kind über viele Jahre der Fall war – bisher vorrangig als ‚Frauenthema' betrachtet, sodass betroffene Männer dann ihre eigene Pflegeverantwortung noch seltener offen legen. Die verstärkte Einbindung von Männern in die Pflege führt insgesamt auch zu einer Entlastung der Ehepartner/innen, die ihre Schwiegermütter zum Teil (mit) pflegen.

5.2   Pflegesensible Maßnahmen im Betrieb

Die Spannweite der pflegesensiblen Maßnahmen innerhalb der Unternehmen ist breit. Sie reicht von der Bereitstellung von Informationen zum Thema Pflege und betrieblichen Ansprechpartnern über die Vernetzung von Betrieben mit Pflegedienstleistern und Pflegeeinrichtungen, bis hin zu innerbetrieblichen Regelungen, wie Arbeitszeitregelungen und der Regelung von Pflegeauszeiten.

Bereitstellung von Information

Die Möglichkeit, sich am Arbeitsplatz über die Pflege von Angehörigen zu informieren, sehen allen Expert/inn/en aus Arbeitswelt und Pflege als wichtig an.

Informationen sollten so aufbereitet sein, dass sie Pflegenden einen kompakten Überblick über die entsprechenden Schritte zu Beginn einer Pflegephase geben, über rechtliche und versicherungstechnische Bedingungen informieren und konkrete Ansprechpartner und Anlaufstellen benennen. Die Informationen können über externe Dienstleister und Expert/inn/en in das Unternehmen eingebracht oder von firmeneigenen Mitarbeitergruppen oder Ansprechpartner/innen gestaltet werden.

In einigen Unternehmen werden bereits in unterschiedlichem Maße kreative Wege genutzt, um alle Mitarbeiter/innen zu erreichen – auch jene, die noch nicht von einer Pflegesituation betroffen sind. Über Veranstaltungen während oder außerhalb der Arbeitszeit, Information auf Abteilungs- oder Betriebsratssitzungen, Artikeln in Firmen- oder Mitarbeiterzeitschriften, Intranet, Pinnwände, Video-Clips im TV Shuttle-Bus oder Flyer in Gehaltsabrechnungen bringen Unternehmen (teilweise unterstützt durch „Mitarbeitergruppen", bestehend aus von Pflege betroffenen Mitarbeiter/inne/n) ihren Beschäftigten Informationen rund um das Thema Pflege nahe und erhöhen damit die Sichtbarkeit des Themas Pflege innerhalb der Betriebe.

> „Wir haben so ein Shuttle, der zwischen den Dienststellen hin und her fährt. Und dort ist jetzt ein Bildschirm eingebaut. Da wird dann das Problem häuslicher Notfall gezeigt, und dann sind die ganzen Anlaufstellen aufgeführt. [...] Und die Mitarbeiter, die damit fahren, nutzen die Zeit und informieren sich darüber." (Exp. 6)

Vorhandensein konkreter Ansprechpersonen

Als zweite betriebliche Maßnahme, die Beschäftigte mit Pflegeverantwortung unterstützt, kann die Präsenz von konkreten Ansprechpersonen im Unternehmen oder in den Abteilungen gelten. Diese geben Mitarbeiter/inne/n erste Hinweise zum Thema Pflege und sorgen für Orientierung in der neuen Belastungssituation.

> „Menschen fallen in eine Pflegesituation, relativ unerwartet. [...] Und wenn das so ist, dann ist die Frage: ‚Wer ist greifbar, wer kann mir Tipps geben?' Das wird immer der Pflegestützpunkt, der Pflegeberater, die Krankenkasse oder die Pflegekasse sein. Aber gut ist, im Unternehmen jemanden zu haben, der sagt: ‚Moment, stopp, ich hör mal zu, ich hab schon mal, ich weiß, wie das geht'. Das ist eine Auffangfunktion, da ist das Unternehmen mir vielleicht näher als meine Pflegekasse, was das Vertrauen betrifft." (Exp. 14)

Je nach Unternehmen sind dies Mitglieder des Betriebsrates, Mitarbeiter/innen aus der Personalabteilung oder auch Kolleg/inn/en, die sich in Mitarbeitergruppen selbst organisieren. Die Gründung einer Mitarbeitergruppe ist beispielsweise in jenen Unternehmen leichter, wo betriebliche Strukturen das Eigenengagement ihrer Mitarbeiter/innen begrüßen und fördern. Die Förderung drückt sich z.B. darüber aus, dass den Mitarbeitergruppen finanzielle Mittel für ihr Wirken im Betrieb zur Verfügung stehen (Automobilhersteller), auch in Form von bezahlter Arbeitszeit. Weitere Expert/inn/en aus Arbeitswelt und Pflege sprechen sich hingegen für sogenannte „Pflegebeauftragte" im Unternehmen aus – orientiert am Modell der Frauenbeauftragten – die sich haupt- oder nebenamtlich mit dem Thema Pflege im Betrieb befassen.

Vernetzung mit lokalen und regionalen Pflegedienstleistern

Die Erfahrung der Expert/inn/en zeigt, dass Beschäftigte häufig nicht wissen, wo sie mit der Suche nach Pflegeeinrichtungen oder Pflegedienstleistern beginnen sollen. Wenn das Unternehmen lokale Pflegedienstleister und entsprechende Einrichtungen vermittelt oder externe Dienstleister benennt, kann das für pflegende Beschäftigte sehr hilfreich sein. Einschränkend ist zu berücksichtigen, dass dies nur für Beschäftigte gilt, deren Angehörige in räumlicher, d.h. mindestens regionaler Nähe leben. Für Beschäftigte, deren Angehörige in einem anderen Bundesland leben, stellt die Suche nach geeigneten Pflegeeinrichtungen oft ein großes Problem dar. Netzwerke von Unternehmen oder Pflegedienstleistern müssen daher deutschlandweit ausgeweitet werden.

Ein Experte aus dem Bereich der Pflegedienstleistungen weist zudem darauf hin, dass auf Seiten der Unternehmen nach wie vor große Vorbehalte bestehen, mit externen Servicedienstleistern zum Thema Pflege zusammenzuarbeiten. Den Bedenken liegen zumeist finanzielle Überlegungen zu Grunde, z.B. die Angst vor hohen Kosten für das Unternehmen. Diese trifft vor allem kleine Unternehmen, die sich die Zusammenarbeit mit externen Dienstleistern zumeist nicht leisten können. Die Erfahrung des Experten zeigt, dass große Unternehmen am offensten gegenüber Kooperationen mit externen Servicedienstleistern sind. Zudem sei in den vergangenen Jahren der Druck auf mittlere Unternehmen gestiegen: Um in Zeiten des Fachkräftemangels konkurrenzfähig zu bleiben und Mitarbeiter/innen zu halten, müssen auch mittlere Unternehmen die Angebote für ihre Beschäftigten im Bereich der Vereinbarkeit von Beruf und Pflege verbessern und ausbauen. Neben der Größe des Unternehmens spielt – so die Erfahrung des Experten – auch die Branche eine wichtige Rolle für die Offenheit von Unternehmen gegenüber Kooperationen mit externen Servicedienstleistern im Bereich Pflege: Während sich die Kooperation mit externen Dienstleistern im Bereich der personenbezogenen Dienstleistungen aufgrund der geringen finanziellen Ausstattung dieser Branche insgesamt als schwierig gestaltet, stellen Kooperationen mit externen Dienstleistern im produzierenden Gewerbe, das finanziell verhältnismäßig besser da steht und auf eine Tradition in puncto Beschäftigtenpolitik zurückgreifen kann, keine Seltenheit dar. Ähnlich wie im deutschen produzierenden Gewerbe schätzt der Experte auch die Situation von multinationalen Konzernen angloamerikanischen Ursprungs ein (z.B. im Finanzsektor), wo sich in Ermangelung eines starken Wohlfahrtsstaates eine beschäftigtenfreundliche Betriebskultur herausgebildet hätte.

Betriebliche Regelungen

Sowohl unter betrieblichen Expert/inn/en als auch unter den Pflege-Expert/inn/en herrscht Uneinigkeit darüber, ob allgemeingültige betriebliche Regelungen individuellen Regelungen vorzuziehen sind. Für betriebliche Regelung spricht aus der Sicht einiger Expert/inn/en, dass die Gleichbehandlung aller Mitarbeiter/innen mit Pflegeverantwortung festgeschrieben wird und Beschäftigte mit

Pflegeverantwortung eine Sicherheit über den Rahmen ihrer Handlungsmöglichkeiten haben. Aus der Perspektive anderer Expert/inn/en spricht die Vielfalt an Pflegesituationen und Bedürfnissen von Beschäftigten mit Pflegeverantwortung dafür, eher auf individuelle Lösungen zu setzen, die in Absprache mit den Vorgesetzten getroffen werden. Voraussetzung ist, dass die Pflege von Angehörigen in Betrieben durch Vorgesetzte und Kolleg/inn/en anerkannt, d.h. in der Betriebskultur verankert ist.

> „Ich finde beides gut. Also dass es für bestimmte Sachen Regeln gibt, aber man darüber hinaus einfach mal bestimmte Regeln sausen lassen kann. Also dass man über die Regeln hinaus auch mal mehr machen kann. Aber einen Grundstein zu haben, das finde ich schon wichtig." (Exp. 5 zur Frage von Kollektivregelungen versus Individuallösungen)

Bedenken gegenüber individuellen Lösungen fußen meist auf die Befürchtung, dass sie die generelle Unsichtbarkeit des Themenbereichs Pflege im Betrieb nicht aufzubrechen vermögen, sondern eher fortschreiben. Bedenken gegenüber kollektiven betrieblichen Vereinbarungen für Pflegende liegt hingegen die Befürchtung zu Grunde, dass Sonderregelungen für Pflegende stigmatisierend wirken können.

De facto haben nur sehr wenige Betriebe bisher schon kollektive Regelungen zum Thema Pflege institutionalisiert. Der Inhalt der wenigen, bisher bestehenden Betriebsvereinbarungen für Beschäftigte mit Pflegeverantwortung beinhaltet Unterschiedliches: einen Rechtsanspruch auf Teilzeitarbeit (Bundesagentur für Arbeit) oder eine verlängerte unentgeltliche Freistellung für die Pflege für bis zu zwölf Monate, d.h. sechs Monate länger als es der gesetzliche Anspruch vorsieht (Pharmahersteller, Bank). Die Mehrzahl der Betriebe scheint die Freistellung oder Reduktion der Arbeitszeit ihrer Beschäftigten individuell über den Einsatz verschiedener Arbeitszeitmodelle oder auf der Grundlage der Bundesgesetzgebung zu regeln und hat keine speziellen Betriebsvereinbarungen zum Thema Pflege.

Arbeitszeitregelungen

Flexibilisierung: Die Möglichkeit, die eigene Arbeitszeit selbstbestimmt und flexibel zu gestalten, ist in der Wahrnehmung aller Expert/inn/en fundamental für die Vereinbarkeit von Beruf und Pflege. Flexibilität bezieht sich auf kurzfristige Veränderungen der Arbeitszeit, die es Beschäftigten mit Pflegeverantwortung ermöglicht, auf unvorhergesehene Ereignisse zu reagieren (z.B. früheres Verlassen des Arbeitsplatzes). Aus Perspektive der Expert/inn/en ist es wichtig, dass Beschäftigten mit Pflegeverantwortung das entsprechende Vertrauen entgegen gebracht wird und sie die verlorene Arbeitszeit entweder nacharbeiten oder über Arbeitszeitkonten ausgleichen. Die Erfahrung der Expert/inn/en zeigt, dass viele Beschäftigte in Notfallsituationen ihren Arbeitsausfall über einen Überstundenausgleich oder die Einlösung ihres regulären Erholungsurlaubs regeln, und nicht über die ihnen gesetzlich zustehenden unbezahlten „Pflegetage". Die Einlösung des eigenen Erholungsurlaubes für die Pflege von Angehörigen wird von einigen Expert/inn/en – besonders Betriebsrätinnen/Betriebsräte und Expert/inn/en aus der Pflege – problematisiert, da so die Erholung für die Beschäftigten selbst wegfällt.

> „Wenn man Vollzeit arbeitet und dann noch pflegt, und dabei noch Überstunden anhäufen soll, damit man mal wieder was zum Abfeiern hat – das kann nicht gehen. Die pflegenden Beschäftigten müssen das ja auch schaffen können." (Exp. 5)

Arbeitszeitverkürzungen: Flexibilität bei der Arbeitszeitgestaltung umfasst aus Sicht der betrieblichen Expert/inn/en auch die mittel- oder langfristige Reduktion der Arbeitszeiten, die mit den Arbeitgeber/inne/n abgesprochen wird. Die Erfahrung der Expert/inn/en aus Arbeitswelt und Pflege zeigt, dass Beschäftigte mit Pflegeverantwortung mittel- oder langfristige Arbeitszeitanpassungen gegenüber unentgeltlichen Auszeiten bevorzugen. Daher sprechen sich die Expert/inn/en für die Kombination aus kurzfristigen, flexiblen Arbeitszeitanpassungen und mittel- oder langfristigen Arbeitszeitanpassungen aus. Dies kann bedeuten, dass kurzfristig einzelne Tage oder Stunden nachgearbeitet werden können oder die Arbeitszeit während einer länger andauernden Pflegephase langfristig reduziert werden kann.

> „Im Pflegezeitgesetz haben wir die Möglichkeit ein halbes Jahr auszusteigen. Das finde ich auch wirklich interessant in der finalen Pflegephase, wenn also klar ist, ein Angehöriger wird in den nächsten Monaten versterben. Und dafür ist es eine wichtige Möglichkeit zu sagen, mein Arbeitsplatz ist mir sicher und jetzt ist einfach dieser Mensch wichtig und ich bin vier Monate raus. Aber in der Regel dauern die Pflegesituationen sehr viel länger. Und da ist natürlich die Schwierigkeit, dass man für eine längere Phase, die auch ein paar Jahre dauern kann, wo sich eine Pflegesituation vielleicht ganz gut stabilisiert hat, längerfristige Regelungen braucht. Ich denke, für solche Zeiten, es wichtiger, beides zu haben, damit man nicht über einen zu langen Zeitraum aussteigt. Und das Dritte sind dann ja noch diese flexiblen Tage. Also wenn man sagt, wir haben eine Regelung gefunden: ich arbeite nicht mehr vierzig, sondern dreißig Stunden. Und dann können ja immer noch Krisensituationen kommen, die man dann über das Gleitzeitkonto ausgleichen kann." (Exp. 13)

Arbeitszeitkonten: In Unternehmen, in denen flexible Arbeitszeiten bereits fest in der Betriebskultur verankert sind – zum Teil existieren mehr als 150 verschiedene Arbeitszeitmodelle in den Unternehmen, so beispielsweise bei der Bank – und Mitarbeiter/innen darüber hinaus die Möglichkeit haben, sich über Arbeitszeitkonten zusätzliche freie Tage zu erarbeiten, scheinen weitere Regelungen für pflegende Beschäftigte fast nicht notwendig. So die Einschätzung einiger Personalverantwortlicher aus Unternehmen, die seit jeher „mehr" für ihre Mitarbeiter/innen tun und diverse Programme für die Vereinbarkeit von Beruf und Familie oder für die Gesundheit ihrer Beschäftigten anbieten.

Schwierige Arbeits(zeit)formen: Die Erfahrung der Expert/inn/en zeigt jedoch auch, dass eine Flexibilisierung der Arbeitszeiten nicht in allen Betrieben möglich ist. Besonders im produzierenden Gewerbe, aber auch bei der Polizei oder im Straßendienst arbeiten nach wie vor viele Beschäftigte im Schichtdienst. Arbeitszeitanpassungen sind hier deutlich schwieriger zu realisieren als in Arbeitsbereichen mit regulären Arbeitszeiten.

> „Teilzeit im Schichtmodell gibt es weniger. Das ist relativ schwierig, weil ja die Abdeckung da sein muss. Da fehlt dann im Prinzip eine Person. Das sind dann Ausnahmen, die man dann macht. Es ist dann keine klassische Halbtagszeit, sondern die Mitarbeiter arbeiten reduzierte Stunden. Was allerdings schwierig ist, weil dann ja Personal fehlt." (Exp. 12)

Schichtmodelle, die den Bedürfnissen der pflegenden Beschäftigten angepasst werden können, sind ein erster Schritt, um auch in diesen Arbeitsbereichen den Mitarbeiter/inne/n die Vereinbarkeit von Beruf und Pflege zu erleichtern. Ein Bereichswechsel von Mitarbeiter/inne/n, der mit der Veränderung von Arbeitszeiten verknüpft ist, ist aus der Perspektive einiger Expert/inn/en zwar wünschenswert, aber manchmal nur schwer realisierbar, insbesondere dann, wenn die Beschäftigten in festen Teams tätig sind (z.B. Versorgungsunternehmen). Weitere Problemfelder, auf die im Zusammenhang mit der Arbeitszeit von pflegenden Beschäftigten insbesondere von den betrieblichen Interessenvertretungen hingewiesen wird, ist die Befristung von Arbeitsverträgen, die projektförmige Arbeit und die Vertrauensarbeitszeit bzw. das ergebnisorientierte Arbeiten. Zwar ist es Beschäftigten in diesen Arbeitszeitmodellen möglich, die Arbeitszeiten flexibel zu reduzieren, seltener gelingt es, die Arbeitszeiten generell zu reduzieren.

Mobiles Arbeiten: Neben der zeitlichen Flexibilisierung der Arbeit ist es in der Erfahrung der Expert/inn/en aus Arbeitswelt und Pflege gleichermaßen wichtig, Beschäftigten in einer Pflegesituation phasenweise zu ermöglichen, über Telearbeit oder Home-Office räumlich flexibel zu arbeiten. Dies gilt besonders für Beschäftigte, deren pflegebedürftige Angehörige an einem anderen Ort wohnen. Wie auch im Fall der Arbeitszeitflexibilität ist die Möglichkeit des räumlich flexiblen Arbeitens eher in Arbeitsbereichen, wie der Verwaltung oder Bereichen sogenannter Wissensarbeit (Forschung und Entwicklung) zu realisieren. Für Arbeitnehmer/innen in der Produktion oder im Außendienst ist die Präsenz der Beschäftigten untrennbar an die Ausübung der Tätigkeit geknüpft.

Auszeiten: Bezüglich der Wirksamkeit von Pflegeauszeiten zeigt die Erfahrung der Expert/inn/en in Arbeitswelt und Pflege, dass es in der Anfangs- und besonders in der Endphase der Pflege eines Angehörigen wichtig für Beschäftigte sein kann, die Erwerbstätigkeit für einige Zeit zu unterbrechen. Die Expert/inn/en stimmen darin überein, dass Auszeiten nur für kurze Zeiten, d.h. einige Tage bis einige Monate, sinnvoll sind. Die Erwerbstätigkeit und der Kontakt zu den Kolleg/inn/en und zum Vorgesetzten werden als wichtiges Gegengewicht zu der Belastung in Pflegesituationen wahrgenommen.

> „Der Personalrat hat vorgestellt, dass sie den Beschäftigten anbieten, zu reduzieren, je nach Bedarf, und auch zu sagen, es ist gut, wenn man wenigstens fünf oder zehn Stunden [pro Woche] arbeitet. Hier macht der Arbeitgeber das Angebot, wenigstens einen Tag in der Woche zu arbeiten, um einfach nicht ganz raus zu sein, um den Kontakt zu halten, um versichert zu sein. Das ist natürlich ein Superangebot. Genau das ist es ja, was pflegende Angehörige als positiv schildern, an der Berufstätigkeit: einfach mal aus der Pflegesituation wieder heraus zu kommen und etwas anderes zu sehen, einen Ausgleich zu haben, nicht nur zu pflegen. Das wäre schon toll, wenn da Arbeitgeber noch flexibler sein könnten, aber es hängt natürlich auch für die Familien immer ganz stark an finanziellen Aspekten." (Exp. 13)

Der befristeten Auszeit – an Stelle einer längeren Erwerbsunterbrechung – kommt auch deshalb eine hohe Priorität zu, weil der Verbleib im Beruf in der Pflegesituation noch mehr als bei der Betreuung von Kindern zu einem wichtigen, alltagsstabilisierenden Faktor wird. Dies erklärt sich auch aus dem unterschiedlichen Charakter von Pflegesituationen und der Betreuung von Kindern.

> „Wenn ich Kinder habe, begleite ich sie mit allen Problemchen und Schwierigkeiten in das Leben hinein. In den meisten Fällen der Pflege begleite ich jemand mit allen möglichen Schwierigkeiten aus dem Leben hinaus. Es ist nichts Negatives. Es ist nur einfach etwas sehr Forderndes. Das eben nicht mit Ausblick auf künftige Freuden abgemildert wird." (Exp. 16)

Auch weil sich der Wiedereinstieg in den Beruf nach langen Auszeiten zum Teil schwierig gestaltet, ist es umso wichtiger, dass Beschäftigte, die sich z.B. in der Endphase der Pflege für eine Auszeit entscheiden, zu ihrem Arbeitsplatz zurückkehren können.

Gegenargumente gegen Auszeiten werden von Vorgesetzten oder auch Kolleg/inn/en insbesondere bei stark vernetzten Tätigkeiten vorgebracht, welche in Teamarbeit mehrerer, unterschiedlicher Spezialist/inn/en erledigt wird. Der kurzfristige Ausfall einer Kollegin oder eines Kollegen kann dann komplette Arbeitsabläufe des Teams blockieren, wenn die Vertretungsfrage nicht geregelt ist. Gerade bei mittel- oder langfristigen Auszeiten erschwert eine hohe Spezialisierung der Mitarbeiter/innen die Organisation einer Vertretung. Die Mehrarbeit, die für andere Kolleg/inn/en durch den Ausfall einer/eines pflegenden Beschäftigten anfällt, stellt sowohl für die Kolleg/inn/en als auch für pflegende Beschäftigte selbst ein großes Problem dar. Bei den Kolleg/inn/en sorgt die entstehende Mehrarbeit teilweise für Missmut und Unverständnis gegenüber der/des pflegenden Beschäftigten. Bei den pflegenden Beschäftigten entsteht zusätzlicher Druck durch das Wissen, dass die liegen gebliebene Arbeit im Zweifelsfall von den Kolleg/inn/en übernommen werden muss.

5.3   Gesetzliche Regelungen

Die Einschätzungen der Expert/inn/en aus Arbeitswelt und Pflege zur gesetzlichen Lage im Bereich der Vereinbarkeit von Beruf und Pflege (Pflegezeitgesetz) gehen tendenziell in eine ähnliche Richtung. Die Erfahrungen der betrieblichen Expert/inn/en zeigen, dass nur eine verschwindend geringe Anzahl an Mitarbeiter/inne/n die im Pflegezeitgesetz (PflegeZG) vorgesehenen Freistellungen überhaupt in Anspruch nimmt. Kritikpunkt ist besonders die fehlende Finanzierung während dieser Auszeit, die weder von Arbeitgebern noch von staatlicher Seite gewährleistet wird.

> „In den Gesprächen, die ich geführt habe, war es immer das finanzielle Problem. Und die Angst, zu Hause nur die Pflege zu machen. Also Angst, sich ganz in die Pflege rein zu geben und den Kontakt zu den Kollegen zu verlieren. Jeder hat gesagt, ich brauch die Arbeit als Ausgleich [...] und wenn ich nur zwei Stunden am Tag rein [in die Arbeit] kommen kann." (Exp. 6)

Noch deutlicher fällt die Kritik am PflegeZG durch die Pflegeexpert/inn/en aus. Zwar wird die Verabschiedung des Gesetzes allgemein als wichtiges Signal an die Unternehmen verstanden, sich endlich mit dem Thema Pflege zu befassen. Die konkrete Ausformung des Gesetzes geht nach Meinung der Expert/inn/en jedoch an den Realitäten von Beschäftigten mit Pflegeverantwortung vorbei. Erstens ist das Gesetz auf sogenannte „Ein-Ernährer-Familien" bzw. „Zuverdiener-Familien" hin orientiert, in denen im Zweifelsfall auf den Zuverdienst der Ehefrau verzichtet werden kann. Die Benachteiligung von Frauen, auf Grund ihrer geringeren Gehälter dazu gezwungen zu sein, die Pflege in Vollzeit zu übernehmen und damit auf ihr Einkommen zu verzichten, während ihr Mann derjenige ist, der weiterarbeitet (mit allen Folgen für das Problem der Altersarmut unter Frauen), wird im PflegeZG nicht berücksichtigt. Gerade junge Männer, die zunehmend in die Pflege von Angehörigen eingebunden werden sollen, sind noch seltener als Frauen dazu bereit, auf Einkommen zu verzichten. Besonders benachteiligt sind auf der Grundlage der aktuellen Gesetzgebung gering(er) verdienende Familien oder alleinstehende Personen, die auf ein fortlaufendes Einkommen verzichten nicht können.

„Das Problem ist, dass es im Gesetz – so wie es jetzt ist ... – anders als beim Elterngeld – keinerlei Ersatzleistungen gibt, die zumindest einen Teil des Verdienstausfalles auffangen. Also ist es tatsächlich wiederum etwas, was nur beschränkt hilft, weil die Leute, die es am meisten bräuchten, es sich nicht leisten können." (Exp. 15)

Als eine Alternative zum PflegeZG schlagen verschiedene Pflegeexpert/inn/en vor, einen Rechtsanspruch auf Pflegezeit bzw. Pflegegeld – in Anlehnung an das derzeitige Elterngeld – zu formulieren. Im Unterschied zum Elterngeld soll der Rechtsanspruch auf bezahlte Pflegeauszeit „gestückelt" in Anspruch genommen werden können, z.B. in der Anfangs- und Endphase einer Pflegesituation. Eine andere Form der Auszeiten sind sogenannte „Optionszeiten" für Arbeitnehmer/innen, die von wenigen Expert/inn/en als Alternative benannt werden.

„Was ein guter Begriff aus dem Siebten Familienbericht ist, finde ich, ist der Begriff der Optionszeiten, der dort eingeführt wurde. Dass praktisch alle Menschen, alle Arbeitnehmer und Arbeitnehmerinnen sogenannte Optionszeiten haben in ihrem Leben, die sie für was auch immer, zur Verfügung haben. Das sind Auszeiten aus dem Arbeitsleben, die sie für eine Weltreise, für die Pflege, für was sie sich eben entscheiden, persönlich nutzen können und die dann auch ihrem sozialen Umfeld Rechnung tragen. Das finde ich einen sehr guten Ansatz, weil er eben nicht unterscheidet, welche Art von Tätigkeit ich denn mache." (Exp. 4)

5.4   Empfehlungen der Expert/inn/en

Die Erfahrungen der Expert/inn/en zeigen, dass auf verschiedenen Ebenen Veränderungen notwendig sind, um Beschäftigten mit Pflegeverantwortung die Vereinbarkeit von Beruf und Pflege zu erleichtern. Die Interviews zeigen aber auch, dass über die allgemein bekannten Forderungen in Bezug auf eine pflegesensible Arbeitszeitgestaltung kaum Hinweise zur konkreten Ausgestaltung solcher Arbeitszeiten vorliegen.

Als richtungsweisend für sämtliche Handlungsempfehlungen an Politik und Unternehmen sollte die Erfahrung der Expert/inn/en aus Arbeitswelt und Pflege gelten, dass die berufliche Arbeit – die am Arbeitsplatz im Betrieb ausgeübt wird – für Beschäftigte mit Pflegeverantwortung überaus wichtig ist. Erwerbsarbeit wird in Pflegesituationen nicht als zusätzliche Belastung, sondern als wichtiges Gegengewicht zu der Belastung in einer Pflegesituation erfahren. In der Tendenz bedeutet das, dass der Flexibilisierung und Anpassung von Arbeitszeiten ein größeres Gewicht zukommt als der Ermöglichung von längerfristigen Auszeiten. In Anlehnung an die unterschiedlichen Bedürfnisse von Beschäftigten in verschiedenen Pflegephasen, sind jedoch unterschiedliche Modelle und Möglichkeiten in den unterschiedlichen Pflegephasen wünschenswert.

Was geschehen muss, um Beruf und Pflege zukünftig besser miteinander in Einklang bringen zu können, dazu gab es folgende Hinweise seitens der Expert/inn/en:

– *Betriebskultur:* Unternehmen sollten die Angebote an dem Wunsch der Mitarbeiter/innen ausrichten, Arbeit und Pflege miteinander zu vereinbaren (keine „Entweder-oder-Entscheidungen"). Führungskräfte, Personalverantwortliche und Beschäftigtenvertretungen müssen zum Thema Pflege geschult und sensibilisiert werden.

– *Information:* Das Informationsangebot für Beschäftigte zum Thema Pflege muss verbessert werden. Dabei gilt es, kreative Wege zu nutzen, um die Mitarbeiter/innen zu erreichen. Wichtig ist die Berücksichtigung von geschlechtersensiblen Sprachregelungen, damit Pflege nicht länger als „Frauenthema" behandelt wird.

– *Kooperationen:* Betriebe sollten verstärkt über Kooperationen mit Pflegedienstleistern oder Pflegeeinrichtungen nachdenken, um Beschäftigten die Suche nach geeigneten Pflegemöglichkeiten für die Angehörigen zu erleichtern.

– *Arbeitszeiten:* Eine Flexibilisierung von Arbeitszeiten sollte sich nach den unterschiedlichen Bedürfnissen der Beschäftigten in den verschiedenen Pflegephasen richten und sowohl kurzfristige als auch mittel- und langfristige Arbeitszeitanpassungen beinhalten. Grundsätzlich sollten Betriebe ihren Mitarbeiter/inne/n mit Pflegeverantwortung eine flexible Arbeitszeitgestaltung zusichern, die an die individuellen Situationen der Beschäftigten angepasst werden.

– *Betriebliche Regelungen:* Betriebsvereinbarungen sollten pflegenden Beschäftigten grundlegende Rechte (bezogen auf Arbeitszeiten und Auszeiten) zugestehen, innerhalb derer individuelle Lösungen gefunden werden können. Beispielsweise einen Anspruch auf Pflegezeit, der in Absprache mit den Arbeitgeber/inne/n an einem Stück oder gestückelt genommen werden kann.

– *Gesetzliche Regelungen:* Eine Veränderung der gesetzlichen Regelungen muss sich an der Gleichstellung aller Beschäftigten orientieren. Die macht einen finanziellen Ausgleich während der gesetzlich vorgesehenen Pflegezeit notwendig, um auch gering(er) verdienenden Beschäftigten – häufig Frauen – Auszeiten zu ermöglichen (Orientierung am Modell des Elterngeldes).

6 Zwischenfazit: Gemeinsamkeiten und Unterschiede von abhängig beschäftigten Pflegenden

Für eine Reihe von Kategorien wurde bei der Formulierung des Untersuchungsdesigns angenommen, dass sie intervenierenden Einfluss darauf nehmen, wie das Miteinander von Beruf und Pflege funktionieren kann bzw. welche Arbeitszeiten für die einzelnen Pflegenden sich jeweils als günstig erweisen. Diese Kategorien wurden daher auch bei der Auswahl des Materials berücksichtigt. Hierzu zählen:

- das Geschlecht der Pflegenden,
- die unterschiedliche Intensität der geleisteten Pflege (Haupt- bzw. Nebenpflege),
- die Entfernung zwischen Wohnort und Pflegeort,
- die Qualität der Pflegenetzwerke und der sich daraus ergebende Grad an Unterstützung,
- betriebliche Faktoren,
- die Sicherheit des jeweiligen Arbeitsverhältnisses des Pflegenden.

6.1 Frauen und Männer

Das Projekt hat von Anbeginn an eine explizite Genderperspektive eingenommen, um den in der privaten Pflege existierenden „Gender-Bias" bei der Übernahme privater Pflegeverantwortung adäquat zu berücksichtigen: Pflege ist, mit anderen Worten, weiblich. Drei Viertel der Hauptpflegepersonen in der häuslichen Pflege sind Frauen. Frauen geben zudem eher ihre Erwerbsarbeit pflegebedingt auf als Männer oder sind gar nicht erst erwerbstätig (Schneekloth/Wahl 2005; Backes 2008). Dies hat insbesondere in Deutschland massive Auswirkungen, gerade auf die Berufsverläufe von Frauen und auf ihre soziale und wirtschaftliche Absicherung, wie die Sachverständigenkommission des Ersten Gleichstellungsberichts der Bundesregierung deutlich gemacht hat (Klammer et al. 2011).

Männer treten seltener als Hauptpflegepersonen auf – so ist jeder dritte Pflegende männlichen Geschlechts (vgl. Schneekloth/Wahl 2005). Über den Status der Hauptpflegeperson hinaus sind Männer aber durchaus (wenn auch mit geringeren Beiträgen) an häuslichen Pflegesituationen beteiligt. Ein wesentlicher Unterschied liegt vor allem in der zeitlichen Lage der Pflegeaktivitäten im Lebensverlauf (vgl. GEK-Pflegereport 2008). Die meisten Männer pflegen im Alter zwischen 80 und 85 Jahren (mehrheitlich Partner/innenpflege). Bei den Frauen liegt das Durchschnittsalter bei etwa 50 bis 55 Jahren (mehrheitlich Elternpflege).

Männer pflegen anders, als Frauen: Allgemein gilt, männliche Pflege zeichnet sich dadurch aus, dass ihr Pflegenetzwerk größer ist als das von Frauen, sie also über mehr Helfer/innen verfügen und auch eher bereit sind, professionelle Hilfen in Anspruch zu nehmen. Dies gilt auch für die Mehrheit der Männer in unserem Sample. Was jedoch nicht bestätigt werden kann, ist die Behauptung, dass pflegende Männer überwiegend die administrativen Arbeiten innerhalb eines Pflegesettings übernehmen, sie quasi in die „Managerrolle" schlüpfen und die körperbezogenen Pflege Dritten überlassen. Hier decken sich unsere Erfahrungen mit denen einer Studie über pflegende Männer, die an der FH Frankfurt durchgeführt wurde (Langehennig 2008). Es zeigt sich bei den befragten Männern (wie bei den Frauen) eine breite Palette unterschiedlicher Pflegeprofile, die zu einem großen Teil auch verschiedene Aspekte der unmittelbaren Körperpflege beinhalten. Die Grenzen dieser Tätigkeiten liegen lediglich bei Überschreitung von Schamgrenzen, z.B. bei der Intimpflege der Mutter oder der schwerbehinderten, pubertierenden Tochter. Diese Aufgaben werden nur im äußersten Notfall von den Männern übernommen, dann wenn keine weibliche Pflegekraft zur Verfügung steht.

Dennoch zeigen sich geschlechtsspezifische Unterschiede in unserem Sample: Bei den befragten Männer sind – auch wenn Sie die Hauptverantwortung in der Pflege tragen – die Partner/innen in der Regel mit in das Pflegegeschehen eingebunden. Bei den befragten Frauen hingegen leistet der Partner oftmals lediglich eine mittelbare Unterstützung, indem er beispielsweise seinen Anteil an der Hausarbeit erhöht oder der Frau als psychologische Stütze dient. In einigen Fällen tauchte der Mann in den Alltagserzählungen gar nicht auf, so dass die Interviewer/innen von seiner Existenz erst am Ende des Interviews bei der Erfassung der sozialstrukturellen Merkmale erfuhren.

Geschlechtsspezifische Unterschiede im Selbstverständnis

Ein weiterer Unterschied liegt in dem Selbstverständnis, mit dem gepflegt wird. Dieses unterscheidet sich zwischen den Geschlechtern und richtet sich auch danach, wer gepflegt wird: Sind es die Eltern oder andere Verwandte aus der Generation der Eltern? Sind es die eigenen Kinder? Oder sind es Partner/innen oder Geschwister, also Personen aus der eigenen Generation?

Bei der *Elternpflege* zeigt sich häufig eine empfundene Selbstverpflichtung, sich als Tochter oder Sohn um die pflegebedürftigen Eltern bzw. die „ältere Generation" zu kümmern. Die befragten Frauen greifen bei der Begründung für die Übernahme der Pflegeverantwortung immer wieder auf geschlechterstereotype Zuschreibungen wie „dafür sind wir Töchter doch da" zurück – teilweise ironisch, teilweise durchaus ernst gemeint. Die Frauen sehen sich bei der Pflege auch mit solchen Zuschreibungen und daraus abgeleiteten Erwartungshaltungen seitens Dritter konfrontiert. Kommentaren wie: „Du als meine Tochter machst das schon" und den damit implizit verbundenen Erwartungen war kein einziger Mann in unserem Sample ausgesetzt. Dennoch empfinden durchaus auch Söhne die Verpflichtung, sich im Pflegefall um die eigenen Eltern zu kümmern.

Bei der *Kinderpflege* sind die Unterschiede zwischen den Geschlechtern, aber auch innerhalb der Gruppe der Männer, am größten: Für Mütter ist selbstverständlich , dass sie sich um ihre behinderten Kinder dauerhaft kümmern. Bei den Männern zeigen sich hingegen zwei konträre Verhaltensweisen: es gibt die Männer, die die Betreuung und Pflege vollständig der Partnerin überlassen und weniger Verantwortung für das behinderte Kind übernehmen als etwa für das gesunde Geschwisterkind. Es scheint, als ob die Mütter in unserem Sample die Tatsache, ein behindertes Kind zu haben, besser verkraften können als die Väter. Es gibt aber auch die zweite Gruppe Väter, die sich voll und ganz der Betreuung des behinderten Kindes verschrieben haben. Sie sind es, die sehr schnell die Grenzen der betrieblichen Vereinbarkeit von Beruf und Pflege für Männer zu spüren bekommen und die – vielleicht deshalb – dem Kind einen höheren Stellenwert in ihrem Leben einräumen als der Erwerbsarbeit.

Bei der *Partner/innenpflege* ist das Geschlechterbild wiederum homogener. Für die Männer ist es ebenso wie für die Frauen eine Selbstverständlichkeit, die Hauptverantwortung für die Pflege zu übernehmen, so hat sich keine/r der Befragten beim Eintreten der Pflegesituation die Frage des „Ob" gestellt. Lediglich beim „Wie" zeigen sich die oben genannten Unterschiede. In den wenigen Fällen von Geschwisterpflege in unserem Sample sind eher die Schwestern die Pflegenden.

Geschlechtsspezifische Verhaltensunterschiede hinsichtlich der Vereinbarkeit

Differenzen zeigen sich auch in der Wahrnehmung und im Umgang mit der Doppelbelastung von Pflege und Beruf: Bei den Männern des Samples ist das Spektrum im Umgang mit der Pflegesituation bzw. mit den durch sie hervorgerufenen Belastungen, breiter als bei den Frauen. Männer bewerten die Pflegesituation offensichtlich dramatischer als es ihre weiblichen Geschlechtsgenossinnen es tun. Für sie stellt sich zudem scheinbar stärker die Frage, welchem Lebensbereich, der Erwerbsarbeit oder Pflegearbeit, sie weiterhin welche Bedeutung zumessen wollen – mit allen dazugehörigen Konsequenzen für das zeitliche En-

gagement in Beruf und Pflege. Innerhalb dieser Bandbreite kristallisieren sich
für Männer vier Pflege-Typen mit unterschiedlichen Handlungsmustern und Pri-
oritätensetzungen heraus.

Der „administrative Pflege-Typ"

In unserem Sample wird dieser exemplarisch vertreten durch Herrn Knoepfle.
Dieser Pflege-Typ zeigt sich eher in der Elternpflege, weniger bei der Partner/in-
nen- oder Kinderpflege. Er sieht die Pflegeverantwortung als familiäre Verpflichtung an, so wie es für ihn selbstverständlich ist, als Familienernährer zu
wirken. Insofern fungiert er als Organisator, Entscheider und Verwalter des Pflegegeschehens und kommt für die Kosten der Pflege auf. Die notwendige unmittelbare Körperpflege delegiert er an professionelle Pflegekräfte sowie an die meist
weiblichen Familienangehörigen (Partnerin, Schwester etc.). Er übernimmt die
administrativen Arbeiten, also den „Papierkram"; der Kontakt mit den zu Pflegenden nimmt den Charakter von Besuchen an, also das kurze Vorbeischauen
nach Feierabend und/oder der Besuch am Wochenende „mit den Enkelkindern".
Die Erwerbsarbeit und damit auch die Arbeitszeiten bleiben in diesem Handlungsmuster von der Pflegesituation unberührt. Er entspricht damit am ehesten
dem aktuellen öffentlichen Bild des männlichen Pflegenden.

Der „emotional überforderte Pflegetyp"

Dem gegenüber steht ein Typus, der völlig von den Folgen überrascht wird, die
die Vielfältigkeit der Pflegeaufgaben, die er wahrnehmen möchte und auch tatsächlich wahrnimmt, für sein Alltagsleben hat. Im Sample wird dieser Typ exemplarisch durch Herrn Bellscheidt vertreten. Insbesondere die emotionalen Belastungen brechen wie eine Welle über dem Betroffenen zusammen. Andere Lebensbereiche, wie die Erwerbsarbeit, aber auch Partnerschaft, müssen zwangsläufig vernachlässigt werden. Die Erwerbsarbeit spielt eine ambivalente Rolle
für diese Männer. Auf der einen Seite ist sie Schutzraum vor der Pflege, weshalb
dieser Typ Mann die Arbeitszeit auch lieber nicht einschränken will. Auf der
anderen Seite sind sie den Erfordernissen der Erwerbsarbeit nur eingeschränkt
gewachsen, weil sie gedanklich immer bei der pflegebedürftigen Person verwei-
len. Da sie dies spüren, artikulieren sie oftmals abstrakt den Wunsch nach Entlastung, liefern aber zugleich formale Gegenargumente, warum eine solche Entlastung, z.B. durch eine befristete Arbeitszeitverkürzung, nicht umsetzbar ist.

Der „zögerliche Pflege-Typ"

Der dritte Pflege-Typ, der *„zögerliche Pflege-Typus"*, empfindet ebenfalls eine
hohe innere Verpflichtung und den Willen, die Pflege in ihrer ganzen Umfäng-
lichkeit zu übernehmen, doch steht er den Anforderungen aus der Erwerbsarbeit

zunehmend kritischer gegenüber. Exemplarisch im Sample kann dafür Herr Lade stehen. Auch er spürt starke emotionale Irritationen, weil er anfangs nicht weiß, welchen Lebensbereich er priorisieren soll bzw. welche Gewichtung zwischen Erwerbsarbeit und Pflege für ihn die adäquate ist. Doch je länger sich die Pflegesituation hinzieht, desto mehr spürt er, dass er auf Dauer der Doppelbelastung aus Beruf und Pflege nicht gewachsen ist und Änderungen an der beruflichen Situation erfolgen müssen. Doch bis dahin durchleben Männer wie er eine längere Leidensphase, da sie versuchen, sowohl den Erwartungen der Pflegewelt als auch den Erwartungen der Arbeitswelt vollständig gerecht zu werden. Die Rücknahme der beruflichen Verpflichtungen zu Gunsten der pflegerischen Verantwortung wird rückblickend als positiv für das eigene Wohlbefinden bewertet, dennoch empfinden sie es als ungerecht, wenn sich aus diesem Verhalten negative Konsequenzen für die berufliche Fortentwicklung ergeben.

Der „professionell-männliche Pflege-Typ"

Für den *„professionell-männlichen Typus"*, im Sample exemplarisch vertreten durch Herrn Schwan, stehen die Prioritäten außer Zweifel: Die Pflegeverantwortung steht für ihn immer über den beruflichen Erfordernissen. Er übernimmt sämtliche anfallenden Pflegearbeiten, geht diese planerisch an, so wie er es auch in seiner Erwerbsarbeit tun würde, vergleichbar mit der Bewältigung eines Projektes (vgl. Langehennig 2008). Zudem entwickelt er sehr schnell ein Expertenwissen und ist bereit, im Sinne einer guten Pflege, seine Ansichten auch gegen den Widerstand etwa von Krankenkassen oder professionellen Pflege-Fachkräften durchzusetzen. Erwerbsarbeit wird für ihn dabei zur Nebensache, die lediglich der ökonomischen Existenzsicherung dient. Er passt dementsprechend seine Arbeits(zeit)bedingungen stetig den Pflegerfordernissen an, auch gegen den Widerstand von Vorgesetzten, wohl wissend, dass dies wahrscheinlich das Ende seiner beruflichen Karriere bedeutet.

Allen von uns befragten pflegenden Männern war gemein, dass sie die Pflegearbeit als etwas völlig Neues erleben, das in ihrem bisherigen Leben keine Rolle gespielt hat. Die Übernahme von Pflege- oder insgesamt von Fürsorgeverantwortung ist etwas, was in ihren Lebensentwürfen so bisher auch nicht vorkam. Dass das Pflegen von Angehörigen einen nicht unberührt lässt, berichteten auch die eher „klassischen" Männer des ersten Typus, die im Interview von bislang ungewohnten Gefühlen der Nähe, von „Dingen die einen berühren" oder „zu Tränen rühren" berichteten.

Bei den Frauen unseres Samples zeigen sich ähnliche Handlungs- und Verhaltensmuster, doch sind diese nicht so eindeutig wie bei den männlichen Pflegenden. So bezeichnet sich Frau Meyer, Führungskraft bei einer Krankenkasse, ebenfalls als organisierte Pflegemanagerin, doch in ihrer wenigen Freizeit übernimmt sie deutlich mehr pflegerische Arbeiten als die vergleichbaren männlichen „Pflegemanager". Auch die starke emotionale Betroffenheit thematisieren die Frauen im Sample seltener. Darüber hinaus ruft die Übernahme von Pflegearbeit bei ihnen weniger Entscheidungsdruck darüber hervor, welcher Lebenssphäre sie welche Priorität einräumen sollen. Eine mögliche Erklärung für diese Unterschiede liegt in den Geschlechterstereotypen und den Rollenerwartungen. Für Männer ist die Konfrontation mit dieser Art der Sorgearbeit weniger „normal" als für Frauen. Durch die gesellschaftliche Verortung des Mannes in die Berufs- und Erwerbsarbeitswelt ist er weniger auf das vorbereitet, was ihn in der Pflegewelt erwartet. Zudem verfügen die Männer unseres Samples über deutlich weniger (Vor-)Erfahrungen mit dieser Art von fürsorglicher Arbeit, als die meisten Frauen. Aufgrund der Konfrontation mit Vereinbarkeitsfragen von Familie und Beruf, der sich die meisten Frauen im Sample bereits ausgesetzt sahen, bringen sie mehr Erfahrungen bei dem parallelen „Handling" von Erwerbsarbeit und Fürsorgearbeit mit.

Geschlechtsspezifische Unterschiede beim Pflegenetzwerk

Weitere Unterschiede zwischen Frauen und Männern lassen sich hinsichtlich des Umfangs ihrer Pflegenetzwerke feststellen. Die Annahme, dass pflegende Männer auf Grund ihres Geschlechts per se über größere und tragfähigere Pflegenetzwerke verfügen und damit auch zeitlich umfangreicher berufstätig bleiben können, kann zumindest als grundlegender Trend in unserem Sample vorsichtig bestätigt werden. Wichtig ist jedoch, dass dieser Wirkungszusammenhang zwischen Geschlecht und dem Unterstützungsgrad des Netzwerkes über die jeweilige Arbeitszeitdauer der pflegenden Person vermittelt wird.

–   *Teilzeitarbeit* wird für pflegende Frauen als selbstverständlicher erachtet als für pflegende Männer – sowohl von ihnen selbst, als auch von den Betrieben, die eine Reduzierung der Arbeitszeit schneller als Lösung für beschäftigte Frauen als für beschäftigte Männer in Betracht ziehen. Auf Grund der verringerten Arbeitszeiten übernehmen viele teilzeitbeschäftigte Frauen dann einen großen Anteil der Pflegeaufgaben alleine, ohne sich ein unterstützendes Netzwerk aufzubauen. Nicht selten wollen die Frauen unseres Samples diesen Schritt der Arbeitszeitverringerung für sich selbst dadurch „rechtfertigen", indem sie einen großen Teil der Pflegeaufgaben ohne Hilfe durch Dritte selbst erledigen. Hinzu kommt, dass sie durch die Arbeitszeitverkürzung auch weniger finanzielle Mittel zur Verfügung haben, um eine Unterstützung durch Dritte oder professionelle Anbieter zu bezahlen. Dies führt im Endeffekt dazu, dass ihre Pflegenetzwerke kleiner ausfallen als die von Vollzeitbeschäftigten.

- Gleichzeitig sind es die meisten berufstätigen Männer (vor allem solche mit Partnerinnen) eher gewohnt, bei *Fürsorge- oder Familienarbeit von Anderen* (vor allem: Frauen) *unterstützt zu werden*. Dies gilt auch für die Pflegeaufgaben: für sie ist es relativ „normal", dass sie bei den häuslichen und körperbezogenen Pflegeaufgaben auf ein unterstützendes Netzwerk zurückgreifen können. Wohingegen administrative Aufgaben, das Erledigen der Einkäufe oder das Aufrechterhalten des sozialen Kontakts zur pflegebedürftigen Person (Gespräche, Spaziergänge, Ausflüge, Kurzreisen etc.) eher auch mal von ihnen ganz allein übernommen werden. Während die befragten pflegenden Frauen oft schon über (Vor-)Erfahrungen einer intensiven täglichen Doppelbelastung aus Beruf und Familie verfügen und sich deshalb eine Gleichzeitigkeit von Pflege und Beruf zutrauen – ist eine intensive Pflege neben dem Beruf, zumindest ohne Unterstützung durch ein tragfähiges Netzwerk, für Männer viel weniger selbstverständlich. Sie fordern daher mehr Unterstützung durch Dritte ein und organisieren sich ein größeres Netzwerk. Dieses entlastende Vorgehen der Männer wäre auch für viele pflegende Frauen ratsam, um Überforderungen zu vermeiden.

Eine *Ausnahme* hierzu stellen generell die *alleinstehenden bzw. alleinerziehenden Frauen* – und: die wenigen alleinerziehenden, pflegenden Männer – dar, die ihre eigene Berufstätigkeit zur Existenzsicherung zum einen unbedingt aufrechterhalten wollen und sich zum anderen dafür deutlich häufiger ein tragfähiges Netzwerk organisieren. Allerdings ist der Aufbau eines solchen Pflegenetzwerkes für sie besonders aufwendig und bedarf guter Informationen und kreativer Lösungen, da sie meist auf weniger potentiell unterstützende Familienangehörige und weniger finanzielle Mittel zurückgreifen können, als Pflegende mit Partner/inne/n.

Trotz dieser Differenzen lautet die generelle Erkenntnis des *vorliegenden* Forschungsprojektes: Die sichtbar gewordenen *geschlechtsspezifischen Differenzen* haben sich für unser Sample insgesamt als geringer erwiesen als ursprünglich vermutet.

- Dies liegt zum einen am Zuschnitt der Untersuchungsgruppe: Gemäß des Forschungsziels, ein Konzept zu pflegesensiblen Arbeitszeiten zu entwickeln, war es notwendig, Personen zu befragen, die über eigene Erfahrungen im Umgang mit der Doppelbelastung aus Pflege und Beruf verfügen. Personen, die nie oder nicht mehr berufstätig waren, oder Personen, die sich selbst gar nicht als Pflegende begreifen, waren daher von der Erhebung von Beginn an ausgeschlossen oder fühlten sich nicht angesprochen und wurden daher nicht interviewt. Dementsprechend wurden bereits bei der Auswahl der Gesprächspartner/innen geschlechtsspezifische Selektionsmechanismen relevant, da – wie oben ausgeführt – Frauen die Erwerbsarbeit pflegebedingt häufiger aufgeben als Männer und Männer dagegen seltener körperlich pflegen. Zwischen den pflegenden Männern und den berufstätigen Frauen unseres Samples bestehen daher mehr Gemeinsamkeiten, als die Grundgesamtheit aller Pflegender aufweist.

– Es wird noch ein weiterer Grund vermutet: *Männer unterliegen* auf diesem Feld einem *dreifachen Tabu*. Zunächst ist Pflegearbeit, im Vergleich zur Kinderbetreuung, immer noch eine Arbeit, die im Verborgenen stattfindet. Außerdem wird – eben weil diese Form von fürsorglicher Arbeit als weiblich konnotiert ist – das Engagement der Männer im öffentlichen Bewusstsein ausgeblendet. Als Indiz hierfür kann die ausgesprochen geringe Anzahl an wissenschaftlichen Studien zum Thema angeführt werden. Ein weiteres ist die Ausrichtung von Selbsthilfeforen oder Angehörigencafés auf die Bedarfe von Frauen. Insofern zeigen sich hier Parallelitäten zur früheren Nicht-Berücksichtigung der Situation von Vätern (Stichworte: „Mutter-Kind-Kuren", „Mutter-Kind-Turnen"). Hinzu kommt, dass Männer – im Vergleich zu Frauen – noch weniger über ihre Pflegeaufgaben sprechen: nicht im Alltag und noch weniger im beruflichen Kontext. Pflegende Männer als Interviewpartner zu erreichen, setzt daher voraus, dass sie sich entweder vom Aufruf, sich als Gesprächspartner zu melden, angesprochen gefühlt haben und damit sich selbst als Pflegenden wahrnehmen, oder ihr berufliches Umfeld über die Pflegesituation informiert war und sie direkt für eine Teilnahme an der Studie angefragt wurden.

Auf Grund dieser vielfachen Tabuisierung wird das öffentliche Bild, dass Männer so gut wie nicht an häuslichen Pflegesituationen beteiligt seien und sich dies auch nicht vorstellen können, konserviert. Dies spiegelt jedoch stärker den öffentlichen Diskurs über das Thema wieder und wird der tatsächlichen Realität von Männern nicht (mehr) gerecht – erst recht nicht den an Pflegeaufgaben beteiligten Männern. Die Ergebnisse des vorliegenden Forschungsprojektes verweisen stattdessen darauf, dass Männer durchaus – wenn auch in anderen bzw. unterschiedlichen Formen und mit spezifischen Schwierigkeiten – an Pflege beteiligt sind.

Auf der anderen Seite zeigt das Projekt, dass auch Frauen nicht (mehr) grundsätzlich bereit sind, ihre Erwerbstätigkeit für Fürsorgearbeit einzuschränken oder gar aufzugeben und die Pflege von Angehörigen bedingungslos und unhinterfragt zu übernehmen. Alles in allem legen die vorliegenden Ergebnisse nahe, dass die geschlechtsspezifischen Differenzen in der Pflege weniger auf biologische Veranlagung zurückzuführen sind, als vielmehr auf soziale Zuschreibungen und damit zukünftig durchaus veränderbar sein können.

6.2 Unterschiedliche Intensität der Pflege

Im vorliegenden Projekt wird auf diejenige Personengruppe fokussiert, die gleichzeitig erwerbstätig ist und pflegt – und deren Alltag damit einen „Mix" aus unterschiedlichen (auch verringerten) Arbeitszeiten und Pflegezeiten darstellt. Sowohl die individuelle Arbeitszeitdauer als auch der jeweilige Pflegezeitumfang der von uns Befragten bewegen sich daher zwischen einer „Vollzeiterwerbsarbeit" und einer „Vollzeitpflege". Voraussetzung ist, dass dabei jeweils ein gewisser individueller Mindestumfang an Pflege und auch an Erwerbstätigkeit geleistet wird. Für die hier vorliegende Untersuchung wurden ausschließlich Pflegende berücksichtigt, die zeitlich mehr leisten als eine „vereinzelte lockere Mithilfe" im Rahmen der häuslichen Pflegesituation (vgl. Kap. 3).

Eine quantitativ begründete Abgrenzung zwischen „Hauptpflegenden" und „Nebenpflegenden" fand nicht statt (vgl. Kap. 3), stattdessen wurden die Befragten gebeten, sich diesen Begriffen zuzuordnen. Danach ist der überwiegende Teil der Interviewpartner/innen als „Hauptpflegende" zu klassifizieren: von den insgesamt 109 Pflegesituationen, in denen sich die 90 Befragten befinden, werden die Aufgaben in 94 Fällen als „Hauptpflegende" und in 15 Fällen als „Nebenpflegende" geleistet (vgl. Sampleüberblick in Kap. 3).[1] Die Gefahr einer Überschätzung der eigenen Beteiligung durch die Befragten war kaum gegeben, eher neigten die Pflegenden dazu, ihre Position innerhalb des Pflegenetzwerkes geringer einzuschätzen und auf die mit den Geschwistern – oder anderen Familienmitgliedern – geteilte Pflegeverantwortung zu verweisen (vgl. Kap. 3).

Wie hängen Pflegeintensität und Arbeitszeitbedarfe der Pflegenden zusammen?

Mit zunehmender Intensität der Pflege wird die Vereinbarkeit von Beruf und Pflege für die Betroffenen unseres Samples schwieriger. Deutlich wird insbesondere, dass normale bzw. überlange Vollzeitarbeit von den Betroffenen mehrheitlich als zeitliche Überlastung wahrgenommen wird. Vollzeiterwerbstätige müssen im Verlauf des Pflegeprozesses häufig feststellen, dass die zeitliche Belastung durch eine private Pflegesituation in ihrem Verlauf höher ausfällt als anfänglich angenommen.

Dieser Zusammenhang lässt sich bereits anhand der aktuellen Arbeitszeitvolumen der Pflegenden unseres Samples gut nachvollziehen: Eine stärkere Pflegebedürftigkeit, hilfsweise gemessen anhand der offiziellen Pflegestufe, geht mit einer kürzeren Arbeitszeitdauer der Pflegenden einher. Sei es, dass

---

1   Dies ist eine der Folgen der Selbstrekrutierung der Befragten: Auf die Anfrage des Forschungsteams in Betrieben, über öffentliche Medien oder über Verbände und Interessenorganisationen, meldeten sich offensichtlich überdurchschnittlich viele Pflegende mit umfangreicher Pflegeverantwortung.

diese versuchen, ihre Mehrarbeit zu verringern, um die tatsächlichen Arbeitsstunden zunächst einmal auf das vertraglich vereinbarte Maß abzusenken, sei es, dass sie ihre Vollzeitstelle (phasenweise) auf eine nahe an Vollzeit reichende Teilzeitstelle mit 30 bis 35 Stunden reduzieren, oder dass Teilzeitbeschäftigte ihr Stundenvolumen (phasenweise) noch stärker absenken.

– Pflegebedürftige *ohne Pflegestufe oder mit Pflegestufe I* werden in unserem Sample mehrheitlich von Angehörigen gepflegt, die Vollzeit oder sogar überlange Vollzeit – d.h. tatsächlich mehr als 40 Stunden pro Woche – arbeiten.

– Pflegebedürftige mit *Pflegestufe II* werden ebenfalls mehrheitlich von vollzeitbeschäftigten Angehörigen gepflegt.

– Die besonders intensiv Pflegebedürftigen mit *Pflegestufe III* werden hingegen überwiegend von teilzeitbeschäftigten Angehörigen gepflegt.

Während *Teilzeitbeschäftigte* aus unserem Sample fast ausschließlich Angehörige mit (hoher) Pflegestufe pflegen, kümmern sich Beschäftigte mit *regulären oder überlangen Vollzeitarbeitszeiten* verstärkt um Personen ohne Pflegestufe, bzw. mit maximal Pflegestufe I. Dies entspricht den jeweiligen zeitlichen Möglichkeiten, die sie neben dem Beruf für die Pflegeaufgaben finden.

Allerdings bestätigen die Interviews ebenfalls, dass sich die Arbeitszeitdauer der Pflegenden nicht unmittelbar und ausschließlich als abhängige Variable der Pflegeintensität „ergibt". Die reale wie die gewünschte Arbeitszeitdauer sind vielmehr Ergebnis *komplexer Abstimmungsprozesse,* welche auch von den Besonderheiten der jeweiligen Pflege- und Familiensituation, genauso wie von denen der Berufssituation, abhängen. Werden Umfang und Art der benötigten Pflege im Pflegeverlauf immer intensiver, so stellt sich für die abhängig beschäftigten Angehörigen im Regelfall irgendwann die – auch ökonomische – Frage, wie sie ab diesem Moment die häusliche Pflege aufrecht erhalten können. In diesem Entscheidungsmoment kann es dazu kommen, dass sie sich *Entlastung in der Pflege* organisieren, sei es durch Beauftragung eines professionellen Pflegedienstes, durch privat finanzierte Helfer/innen oder durch Hinzuziehung weiterer Familienangehöriger. Oder aber sie suchen die *Entlastung im Beruf,* was dann meist gleichbedeutend mit einer Reduzierung der Arbeitszeiten und/ oder – falls möglich – dem Ersuchen um Telearbeit ist.

Mit welcher Arbeitszeitdauer eine möglicherweise intensive Pflegesituation noch bewältigt werden kann, lässt sich nicht pauschal für die Gesamtheit der Pflegenden im Sample beantworten. Hier spielen weitere wichtige Einflussfaktoren eine Rolle, insbesondere die Qualität und die daraus gezogene Unterstützung durch das jeweilige *Pflegenetzwerk,* aber auch die *räumliche Entfernung zwischen Wohn- und Pflegeort.* Generell gilt: Angehörige, die über ein funktionierendes Pflegenetzwerk verfügen, sind den beruflichen Anforderungen besser gewachsen und wünschen sich tendenziell längere Arbeitszeiten. Die räumliche Entfernung zwischen Wohn- und Pflegeort steht hingegen nicht in einem vergleichbar direkten Kausalzusammenhang zur bevorzugten Arbeitszeitdauer. Hier ist vielmehr die Qualität der Arbeitszeiten entscheidend, also Planbarkeit und Selbstbestimmung sowie die vorhandenen Möglichkeiten, sich vertreten zu lassen. Das bedeutet:

– Auch wer seinen schwer pflegebedürftigen Partner im eigenen Haushalt pflegt, kann durchaus weiter Vollzeit arbeiten – ohne permanente Mehrarbeit – wenn er oder sie auf ein funktionierendes Pflegenetzwerk zurückgreifen kann und in dessen Rahmen verbindliche Entlastung erfährt.

– Auf der anderen Seite kann eine weit entfernt lebende Schwester oder Mutter, für die kein funktionierendes Pflegenetzwerk bereitsteht, der Grund sein, warum Betroffene ihre Arbeitszeit vorübergehend auf Teilzeit reduzieren – weil sie verlässlich freie Zeit brauchen, um regelmäßig an den Pflegeort zu fahren. Hätten Betroffene die Möglichkeit, ihre Arbeitsstunden selbstbestimmt über die Woche bzw. den Monat zu verteilen und könnten sie geblockten Zeitausgleich für einzeln geleistete Überstunden nehmen und/oder mobile Arbeitsformen nutzen, würde die Reduktion möglicherweise geringer ausfallen.

Die Auswertungen im Projekt haben zudem gezeigt, dass neben der Arbeitszeitdauer auch *betriebliche Faktoren* darauf Einfluss nehmen, welche Pflegeintensität mit welchen Arbeitszeiten noch gewährleistet werden kann. Hier ist erneut die Qualität der Arbeitszeiten zu nennen, die eng mit der Planbarkeit, den Verteilungsmustern der Arbeitszeiten über Woche oder Monat sowie mit der Selbstbestimmung über diese Zeiten zusammenhängt. Aber auch das jeweilige Betriebs- und Arbeitsklima sowie das entgegengebrachte Verständnis von Kolleg/inn/en und Vorgesetzten sind wichtig. Eine selbstbestimmte Gestaltung der eigenen Arbeitsabläufe und Arbeitszeiten, in Verbindung mit gelegentlicher Telearbeit und einem verständnisvollen Arbeitsumfeld, in welchem auch kurzfristige Vertretungsmöglichkeiten akzeptiert und unterstützt werden, sind Rahmenbedingungen, die auch bei intensiver Pflege eine umfangreiche Berufstätigkeit ermöglichen, wie eine ganze Reihe von Positivbeispielen aus dem befragten Sample belegen.

6.3   Entfernung und Wegezeiten

Dem Forschungsprojekt lag die Hypothese zugrunde, dass räumliche Faktoren für die Vereinbarkeit von Beruf und Pflege eine wichtige Rolle spielen.

- Einerseits geht es dabei um die Entfernung zwischen Wohnort, Arbeitsort und Pflegeort – und damit um die *Wegezeiten zwischen Wohnort, Arbeitsort und Pflegeort.*
- Andererseits geht es um die *Wohnsituation,* also um den räumlichen Abstand zwischen der pflegenden Person und der pflegebedürftigen Person. Wohnen beide zusammen in einem Haushalt, unterscheidet sich die Pflegesituation – und die Zeitbedarfe – grundlegend von einer Situation, in der Pflegende/r und Pflegebedürftige/r in räumlich weiter voneinander getrennten Haushalten leben.

Die augenfälligsten Auswirkungen auf die Pflege ergeben sich aus der *Entfernung zwischen Wohn- und Pflegeort.* Liegen Arbeits- und Pflegeort nah am Wohnort oder zumindest in derselben Himmelsrichtung, begünstigt dies die tägliche Vereinbarkeit, da der Aufwand für Wegezeiten klein gehalten werden kann – und umgekehrt. Folglich sind *lange Wegezeiten häufig gleichbedeutend mit „verlorener Zeit".* Sie erschweren regelmäßige Besuche sowie spontane „Notfalleinsätze" bei der pflegebedürftigen Person. Je mehr Zeit für die regulären täglichen Wege verbraucht wird, desto weniger Stunden stehen für die Pflegeaufgaben bzw. für Eigenzeiten, Paar- oder Familienzeiten der Pflegenden zur Verfügung. Im Gegenzug wirkt sich die Möglichkeit von mobilen Arbeitsformen günstig aus, sowohl was die Verringerung von Wegezeiten, als auch was die (spontane) Wahrnehmung von Pflegeterminen im Tagesverlauf betrifft. In einer Reihe von Einzelfällen ziehen gerade alleinstehende Pflegende vorübergehend wieder im Elternhaus ein, bzw. übernachten regelmäßig dort, um Wegezeiten zu den zu pflegenden Eltern auf diese Weise zu minimieren und somit mehr Pflegezeit „vor Ort" zu erlangen. In anderen Fällen haben Pflegende – gerade solche mit eigener Familie – frühzeitig den Umzug der Eltern in die Region, denselben Wohnort oder sogar ins eigene Haus arrangiert, um bei voranschreitendem Pflegebedarf da sein zu können.

Allerdings zeigt sich auch ein entgegengesetzter Aspekt von Wegezeiten: sie können eine Hilfe dafür sein, dass gerade Kindern, die ihre Eltern pflegen, mit der räumlichen Distanz von Wohn- und Pflegeort eine *bessere Abgrenzung* von den zum Teil sehr hohen Ansprüchen der pflegebedürftigen Eltern bzw. der objektiv gegebenen Fülle an Pflegeaufgaben, gelingt. Die gegebene Entfernung rechtfertigt, dass man nicht immer kurzfristig vorbei kommen und nicht alle Pflegetätigkeiten selbst übernehmen kann. Da wird eine längere Fahrt zwischen Wohn- zum Pflegeort auch mal als willkommener „Übergang zwischen den Welten" bzw. als gewonnene Eigenzeit empfunden, die von den Pflegenden zum Lesen, Musikhören oder Nachdenken genutzt wird.

Angesichts dieser *widersprüchlichen Effekte* der räumlichen Entfernung von Pflegenden und Gepflegten verwundert es nicht, dass sich ein großer Teil der befragten Pflegenden – jedenfalls soweit es nicht die Partner/innen- oder Kinderpflege betrifft – gut mit einer gewissen Distanz zwischen beiden Haushalten arrangiert. Erst bei stark ansteigender Pflegeintensität überwiegen die Vorteile eines gemeinsamen Haushaltes aus praktischen Erwägungen – mit allen bereits beschriebenen Nachteilen für die Nachtruhe und die eigene Erholung der Pflegenden (vgl. hierzu auch Kap. 4.5.4). Eine kurze Distanz zwischen Wohn- und Pflegeort eröffnet die Möglichkeit, diese Strecken zu Fuß oder mit dem Fahrrad zurückzulegen und bietet manchen Betroffenen damit gleichzeitig Gelegenheit zur sportlichen Betätigung, für die sie ansonsten kaum noch Zeit finden (vgl. Kap. 4.5.2).

Auf Grund der Ergebnisse aus den Interviews mit den befragten Pflegenden kann eine grobe Unterteilung der pflegenden Beschäftigten in drei *„Entfernungs-Gruppen"* mit unterschiedlichen Ansprüchen vorgenommen werden.

Gruppe 1: „Pflege in unmittelbarer Nähe"

Am vorteilhaftesten für eine Beibehaltung der Arbeitszeiten und eine gleichzeitige Sicherstellung der Pflege und/oder Betreuung ist ein Wohnen in „unmittelbarer Nähe", was eine Entfernung von null bis15 Minuten zwischen Wohn- und Pflegeort bedeutet. Dies dürfte ein Grund dafür sein, dass 68 von insgesamt 93 Wohnort-Pflegeort-Entfernungen unseres Samples so organisiert sind, dass die zu pflegenden Personen nur maximal 15 Minuten vom Wohnort der Pflegenden entfernt leben. Da die Pflegesituation, je nach Erkrankung und Pflegephase (vgl. Kap. 4.4.1 und 4.4.2), auch Anforderungen an eine gewisse zeitliche Taktung und Einhaltung von zeitlichen Routinen stellt, liegt die Arbeitsstelle der Pflegenden häufig ebenfalls in der Nähe, so dass man im besten Fall auf dem Hin- oder Rückweg zur Arbeit, auch mal spontan oder während kurzer Arbeitspausen „mal eben" bei der zu pflegenden Person vorbeischauen kann. Dies bringt spezielle Wünsche an die Gestaltung und Flexibilität der Arbeitszeiten hervor: selbstbestimmte Arbeitszeitelemente wie Gleitzeitregelungen, situativ angepasste Kurzpausen, die Möglichkeit zu verlängerten Mittagspausen oder der bedarfsgerechte Abbau einzelner Überstunden vom Arbeitszeitkonto sind hier wichtiger als etwa mehrtägige Freistellungen.

Für den in unserem Sample gar nicht so seltenen Sonderfall, dass die pflegebedürftigen Angehörigen nicht nur in der Nähe, sondern dabei sogar im gleichen Haushalt wie die Pflegenden leben, gelten die oben beschriebenen Vorteile ebenso. In immerhin 45 der 93 Pflege-Entfernungen unseres Samples leben die gepflegten Personen und die befragten Pflegenden in einem Haushalt. Als günstig erweist sich, dass man immer mal wieder – auch ganz kurz – nach den Pflegebedürftigen sehen kann, alltäglich anfallende Pflegeaufgaben erledigen, die Medikamenteneinnahme oder den Toilettengang überwachen und/oder zusammen die Mahlzeiten zubereiten und einnehmen kann. Dies spart den pflegenden Beschäftigten Mehraufwand und Wegezeiten.

Auf der anderen Seite birgt das Zusammenwohnen in einem Haushalt auch die Gefahr, dass den Pflegenden keine Privatsphäre mehr bleibt, um sich zurückzuziehen oder zu erholen oder um Zeit mit ihren Partner innen- bzw. eigenen Familien zu verbringen. Sie werden deutlich öfter in die täglichen Pflegeabläufe hineingezogen und geraten gegebenenfalls unter stärkeren Erklärungsdruck, warum sie nicht alle Aufgaben selbst übernehmen, sondern sich der Mithilfe von Dritten oder professionellen Anbietern bedienen. In solchen Fällen stellen dann unflexible Arbeitszeiten eine durchaus willkommene Rechtfertigung gegenüber den „grenzenlosen" Bedarfen und Ansprüchen der gepflegten Personen dar.

Einige Pflegende ziehen es u.a. aus diesen Gründen ganz gezielt vor, im gleichen Haus aber mit getrennter Haushaltsführung (z.B. verschiedene Stockwerke, Einliegerwohnung oder Doppelhaushälfte) zu leben, um so auch mal „die Tür" zwischen sich und der Pflegesituation „zumachen" zu können. Diese Möglichkeit leistet einen wichtigen Beitrag zur Entspannung und Erholung der Pflegenden und verbessert, wenigstens partiell, die Qualität ihrer Nachtruhe.

So sind beispielsweise gerade Pflegende, die im gleichen Haushalt oder in „unmittelbarer Nähe" leben, besonders an den Möglichkeiten zur Heimarbeit, also dem sogenannten „Home Office", interessiert (vgl. Kap. 4.3.7).

Gruppe 2: ‚Pflege mit mittlerem Abstand'

Mit zunehmender Entfernung des Wohnortes vom Pflegeort wird es komplizierter, die zu Pflegenden regelmäßig aufzusuchen und dort alltägliche bzw. in regelmäßigen Zeitabständen anfallende Pflegeaufgaben zu übernehmen. Dann spielen mithelfende Nachbarn, Freunde und Angehörige, die vor Ort wohnen, eine zunehmend wichtigere Rolle, unterstützt durch ergänzende professionelle Pflegeangebote. In 20 der 93 anfallenden Wegestrecken legen die Pflegenden unseres Samples jedes Mal zwischen 15 und 90 Minuten (einfache Strecke) zum Pflegeort zurück. Die Erledigung alltäglich anfallender, unmittelbarer Pflegeaufgaben wird in dieser Gruppe – umso mehr, je weiter die Entfernung ist – zumeist professionellen Pflegediensten überlassen, während die Pflegenden selbst stärker die mittelbaren, administrativen, organisatorischen, haushaltsbezogenen und sozialen Aufgabenbereiche selbst übernehmen.

Eine solche Entfernung bringt unterschiedliche Wünsche an die Arbeitszeiten hervor: benötigt werden einerseits halbe oder ganze freie Tage und verlängerte Wochenenden, um die Pflegebedürftigen einmal länger zu besuchen, grundlegende Pflegeaufgaben in deren Haushalten zu übernehmen, oder die Pflegebedürftigen zu wichtigen Terminen zu begleiten. Des Weiteren ist es für eine Vereinbarkeit wichtig, dass die Pflegenden am Arbeitsplatz Kurzpausen für dringende, pflegebezogene Telefonate einlegen dürfen, bzw. auch am Arbeitsplatz telefonisch für die Gepflegten erreichbar sind. Selbst wenn sie selbst nicht spontan am gleichen Tag zum Pflegeort fahren können, können sie die notwendigen Aufgaben telefonisch an das restliche Pflegenetzwerk delegieren. Für Notfälle brauchen jedoch auch die Pflegenden, die mit mittlerem Abstand pflegen, situativ flexible Arbeitszeitmöglichkeiten, wie die erweiterte Nutzung der Gleitzeit, kurzfristigen Überstundenausgleich oder die Gewährung von Urlaubstagen, um gegebenenfalls auch spontan an den Pflegeort fahren zu können.

Gruppe 3: ‚Pflege aus der Entfernung'

Wenn Pflegende/r und Pflegebedürftige/r weit auseinander leben, mit einer einfachen Wegezeit von mehr als 90 Minuten, muss die tägliche und körperbezogene Pflege vor Ort organisiert sein und auch ohne Zutun der pflegenden Angehörigen funktionieren. In solchen Fällen benötigen die befragten Pflegenden andere Gestaltungsmöglichkeiten bei den Arbeitszeiten, weil sie auch „andere" Pflegeaufgaben als näher vor Ort lebende Angehörige erledigen. Eine Übernahme der alltäglichen, unmittelbaren Pflegetätigkeiten ist für sie in den allermeisten Fällen ausgeschlossen. Daher sind sie ganz besonders auf ein funktionierendes Pflegenetzwerk angewiesen (vgl. Kap. 4.4.4 und 6.4).

Im Regelfall sind solche Pflegenden vor allem an der Schaffung verlängerter Wochenenden interessiert, also an einem früheren Arbeitsende am Freitag oder einem späteren Arbeitsbeginn am Montagmorgen, ähnlich wie dies auch pendelnde Arbeitnehmer/innen wünschen. Immer dann, wenn – auf Grund vorübergehender Krankheit oder voranschreitender Pflegeintensität, aber auch bedingt durch auftretende, temporäre „Versorgungslücken" bei der alltäglichen Pflege – ein vermehrter Bedarf nach Anwesenheit und Betreuung vor Ort entsteht, benötigen die betroffenen Pflegenden vermehrt Freistellungen, Urlaubstage und andere Formen geblockter Freizeit (z.B. Überstundenausgleich). Sie wollen dann, auch ganz kurzfristig, an den Pflegeort fahren. Einige Pflegende berichten davon, andernfalls notgedrungen auf Krankschreibungen als „letztes Mittel" zurückgreifen zu müssen, sofern eine kurzfristige, flexible Anpassung ihrer Arbeitszeiten nicht möglich ist.

Ist ein Partner bzw. eine Partnerin vorhanden, federn diese die erforderliche Abwesenheit des hin und her pendelnden Pflegenden ab und halten ihm bzw. ihr den Rücken für die Pflege frei. Für alleinstehende Pflegende gestaltet sich die Lage deutlich schwieriger. Dass die Pflege aus der Entfernung viel Kraft kostet, zeigt sich auch daran, dass eine Reihe von Befragten diese Situation nach einiger Zeit durch Ortswechsel aufgelöst haben: sei es, dass die Pflegebedürftigen in den eigenen Haushalt geholt werden, oder der eigene Wohnort verlagert wird.

Um die Wegezeiten zu verringern, wechseln einige Pflegende bei ihrem Arbeitgeber an einen anderen Dienstort, selbst wenn damit eine berufliche Verschlechterung einhergeht. Einige Pflegende wechseln sogar den Arbeitgeber (etwa Frau Zweig). Andere akzeptieren eine beruflich schlechtere Stelle, nur weil diese näher am gemeinsamen Wohn- und Pflegeort liegt, um sich das tägliche Pendeln zum weit entfernten Arbeitsort zu ersparen (beispielsweise Frau Schicht).

Die Entfernungsfrage mit den jeweiligen Wegezeiten ist aber nicht die alleinige Einflussgröße darauf, welche Aufgaben Angehörige im Pflegenetzwerk übernehmen. Dies hängt neben der reinen Entfernung noch von weiteren Faktoren ab:

–   Wichtig ist, welche *weiteren* Personen (z.B. Geschwister) innerhalb der Familie für die Übernahme von Pflegeaufgaben in Frage kommen. Hier wirken sich geschlechtsspezifische Rollenbilder aus, d.h. wer für wen körperbezogene Pflegeaufgaben übernehmen soll und kann. Manchmal wird von den Pflegebedürftigen oder den Familienmitgliedern gewünscht, dass gerade Aufgaben, die den Intimbereich betreffen, nur von Angehörigen des eigenen Geschlechts erledigt werden.

–   Relevant ist dann, wer von den (potentiell) Mitwirkenden im Pflegenetzwerk, d.h. beispielsweise wer von den Geschwistern, welche *Arbeitszeitmöglichkeiten* hat und als wie pflegesensibel sich der jeweilige Arbeitgeber der Einzelnen erweist.

–   Hier spielen auch *betriebliche Maßnahmen zur Unterstützung von Familien bzw. Pflegenden* eine nicht unwichtige Rolle: selbst die Bereitstellung von Kinderbetreuungsangeboten oder ein „Mitnahme-Essen" aus der Kantine können sich entlastend auf die Pflegesituation auswirken. Immer dann, wenn eine Fahrt bzw. ein Umweg (etwa zur Kita) erübrigt werden kann, dient dies der Verringerung von Wegezeiten und damit der persönlichen Zeitersparnis.

–   Für die Entscheidung, wer welche Rolle im Pflegenetzwerk übernimmt, und welche Aufgaben überhaupt aus der Ferne organisiert werden müssen, ist entscheidend, ob es im Wohnumfeld der zu Pflegenden *professionelle Pflegedienstanbieter* gibt (z.B. ambulante Pflegedienste, Tagespflegestätten, ehrenamtliche Betreuungsangebote, Kurzzeitpflegeeinrichtungen, „Essen auf Rädern") und welche Qualität diese haben. Je schmaler das Angebot ausfällt, umso höhere Anforderungen kommen auf Angehörige zu, die aus der Ferne pflegen.

–   Nicht zuletzt nimmt auch die *Qualität der öffentlichen Verkehrsinfrastruktur* Einfluss auf die Wegezeiten. In ländlichen Gegenden gibt es für pflegende Erwerbstätige in den allermeisten Fällen keine Alternative zum eigenen PKW. Nicht in allen Mehrpersonenhaushalten sind jedoch mehrere

PKW vorhanden. Im Einzelfall können daher entweder lange Fahrtzeiten mit dem ÖPNV für die Pflegenden anfallen, oder aber Alltags-Erschwernisse für den Partner bzw. die Familie entstehen, wenn die Pflegenden mit dem Familienauto zum Pflegeort fahren müssen.

Generell erweisen sich alle Hilfen und Maßnahmen, die den Pflegenden (und ihren Familienangehörigen) zur Zeitersparnis verhelfen, als günstige Ermöglichungsfaktoren für die Pflegesituation.

6.4   Qualität der Pflegenetzwerke

Ein deutliches Ergebnis dieser Studie lautet, dass ein Zusammenwirken mehrerer an der Pflege beteiligter Akteure – im Rahmen eines gemeinsamen Pflegenetzwerkes, teilweise auch als „Pflegesetting" bezeichnet – die Vereinbarkeit zwischen Beruf und Pflege für die pflegenden Angehörigen enorm unterstützen kann. Unter einem „Pflegesetting" versteht man ein Netzwerk von an der Pflege einer bestimmten Person beteiligten Personen, die alle anfallenden Pflegeaufgaben untereinander aufteilen und erledigen (vgl. Herrmann-Stojanov et al. 2008; Rinderspacher et al. 2009). Ein solches Pflegenetzwerk ist im Idealfall nach einer gewissen Anlaufphase so aufeinander abgestimmt, dass es zumindest an regulären Tagen bzw. im regulären Wochenverlauf relativ reibungslos ineinandergreift und funktioniert.

Gerade für Pflegende, die (vor allem vollzeitnah) erwerbstätig bleiben (wollen), ist eine Unterstützung durch professionelle ambulante Pflegedienste, durch Tagespflege- und Kurzzeitpflegeeinrichtungen, durch Familienangehörige, Freunde, Nachbarn, aber auch ehrenamtliche Helfer/innen sowie möglicherweise durch (teils illegal) beschäftigte Pflegekräfte bzw. Haushaltshilfen aus dem Ausland (vgl. hierzu Lutz 2007) von großer Bedeutung. Im Sample wurde deutlich, dass der Beitrag, den die Beteiligten leisten, dabei sehr unterschiedlich ausfallen kann. Auch kleinste Hilfestellungen, wie z.B. für den Notfall den Wohnungsschlüssel des Pflegebedürftigen zu verwalten oder den Angehörigen zu melden, falls sich in deren Abwesenheit etwas Unvorhergesehenes ereignet, können ungeahnt hilfreich sein. Solche Netzwerke bieten gute Möglichkeiten, Routinen zu entwickeln, in denen regelmäßige und verbindliche Pausen für die pflegenden Angehörigen mit eingeplant sind. Sie tragen so zur Vermeidung von Überlastungssituationen bei, indem sie die psychische und physische Belastung verringern.

In den geführten Interviews wurde immer wieder deutlich, dass gerade die Pflege von nahen Angehörigen oder Freunden zudem ein zutiefst emotionales System ist, in dem es der pflegenden Person besonders schwer fällt, die eigenen Bedürfnisse wahrzunehmen und sie gegenüber der gepflegten Person (immer wieder neu) zu vertreten. Arbeitsteilung und eingespielte Routinen, wie sie im

Pflegenetzwerk etabliert werden, können daher eine entlastende Wirkung für die Angehörigen haben. Das funktionierende Pflegenetzwerk kann Angehörige bei der Wahrnehmung von gesellschaftlichen Zeitinstitutionen – wie Pausen, Urlaub, Feierabend, Wochenende – unterstützen und damit für alle Beteiligten Rhythmen von „Sorgen und Ruhen" herstellen (Herrmann-Stojanov 2006).

Die Qualität und die Funktionsfähigkeit des eigenen Pflegenetzwerkes sind damit Schlüsselfaktoren für die funktionierende Vereinbarkeit von Beruf, Pflege und eigenem Leben.

- Durch die Mitarbeit von verschiedenen (privaten wie professionellen) Kräften können Art und Umfang der Pflege auf mehrere Personen verteilt werden, was den Betroffenen verschiedenste *Möglichkeiten der Entlastung* verschafft.
- Angehörige, die ein funktionierendes Pflegenetzwerk haben, sind den beruflichen Anforderungen besser gewachsen. Mehr noch: Sie kommen mit der Gesamtsituation deutlich besser zurecht und können daher eher eine *bessere Vereinbarkeit von Beruf und Pflege* erreichen.
- Wichtig ist die *kulturelle Passung* der beteiligten Akteure. Diese umfasst insbesondere die Passfähigkeit der Zeiten, aber auch gemeinsame Werte wie Verlässlichkeit, Sauberkeit, Verständnis von guter Pflege, Grenzen der (körperlichen) Pflege usw.
- Meist ist es eine Person, im Normalfall der nächste Angehörige des zu Pflegenden, die ein solches *Netzwerk aufbaut, organisiert und die Abstimmung* unter den daran beteiligten Helfern *übernimmt*.
- Bei der *Suche nach geeigneten Mitwirkenden* am Pflegenetzwerk gilt es einige Punkte zu berücksichtigen, wie die vielfältigen Erfahrungen der pflegenden Beschäftigten in den geführten Interviews zeigen:

1) Man muss selbst „loslassen" können, um bestimmte Tätigkeiten an Dritte oder professionelle Kräfte abzugeben. Jenseits der eigenen Standards und Anforderungen an eine gute Pflege, die jeder pflegende Angehörige für sich definiert, muss man sich dennoch dem Verständnis öffnen, dass andere Menschen bestimmte Pflegeaufgaben auf ihre ihnen eigene – möglicherweise etwas abweichende – Art und Weise erledigen. Deren Vorgehen kann nicht immer zu 100 Prozent mit der eigenen Vorstellung übereinstimmen.

2) Ein wichtiger Punkt ist die Verlässlichkeit und Pünktlichkeit der Helfer/innen, erst dies sichert den Angehörigen planbare Entlastung.

3) Bei Einsatz von Haushaltshilfen aus Osteuropa erweist sich eine Sprachbarriere auch als „Qualitätsbarriere" in der Pflege. Dies gilt insbesondere für demenzerkrankte und psychisch erkrankte Pflegebedürftige.

4) Helfer/innen sollten für die ihnen übertragen Pflegeaufgaben geeignet oder dementsprechend eingewiesen worden sein. Die Interviews haben gezeigt, dass schon eine Anleitung zum richtigen Heben und Drehen beispielsweise von bettlägerigen Patienten, aber auch zum Baden oder zum Anziehen von mobilen Pflegebedürftigen, den eigenen Rücken schont und damit zur Gesunderhaltung beiträgt.

5) Mit der Pflegeversicherung bzw. der Krankenkasse abrechenbar sind nur offizielle, professionelle Pflegedienste und vom Arzt verschriebene Therapien.

6) Helfer/innen, die ihre Hilfe ungefragt anbieten, möglichst in der Nähe wohnen und zudem zeitlich flexibel einsetzbar sind, tragen zur Steigerung der Qualität eines Pflegenetzwerkes bei und sind eine unschätzbare Unterstützung. Hierbei handelt es sich häufig um Nachbar/inne/n.

Gerade die *Vollzeitbeschäftigten* im Sample, deren Arbeitszeiten wenig eigene Gestaltungsmöglichkeiten aufweisen und für die Betroffenen eher unflexibel ausfallen, sind in zweifacher Hinsicht auf eine Unterstützung durch funktionierende Pflegenetzwerke angewiesen:

– Sie können nicht selbst den Hauptteil der körperbezogenen Pflege, der Versorgung mit Mahlzeiten und Getränken sowie der Sicherung von Gefährdungsfreiheit im Haushalt (Sturzgefahr, Feuer, Wasser, Strom etc.) übernehmen, da die Meisten von ihnen sich nicht spontan und kurzfristig vom Arbeitsplatz entfernen können.

– Ein zentrales Problem, unter dem Vollzeitbeschäftigte – aber teilweise auch Teilzeitbeschäftigte – leiden, ist zudem die „Unpünktlichkeit" der professionellen Pflegedienste bzw. der Fahrdienste, deren Mitarbeiter/innen nicht an jedem Tag zur selben Uhrzeit erscheinen. Gerade die Vollzeitbeschäftigten verfügen nicht über die (arbeits-)zeitliche Flexibilität, um sich auf solche variierenden Zeiten von Helfer/inne/n einzustellen. Vielfach stehen diese Angehörigen gerade morgens unter Stress, weil sie auf den Pflege- oder Fahrdienst warten müssen/wollen bevor sie zur Arbeit aufbrechen, oder sie stützen sich auf deren pünktliches Erscheinen am Nachmittag/Abend im Haushalt als „Stellvertretung", weil sie selbst noch arbeiten müssen und erst später zurückkehren. Aus den genannten Zeitdifferenzen können sich im schlechtesten Fall „Versorgungslücken" für die zu Pflegenden ergeben.

6.5   Betriebliche Merkmale

Bei der Konzeption des Forschungsdesigns wurde davon ausgegangen, dass bestimmte betriebliche Merkmale wie die *Größe des jeweiligen Betriebes,* in dem die Pflegenden arbeiten, als auch die *Sensibilität des Betriebes* gegenüber der Vereinbarkeit von Beruf und Pflege eine wichtige Rolle dafür spielen, ob und wie den Betroffenen eine Vereinbarkeit von Beruf und Pflege gelingt. Es ist anzunehmen, dass andere Merkmale wie etwa die Branche, die Beschäftigungsbedingungen im Betrieb, die konkreten Arbeitsbedingungen sowie die Verdienstbedingungen ebenfalls von Bedeutung dafür sind – diese wurden im Rahmen dieses Forschungsvorhabens jedoch nicht systematisch untersucht.

Betriebsgröße

Eine knappe Mehrheit der Befragten unseres Samples (45) arbeitet in Großbetrieben mit mehr als 500 Beschäftigen. Der etwas geringere Anteil (35) arbeitet in kleineren, mittelständischen Unternehmen (KMU) mit weniger als 500 Beschäftigten. Zu den kleinsten Betrieben, in denen Pflegende unseres Samples arbeiten, gehören etwa eine Apotheke, eine Fahrschule, eine Musikschule, ein kleiner Reinigungsservice oder ein Küchenstudio.

Pflegesensibilität

Die Sensibilität eines Betriebes wird anhand der bereits vorhandenen betrieblichen Strukturen, Regelungen und Angebote zum Thema „Beruf und Pflege" bewertet (vgl. Kap. 3.3. und 4.3). Je nach Aktivitätsgrad und Interesse an betrieblichen Maßnahmen wurden alle 90 Betriebe, in denen die Befragten unseres Samples beschäftigt sind, klassifiziert.[2]

–   Als *„pflegesensibel"* wurden diejenigen Betriebe eingestuft, die einerseits Interesse am Thema der Vereinbarkeit von Beruf und Pflege formulieren und andererseits bereits über formelle Vereinbarungen, Strukturen, spezielle Maßnahmen oder „gute Praxis" für Beschäftigte mit Pflegeaufgaben verfügen. 30 der von uns befragten Pflegenden sind in solchen Betrieben tätig.

–   Als *„interessiert aber nicht aktiv"* wurden Betriebe bezeichnet, die dem Thema Pflege durchaus offen gegenüber stehen, die bisher aber noch keine spezifischen Angebote für ihre Beschäftigten bereithalten. Häufig engagieren sich diese Betriebe bereits für eine größere „Familienfreundlichkeit" und weisen schon spezifische Angebote für Beschäftigte mit Kindern auf – auch wenn das Thema Pflege und Beruf für sie noch neu ist. 40 der von uns befragten Pflegenden sind in einem solchen Betrieb tätig.

–   Als *„nicht pflegesensibel"* wurden Betriebe eingestuft, die sich noch nicht aktiv mit der Gestaltung einer Vereinbarkeit von Beruf und Pflege befassen und daran bisher auch kein Interesse gezeigt haben. 20 der von uns Befragten sind in solchen Betrieben beschäftigt.

---

2   Für Beschäftigte die mehrere Stellen inne haben, erfolgte die Einordnung für den Betrieb, in dem sie die meisten Arbeitsstunden leisten.

Auswirkungen der betrieblichen Merkmale auf die Gestaltung der Vereinbarkeit von Beruf und Pflege

Wie die Tabelle 6.1 verdeutlicht, zeigen sich quasi alle *Großbetriebe,* in denen die Pflegenden unseres Samples arbeiten, zumindest als interessiert am Thema Pflege (vgl. Tab. 6.1). Rund die Hälfte von ihnen ist sogar bereits aktiv geworden, die Vereinbarkeit von Beruf und Pflege ihrer Beschäftigten zu unterstützen. In den KMU sind hingegen deutlich weniger Betriebe bereits aktiv, fast die Hälfte zeigt sich gegenüber der Vereinbarkeit von Beruf und Pflege noch nicht einmal interessiert. Dies macht deutlich, dass insbesondere in den kleineren und mittelständischen Betrieben noch besondere Informations- und Aufklärungsarbeit notwendig ist.

Wie die Erfahrungen der Befragten unseres Samples zeigen, bestätigt durch die Informationen aus den Interviews mit betrieblichen Expert/inn/en (vgl. Kap. 5), sind allerdings auch das Vorhandensein entsprechender Betriebsvereinbarungen, das Einsetzen einer/s für Pflegefragen zuständigen Ansprechpartner/in in der Personalverwaltung oder das Angebot von Informationsveranstaltungen zum Thema „Beruf & Pflege" noch keine hinreichenden Belege dafür, dass der oder die einzelne Betroffene tatsächlich an seinem oder ihren Arbeitsplatz Verständnis, Unterstützung und Entgegenkommen erfährt. Daher wurde im Projekt zwischen der „Betriebskultur" einerseits, also der meist „Top-Down" eingeführten, grundsätzlichen betrieblichen „Offenheit" gegenüber Pflegesituationen von Beschäftigten sowie den dazu durchgeführten, eher strukturell angelegten o. g. betrieblichen Maßnahmen, und der konkreten „Arbeitskultur" des Betriebes andererseits unterschieden – um damit vorhandene Differenzen zwischen Anspruch und Praxis in bereits „pflegesensiblen" Betrieben erfassen zu können. Denn mit Arbeitskultur sind die tatsächliche Verhaltenspraxis von Kolleg/inn/en und Vorgesetzten sowie die Lösungsmöglichkeiten gemeint, die bei Eintreten bzw. Ausweitung einer konkreten Pflegesituation in Arbeits- und Arbeitszeitorganisation für einzelne Betroffene möglich sind. Allerdings zeigen die Ergebnisse aus den Interviews mit Betroffenen sowie mit betrieblichen Akteuren auch, dass es sich bei diesen Lösungen (bisher noch) sehr häufig um individuell zugeschnittene Einzelfalllösungen und manchmal sogar nur um inoffizielle Gewohnheitsrechte handelt.

a) Die *Arbeitskultur* wird in erster Linie durch die direkten Vorgesetzten und das mittlere Management im Betrieb geprägt, welche die betriebsweit geltenden Leitlinien und Angebote zum Thema umsetzen sollten – es aber nicht immer und überall tun. Unser Sample zeigt, einen ganz wichtigen Effekt innerhalb der Betriebsöffentlichkeit haben prominente Einzelfälle, Positivbeispiele für gelungene Lösungen bzw. konkrete Erfolgsgeschichten. Solche Beispiele fördern und motivieren Vorgesetzte wie pflegende Beschäftigte und tragen damit zu einer voranschreitenden Sensibilisierung der Arbeitskultur bei.

Tab. 6.1:　Betriebsgröße und Pflegesensibilität des Betriebes

Sicherheit des Arbeits-verhältnisses	Betriebliche Aufgeschlossenheit gegenüber dem Thema „Pflege und Beruf":					
	„interessiert & bereits aktiv"		„interessiert & aber bisher nicht aktiv"		„Nicht interessiert & nicht aktiv"	
	Männer	Frauen	Männer	Frauen	Männer	Frauen
	Großunternehmen (ab 500 Beschäftigte)					
„sicher"	Sommer[a] Breitner[a] Tull[a] Knoepfle[d]	Weidinger[a] Holzheu[a] Tell[a] Rudolf[b] Eller[c] Schön[c] Kollesch-Berger[c] Ziegler[c] Hobler[c] Hellweg[d] Kürzinger[d] Schwarz[d] Meier[d]	Bellscheidt[a] Lade[b] Stadler[b] Hirtl[b] Ritter[c] Jansen[c]	Oberpölling[a] Keller[a] Meister[b] Seidel[b] Esser-Yildiz[c] Honig[c] Röder[c] Paul[c] Blume[c] Zunieden[c] Wentzke[d] Stock[d] Ufer[d] Schneider[d] Bohlen[d] Brüning[d]	Schulz[a] Obert[a] Schwan[b] Thomas[c]	
„unsicher"		Dachs[a]				Hanse[a]
	KMU (< 500 Beschäftigte)					
„sicher"	Hiller[a] Schlinck[a] Neuss[b] Braun[d]	Grosse[b] Göbe[c] Paviola[c] Jürgens[c] Reich[d]	Förster[a] Bulenda[d]	Bernau[b] Maibach[b] Höhn[b] Peters[b] Lang-Hauser[b] Reiter[b] Wörl[c] Kucharszewski[c] Hitzler[c] Schicht[c] Brehmer[d] Schmitt[d] Bornholm[d]	Mühlhaus[b] Mühlheim[c]	Herbst[a] Möwen[a] Seemann[c] Brunner[d] Boy[d]
„unsicher"		Groß[a] Zweig[b] Burzlaff[c]		Würsig[a] Frosch[a] Bischoff[c]		Sand-See-hausen[a] Lomasch[a] Fischer[a] Kerbel[a] Hammer[b] Jansen[c] Stevens[c] Gabler[c]

Legende zu Tabelle 6.1

a – Intensivauswertung: Idealtypen, vollständig und sehr gründlich codiert; b – Mittlere Auswertung: Besondere Aspekte intensiv ausgewertet oder gesamtes Interview mittelgründlich; c – Basisauswertung: Fälle, ohne Besonderheiten oder identisch mit bereits intensiver codierten Interviews werden nicht im Detail ausgewertet; d – Zusammenfassung: Fälle mit geringem Informationsgehalt, liegen als codierte Zusammenfassungen vor.

b) Institutionelle Akteure, wie die zuständigen Mitarbeiter/innen der Personalabteilung, die betriebliche Interessenvertretung oder betriebliche Gleichstellungsbeauftragte, sind in erster Linie an der Ausrichtung der *Betriebskultur* beteiligt, also an der Formulierung von generellen Leitlinien, Vereinbarungen oder Angeboten. Insbesondere durch ihr Auftreten im konkreten Einzel- oder Konfliktfall geben sie mit ihrem Handeln aber auch konkrete und äußerst wertvolle Impulse für die Arbeitskultur.

c) Aus Sicht der betroffenen Beschäftigten spielt beides zusammen: eine entsprechende *Betriebskultur* gegenüber Pflegeaufgaben bzw. den damit zusammenhängenden Vereinbarkeitsproblemen steckt den Rahmen für mögliche Lösungen am Arbeitsplatz ab, vor allem aber macht sie „Pflege" überhaupt erst einmal zu einem Thema im Betrieb und hat damit ermutigenden Charakter für die Betroffenen und handlungsauffordernden Charakter für die Vorgesetzten. Wie sensibel die Arbeitskultur sich dann im Ernstfall gegenüber Fürsorgeaufgaben bzw. insbesondere Pflegeaufgaben und den damit verbundenen Beschäftigtenbedarfen erweist, entscheidet sich im Konkreten: wenn etwa Betroffene beim Vorgesetzten Telearbeit beantragen, nach individuell zugeschnittenen Arbeitszeiten anfragen, darum bitten, von Dienstreisen freigestellt zu werden, freie Tage vom Arbeitszeitkonto nehmen wollen oder kurzfristig Urlaubstage brauchen.

Wovon hängt es bei den Befragten unseres Samples darüber hinaus ab, ob eine Vereinbarkeit von Beruf und Pflege möglich ist?

Kommunikation: Je stärker sich die Arbeitskultur dafür öffnet, dass die Beschäftigten neben ihren Arbeitsaufgaben auch Fürsorgeaufgaben in Familie bzw. sozialem Umfeld wahrnehmen und dafür – berechtigterweise – auch freie Zeit brauchen, umso leichter fällt es den Pflegenden, ihre besondere Lebenssituation im Betrieb anzusprechen. Dort, wo die Arbeitskultur sich hingegen als ‚nicht offen' oder „fürsorgefeindlich" darstellt, bleibt Pflegeverantwortung weiterhin stärker tabuisiert. Mehrheitlich sind die pflegenden Beschäftigten des Samples selbst jedoch der Meinung, dass zumindest ihre unmittelbaren Kolleg/inn/en und Vorgesetzten über die Problematik der Pflegesituation informiert werden sollten, damit Missverständnisse oder negative Reaktionen vermieden werden können. Denn nur dann, wenn die zeitlichen Bedürfnisse offen im Arbeitsteam besprochen werden können und die pflegebedingten Einschränkungen den anderen Kolleg/inn/en bekannt sind, kann mit der gemeinsamen Suche nach einer (arbeits-)zeitlichen Lösung begonnen werden. In Kleinstbetrieben, aber auch in kleinen Arbeitseinheiten (Abteilung, Team, Projektgruppe), fällt es etwas leichter, die Kolleg/innen zu informieren und Arbeitszeitbedarfe zu erläutern als in großen, unübersichtlichen Arbeitszusammenhängen.

Verständnis und Entgegenkommen: Die Auswertung der Interviews zeigt, dass Kolleg/inn/en, die eigene Erfahrung mit Pflegesituationen (oder auch mit Kindererziehungsaufgaben) haben, besonders verständnisvoll sind. Dies setzt allerdings voraus, dass über die eigene Betroffenheit durch Pflegeaufgaben gesprochen wird, damit überhaupt sichtbar wird, dass der Kreis derjenigen, die selbst über Pflegeerfahrungen verfügen, oft sogar größer ist als anfangs von den Betroffenen vermutet. Verständnis durch Kolleg/inn/en kann allerdings auch nicht damit gleichgesetzt werden, am Arbeitsplatz stets über die eigene Pflegeverantwortung reden zu müssen oder zu wollen. Gerade die pflegenden Beschäftigten schätzen den Beruf ja als „Ausgleich" zur Pflege und möchten daher ganz gezielt betriebliche Normalität erfahren und nicht andauernd mit jedem über ihre häuslichen Aufgaben sprechen. Hier sind gutes Fingerspitzengefühl und ein situativ angepasstes Verhalten des betrieblichen Umfeldes zwischen Anteilnahme und Normalität wünschenswert.

Information und Austausch: Dort wo sich Beschäftigte als Pflegende im Betrieb „outen" und in der Betriebsöffentlichkeit mit diesem Thema zu erkennen sind – etwa als betriebsinterne „Ansprechpartner/in" für andere Betroffene oder als Mitglied einer Gruppe „pflegender Mitarbeiter" – befördert dies den innerbetrieblichen Austausch zum Thema „Beruf und Pflege" und damit auch die Arbeitskultur enorm. Neben Informationsangeboten durch die Personalabteilung, etwa via Intranet, kommt dem Austausch zwischen von Pflege Betroffenen eine besonders wichtige Funktion zu – der für die Betroffenen eine stark entlastende Wirkung haben kann. Dieser Austausch durch das Ermöglichen eines geeigneten Rahmens (sei es durch das Ausrichten von Seminaren und Vorträgen im Betrieb, durch einen Betroffenenstammtisch oder durch die Ausrichtung z.B. eines Sommerfestes in Kooperation mit Pflege- oder Behindertenverbänden) kann Teil der Betriebskultur sein. Der Betrieb stiftet die Gelegenheit und die betroffenen Beschäftigten vernetzen sich dann selbst individuell und bilateral mit anderen Pflegenden aus dem Betrieb.

Vertretung: Auffallend ist, wie selten die Betroffenen an ihren Arbeitsplätzen auf geregelte Vertretungsstrukturen zurückgreifen können – obwohl kleinere und größere Abwesenheiten im Tages-, Wochen- oder Monatsverlauf für die Bewältigung der Pflegeaufgaben durchaus wichtig sind. Häufig versuchen Pflegende daher, ihre gelegentliche betriebliche Abwesenheit in Eigenregie und ohne Nachteile für den Arbeitgeber bzw. die Arbeitskolleg/inn/en zu organisieren, etwa indem sie ihre regulären Urlaubstage für Pflegeangelegenheiten in Anspruch nehmen. Dies ist auch Beleg dafür, dass die Erwartungshaltung der Betroffenen an ihre Betriebe, sie bei der Bewältigung der privaten Pflegeverantwortung zu unterstützen, gering ausfällt. Ob die eigene Tätigkeit vertreten werden kann – oder die Arbeit währenddessen schlicht liegen bleibt –, dies hängt eng von der Aufgabe, der Einbindung in Teamstrukturen und dem Zuschnitt des Arbeitsbereiches ab. Dort wo Abwesenheiten ungeregelt bleiben, muss die liegengebliebene Arbeit nach Rückkehr nachgearbeitet werden, was dazu beiträgt, solche Abwesenheiten (z.B. Überstundenausgleich, Gleittage, Urlaubstage) von sich aus zu vermeiden, selbst wenn dies zu enormen zeitlichen Belastungssituationen in der Pflege führt.

6.6   Mehr oder weniger „sichere" Arbeitsverhältnisse

Unterschiedliche Arbeits- und Beschäftigungsbedingungen der Pflegenden haben zentralen Einfluss auf die jeweiligen Möglichkeiten von Beschäftigten, Beruf und Pflege zu vereinbaren. Auch wenn im Rahmen des vorliegenden Forschungsvorhabens nicht alle diese Bedingungen systematisch berücksichtigt werden konnten, stand hier zumindest die Frage der Sicherheit des einzelnen Arbeitsverhältnisses im Mittelpunkt. Ausgangsüberlegung war, dass gerade Beschäftigte mit „unsicheren" Arbeitsverhältnissen als besonders verletzlich auf dem Arbeitsmarkt gelten müssen und daher vermutlich vom Betrieb besonders wenig Rücksicht auf ihre Pflegearbeit erwarten oder einfordern.

Als Beschäftigte in *„unsicheren" Beschäftigungsverhältnissen* wurden im Rahmen der vorliegenden Untersuchung diejenigen verstanden, die in Leiharbeit, Befristung und/oder zu einem sehr geringem Einkommen angestellt sind oder die mehrere Beschäftigungsverhältnisse haben. Darüber hinaus zählen auch geringe Arbeitsmarktchancen im Wohnumfeld als Kennzeichen eines „unsicheren" Beschäftigungsverhältnisses (vgl. Kap. 3.2).

Gelingen der alltäglichen Vereinbarkeit von Beruf und Pflege

Für 16 weibliche Beschäftigte unseres Samples trifft mindestens eins der oben genannten Kriterien zu. Sie wurden daher als Beschäftigte mit „unsicheren" Arbeitsbedingungen erfasst. Anfangs wurde vermutet, dass es für sie besonders schwer sein dürfte, Pflegeverantwortung zu übernehmen bzw. diese im Alltag tatsächlich organisiert zu bekommen. Die Ergebnisse aus den qualitativen Interviews zeigen allerdings, dass diese Vorannahme modifiziert bzw. ausdifferenziert werden muss.

Tatsächlich deuten die Erkenntnisse aus den Interviews mit den Pflegenden an, dass zwei Beschäftigtengruppen über günstigere Vereinbarkeitsbedingungen verfügen und dabei auch auf unterstützende Möglichkeiten zurückgreifen können bzw. das entsprechende Selbstvertrauen haben, um diese in Anspruch zu nehmen. In idealtypischer Zuspitzung können diese beiden Beschäftigtengruppen – die am entgegengesetzten Ende des Spektrums von Beschäftigungsmöglichkeiten stehen – so umrissen werden:

–   Dies sind einerseits *gut bis sehr gut qualifizierte Personen mit „sicheren Arbeitsbedingungen"*, meist aus Großbetrieben, in denen es vielfach schon eine familienorientierte oder sogar pflegesensible Betriebskultur mit entsprechenden unterstützenden Maßnahmen gibt. Diese Personen üben anspruchsvolle berufliche Tätigkeiten aus und werden als Fachkräfte bzw. Spezialist/inn/en von ihren Betrieben geschätzt und gefördert. Zwar weisen sie oftmals lange Arbeitszeiten mit einer nennenswerten Zahl von Überstunden auf, andererseits werden ihnen Arbeitszeiterleichterungen gewährt. So haben sie gegebenenfalls die Möglichkeit zum „Home-Office" und sie verfügen über ausreichend finanzielle Mittel um sich professionelle Unterstützung in der Pflege zu leisten.

–   Andererseits sind dies gerade die pflegenden Beschäftigten in *„unsicherer Beschäftigung"*, die geringfügig tätig sind (unter Umständen sogar in mehreren Jobs), sehr niedrige Einkommen beziehen, als Leiharbeitnehmerinnen oder auch befristet beschäftigt sind. Unter ihnen finden sich in unserem Sample ausschließlich Frauen. Bei ihnen handelt es sich durchaus auch um qualifizierte Beschäftigte mit abgeschlossener Berufsausbildung und Berufserfahrung, im Einzelfall sogar um eine Frau mit abgeschlossenem Hochschulstudium. Diese Frauen weisen auf Grund ihrer Teilzeitbeschäftigung (zehn von insgesamt 16 „unsicher Beschäftigten" arbeiten weniger als 20 Stunden pro Woche, weitere fünf arbeiten zwischen 20 und 35 Stunden pro Woche)[3] eher bessere zeitliche Bedingungen auf, Beruf und Pflege im Alltag zu vereinbaren – selbst wenn sie in variabler Teilzeit beschäftigt sind oder mehre geringfügige Jobs ausüben. Als wichtigster Fakt erweist sich, dass diese Frauen in „unsicherer" Beschäftigung erstaunlich häufig mit großem Selbstbewusstsein die Forderung (oder Bitte) an ihre Arbeitgeber richten, dass diese mit ihren Arbeitszeiten auf die anfallenden Pflegezeiten Rücksicht nehmen sollen. Da sie die Pflege zu einem zentralen Gegenstand ihres Alltags gemacht haben, darf die berufliche Tätigkeit (temporär) ruhig auch „offiziell" auf dem zweiten Platz stehen. Daher trauen sie sich auch, ihren Vorgesetzten konkrete Wunscharbeitszeiten vorzuschlagen oder Ar-

---

3   Nur eine der 16 „unsicher Beschäftigten" arbeitet in einem Vollzeitarbeitsverhältnis.

beitsanfragen des Arbeitgebers abzulehnen, weil sie wissen, dass sie beruflich wenig(er) „zu verlieren" haben. Sie lassen sich nicht so leicht vom Arbeitgeber unter Druck setzen und haben nicht so große Angst vor einem Arbeitsplatzverlust, weil sie davon ausgehen, dass sie im Notfall auch leicht
woanders eine vergleichbare, einfache Beschäftigung im Reinigungsgewerbe
oder im Einzelhandel finden würden.

Dazwischen befindet sich ein weites „Mittelfeld", in welchem die Beschäftigten
– vereinfachend ausgedrückt – einerseits zu wenig verdienen, andererseits aber
zu viel arbeiten (müssen), um Pflege und Beruf gut vereinbaren zu können. Sie
verfügen über mittlere bis höhere Qualifikation, arbeiten in kleineren oder größeren Betrieben, die bisher kein Engagement in Hinblick auf Pflegeverantwortung aufweisen – oder wo dieses zwar auf dem Papier besteht –, es aber nicht im
konkreten Fall in die Praxis umgesetzt wird. Diese Beschäftigen fühlen sich
nicht sicher und unersetzbar genug, um energisch auf ihre hohen Arbeitsbelas-
tungen und die sich daraus ergebene Überlastungssituationen zu pochen, etwa
wenn sie eine Veränderung ihrer Arbeitszeiten oder die Gewährung einer
„Home-Office"-Möglichkeit wünschen. Sie erweisen sich als die Gruppe, die
am meisten belastet ist. Diese häufig auftretende Situation findet sich sowohl bei
Frauen wie Männern.

Nutzung der gesetzlichen Pflegefreistellung

Bekannt ist, dass pflegende Beschäftigte durchaus vorsichtig mit der Inanspruchnahme längerer Freistellungen und anderer betrieblicher Unterstützungsmaßnahmen sind. Sie fürchten um ihren Arbeitsplatz und haben Angst vor Diskriminierung. Auch die im Pflegezeitgesetz garantierten Freistellungen (bis zu zehn Tagen) bzw. längeren Auszeiten (bis zu sechs Monaten) für pflegende Beschäftigte
werden in unserem Sample – soweit bisher bekannt auch insgesamt in Deutschland – äußerst selten genutzt.

– Zwei Frauen aus dem Sample haben immerhin Gebrauch von der kurzfristigen Freistellung von bis zu zehn Werktagen gemacht. Vier weitere Pflegende haben unbezahlte Auszeiten zwischen dreieinhalb und sechs Monaten
   Dauer für sich genutzt.
– Von diesen insgesamt sechs Beschäftigten (von insgesamt 90 Pflegenden
   im Sample), befinden sich vier in einem sicheren Arbeitsverhältnis, eine
   Fünfte ist zwar aktuell befristet beschäftigt, hat die sechsmonatige Auszeit
   aber im Rahmen eines früheren, ebenfalls sicheren Arbeitsverhältnisses in
   Anspruch genommen.

Insgesamt haben damit fünf von 74 Pflegenden aus sicheren Arbeitsverhältnissen und eine von 16 Pflegenden aus „unsicheren" Arbeitsverhältnissen Ge-

brauch von der gesetzlichen Pflegefreistellung gemacht. Auf Basis unseres begrenzten qualitativen Forschungsdesigns kann nur festgehalten werden, dass die gesetzlichen Freistellungsmöglichkeiten für Pflegende generell äußerst selten genutzt werden und für die allermeisten Befragten nicht einmal eine erwägenswerte Möglichkeit darstellen. Vielfach herrschte auch Unwissenheit bezüglich der gesetzlichen Regelung. Gleichzeitig – auch dies ist eine interessante Erkenntnis – zeichnen sich für die Inanspruchnahme der gesetzlichen Freistellungen in unserem Sample keine nennenswerten Häufigkeitsunterschiede zwischen Pflegenden in sicheren oder „unsicheren" Arbeitsverhältnissen ab.

Individuelle Handlungskompetenzen steigern

Die Stärkung der individuellen Lösungskompetenz der erwerbstätigen Pflegenden spielt eine entscheidende Rolle. Sie ist – auch im Sinne von Resilienz – in beeindruckend hoher Weise bei den pflegenden Beschäftigten unsers Samples ausgebildet und wird auch in Bevölkerungsumfragen immer wieder bestätigt, in denen die Mehrheit der Befragten zur Übernahme von Pflegeverantwortung bereit ist. Unterstützung kann jedoch nicht Bevormundung heißen. In der politischen Konsequenz bedeutet das, es muss danach gefragt werden, welche arbeitszeitlichen Barrieren wie auch weiteren betrieblichen Hemmnisse solchen individuellen Lösungskompetenzen entgegenstehen, und wie diese aufgelöst werden können. Mit anderen Worten, wie die Betroffenen auf der Suche nach Problemlösungen in der Einschätzung ihrer eigenen Situation bzw. des Pflegeprozesses durch politische Maßnahmen unterstützt werden können. Zugleich darf nicht übersehen werden, dass die Situation pflegender Erwerbstätiger unter Belastungsgesichtspunkten nicht zufrieden stellend ist – auch in Lösungskonfigurationen, die man als gelungen bezeichnen könnte. Man muss auch in dieser Hinsicht vor überzogenen Erwartungen an den Lösungsbeitrag pflegesensibler Arbeitszeiten warnen.

7 Eckpunkte für ein Konzept pflegesensibler Arbeitszeiten

Wie sehr die Frage der Vereinbarkeit von Beruf und privater Pflege auch eine Frage der Arbeitszeitpolitik ist, wurde in den bisherigen Ausführungen sowohl auf theoretischem wie auch auf empirischem Wege deutlich gemacht. Doch was heißt das für die Arbeitszeitgestaltung? Anspruch des Projektes war es, Hinweise und Eckpunkte für ein betriebliches Konzept „pflegesensibler Arbeitszeiten" zu entwickeln und Rahmenbedingungen und Gestaltungshinweise zu skizzieren, die betriebliche und tarifliche Akteure der Arbeits(zeit)gestaltung bei der Verbesserung der Vereinbarkeitsbedingungen für Beschäftigte mit Pflegeverantwortung unterstützen. Dieser Anspruch soll in den folgenden Abschnitten eingelöst werden: Zunächst werden die Eckpunkte unseres Konzeptes „pflegesensibler Arbeitszeiten", als auch die dazugehörigen Unterpunkte ausführlich erläutert (Kap. 7.1). Im zweiten Abschnitt werden diese Eckpunkte differenziert nach ihrer Bedeutung innerhalb der drei Pflegephasen betrachtet (Kap. 7.2). Das abschließende Kapitel (7.3) ist eine erweiterte zeittheoretische Betrachtung des Themas.

7.1 Unser Konzept: Pflegesensible Arbeitszeiten

Unser Konzept der „pflegesensiblen Arbeitszeiten" (PSAZ) beruht im Wesentlichen auf den Erkenntnissen, die wir aus den Interviews mit den Beschäftigten gewinnen konnten. Angereichert wurden diese durch die Hinweise, die uns von den befragten Expert/inn/en mit auf den Weg gegeben wurden und durch die Auseinandersetzung mit (arbeits-)zeitpolitischen sowie pflegewissenschaftlichen Studien.

Zum Konzept „pflegesensibler Arbeitszeiten" gehört ein komplexes Bündel unterschiedlicher Arbeitszeitregelungen und adäquater Maßnahmen im betrieblichen Umfeld, die geeignet sind, pflegende Beschäftigte in ihrem Bemühen zu unterstützen, Pflege und Beruf miteinander in Einklang zu bringen. Sie bestehen aus drei gleichwertigen Eckpunkten, die zusammenwirken. Diese drei Eckpunkte sind:

1) Die Ausgestaltung der Arbeitszeiten im engeren Sinne;
2) die Arbeitsorganisation innerhalb der Unternehmen;
3) die Betriebskultur, also das soziale Miteinander innerhalb der Unternehmen.

Hinter jedem der drei Eckpunkte stehen eine Vielzahl einzelner Handlungsfelder und ganz konkreter Gestaltungsmaßnahmen. Abbildung 7.1 zeigt die Ausdifferenziertheit dieses Konzeptes.

Abb. 7.1:   Anforderungen an die Gestaltung „Pflegesensibler Arbeitszeiten" im Betrieb

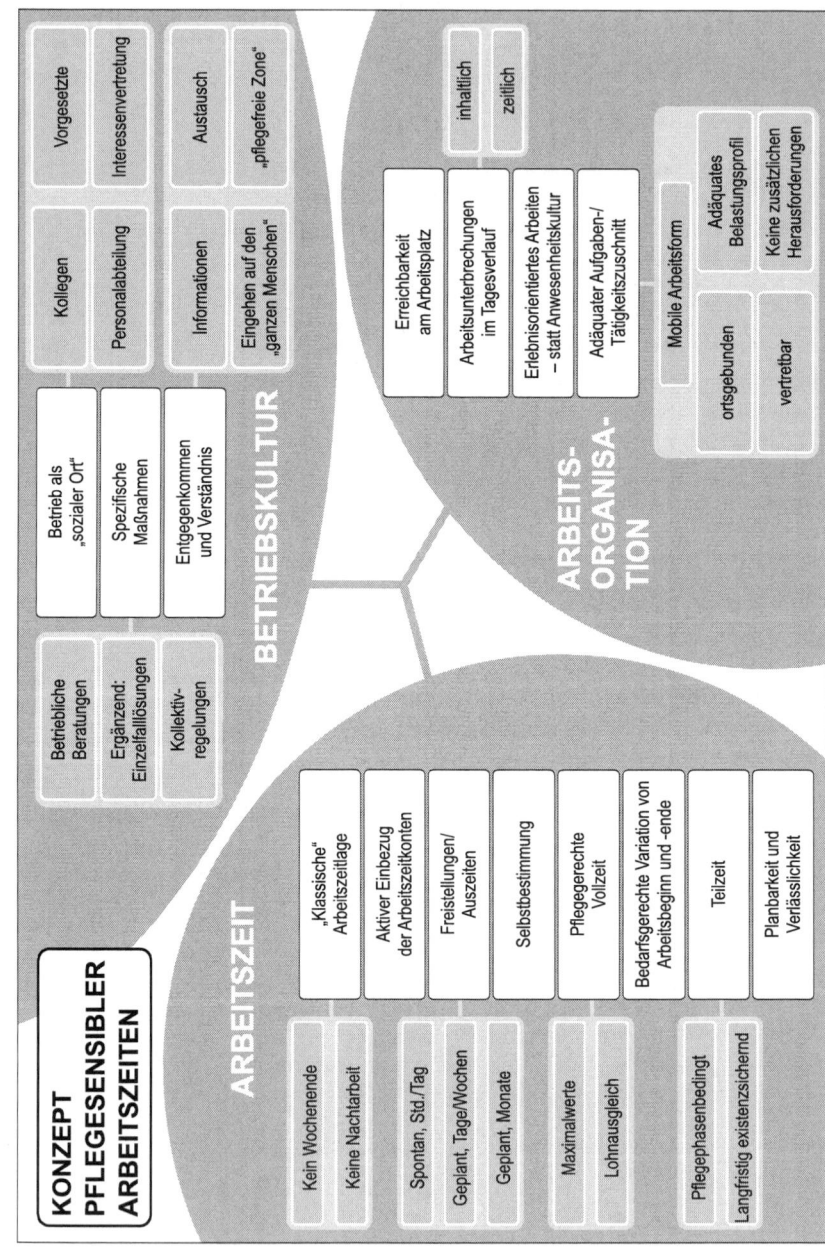

Das Konzept stellt verschiedenste Gestaltungsmöglichkeiten dar, die im Betrieb genutzt werden können, um die Vereinbarkeit von Pflege und Beruf für pflegende Beschäftigte zu fördern. Sie bilden ein Portfolio an Handlungsmöglichkeiten im Bereich der Arbeitszeiten für die betrieblich verantwortlichen Akteure (Arbeitgeber, betriebliche Interessenvertretungen, Gleichstellungsbeauftragte), flankiert durch unterstützende Ermöglichungsfaktoren im Bereich der Arbeitsorganisation und des Betriebsklimas.

Zur Erläuterung der einzelnen Maßnahmen:

Eckpunkt „Arbeitszeiten": Anforderungen an die Arbeitszeitgestaltung – Welche Optionen zur Ausgestaltung der Arbeitszeit brauchen Pflegende?

Die unmittelbare Ausgestaltung der Arbeitszeiten hat einen besonders wesentlichen Einfluss auf die Qualität der Vereinbarkeit von Beruf und Pflege. Die Möglichkeiten in diesem Bereich sind vielfältig.

Pflegegerechte Vollzeit: Da, wie ausführlich dargestellt, die arbeitszeitlichen Belastungen durch Vollzeit oder gar überlange Vollzeit für die meisten Pflegenden auf Dauer deutlich zu hoch sind, braucht es zeitliche Entlastungen, die nicht ausschließlich über Teilzeitangebote zu gestalten sind. Eine Pflegegerechte Vollzeit wäre eine spezifische Form der Arbeitszeitreduzierung für pflegende Beschäftigte, die nicht mit den bisher üblichen Formen der Arbeitszeitreduzierung gleichzusetzen ist. Gemeint ist eine dem Leistungsvermögen von pflegenden Beschäftigten entsprechende Vollzeit, also eine Vollzeitzeitbeschäftigung mit abgesenkter Arbeitszeitdauer für die Dauer der Pflege. Dies ließe sich auf zweierlei Weise realisieren: Entweder durch eine *kollektiv geregelte und quantifizierte Absenkung der Arbeitszeiten* von Pflegenden um bis zu zehn Stunden wöchentlich, so dass die wöchentliche Arbeitszeit der Betroffenen auf ca. 30 Stunden reduziert ist. In der beruflichen Praxis könnten die Beschäftigten dann, angepasst an die aktuelle Pflegebelastung, ihre tatsächliche Arbeitszeit um das reduzierte Volumen herum um fünf Stunden aufstocken oder fünf Stunden reduzieren. Eine zweite Variante der „pflegegerechten Vollzeit" wäre die Reduktion entsprechend der aus dem Pflegefall nach Art und Umfang resultierenden Belastungen. Hier wäre ein Zeitbonisystem denkbar, etwa in Form einer Gutschrift auf dem Arbeitszeitkonto der betroffenen Beschäftigten. Die Höhe der Gutschrift könnte analog der Zuteilung der Pflegestufen erfolgen, nur dass diese sich hier nicht auf die Geld- bzw. Hilfeleistungen für Pflegebedürftige beziehen, sondern auf *Arbeitszeitboni für Pflegende* abstellen. Die Entnahmen des Guthabens könnten von den Beschäftigten individuell an die jeweiligen Pflegebedarfe angepasst werden. Anders als bei der individuell gewählten Teilzeitlösung soll für die „pflegegerechte Vollzeit" ein finanzieller Ausgleich für die wegfallenden Arbeitsstunden erfolgen.

Teilzeit: Auch Teilzeit ist ein Arbeitszeitinstrument, um Phasen der Doppelbelastung durch Beruf und Pflege mittels einer Reduzierung der zeitlichen Gesamtbelastung zu bewältigen. Allerdings sind mit Teilzeit auch die allseits bekannten problematischen Folgen verbunden: Zuvorderst das meist zu geringe Einkommen und bei längerfristiger Teilzeitbeschäftigung eine zu geringe Altersabsicherung. Zudem – so die Ergebnisse der Studie – birgt Teilzeit das Risiko, nach Beendigung der Pflege nicht mehr auf das angestammte Arbeitszeitvolumen zurückkehren zu können und die meist berechtigte Befürchtung, nur noch begrenzte Karrierechancen eingeräumt zu bekommen. Insofern gilt es bei der Ausgestaltung der Teilzeit darauf zu achten, dass der Stundenumfang der pflegebedingten Teilzeit mit einem längerfristig existenzsichernden Einkommen einher geht und die Reduzierung der individuellen Arbeitszeit von Beginn an befristet wird. Zudem sollte das jeweilige Stundenvolumen flexibel den Pflegephasen angepasst werden können. Neben der verringerten Arbeitszeitdauer stellt dies auch qualitative Anforderungen an die ganz konkrete Ausgestaltung von Lage und Verteilung der Teilzeitstunden. Nicht selten werden die Vorteile der pflegebedingt reduzierten Arbeitszeit aufgehoben durch die Nachteile einer fremdbestimmten bzw. betrieblich disponierten Teilzeit, die keinen festen Rhythmus zulässt, keine Planungssicherheit bietet oder den Betroffenen zu wenig Mitspracherecht einräumt. Insofern lassen sich Aussagen über die Pflegesensibilität konkreter Teilzeitmodelle nur dann treffen, wenn auch die Qualität der dadurch realisierten Zeitmuster für die Pflegenden berücksichtigt wird.

Aktive Einbeziehung der Arbeitszeitkonten: Arbeitszeitkonten haben sich – bei aller geschilderten Ambivalenz (Stichwort personalpolitisches Steuerungsinstrument) – als ein potentiell sehr hilfreiches Instrument für Beschäftigte mit privater Pflegeverantwortung erwiesen. Entscheidend ist hier ein möglichst hoher Grad an Selbstbestimmung für die Pflegenden, dies impliziert neben der eigenständigen Steuerung des Ansparens und der Entnahme auch den Nichtverfall von Guthaben bzw. die Aussetzung von Kappungsgrenzen. Ebenso bietet sich eine Ausweitung der Ober- und Untergrenzen über die üblichen Gleitzeitkontenregelungen hinaus an, so dass auch Freiräume von einigen Tagen entstehen können. Ein Weg, den Selbstbestimmungsgrad der pflegenden Beschäftigten zu erhöhen wäre, strukturelle Sicherungen einzuführen, wie etwa das Recht auf jederzeitige Entnahme von Zeitkontingenten vom eigenen Zeitkonto für pflegende Erwerbstätige oder die erweiterte Entnahme, z.B. von mehreren Gleittagen pro Monat, ohne dass dem „betriebliche Belange" entgegenstehen dürfen. Der Objektivierung schützenswerter Interessen steht jedoch, wie auch in anderen Zusammenhängen positiver Diskriminierung – wie etwa bei Personen mit Schwerbeschädigtenstatus – die Gefahr einer Stigmatisierung und allmählichen Exklusion aus dem kollegialen Kontext gegenüber.

Freistellungen/Auszeiten: Freistellungen und Auszeiten sind sehr wesentliche Gestaltungselemente für pflegende Beschäftigte. Hier sind zwei Aspekte zu berücksichtigen: Pflegende brauchen sowohl sehr kurze, nur wenige Stunden oder einzelne Tage umfassende Freistellungen, als auch längerfristige, d.h. einige Wochen oder sogar bis zu einige Monate umfassende Auszeiten. Neben der Dauer ist der zweite Faktor die Planbarkeit. Wie die Praxis gezeigt hat, planen die Betroffenen solche Auszeiten wenn möglich vorab und informieren ihre Arbeitgeber rechtzeitig. Doch aufgrund vieler Unwägbarkeiten im Pflegeverlauf brauchen die Beschäftigten ebenso Möglichkeiten zur spontanen/kurzfristigen Freistellung, d.h. die Möglichkeit zur Inanspruchnahme mit kurzer Vorankündigungsfrist. Bisher werden von den Betroffenen vorrangig Überstunden abgebaut und/oder Urlaubstage genommen, weil für die allermeisten Beschäftigten solche Freistellungen nur in Frage kommen, wenn sie bezahlt sind. Anzustreben ist daher eine Finanzierung dieser Auszeiten. Auch dies könnte in Form regelmäßiger Zeitboni erfolgen, die den Beschäftigten auf ihrem Arbeitszeitkonto gutgeschrieben werden. Denkbar sind Mischfinanzierungen, z.B. gesetzliche Freistellungen in Höhe von 200 Stunden jährlich, kombiniert mit einem betrieblichen „Pflegezeitguthaben" in Höhe von 80 Stunden jährlich.

„Klassische" Arbeitszeitlage: Arbeitszeiten montags bis freitags von ca. 09:00 bis 17:00 Uhr, also der klassischen Arbeitszeitlage entsprechend, werden von den Pflegenden sehr geschätzt, weil sie eine grundlegende Regelmäßigkeit in den Tagesablauf bringen, die vor dem Hintergrund häufiger oder zum Teil ständiger Aufregungen im Pflegealltag als stabilisierendes Element erlebt wird. Dies sowohl in organisatorischer Perspektive, weil damit die Verlässlichkeit des Pflegealltags gesichert wird, wie auch aus Gründen des Gesundheitsschutzes für die Pflegenden, weil damit eine rhythmische Vorhersehbarkeit im Alltag der Pflegenden ermöglicht wird. Dem dient ein regelmäßiger Feierabend mit Eigenzeiten und verlässlichen Abläufen und Ritualen genauso wie ein freies Wochenende. Zu dieser Gesunderhaltungsfunktion im physischen wie im psychischen Sinne trägt auch bei, wenn Arbeitszeiten im Grundsatz eher fest und gleichmäßig sind. Auch wenn feste Arbeitszeiten punktuell als Hindernis für eine gute Pflege wirken, erweisen sie sich doch auch als Bollwerk gegen ausufernde zeitliche Ansprüche des Betriebes. Insofern gilt es, abweichende Arbeitszeitlagen wie Arbeit am Abend, Wochenendarbeit und insbesondere Nachtarbeit zu vermeiden. Diese sind am wenigsten kompatibel mit den Pflegeaufgaben und erweisen sich als besonders gesundheitsbelastend für die Pflegenden.

Planbarkeit und Verlässlichkeit: Beschäftigte mit privater Pflegeverantwortung brauchen mehr als alle anderen Beschäftigtengruppen planbare Räume und Grenzen von betrieblicher Flexibilität. Insofern gehören gut planbare sowie verlässliche Arbeitszeiten zur Grundausstattung pflegesensibler Arbeitszeitelemente, da diese das Etablieren von Pflegeroutinen erleichtern und das Zusammenspiel aller Beteiligten und Zeiten des Pflegenetzwerks erst absichern. Kommen zu der in der Pflege üblichen Unberechenbarkeit auch noch unkalkulierbare Arbeitszeiten hinzu, die sich in Dauer, Lage oder Verteilung betriebsbedingt stetig wandeln, verursacht dies eine Überforderung der Pflegenden. Insbesondere kurzfristige Arbeitszeitänderungen, wie nicht angekündigte Überstunden noch am selben Tag oder ein kurzfristiger Schichtwechsel, setzt die Betroffenen massiv unter Druck. Es zeigt sich, dass bei Abweichungen von der geplanten Arbeitszeit der Planungshorizont mindestens ein bis zwei Wochen betragen sollte und keinesfalls einen Zeitraum von drei bis vier Tagen unterschreiten darf.

Bedarfsgerechte Variation von Arbeitsbeginn und Arbeitsende: Die positive Wirkung eines Normalarbeitstages sowie von verlässlichen Arbeitszeiten kann allerdings nur dann zum Tragen kommen, wenn komplementär dazu auf der anderen Seite, gezielte und bedarfsgerechte Ausnahmen von dieser Regel möglich sind. Etwa dann, wenn ein späterer Beginn oder ein früheres Ende des regulären Arbeitstages auf Grund von unvorhersehbaren Ereignissen notwendig ist – weil ein Arztbesuch ansteht oder dergleichen. Hierfür stellte sich in unserer Befragung eine starke Präferenz heraus. Die klassische Form der Gleitzeit, sowie erweiterte Gleitzeitformen mit Befreiung von der Kernarbeitszeit oder eine verlängerte Mittagspause erweisen sich daher als ausgezeichnete Steuerungselemente, mit denen die pflegenden Beschäftigten kleine zeitliche Selbstgestaltungsbedarfe sehr gut auffangen können.

Selbstbestimmung: Mit dem Wunsch nach Planbarkeit sowie situationsbedingten Abweichungen geht der Wunsch nach einem möglichst hohen Maß an zeitlicher Selbstbestimmung einher. Selbstbestimmung umfasst alle drei Dimensionen der Arbeitszeit, also sowohl ihre Dauer als auch die Lage und die Verteilung der Arbeitszeit. Wichtig ist die Möglichkeit zur Anpassung an die Pflegebedarfe. Pflegende brauchen einen gewissen Spielraum bei Beginn und Ende der täglichen Arbeitszeit, aber auch für die kurzfristige Unterbrechung ihrer Arbeit. Eine hohe Autonomie bezieht sich aber ebenso auf die befristete Reduzierung der Arbeitszeit sowie auf deren phasenweise Aufstockung.

Eckpunkt „Arbeitsorganisation": Wie kann Arbeit organisiert werden, um Pflegende zu entlasten?

In der zweiten Reihe stehen die nicht unmittelbar arbeitszeitbezogenen, flankierenden arbeitsorganisatorischen Maßnahmen, die die Optionen der pflegenden Beschäftigten noch erweitern. Das sind vor allem:

Arbeitsunterbrechungen im Tagesverlauf: Kurze Unterbrechungen der täglichen Arbeit, die inhaltlicher wie zeitlicher Natur sein können, sind aus zweierlei

Gründen wichtig für die Pflegenden. Zum einen ermöglichen sie ihnen, das Pflegegeschehen vom Arbeitsplatz aus zu steuern. So sind viele pflegerelevanten Einrichtungen (Medizinischer Dienst, Ärzte, Krankenkassen u.a.) nur während der üblichen Bürozeiten erreichbar. Zudem erfordern unerwartete Ereignisse, wie ein Sturz der gepflegten Person, ein kurzfristiges Verlassen der Arbeitsstelle mit anschließender Rückkehr an den Arbeitsplatz. Hinzu kommt, dass pflegende Beschäftigte, aufgrund der Doppelbelastung aus Beruf und Pflege, die Möglichkeit zu kurzen Erholungspausen brauchen, auch jenseits der vorgesehenen Pausenregelungen.

Adäquater Aufgaben-/Tätigkeitszuschnitt: Die Übernahme privater Pflegeverantwortung kann bei Beschäftigten dazu führen, dass sie vorübergehend von ihrem üblichen Tätigkeitsprofil und der Art und Weise in der sie normalerweise arbeiten, abweichen müssen. Hierzu braucht es verschiedene betriebliche Gestaltungselemente.

– Eines dieser Elemente sind mobile Arbeitsformen. Dabei kann es sich um alternierende Telearbeit handeln, meist reicht aber schon die ein oder andere „Home-Office"-Variante, die es den Beschäftigten ermöglicht, Teile ihrer Arbeit auch jenseits des Betriebs fertigzustellen, um so beispielsweise Wegezeiten einzusparen oder kurzfristig entstehende häusliche Betreuungslücken abzudecken. In den meisten Fällen genügt die tageweise Inanspruchnahme solcher außerbetrieblichen Arbeitsmöglichkeiten.

– Zudem erweisen sich Dienstreisen, insbesondere solche, die eine außerhäusige Übernachtung mit sich bringen, als wenig pflegekompatibel. Hier braucht es Möglichkeiten einer vorübergehenden Befreiung von Terminen, die nicht nur außerhalb der üblichen Arbeitszeit liegen, sondern auch entfernt vom üblichen Arbeitsort.

– Als äußerst positiv für die Vereinbarkeit hat sich ein systematisches Vertretungsmanagement herausgestellt. Das Vorhandensein einer guten Vertretungslösung entlastet die Pflegenden und ermöglicht ihnen die Inanspruchnahme von Auszeiten „ohne schlechtes Gewissen". Gute Erfahrungen werden vor allem dort gemacht, wo echte Vertretungsmöglichkeiten bestehen, die Arbeit also nicht einfach auf die verbleibenden Kolleg/inn/en verteilt wird oder bis zur Rückkehr liegen bleibt. Bei Vertretungsregeln geht es darum, die Arbeitsaufgabe und/oder den Arbeitsinhalt zeitlich, sachlich, räumlich und sozial so zu gestalten, dass sie vertretungsfähig sind. Durchdachte, den betrieblichen Bedingungen angepasste Vertretungssysteme als zentraler Bestandteil pflegesensibler Arbeitszeiten sind solche, die ohne größere Reibungsverluste funktionieren. Sie machen damit selbstbestimmte Flexibilität nicht nur möglich, sondern wahrscheinlich. Dann ist auch die Schwelle möglichst gering, bei dringendem Bedarf Vertretungsregelungen auch tatsächlich in Anspruch zu nehmen. Als günstig für Vertretungssysteme erweisen sich:

a) Ein möglichst hohes Ausmaß an zeitlicher Variabilität des Arbeitsauftrages,
b) Doppelbesetzung/Überlappung der Qualifikationen,
c) ausreichender Personalbestand,
d) konstante räumliche Lage des Arbeitsortes,
e) Berücksichtigung von Leistungsreserven der Beschäftigten im Normalbetrieb,
f) Springerregelungen,
g) eingeschränkte Vertretungsverpflichtungen für pflegende Beschäftigte.

– Überwiegend gelingt es den Beschäftigten, ihre bisherigen Arbeitsaufgaben weiterhin zu bewältigen. Dennoch, so zeigen es die Interviews, kann es Phasen geben, in denen die Beschäftigten eine Entlastung bei den Arbeitsinhalten wünschen. Beispielsweise kann die temporäre Abgabe der Personalverantwortung oder das Abgeben von Zusatzaufgaben (Arbeitskreise, Außenkontakte, etc.) phasenweise sinnvoll sein. In Einzelfällen kann auch die Versetzung in eine andere Abteilung angeraten sein, wenn dort eher pflegekompatible Entlastungen möglich sind. Es geht insofern nicht um die Schaffung von „Schonarbeitsplätzen", sondern vielmehr um die sinnvolle Anpassung des Tätigkeitsprofils an die Kompetenzen unter Berücksichtigung der Belastungsgrenzen der Beschäftigten.

– In eine ähnliche Denkrichtung geht auch der Wunsch einiger Beschäftigter mit Pflegeverantwortung, am aktuellen Tätigkeitsprofil festhalten zu können und sich nicht auch noch neuen oder zusätzlichen beruflichen Herausforderungen stellen zu müssen (z.B. neue Software, Übernahme neuer Kunden, etc.).

Ergebnisorientiertes Arbeiten: An die Stelle einer noch vielfach verbreiteten Anwesenheitskultur muss (nicht nur) für Pflegende ein ergebnisorientiertes Arbeiten treten. Anstelle einer stetigen Verfügbarkeit als Leistungskriterium sollten das tatsächliche Engagement und der Erfolg als Maßstab zur Bewertung angelegt werden. Entsprechende arbeitsorganisatorische Veränderungen (wie z.B. Teleheimarbeit, Teilung von Aufgabengebieten, Vertretungslösungen, Teilung von Führungsaufgaben), die den pflegerischen Bedarfen der Beschäftigten entgegen kommen, müssen dort, wo sie machbar sind, zum betrieblichen Alltag werden.

Eckpunkt „Betriebskultur": Wie können Betriebe mit dem Thema Pflege umgehen? Welche Angebote können sie für Pflegende machen

Neben der Arbeitszeit und der Arbeitsorganisation spielen auf betrieblicher Ebene auch soziokulturelle Aspekte eine wesentliche Rolle für die gelingende Vereinbarkeit von Beruf und Pflege. Diese können im Zwischenmenschlichen einen eher flüchtigen Charakter haben, teilweise zeigen sie sich aber auch in geronnener Form z.B. als betriebliche Vereinbarung. Drei große Handlungsfelder existieren hier:

Der Betrieb als sozialer Ort: Ein pflegesensibler Betrieb zeichnet sich auch dadurch aus, dass er einen Raum darstellt, in dem, neben der Schaffung von Mehrwert, auch soziale Begegnungen stattfinden (können). Ein Ort, an dem die Beschäftigten nicht nur als reines Humankapital, sondern in ihrer Ganzheit als Beschäftigter und Mensch mit Fürsorgeverantwortung betrachtet werden. Unternehmensleitung und betriebliche Interessenvertretungen können dazu beitragen, dass das Thema Pflege und damit zusammenhängend die Doppelbelastung von Beschäftigten mit Pflegeaufgaben, diskutiert wird. Sie sollten danach streben, das Thema möglichst zu enttabuisieren, indem Pflege beispielsweise in einer Betriebsversammlung oder in betriebseigenen Medien immer wieder thematisiert wird. Um die Betriebskultur nachhaltig zu verbessern, empfehlen sich darüber hinaus Sensibilisierungsmaßnahmen für Vorgesetzte und Mitarbeiter/innen. Da pflegende Beschäftigte kaum noch andere Orte als den Arbeitsplatz und den Pflegeort aufsuchen, eignet sich der Betrieb auch als Quelle für Erstinformationen darüber, wo und wie sich private Pflege organisieren lässt und wie sich Beschäftigte pflegerische Entlastung verschaffen können. Diese Informationen können seitens der Unternehmensleitung erfolgen beispielsweise durch einen „Hilfekoffer Pflege", der alle wesentlichen Informationen rund um die häusliche Pflege enthält oder durch Vermittlung zu externen Expert/inn/en im Rahmen von Workshops und Vorträgen. Noch häufiger ist der gegenseitige Informationsaustausch unter den Beschäftigten. Auch dieser kollegiale Austausch kann vom Betrieb unterstützt werden, z.B. in Form eines „Pflegestammtisches". Je offener innerhalb eines Unternehmens über das Thema Pflege kommuniziert wird, desto leichter fällt es den Beschäftigten, sich als Pflegende zu „outen" und mit anderen Betroffenen in einen Informations- und Erfahrungsaustausch zu treten. Als häufig einzige „pflegefreie Zone" im Leben der pflegenden Beschäftigten erfüllt der Betrieb eine wichtige Funktion. Der Arbeitsplatz ist der Ort, an dem „the long arm of care" nicht hingelangt, ein Ort, an dem ein einigermaßen unbeschwertes soziales Leben stattfinden kann und der insofern eine wichtige stabilisierende Funktion für die Beschäftigten erfüllt.

Entgegenkommen und Verständnis: Ein weiterer Baustein im Rahmen einer guten betrieblichen Vereinbarkeit von Beruf und Pflege sind Verständnis und Entgegenkommen seitens aller betrieblichen Akteure. Unmittelbare Vorgesetzte und Kolleg/inn/en können eine zentrale Stütze für Beschäftigte mit privater Pflegeverantwortung darstellen. Nämlich dann, wenn Sie adäquat mit den pflegebedingten Belangen und Bedarfen der Betroffenen umgehen. Ein adäquater Umgang bedeutet einerseits, offen zu sein für die besondere Situation, also beratend und unterstützend zur Seite zu stehen. Andererseits bedeutet es, die Betroffenen auch als „normale" Beschäftigte zu behandeln. Dies setzt voraus, dass gerade Vorgesetzte entsprechend vorbereitet und geschult werden für das Thema Vereinbarkeit von Beruf und Pflege. Hier sind entsprechende Qualifizierungsmaßnahmen für Führungskräfte und Personalverantwortliche erforderlich.

Spezifische Maßnahmen: Neben den verschiedenen arbeitszeitlichen sowie arbeitsorganisatorischen Entlastungsangeboten kann der Betrieb weitere spezifische Maßnahmen anbieten, um Beschäftigte in ihrer Doppelfunktion als Erwerbstätige und Pflegende zu entlasten.

– Eine dieser Maßnahmen wäre eine betriebliche Sozialberatung für Pflegende. Das Angebot kann fachlicher Art sein (Rechtliche Aspekte, Erbschaftsfragen, Informationen über das formale Vorgehen bei Eintritt einer Pflegesituation). Entsprechende Angebote – so zeigt die Praxis – werden auch von Beschäftigten wahrgenommen, bei denen aktuell (noch) keine Pflegesituation vorliegt. Diese Prophylaxe führt dazu, dass die Beschäftigten im „Ernstfall" besser darauf vorbereitet sind und somit der Stress zu Beginn einer Pflegesituation deutlich verringert wird. Darüber hinaus stoßen Seminare zur eigenen Gesunderhaltung sowie zur eigenen „Work-Life-Balance" auf großes Interesse der Zielgruppe. Insbesondere solche Seminare führen laut betrieblichen Expert/inn/en dazu, dass die Beschäftigten weniger häufig krankheitsbedingt ausfallen.

– *Weitergehende spezifische Maßnahmen können sein:* Ein Wäscheservice, die Möglichkeit zur Essensmitnahme aus der Kantine, vergünstigte Mitgliedschaft in einem Sportcenter oder eine (finanzielle) Unterstützung bei der Betreuung der pflegebedürftigen Person. Alles Maßnahmen, denen wir bei unserer Studie begegnet sind.

– Im Idealfall finden sich kollektive Lösungen, die schriftlich fixieren (z.B. in Form einer Betriebsvereinbarung), welche betrieblichen Maßnahmen Beschäftigten mit privater Pflegeverantwortung in Anspruch nehmen können. Neben formellen Absprachen helfen informelle pflegesensible Regelungen im gegenseitigen Einvernehmen. Zusätzlich zu den Kollektivregelungen können individuelle Absprachen getroffen werden. Dies ist bereits jetzt gängige Praxis in vielen Unternehmen. Solche individuellen, teils informellen Absprachen umfassen meist die Arbeitszeiten und die Arbeitsorganisation.

Das Grundprinzip des Konzeptes „Pflegesensible Arbeitszeiten" könnte zusammenfassend lauten: Planbarkeit – Rhythmus – Reduktion – Flexibilität. All das auf der Basis größtmöglicher Reversibilität. Dabei ist das Ziel des pflegesensiblen Arbeitszeitarrangements die Herstellung hoher Falladäquatheit durch die Ermöglichung eines Höchstmaßes an komplementärer Parallelität von Arbeitszeit und Pflegeaufgabe.

Die Ideen und Vorschläge, die das Konzept beinhaltet, sind dabei mehrheitlich nicht neu – zumindest nicht neu erdacht – sondern finden sich fast ausnahmslos in der einschlägigen Literatur zur Vereinbarkeitsforschung der vergangenen Dekaden. Sie sind grundsätzlich auch nicht neu in Hinblick auf ihre praktische Anwendung in der betrieblichen Wirklichkeit. Sie können aber neu sein für den konkreten Betrieb, in dem die Pflegeperson arbeitet und neu für die Personengruppe, die es zu betrachten gilt – nämlich nicht (nur) Eltern mit kleinen Kindern. Insofern geht es nicht primär um Invention, sondern um Applikation und Komposition, das heißt um die situations- bzw. aufgaben- und problemorientierte Zusammenstellung bekannter Arbeitszeitelemente unter der Fragestellung, wie sie zur Lösung eines der größten zukünftigen gesellschaftlichen Probleme, der humanen Gestaltung des demographischen Wandels, beitragen kann. Daraus ergibt sich ein Setting geeigneter Maßnahmen, das für das jeweilige Unternehmen eine möglichst optimale Angebotsstruktur an Arbeits(zeit)regelungen bieten soll. Diese Maßnahmen können bis auf die konkrete Arbeitssituation herunter gebrochen werden und auf den jeweiligen Betrieb mit seinen branchenspezifischen Eigenheiten sowie auf die konkrete Unternehmensphilosophie hin ausgerichtet sein.

7.2 Die Umsetzung der Eckpunkte in den drei Phasen der Pflege: Welche Optionen werden wann benötigt?

Das oben genannte Grundprinzip des Konzeptes resultiert unter anderem aus der Erkenntnis, dass Pflege – stark schematisiert – in drei Phasen verläuft. Sie lassen sich aus den jeweiligen Charakteristika der Pflegeaufgabe und des Pflegeaufwandes herleiten, stellen jeweils entsprechende Anforderungen an die Pflegeperson und legen daher jeweils andere arbeitszeitliche Umstellungen nahe. Die folgenden Abschnitte liefern einen Überblick darüber, welchen Maßnahmen in welcher der drei Phasen besondere Bedeutung zukommt.

7.2.1   Beginn der Pflegesituation

In der *ersten Pflegephase* geht es um ein begleitendes Sorgen und Betreuen, das schleichend oder plötzlich erforderlich wird. Dementsprechend stehen Handlungen und Entscheidungen unter mehr oder weniger großem Zeitdruck. In dieser Phase geht es primär um Aufbau und (Neu-)Organisation der Pflegesituation. Dazu sind vielgestaltige, zeitaufwendige Organisationsarbeiten zu leisten: Informationen einholen, mit der pflegebedürftigen Person interagieren und Konsens in vielfältiger Hinsicht herstellen. Außerdem sind Lösungsmuster zu erarbeiten, Kooperationsbeziehungen herzustellen, soziales Kapital zu mobilisieren und Behördengänge zu erledigen. Die Pflegeperson muss sich selbst mit der Rolle als Pflegende/r identifizieren, die eigene Familie auf die neue Situation einzustellen, Umzüge durchführen, Umbauten realisieren und nicht zuletzt Entscheidungen über die eigene Rolle im Verhältnis Pflege und Beruf mit Angehörigen diskutieren und treffen.

In dieser Zeit haben anfängliche Freistellungen und Auszeiten eine hohe Bedeutung für die Betroffenen. Sie sollten unkompliziert und ohne lange Ankündigungsfristen in Anspruch genommen werden können. Meist ist eine Freistellung von wenigen Tagen bis zu einigen Wochen ausreichend. Die „kurzfristige Arbeitsverhinderung" nach dem Pflegezeitgesetz bietet hier eine erste Möglichkeit, die aber in den Betrieben zu wenig selbstverständlich ist und daher besser kommuniziert werden muss. Als suboptimal müssen ergänzende Möglichkeiten der Inanspruchnahme bewertet werden, die von den Betroffenen selbst finanziert werden müssen. Dies sind solche, die über Zeitguthaben auf dem Arbeitszeitkonto genommen werden, über Urlaubstage, Sonderurlaub oder „Kurzsabbaticals". Auch wenn es sich um eher kurze Freistellungen handelt, spielt die Frage der Finanzierbarkeit zumindest für Beschäftigte mit einem geringen Einkommen eine Rolle. Da derzeit eine entsprechende gesetzliche Regelung nicht zu erwarten ist, bietet sich hier die Möglichkeit einer tarifvertraglichen oder betrieblichen Lösung an, beispielsweise über Solidarfonds in die Arbeitgeber/innen und Beschäftigte einzahlen.

Gerade zu Beginn einer Pflegesituation ist der Organisationsaufwand sehr hoch. Nicht immer ist es notwendig, dafür ganztägig freizunehmen, oftmals reicht es aus, wenn die Beschäftigten die Möglichkeit haben, ihre Arbeit im Tagesverlauf kurzfristig zu unterbrechen oder sich stundenweise freizunehmen. Zudem sollte die telefonische Erreichbarkeit der Betroffenen sichergestellt werden.

Neben diesen arbeitszeitlichen Elementen besteht eine weitere wichtige betriebliche Unterstützungsleistung zu Beginn der Pflegephase in der Bereitstellung von Informationen. Das Beschaffen von Informationen über notwendige Verfahren und Anträge, über Beratungsstellen und die regionale Infrastruktur (ambulante Pflegedienste, Tagespflegestätten, ehrenamtliche Hilfsdienste, etc.)

ist enorm zeitaufwendig und mühevoll und die Beschäftigten sind dankbar, bei dieser Arbeit Unterstützung durch den Betrieb zu erfahren. In diesem Kontext sollten die Betroffenen auch über die betrieblichen Maßnahmen aufgeklärt werden, z.B. über ein betriebliches Pflegegespräch oder entsprechende Materialien.

Bereits von Beginn an sind die Unterstützung und das Verständnis durch Vorgesetzte und Kolleg/inn/en von großer Bedeutung. Viele Beschäftigte trauen sich oftmals nicht, sich als Pflegende im Betrieb zu erkennen zu geben. Fördert das Unternehmen eine offene Betriebskultur, können den Beschäftigten etwaige Ängste (z.B. Arbeitsplatzverlust, Karriereende) gleich zu Anfang genommen und praktikable Lösungen vereinbart werden.

Um die Beschäftigungsfähigkeit der Betroffenen zu erhalten und dem Hang zur Überforderung durch die Doppelbelastung zu begegnen, bieten sich Maßnahmen im Bereich der betrieblichen Gesundheitsfürsorge an. Etwa durch Seminare oder Beratungen rund um das Thema „Gesunderhaltung – Wie pflege ich (mich) richtig", die auch die Grenzen der Belastung für Pflegende aufzeigen.

7.2.2   Im Pflegealltag

In der *zweiten Pflegephase,* die in der Regel mehrjährig ist, oder im Fall pflegebedürftiger Kinder auch eine lebensbegleitende Dauerpflege sein kann, hat sich ein Pflegenetzwerk von betreuenden Personen und Instanzen (z.B. Pflegedienst) auf einem gewissen Niveau etabliert. Dabei können in mehr oder weniger großen Abständen durch Veränderungen von Art und Umfang der Bedürftigkeit/des Pflegebedarfs neue Organisationsstrukturen der Pflege erforderlich werden – in sachlicher, personeller und zeitlicher Hinsicht. Ebenso können sich die sozialen Rahmenbedingungen verändern, etwa durch den Ausfall von Betreuungspersonen (Familienangehörige, Nachbarn, Freunde) oder Veränderungen im finanziellen Setting. Hinzu kommen relativ unkalkulierbare Anforderungen an kurzfristige Interventionen, sei es durch plötzliche gesundheitliche Ereignisse wie Krankenhauseinweisungen oder Unglücksfälle. Bei voranschreitend dementen pflegebedürftigen Personen treten auch andere unkalkulierbare Dinge auf, auf die in kürzester Frist reagiert werden muss. Oberstes Ziel ist hier die Vermeidung von Überlastung der pflegenden Beschäftigten.

Ein adäquates Belastungsniveau, das den Betroffenen die Gleichzeitigkeit von Beruf und Pflege ermöglicht, kann durch die zuvor beschriebene „pflegegerechte Vollzeit" erreicht werden, d.h. einer speziellen Vollzeit mit reduziertem Stundenvolumen bei entsprechendem Lohnausgleich.

Auch eine breite Palette verschiedenster Teilzeitmodelle mit entsprechender Befristung gehört in dieser Phase zu den zentralen pflegesensiblen Arbeitszeitelementen.

Erneut spielen auch Freistellungen und Auszeiten im Rahmen der alltäglichen Pflege eine große Rolle. Sollen damit unvorhersehbare Ereignisse bewältigbar werden, so ist die Möglichkeit einer spontanen Inanspruchnahme erforderlich. Mehrheitlich finden solche Auszeiten aber eher geplant statt, etwa anlässlich einer kleineren Operation oder Teilnahmen an Kuren oder Reha-Maßnahmen. Die Dauer solcher Auszeiten variiert in dieser Phase häufig zwischen einzelnen Tagen und zwei bis drei Wochen. Unabdingbar ist hier mindestens eine Teilfinanzierung, besser wäre eine vollständige Finanzierung etwa durch die bereits beschriebenen gesetzlichen, tarifvertraglich oder betrieblich vereinbarten Zeitboni. Eine vollständige Eigenfinanzierung, über mehrere Jahre hinweg, ist nur für die allerwenigsten Beschäftigten möglich.

In dieser Phase nimmt auch das Arbeitszeitkonto eine Schlüsselfunktion ein. Wichtig ist dann, dass den pflegenden Beschäftigten ein möglichst hohes Maß an Verfügungsgewalt im Bezug auf Aufbau und Entnahme der Zeitguthaben eingeräumt wird. So brauchen die Betroffenen etwa ausgedehnte Möglichkeiten zum Aufbau von Zeitguthaben, z.B. durch Umwandlung von Prämien, Zusatzgratifikationen, Umschichtung von zusätzlichen Urlaubstagen oder der Möglichkeit zu selbstbestimmter Mehrarbeit. Auch bei der Entnahme muss den Beschäftigtenbedarfen Vorrang vor den betrieblichen Interessen eingeräumt werden.

Eine pflegegerechte Arbeitszeitlage in dieser Zeit ist durch eine Befreiung/Lockerung von betrieblichen Kernzeiten und Anwesenheitspflichten gekennzeichnet, sowie durch eine Befreiung von Wochenend- und Nachtarbeit und der Möglichkeit zu kurzfristigen Unterbrechungen der Arbeit im Tagesverlauf. Ziel muss die Etablierung einer stärkeren Ergebnisorientierung in der Arbeit sein, anstelle einer ausgeprägten Anwesenheitskultur. Dazu gehören dann auch verschiedene Varianten von Telearbeit und „Home-Office".

Gerade weil die Beschäftigten immer wieder auf Auszeiten angewiesen sind, ist es unabdingbar, praktikable Vertretungsroutinen zu etablieren. Diese sind notwendig, um den Pflegenden die Inanspruchnahme „ohne schlechtes Gewissen" zu ermöglichen und um die Kolleg/inn/en zu schützen und deren Bereitschaft zur Unterstützung aufrechtzuerhalten.

Wie bereits an anderer Stelle erwähnt, dauert eine Pflegesituation im Durchschnitt etwas über acht Jahre. Um in dieser langen Zeit sowohl die Beschäftigungsfähigkeit als auch die Pflege sicherzustellen, ohne dass die Pflegenden selbst zum Pflegefall werden, sind auch betriebliche Maßnahmen notwendig, die die Betroffen im Bemühen um ihre Selbstsorge unterstützen. Hier bieten sich Coaching-Programme sowie Sport- und Entspannungsangebote (z.B. autogenes Training, Fitness-Studio) an. Auch regelmäßige Infoworkshops und Referate durch externe Expert/inn/en zu Themen wie Pflege, Recht oder Finanzen wirken unterstützend.

Eine besondere Herausforderung liegt darin, den Umgang mit dem Thema Pflege zu enttabuisieren und eine Einbettung in den betrieblichen Alltag zu erreichen. Hier sind Führungskräfteschulungen ein probates Mittel, aber auch das regelmäßige Aufgreifen von Pflegethemen in den firmeneigenen Medien oder die Einrichtung eines Pflegestammtischs kann dazu beitragen, dass Pflege zum Normalfall wird. All diese Maßnahmen fördern das Verständnis bei Vorgesetzten und die Unterstützung durch Kolleg/inn/en.

7.2.3   Die Pflegeabschlussphase/Sterbebegleitung

Die *dritte Pflegephase* entfällt im Fall der lebensbegleitenden Pflege. Ansonsten, insbesondere bei alten Menschen, beinhaltet sie die allmähliche oder rasche Beendigung des Pflegeverlaufs, also die Sterbebegleitung, die mit spezifischen Aufgaben und mit einer ganz eigenen Belastungskonfiguration verbunden ist. Ähnliche Belastungen können auch bei besonders schwerwiegenden Operationen auftreten. Diese dritte Pflegephase schließt, im Falle des Ablebens der pflegebedürftigen Person, auch die eigene und innerfamiliale Trauerarbeit ein. In dieser Zeit sind die folgenden Maßnahmen oftmals von besonderer Bedeutung für die Pflegenden:

Während in der mittleren Pflegephase die Gleichzeitigkeit von Beruf und Pflege im Fokus der Bemühungen steht, rücken hier erneut Freistellungen und Auszeiten in den Vordergrund. Dies liegt darin begründet, dass die Beschäftigten meist nicht in der Lage sind, in dieser Phase Pflege und Beruf miteinander in Einklang zu bringen. Zu stark sind die psychischen Belastungen, wenn die nahestehende Person aus dem Leben scheidet oder sich einem lebensbedrohlichen operativen Eingriff unterziehen muss. Auch ist nach Jahren der intensiven Pflege dann umso schneller die physische Belastungsgrenze der Pflegeperson erreicht, so dass eine Auszeit der einzige gangbare Weg ist. Der Situation entsprechend müssen diese Vollfreistellungen kurzfristig bzw. sogar spontan in Anspruch genommen werden können. Da die Freistellungen über das Sterbeereignis hinausgehen sollten, empfehlen sich Zeiträume von zwei bis sechs Wochen, mit der Möglichkeit eines vorgezogenen Wiedereinstiegs, falls der Todesfall schneller als erwartet eintritt. Auch hier wünschen sich die Beschäftigten eine (Teil-)Finanzierung, z.B. eine Kombination aus betrieblichen freien Tagen und einem gesetzlich begründeten Anspruch. Auch „Kurzsabbaticals", die erst nach der Rückkehr refinanziert werden, wären ein gangbarer Weg. Nicht immer sind die Betroffenen in der Lage, direkt nach Beendigung der Auszeit wieder mit voller Kraft in ihr Erwerbsleben einzusteigen. In solchen Situation können befristete Teilzeitangebote oder Möglichkeiten des langsamen Wiedereinstiegs – ähnlich den bestehenden Modellen für Langzeitkranke – sinnvolle Ergänzungen darstellen. Je nach Dauer der gesamten Pflegezeit sollte der Wiedereinstieg durch entsprechende Rückkehrgespräche begleitet werden, in denen der weitere Karriereverlauf, mögliche Weiterbildungsbedarfe und die zukünftige(n) Arbeitszeitregelung(en) besprochen werden.

Diese idealtypisch-phasenspezifische Charakteristik der Pflege bezieht sich auf unterschiedliche Belastungssituationen, auf die mit spezifischen Reorganisationsmaßnahmen im Verhältnis Erwerbsarbeit – Pflege – Privatzeit reagiert werden kann.

Eine zentrale Schlussfolgerung dieser idealtypischen Belastungscharakteristik besteht darin, dass für die jeweiligen Belastungskonfigurationen auch bestimmte Arbeits(zeit)möglichkeiten gegeben sein müssen, die den variierenden Bedarfen der pflegenden Beschäftigten entsprechen. Aus unserer Studie ergeben sich deutliche Hinweise darauf, dass die Betroffenen ihre eigene Leistungsfähigkeit eher über- als unterschätzen. Daher stellt sich auch die Frage, welche Instanzen legitimiert und in der Lage sein könnten, Pflegende vor einer Überforderung durch sich selbst und ihre moralischen Ansprüche zu schützen. Denn auch in den Fällen augenscheinlich gelungener Vereinbarkeit von Pflege und Beruf, inklusive positiver Bestätigung durch die pflegenden Beschäftigten, sind die Beanspruchungsfolgen der Pflegesituation unübersehbar. Doch gerade deshalb ist ein breites (betriebliches) Maßnahmenspektrum an Entlastungen erforderlich, das ohne negative Folgen für die eigene Erwerbsbiographie unkompliziert und quasi selbstverständlich in Anspruch genommen werden kann.

7.3   Zeittheoretische Erkenntnisse: Das Prinzip der „sensiblen Parallelität"

Ursprünglich standen vor allem Dauer, Lage und Verteilung der Arbeitszeit im Vordergrund. Im Verlauf der Untersuchung wurde jedoch deutlich, dass arbeitszeitliche Interventionen nur dann wirksam sein können, wenn sie im Verbund mit anderen betrieblichen Rahmenbedingungen stehen, die diese Maßnahmen unterstützen. Das Konzept pflegesensible Arbeitszeiten nimmt diese Erkenntnis offensiv auf, indem es zum einen die Arbeitsorganisation des Betriebes, zum anderen dessen als integrale Bestandteile hinzufügt. Diese Erkenntnis wurde ausführlich in den vorherigen Abschnitten beleuchtet. Weitere zeittheoretische Grundprinzipien und Implikationen unseres Konzeptes „Pflegesensible Arbeitszeiten" konnten induktiv, also in der Auseinandersetzung mit dem empirischen Material, identifiziert werden.

Temporalität

Das Grundprinzip der Temporalität – es wurde bereits ausführlich dargestellt – resultiert unter anderem aus der Einsicht, dass Pflege in der Regel in drei zeitlichen Phasen abläuft, die sich aus den jeweiligen Charakteristika der Pflegeaufgabe und des Pflegeaufwandes herleiten und entsprechend spezifische Anforderungen an die Pflegeperson aufweisen. Je nach Pflegephase sind daher auch unterschiedliche arbeitszeitliche, arbeitsorganisatorische und arbeits- und betriebskulturelle Rahmenbedingungen im Betrieb erforderlich.

Parallelität

Eine weitere grundlegende Annahme lautet, dass die Parallelität von Arbeit und Pflege zusammen genommen nicht unbedingt eine Belastung für pflegende Erwerbstätige bedeutet, sondern im Gegenteil auch zu Entlastungen führen kann.[1] Die Doppelanforderung durch Berufstätigkeit und Pflegeverantwortung bedeutet einerseits eine Belastungskonfiguration an sich, die sich additiv aus der Summe beider Sphären ergibt. Andererseits fungieren beide Sphären auch als Schutz vor Überlastungen aus der jeweils anderen Sphäre, so dass etwa die Erwerbsarbeit als legitimierte „Bremse" gegenüber den in der Pflege überbordenden Präsenzansprüchen wirken kann. Dennoch ist aus jetziger Sicht davon auszugehen, dass sich die Belastungen aus beiden Bereichen insgesamt eher addieren, als sich vollständig zu kompensieren. Pflegesensiblen Arbeitszeiten kommt damit die Aufgabe zu, die zeitlichen Belastungsexpositionen der pflegenden Erwerbstätigen zu reduzieren. Denkbar ist ein Prinzip der „sensiblen Parallelität" von privater Pflegeverantwortung auf der einen Seite und Erwerbsarbeitszeit auf der anderen. Dies bedeutet in Bezug auf die oben genannten Grundmerkmale: In dem Maße, wie sich die Pflegeaufgabe nach Art und zeitlichem sowie sachlichem Aufwand verändert, müssen die Arbeitszeiten in der Lage sein, diesen Veränderungen der Belastungssituation adäquat folgen zu können.

Dieses Prinzip folgt den Anforderungen und der typischen Verlaufsform eines Pflegeprozesses. Dessen Merkmale sind sowohl die Kalkulierbarkeit hin-

Abb. 7.2: Das Prinzip der „sensiblen Parallelität"

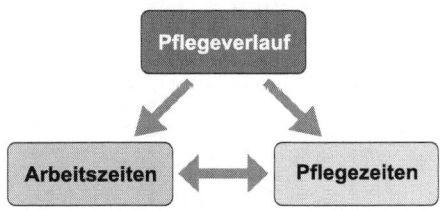

---

1   Voraussetzung dafür sind bestimmte „Coping"-Strategien, um den Belastungen aus Pflege, Erwerbsarbeit und den weiteren Lebensbereichen – etwa aufgrund einer Partnerschaft und/oder Fürsorgeverantwortung gegenüber Kindern – gewachsen zu sein. (vgl. Kap. 2).

sichtlich typischer Aufgaben in Bezug auf bestimmte Pflegegründe/Erkrankungen etc. als auch die Unwägbarkeit, nämlich das Auftreten bestimmter, meist kurzfristiger Zusatzanforderungen an die Hauptpflegeperson, die temporär an sie gestellt werden. Aus beiden Merkmalen ergeben sich unterschiedliche Schlussfolgerungen für die Pflegesensibilität von Arbeitszeiten.

Das bedeutet, dass zunächst auf betrieblicher Ebene das Potential für eine solche sensible Parallelität gegeben sein muss. Dies betrifft die Felder der Arbeitszeit, der Arbeitsorganisation sowie der Arbeits- und Betriebskultur. Daüber hinaus braucht es allgemeine gesellschaftliche institutionelle Arrangements wie die gesetzlichen Vorgaben der Pflegeversicherung, aber auch die sozialen Zusammenhänge.

Dialogitätsprinzip

Die zentrale Frage ist, wie man das Prinzip der „sensiblen Parallelität" umsetzt im Bezug auf die konkreten zeitlichen Anforderungen von Pflegebedürftigen und pflegenden Erwerbstätigen. Zu berücksichtigen sind verschiedene Dimensionen der Arbeitszeitgestaltung (Dauer, Lage, Verteilung, Flexibilität, Kontrolle über Zeit) sowie die Umsetzung dieser Arbeitszeitelemente in den institutionalisierten Zeiteinheiten unseres Alltagslebens (Stunde, Tag, Woche oder Jahr). Zur Reduktion der Belastungssituation pflegender Beschäftigter gehört beispielsweise nicht nur eine Verkürzung der täglichen Arbeitszeitdauer – dies wäre die einfachste, gewissermaßen rein quantitative Verbesserung. Vielmehr sind Verbesserungen auch bei der Lage und Verteilung der Arbeitszeiten und bei der Kontrolle über sie möglich und notwendig. Insgesamt braucht es eine höchstmögliche Reagibilität, die es den Erwerbstätigen ermöglicht, ihre Arbeitszeiten optimal an die Pflegetätigkeit anzupassen.

Die moderierenden Instanzen sind dabei die betroffenen Individuen: das ist auf der einen Seite die pflegebedürftige Person selbst, auf der anderen ist es die pflegende Person. Sie handeln aus, was Parallelität von Pflege und Arbeitszeit im Einzelnen jeweils heißt und wie sie konkret gestaltet bzw. jeweils nachjustiert werden könnte. Dieser Dialog kann durchaus konfliktreich verlaufen, allein schon, weil die Ziele unterschiedlich sein können. Ein Ziel ist die Minimierung der Belastungsexposition der Pflegeperson, das andere Ziel ist die Erreichung einer möglichst hohen Pflegequalität. Dabei sind die Pflegeanforderungen nicht immer die unabhängige und die Arbeitszeit nicht immer die abhängige Variable, die die zeitlichen Bedarfe der pflegebedürftigen Person sowie die Arbeitszeitressourcen der Pflegeperson vollständig determinieren. Denn die Arrangements von Arbeits- und Pflegezeit sind nicht nur zwischen Pflegenden und zu Pflegenden, sondern maßgeblich auch zwischen Pflegenden und dem Betrieb auszuhandeln. Unsere Untersuchung zeigte, dass dies eine Aufgabe ist, die hoch belastend und konfliktreich sein kann, zumal immer wieder neue Rearrangements zu treffen sind. Nicht zufällig waren regelgeleitete, rhythmische Alltagsstrukturen, die keiner stetigen Neuverhandlung bedürfen, einer der meist genannten Wünsche der pflegenden Beschäftigten.

Deutlich wurde, dass sowohl die Anforderungen aus der Erwerbsarbeit als auch die Anforderungen aus der Übernahme privater Pflegeverantwortung in einem prinzipiell dialogischen Verhältnis zueinander stehen. Das setzt allerdings ein Wissen darüber voraus, was man als objektiv notwendigen Pflegeaufwand bezeichnen könnte und wo die Grenzen zwischen Pflegearbeit und notwendiger Eigensorge, wie etwa der Regeneration oder auch der Gesunderhaltung, zu ziehen sind. Zugespitzt formuliert besitzt jede in Pflegeverantwortung stehende Person ein Recht auf eigene Zeit und ein eigenes Leben jenseits der Pflegeverpflichtung. Diese Studie hat gezeigt, dass dieses Recht auf eigene Zeit keineswegs einfach umzusetzen ist.

Eigenzeit wird nicht selten mit Arbeitszeit gleichgesetzt oder Arbeitszeit zumindest als eine Grenzziehung verstanden. Häufig aber stößt das Interesse pflegender Erwerbstätiger, (wieder) länger zu arbeiten, wenn die organisatorischen Voraussetzungen es zulassen, bei den Pflegebedürftigen auf Widerstand. Das ist besonders häufig bei Demenzerkrankungen der Fall, in deren Folge oft ein starker moralischer Druck aufgebaut wird, ständig für Pflege und Betreuung verfügbar sein zu müssen.

Wenn allerdings Pflegesensibilität ein dialogisches Prinzip sein soll und keine Einbahnstraße, müssen auch die arbeitszeitlichen Bedürfnisse und allgemeinen Lebensinteressen der Pflegenden in die Entscheidungen mit eingebracht werden. Zu diesen Lebensinteressen gehören unter anderem ein Einkommens- und/oder Berufstätigkeitsinteresse sowie das Bedürfnis nach einem guten Leben auch während der Pflege (Zeitwohlstand).

Darüber hinaus bedeutet Pflegesensibilität nicht zuletzt, dass Pflegebedürftige nach ihren jeweiligen Möglichkeiten die Verpflichtung zur Kooperation haben. Das heißt, sie müssen ihre eigenen Bedürfnisse, Interessen und Anspruchshaltungen manchmal auch reduzieren, um es den Pflegenden nicht unnötig schwer zu machen: sowohl von der Sache her („was kann/will/muss ich beanspruchen?"), von der sozialen Seite („wen darf/will/muss ich beanspruchen?") sowie schließlich von zeitlicher Seite („wann kann/will/muss ich eine Sache oder Person beanspruchen?").

Unmittelbare und vermittelte Pflegesensibilität

Bestimmte Grundentscheidungen zu Beginn der Pflegephase müssen über den Zeitverlauf hinweg neu konfiguriert werden – zeitlich, sachlich und personell/sozial. Insofern bedeutet Pflegesensibilität zunächst schlicht permanente Reagibilität. Um die Notwendigkeit der Reagibilität überhaupt festzustellen, bedarf es der Sensibilität zur Wahrnehmung dieser Erfordernisse und schließlich der Möglichkeit der Revidierbarkeit. Sensibilität, Reagibilität und Revidierbarkeit sind also untrennbar zusammenhängende Begriffe, die gleichsam den Pflegefall in seinem Verlauf als permanent notwendige Handlungsoptionen auf der Zeitachse begleiten.

Es kann unterschieden werden zwischen *unmittelbarer Pflegesensibilität* und *mittelbarer Pflegesensibilität*. *Unmittelbare Pflegesensibilität* betrifft den Alltag der Pflegesituation, etwa wenn eine Person in die Lage versetzt ist, durch günstige Arbeitszeitregelungen rascher auf unvorhergesehene Vorkommnisse zu reagieren, etwa auf einen Sturz der Pflegeperson zu Hause oder deren demenzbedingtes irrationales Handeln. Unmittelbare Pflegesensibilität trägt insgesamt dazu bei, die täglichen Abläufe besser zu erfassen und darauf reagieren zu können.

Mittelbare Pflegesensibilität betrifft dagegen die Rahmenbedingungen der Arbeitszeiten und damit die Frage, inwieweit der Entschluss, eine Pflegeverantwortung zu übernehmen, betrieblich und gesellschaftlich so flankiert werden, dass sie positiv unterstützend wirken. So kann etwa durch Lohnersatzleistungen im Zusammenhang mit pflegebedingten Arbeitszeitverkürzungen der Entschluss zur Pflegeverantwortung unterstützt werden.

Privilegierte Zeitoptionen

Das Konzept der pflegesensiblen Arbeitszeiten geht davon aus, dass private Pflege grundsätzlich auch eine gesellschaftliche Aufgabe ist. Gerade in einer stark individualisierten Gesellschaft, in der jede/r Erwerbsfähige auch erwerbstätig sein soll („Adult-Worker-Model"), schränkt sich der zeitliche Spielraum für die Übernahme privater Pflegeaufgaben deutlich ein. Insofern hat sich die Verantwortlichkeit von der Familie stark auf die Gesellschaft verschoben. Sie hat sich mit der Förderung der Prekarisierung der Sozialbeziehungen als verantwortliche Instanz an die Stelle der ehemals hauptsächlich mit- und füreinander wirtschaftenden Familie gesetzt. Wenn der Vorrang der Familie so nicht mehr besteht, dann ist die präventive Förderung Pflegender in Bezug auf den Erhalt ihrer Gesundheit wie in Bezug auf Lebensqualität und Zeitwohlstand ein dringendes Gebot der Gesellschaft. Dies rechtfertigt privilegierte Zeitoptionen für Pflegende, die ihren Beitrag zu einer solchen Art „Private-Public-Partnership" leisten.

Literatur

Allan, Cameron/Brosnan, Peter/Walsh, Pat (1998): Non-standard Working Time Arrangements in Australia and New Zealand. In: International Journal of Manpower, 19/4, S. 234–249

Allmendinger, Jutta (2011): Wachstumsorientierung und Geschlechterverhältnis. Vortrag in der Öffentlichen Anhörung der Enquete-Kommission Wachstum, Wohlstand und Lebensqualität am 26.11.2011 im Deutschen Bundestag (Quelle: http://www.bundestag.de/dokumente/textarchiv/2011/35732883/kw39/pa/wachstumsenquete/index.html, 04.06.2012)

Arendt, Hannah (1981): Vita Activa oder vom tätigen Leben. München

Backes, Gertrud M. (1994): Balancen pflegender Frauen zwischen traditioneller Solidaritätsnorm und modernen Lebensformen. In: Zeitschrift für Frauenforschung, Jg. 3/12, S. 113–128

Backes, Gertrud M./Amrhein, Ludwig/Wolfinger, Martina (2008): Gender in der Pflege. Herausforderungen für die Politik. Expertise im Auftrag der Friedrich-Ebert-Stiftung. Bonn

Bäcker, Gerhard (2003): Berufstätigkeit und Verpflichtungen in der familiären Pflege – Anforderungen an die Gestaltung der Arbeitswelt. In: Badura, Bernhard/Schellenschmidt, Henner/Vetter, Christian (Hg.): Fehlzeitenreport. Heidelberg, S. 131–145

Baltes, Paul. B./Mittelstraß, Jürgen/Staudinger, Ursula (1994): Alter und Altern: Ein interdisziplinärer Studientext zur Gerontologie. Berlin, New York

Barkholdt, Corinna/Lasch, Vera (2004): Vereinbarkeit von Pflege und Erwerbstätigkeit, Expertise für die Sachverständigenkommission für den 5. Altenbericht der Bundesregierung. Dortmund, Kassel

Barkholdt, Corinna/Lasch, Vera (2006): Vereinbarkeit von Pflege und Erwerbstätigkeit. In: Deutsches Zentrum für Altersfragen (Hg.): Förderung der Beschäftigung älterer Arbeitnehmer. Berlin, S. 265–361

Barton, Allen H./Lazarsfeld, Paul F. (1993): Das Verhältnis von theoretischer und empirischer Analyse im Rahmen qualitativer Sozialforschung. In: Hopf, Christel/Weingarten, Elmar (Hg.): Qualitative Sozialforschung. Stuttgart, S. 41–89

Bartholomeyczik, Sabine (2003): Das Zeitproblem aus Sicht der Pflegewissenschaft. Referat bei der Jahrestagung der Deutschen Gesellschaft für Zeitpolitik (DGfZP): Zeit für die Pflege. Evangelische Akademie zu Berlin

Bartholomeyczik, Sabine (2007): Pflegezeitbemessung unter Berücksichtigung der Beziehungsarbeit. In: Pflege & Gesellschaft, Jg. 12/Nr. 3, S. 240–248

Bauer, Frank/Groß, Herrmann/Lehmann, Klaudia/Munz, Eva (2004): Arbeitszeiten 2003 – Arbeitszeitgestaltung, Arbeitsorganisation und Tätigkeitsprofile. Köln (Quelle: http://www.wkdis.de/downloads/Arbeitszeit%202003.pdf, 04.06.2012)

Baumgartner, Luitgard/Kirstein, Reinhard/Möllmann, Rainer (Hg.) (2003): Häusliche Pflege heute. München u.a.O.

Beck, Brigitte (1998): Die Lebens- und Berufssituation von erwerbstätigen Pflegenden – Ergebnisse qualitativer Untersuchungen. In: Reichert, Monika/Naegele, Gerhard (Hg.): Vereinbarkeit von Erwerbstätigkeit und Pflege – Nationale und internationale Perspektiven, Bd. I in der Reihe: Dortmunder Beiträge zur angewandten Gerontologie Bd. 7. Hannover, S. 61–81

Becker-Schmidt, Regina/Bilden, Helga (1995): Impulse für die qualitative Sozialforschung aus der Frauenforschung. In: Flick et al. 1995, S. 23–30

Beckmann, Sabine (2007): Die geteilte Arbeit? Möglichkeiten einer sozialpolitischen Steuerung des Careverhaltens von Männern. In: Zeitschrift für Familienforschung, Jg. 19/Heft 3, S. 371–392

Beermann, Beate (2010): Verdichtung, Verlängerung und Flexibilisierung. In: Groß, Hermann/Seifert, Hartmut (Hg.): Zeitkonflikte. Renaissance der Arbeitszeitpolitik. Berlin, S. 101–114

Bertram, Hans (2000): Die verborgenen familialen Beziehungen in Deutschland: Die Mehrgenerationenfamilie. In: Kohli, Martin/Szydklik, Marc (Hg.): Generationen in Familie und Gesellschaft. Opladen, S. 97–121

Bertram, Hans/Rösler, Wiebke/Ehlert, Nancy (2005): Gutachten: Nachhaltige Familienpolitik. Zukunftssicherung durch einen Dreiklang von Zeitpolitik, finanzieller Transferpolitik und Infrastrukturpolitik. Bundesministerium für Familie, Senioren, Frauen und Jugend (Hg.). Berlin

berufundfamilie GmbH der gemeinnützigen Hertie-Stiftung (2007): Eltern pflegen. So können Arbeitgeber Beschäftigte mit zu pflegenden Angehörigen unterstützen – Vorteile einer familienbewussten Personalpolitik. Frankfurt/M.

Blinkert, Baldo/Klie, Thomas (2006): Die Zeiten der Pflege. In: Zeitschrift für Gerontologie und Geriatrie, Jg. 39, S. 202–210

Blinkert, Baldo/Klie, Thomas (2004): Solidarität in Gefahr. Pflegebereitschaft und Pflegebedarfsentwicklung im demographischen und sozialen Wandel. Hannover

Bogner, Alexander/Littig, Beate/Menz, Wolfgang (Hg.) (2002): Das Experteninterview. Theorie, Methode, Anwendung. Wiesbaden

Brinkmann, Ulrich/Dörre, Klaus/Röbenack, Silke gemeinsam mit Klaus Kraemer und Frederic Speidel (2006): Atypische Arbeit – Ursachen, Ausmaß, soziale Folgen und subjektive Verarbeitungsformen unsicherer Beschäftigungsverhältnisse (Studie im Auftrag der Friedrich-Ebert-Stiftung). Bonn

BT-Drucksache 17/4135 (2010): Antwort der Bundesregierung auf die Kleine Anfrage der Abgeordneten Elisabeth Scharfenberg, Birgitt Bender, Maria Klein-Schmeink, weiterer Abgeordneter und der Fraktion *Bündnis 90/Die Grünen* Drucksache 17/3503. Berlin (Quelle: dip21.bundestag.de/dip21/btd/17/041/1704135.pdf, 04.06.2012)

Bundesministerium für Familie, Senioren, Frauen und Jugend (Hg.) (2000): Vereinbarkeit von Erwerbstätigkeit und Pflege: betriebliche Maßnahmen zur Unterstützung pflegender Angehöriger. Berlin

Bundesministerium für Familie, Senioren, Frauen und Jugend (Hg.) (2002): Vierter Bericht zur Lage der älteren Generation. Berlin

Bundesministerium für Familie, Senioren, Frauen und Jugend (Hg.) (2004): Erwartungen an einen familienfreundlichen Betrieb. Erste Auswertung einer repräsentativen Befragung von Arbeitnehmerinnen und Arbeitnehmern mit Kindern und Pflegeaufgaben. Berlin

Bundesministerium für Familien, Senioren, Frauen und Jugend (Hg.) (2005): Nachhaltige Familienpolitik im Interesse einer aktiven Bevölkerungsentwicklung (Gutachten von Rürup, Bert/Gruescu, Sandra). Berlin

Bundesministerium für Familie, Senioren, Frauen und Jugend (Hg.) (2006): Siebter Familienbericht. Familie zwischen Flexibilität und Verlässlichkeit. Berlin

Bundesministerium für Familien, Senioren, Frauen und Jugend (Hg.) (2007): 20jährige Frauen und Männer heute – Lebensentwürfe, Rollenbilder, Einstellungen zur Gleichstellung. Sinus-Milieustudie. Berlin

Bundesministerium für Familien, Senioren, Frauen und Jugend (Hg.) (2011): Vereinbarkeit von Beruf und Pflege. Wie Unternehmen Beschäftigte mit Pflegeaufgaben unterstützen können. Berlin

Burzan, N. (2002): Zeitgestaltung im Alltag älterer Menschen. Eine Untersuchung im Zusammenhang mit Biographie und sozialer Ungleichheit. Opladen

Butler, Judith (1991): Das Unbehagen der Geschlechter. Frankfurt/M.

Charta der Rechte hilfe- und pflegebedürftiger Menschen (2006). Runder Tisch Pflege. Arbeitsgruppe IV. Bundesministerium für Familie, Senioren, Frauen und Jugend sowie Bundesministerium für Gesundheit in Zusammenarbeit mit dem Deutschen Zentrum für Altersfragen (Hg.). Berlin

Dallinger, Ursula (1997): Erwerbstätige Pflegepersonen älterer hilfe- und unterstützungsbedürftiger Menschen in der Bundesrepublik Deutschland: Partizipation im und Ausscheiden aus dem Erwerbsleben. Sekundäranalyse der Studie „Möglichkeiten und Grenzen der selbständigen Lebensführung". In: Beck B, Naegele G, Reichert M, Dallinger M. (Hg.): Vereinbarkeit von Erwerbstätigkeit und Pflege (Schriftenreihe des Bundesministerium für Familie, Senioren, Frauen und Jugend, Band 106/1). Stuttgart

DGfZP (2011): Stellungnahme der Deutschen Gesellschaft für Zeitpolitik (DGfZP) zum Gesetzentwurf des Bundesfamilienministeriums (BMFSFJ) zur Vereinbarkeit von Pflege und Beruf (Gesetz zur Einführung einer Familienpflegezeit) (Quelle: http://www.zeitpolitik. de/pdfs/Dgfzp/Stellungnahme.pdf, 04.06.2012)

Deutsche Gesellschaft für Zeitpolitik (2005): Zeit ist Leben. Das Manifest der DGfZP. Berlin

Döge, Peter/Behnke, Cornelia (2006): Betriebs- und Personalräte als Akteure familienbewusster Personalpolitik. Handlungsmuster von Personalvertretungen in Unternehmen und Organisationen mit dem audit beruf & familie, Endbericht. Berlin

Döhner, Hanneli/Kofahl, Christopher/Lüdecke, Daniel/Mnich, Eva (Hg.) (2008): Family Care for older people in Germany. Results from the European project EUROFAMCARE. Münster u.a.O.

Dohrenwend, Barbara Snell/Dohrenwend, Bruce P.(1974): Stressful Live Events. New York

Dörre, Klaus (2005): Prekarisierung contra Flexicurity – Unsichere Beschäftigungsverhältnisse als arbeitspolitische Herausforderung. In: Kronauer, Martin/Linne, Gudrun (Hg.): Flexicurity. Die Suche nach Sicherheit in der Flexibilität. Berlin, S. 53–72

Dörner, Klaus (2007): Leben und sterben wo ich hingehöre. Dritter Sozialraum und neues Hilfesystem. Neumünster

Dörre, Klaus (2006): Prekarität. Die soziale Frage am Beginn des 21. Jahrhunderts und Möglichkeiten zu ihrer Politisierung. In: Kulturrisse 04/06, S. 8–13

Dräger, Dagmar/Geister, Christina/Kuhlmey, Adelheid (2003): Auswirkungen der Pflegeversicherung auf die Situation pflegender Töchter – Die Rolle der professionellen Pflegedienste. In: Pflege, 16 (6), S. 342–348

Eckart, Christel (2000): Zeit zum Sorgen. Fürsorgliche Praxis als regulative Idee der Zeitpolitik. In: Feministische Studien extra: Fürsorge – Anerkennung – Arbeit, Jg. 18, S. 9–24

Ehling, Manfred (1992): Zeitbudgeterhebung des statistischen Bundesamtes: Ziele und Hintergründe, In: Gräbe, Sylvia (Hg.): Alltagszeit – Lebenszeit. Zeitstrukturen im privaten Haushalt. Frankfurt/M., New York, S. 97–115

Elias, Norbert (1978): Zum Begriff des Alltags. In: Hammerich, Kurt, Klein, Michael (Hg.): Materialien zur Soziologie des Alltags. Opladen, S. 22–30

Elchardus, Mark/Heyvaert, Peter (1990): Soepel, flexibel en ongebonden:een vergelijking van twee laat-moderne generaties. Brussels

Emnid Institut (2007): Die Pflegesituation in Deutschland. Ergebnisse einer Repräsentativbefragung unter der Bevölkerung in Deutschland. Kurzfassung der Ergebnisse (Manuskript; Quelle: http://www.marseille-kliniken.de, 04.06.2012)

EUROFAMCARE (2006): Services for Supporting Family Carers of Elderly People in Europe. Characteristics, Coverage and Usage. Summary of main findings from EUROFAMCARE (Quelle: www.uke.uni-hamburg.de/extern/eurofamcare-de/deli.php, 04.06. 2012)

European Commission (2003): Comparable Statistics in the Area of Care of Dependent Adults in the European Union, Theme 3, Population an social conditions. Eurostat. Luxembourg

Forschungsgruppe Pflege und Gesundheit (2006): Entwicklung von Unterstützungsangeboten für Frauen zur besseren Vereinbarkeit von Pflege und Beruf, Zwischenergebnisse der Beschäftigtenbefragung (Quelle: http://www.pflegeundberuf.de/data/zwischenergebnisse pub.pdf, 04.06.2012)

Flick, Uwe (2007): Qualitative Sozialforschung. Eine Einführung. Hamburg

Flick, Uwe; Kardorff, Ernst von; Keupp, Heiner; Rosenstiel, Lutz von; Wolff, Stephan (Hg.) (1995): Handbuch Qualitative Sozialforschung. Grundlagen, Konzepte, Methoden und Anwendungen (2. Auflage). Weinheim, München

Franke, Annette/Reichert, Monika (2011): Carers@Work. Zwischen Beruf und Pflege: Konflikt oder Chance? – Ein europäischer Vergleich. Arbeitspapier der TU Dortmund. Dortmund (Quelle: http://www.carersatwork.tu-dortmund.de/download/Literature%20review. pdf, 04.06.2012)

Frese, Martin/Greif, Siegfried/Semmer, Norbert (1978): Industrielle Psychopathologie. Bern u.a.O.

Gabriel, T. (2005): Resilienz – Kritik und Perspektiven. In: Zeitschrift für Pädagogik, Jg. 51/ Nr. 2, S. 206–216

Geißler, Karlheinz (2002): Wart' mal schnell. Minima Temporalia. Stuttgart, Leipzig

Geller, Helmut, Gabriel, Karl (2004): Ambulante Pflege zwischen Familie, Staat und Markt. Freiburg

GFK – Gesellschaft für Konsumforschung (2008): Physische und psychische Belastungen der Bundesbürger. In: Innungszeitschrift Friseurhandwerk, Nr. 9/2008

Gläser, Jochen/Laudel, Grit (2004): Experteninterviews und qualitative Inhaltsanalyse. Wiesbaden

Gorz, André (1999): Arbeit zwischen Misere und Utopie. Frankfurt/M.

Gräßel, E. (1994), Körperbeschwerden und subjektive Belastung bei pflegenden Angehörigen. In: Deutsche Medizinische Wochenschrift, Jg. 119/Nr. 14, S. 501–506

Gronemeyer, Marianne (2009): Das Leben als letzte Gelegenheit. Sicherheitsbedürfnisse und Zeitknappheit. Beschleunigung und Banalisierung (3. Aufl.). Darmstadt

Groß, Hermann/Seifert, Hartmut (Hg.) (2010): Zeitkonflikte. Renaissance der Arbeitszeitpolitik. Berlin

Grunt, Julia (2007): Analyse der Arbeitsbedingungen von Freelancern. Ergebnisbericht über die mediafon-Erhebung von Dezember 2006/Januar 2007, Arbeits-, Betriebs- und Umweltpsychologie. Hamburg: Universität Hamburg

Hägerstrand, Torsten (1973): Der Einfluss des Verkehrs auf die Lebensqualität. Bericht vor dem 5. Internationalen Symposium über Theorie und Praxis der Verkehrswirtschaft der Europäischen Verkehrsministerkonferenz. Athen 22.–23. Oktober

Heinze, Rolf G. (Hg.) (1986): Neue Subsidiarität: Leitidee für eine zukünftige Sozialpolitik? Opladen

Hensche, Detlef/Kuda, Rolf/Rinderspacher, Jürgen P./Schäfer, Claus/Seifert, Hartmut (2001): Arbeitsumverteilung als Projekt einer wirtschaftlichen und sozialen Alternative – Thesen. In: Steinrücke, Margareta/Spitzley, Helmut/Raasch, Sibylle/Mückenberger, Ulrich/ Hildebrandt, Eckart (Hg.): Neue Zeiten – neue Gewerkschaften. Berlin, S. 207–320

Herrmann-Stojanov, Irmgard/Pfahl, Svenja/Reuyß, Stefan/Rinderspacher, Jürgen P. (2008): Wenn's alleine nicht mehr geht. 14 Reportagen aus dem Pflegealltag moderner Familien. Bonn

Herrmann-Stojanov, Irmgard (2006): Angehörige im Pflegenetzwerk. In: Zeitpolitisches Magazin 7/2006, Onlinemagazin der Deutschen Gesellschaft für Zeitpolitik (DGfZP). (Quelle: www.Zeitpolitik.de, 04.06.2012)

Herrmann-Stojanov, Irmgard/Rinderspacher, Jürgen P. (2001): Zeitwohlstand im Umbruch? Ambivalente Relationen zwischen alten und neuen Zeitinstitutionen. In: WSI-Mitteilungen, Nr. 10, S. 636–642

Hildenbrand, Bruno, Welter-Enderlin, Rosmarie (Hg.) (2006): Resilienz – Gedeihen trotz widriger Umstände. Heidelberg

Heitkötter, Martina/Jurczyk, Karin/Lange, Andreas/Meier-Gräwe, Uta (Hg.) (2008): Zeit für Beziehungen? Zeitpolitik für Familien. Opladen

Hradil, Stefan (1995): Die Single-Gesellschaft. München

Huber, Wolfgang (2007): Pflege als Beziehungsgeschehen. Eine Evangelische Perspektive. Vortrag beim Kongress „Bedürftige Pflege – Perspektiven für eine menschenwürdige Pflege im Alter", am 10.10.2007 in der Französischen Friedrichstadtkirche in Berlin

Hülsken-Giesler, Manfred (2007): Pflege und Technik – Annäherung an ein spannungsreiches Verhältnis. Zum gegenwärtigen Stand der internationalen Diskussion. Teil 1 In: Pflege, Jg. 20/Nr. 2, S. 103–112

Impulse (2010): Schwerpunktheft Arbeit und Gesundheit, Nr. 68/September 2010 (Newsletter zur Gesundheitsförderung Landesvereinigung für Gesundheit und Akademie für Sozialmedizin Niedersachen e.V.)

Jürgens, Kerstin (2008): Reproduktion als Praxis. Zum Vermittlungszusammenhang von Arbeits- und Lebenskraft. In: Berliner Journal für Soziologie, Nr. 2, S. 193–220

Keller, Berndt; Seifert, Hartmut (2011): Atypische Beschäftigung und soziale Risiken. Entwicklung, Strukturen, Regulierung. WISO-Diskurs. Bonn

Klammer et al. (2011): Erster Gleichstellungsbericht – Neue Wege – Gleiche Chancen – Gleichstellung von Frauen und Männern im Lebensverlauf. Bundesministerium für Familie und Senioren, Frauen und Jugend (Hg.). Berlin (Quelle: http://www.bmfsfj.de/

RedaktionBMFSFJ/Broschuerenstelle/Pdf-Anlagen/Erster-Gleichstellungsbericht-Neue-Wege-Gleiche-Chancen,property=pdf,bereich=bmfsfj,sprache=de,rwb=true.pdf, 04.06.2012)

Klenner, Christina (2007): Familienfreundliche Betriebe – Anspruch und Wirklichkeit. In: Aus Politik und Zeitgeschehen, 34, S. 17–25

Klenner, Christina/Pfahl, Svenja (2008): Jenseits von Zeitnot und Karriereverzicht – Wege aus dem Arbeitszeitdilemma. Arbeitszeiten von Müttern, Vätern und Pflegenden (WSI-Diskussionspapier, Nr. 158). Düsseldorf

Klenner, Christina/Pfahl, Svenja (2005): Stabilität und Flexibilität. Ungleichmäßige Arbeitszeitmuster und familiale Arrangements. In: Seifert, Hartmut (Hg.): Flexible Zeiten in der Arbeitswelt. Frankfurt/M., S. 124–168

Klenner, Christina/Pfahl, Svenja/Reuyß, Stefan (2003): Arbeitszeiten – Kinderzeiten – Familienzeiten. Bessere Vereinbarkeit durch Sabbaticals und Blockfreizeiten. Projektbericht der Hans-Böckler-Stiftung. Düsseldorf (Quelle: http://www.boeckler.de/pdf/wsi/proj/sabbati2.pdf, 04.06.2012)

Klenner, Christina/Schmidt, Tanja (2007): Familienfreundlicher Betrieb – Einflussfaktoren aus Beschäftigtensicht. In: WSI-Mitteilungen, 9, S. 494–501

Kohler, Susanne/Döhner, Hanneli (2010): Carers@Work – Carers between Work and Care. Conflict or Chance? Results of Interviews with Working Carers. Arbeitspapier der Universität Hamburg und des Universitätsklinikums Hamburg-Eppendorf. Hamburg (Quelle: http://www.carersatwork.tu-dortmund.de/download/National%20report%20GER.pdf, 04.06.2012)

Kratzer, Nick/Sauer, Dieter (2005): Zeit, Leitung, Beschäftigung: Anforderungen an eine erweiterte Arbeitszeitpolitik. In: Seifert, Hartmut (Hg.): Flexible Zeiten in der Arbeitswelt. Frankfurt/M., S. 244–259

Krüsselberg, Hans-Günter (1992): Sinnstiftung durch Familienzeitbudgetstudien: Ist Familienarbeit „Produktion im Schatten"? In: Gräbe, Sylvia, (Hg.): Alltagszeit – Lebenszeit. Zeitstrukturen im privaten Haushalt. Frankfurt/M., New York, S. 31–52

Kretschmann, Claudia/Reuyß, Stefan (2010): Freistellung von Beschäftigten für Pflegeaufgaben: Eine Auswertung von bestehenden betrieblichen Vereinbarungen zum Thema Pflegefreistellungen. Online-Broschüre. Hans-Böckler-Stiftung – Archiv Betriebliche Vereinbarungen (Hg.). Düsseldorf (Quelle: http://www.boeckler.de/pdf/mbf/bvd/pflegefreistellungen.pdf, 04.06.2012)

Kuhlmey, Adelheid (2003): Gesundheitsbiographien im Geschlechtervergleich. In: Perrig-Chiello, Pasqualina/Höpflinger, Francois (Hg.): Gesundheitsbiographien. Variationen und Hintergründe. Bern u.a.O., S. 17–33

Kuhlmey, Adelheid. (2002): Pflege im Alter. In: Schwarzer, R./Jerusalem, M./Weber, H. (Hg.): Gesundheitspsychologie. Göttingen, S. 389–391

Kumbruck, Christel (2009): Diakonische Pflege im Wandel. Nächstenliebe unter Zeitdruck. Münster

Kurz-Scherf, Ingrid/Breil, Gisela (Hg.) (1987): Wem gehört die Zeit. Ein Lesebuch zum 6-Stunden-Tag. Hamburg

Langehennig, Manfred (2008): Männer in der häuslichen Angehörigenpflege. Forschungsbefunde, Forschungsartefakte, Forschungsperspektiven. In: Jansen, Mechthild M. (Hg.): Pflegende und sorgende Frauen und Männer. Hessische Landeszentrale für politische Bildung (Hg.). In der Reihe: POLIS 49, S. 43–58

Leicht, R./Philipp, R. (1999). Der Trend zum Ein-Personen-Unternehmen. ifm-Strukturbericht Nr. 5. Institut für Mittelstandsforschung (Hg.). Mannheim (Quelle: http://www.institut-fuer-mittelstandsforschung.de/kos/WNetz?art=News.show&id=274, 04.06.2012)

Leitner, Sigrid, Ostner, Ilona, Schratzenstaller, Margit (Hg.) (2004): Wohlfahrtsstaat und Geschlechterverhältnis im Umbruch. Was kommt nach dem Ernährermodell? Wiesbaden

Lehndorff, Stefan (2010): Normalität jenseits der Normen. Deutsche Sonderwege in der Arbeitszeitentwicklung. In: Groß, Hermann/Seifert, Hartmut (Hg.): Zeitkonflikte. Renaissance der Arbeitszeitpolitik. Berlin, S. 71–100

Lenz, Ilse (Hg.) (2008): Die neue Frauenbewegung in Deutschland. Abschied vom kleinen Unterschied. Eine Quellensammlung. Wiesbaden

Lepperhoff, Julia/Scheele Alexandra (2003): Kooperieren(d) lernen: Methodologische Überlegungen für die Arbeitsforschung. Diskussionspapier des GendA-Arbeitsbereichs Praxiskompetenz. Marburg

Lewis, Jane (2004): Auf dem Weg zur „Zwei-Erwerbstätigen-Familie"? In: Leitner, Sigrid, Ostner, Ilona, Schratzenstaller, Margit (Hg.): Wohlfahrtsstaat und Geschlechterverhältnis im Umbruch. Was kommt nach dem Ernährermodell? Wiesbaden, S. 62–84

Lutz, Helma (2007): Vom Weltmarkt in den Privathaushalt. Die neuen Dienstmädchen im Zeitalter der Globalisierung. Opladen

Maly-Lukas, Nicole (2003): ... aber ich hab' es gern getan. – Zur Pflegebereitschaft und Lebenssituation pflegender Töchter. In: Reichert, Monika/Maly-Lukas, Nicole/Schönknecht, Christiane (Hg.): Älter werdende und ältere Frauen heute. Zur Vielfalt ihrer Lebenssituation. Wiesbaden, S. 97–121

Maschke, Manuela/Zurholt, Gerburg (2006): Chancengleich und familienfreundlich Analyse und Handlungsempfehlungen. Frankfurt/M.

Menz, Wolfgang/Detje, Richard/Nies, Sarah/Sauer, Dieter/Keller, Nina (2011): Zeit- und Leistungspolitik in und nach der Wirtschaftskrise – die Perspektive der Betroffenen. In: Schröder, Lothar/Urban, Hans-Jürgen (Hg.): Gute Arbeit. Folgen der Krise, Arbeitsintensivierung, Restrukturierung. Köln, S. 99–113

Meyer, Christine (2008): Altern und Zeit. Der Einfluss des demographischen Wandels auf Zeitstrukturen. Wiesbaden

Meyer, Martha (2006): Pflegende Angehörige in Deutschland. Überblick über den derzeitigen Stand und zukünftige Entwicklungen. Münster

Meuser, Michael/Nagel, Ulrike (2002): ExpertInneninterviews – vielfach erprobt, wenig bedacht. Ein Beitrag zur qualitativen Methodendiskussion. In: Bogner, Alexander/Littig, Beate/Menz, Wolfgang (Hg.): Das Experteninterview. Theorie, Methode, Anwendung. Wiesbaden, S. 71–93

Ministry of Employment and Workplace Relations (2006): Work and Family. The importance of workplace flexibility in promoting balance between work and family. Canberra (Australia) (Quelle: http://www.workplace.gov.au/NR/rdonlyres/83731176-45FE-4D2E-B3DA-2B412A7D86F8/0/WorkandFamilyissuespaper.pdf, 04.06.2012)

Mückenberger; Ulrich (2010): Zeitpolitische Regulierung in der Dienstleistungsgesellschaft. In: Groß, Hermann/Seifert, Hartmut (Hg.): Zeitkonflikte. Renaissance der Arbeitszeitpolitik. Berlin, S. 263–288

Nave-Herz, Rosemarie (2004): Ehe- und Familiensoziologie. Eine Einführung in Geschichte, theoretische Ansätze und empirische Befunde. Weinheim, München

Neal, Margaret B./Hammer, Leslie B. (2007): Working Couples Caring for Children and Aging Parents. Effects on Work and Well-Being. Mahwah, New Jersey, London

Nullmeier, Frank (2006): Eigenverantwortung, Gerechtigkeit, Solidarität – konkurrierende Prinzipien der Konstruktion moderner Wohlfahrtsstaaten? In: WSI-Mitteilungen, Nr. 4, S. 175–180

Nussbaum, Martha (1999): Gerechtigkeit oder Das gute Leben. Gender Studies. Frankfurt/M.

Oerter, Rolf/Montada, Leo (2002): Entwicklungspsychologie. Ein Lehrbuch. Weinheim

Opaschowski, Horst W. (2005): Besser leben – schöner wohnen? Leben in der Stadt der Zukunft. Bonn

Paschke, Ellen/Stadler, Wolfgang (Hg.) (2011): Memorandum: Perspektiven für die Pflege älterer Menschen in Deutschland. ver.di Bundesverwaltung und AWO Bundesverband e.V. (Hg.). Berlin (Quelle: http://www.verdi-news.de/download/Memorandum-Perspektiven-fur-die-Pflege-aelterer-Menschen-in-Deutschland.pdf, 04.06.2012)

Pfaff, Holger (1989): Stressbewältigung und soziale Unterstützung. Zur sozialen Regulierung individuellen Wohlbefindens. Weinheim

Pfahl, Svenja (2005): Vertiefte Datenauswertung: Erwartungen an einen familienfreundlichen Betrieb (unveröffentlichtes Manuskript für das WSI in der Hans-Böckler-Stiftung). Düsseldorf

Pfahl, Svenja (2006): Arbeits- und Familienzeiten – aus Sicht von Eltern und Kindern. In: spw – Zeitschrift für Sozialistische Politik und Wirtschaft, Heft 02, S. 32–35

Pfahl, Svenja (2007): Moderne Zeiten – Ansprüche an Arbeits- und Familienzeiten aus Sicht von Eltern und Kindern. In: Szydlik, Marc (Hg.): Flexibilisierung. Folgen für Familie und Sozialstruktur. Wiesbaden, S. 255–274

Pfahl, Svenja/Reuyß, Stefan (2005): Familienfreundlichkeit im Betrieb. Handlungshilfe für Betriebs- und Personalräte. Bundesministerium für Familie, Senioren, Frauen und Jugend (Hg.). Berlin

Pfahl, Svenja/Reuyß, Stefan (2008): Gelebte Chancengleichheit im Betrieb. Fallstudien. Frankfurt/M.

Pfahl, Svenja/Reuyß, Stefan (unter Mitarbeit von Katrin Menke) (2009): Das neue Elterngeld – Erfahrungen und betriebliche Nutzungsbedingungen von Vätern (Edition der Hans-Böckler-Stiftung, Bd. 239). Düsseldorf

Pfarr, Heide (2007): Flexicurity – ein Konzept für das Arbeitsrecht der Zukunft? In: WSI-Mitteilungen, 8, S. 416–421

Phillip-Metzen, Heike Elisabeth (2008): Die Enkelgeneration im ambulanten Pflegesetting. Ergebnisse einer lebensorientierten Studie. Wiesbaden

Phillips, Judith, E. (1999): Vereinbarkeit von Erwerbstätigkeit und Pflege in Großbritannien – Zum Stand der Forschung. In: Reichert, Monika/Naegele, Gerhard (Hg.): Vereinbarkeit von Erwerbstätigkeit und Pflege – Nationale und internationale Perspektiven Bd. II, in der Reihe: Dortmunder Beiträge zur angewandten Gerontologie Bd. 8. Hannover, S. 119–145

Principi, Andrea/Perek-Białas, Jolanta (2011): Carers@work – The reconciliation of employment and eldercare: a secondary data analysis. Arbeitspapier der Universität Krakau (Hg.) Krakau, Dortmund (Quelle: http://www.carersatwork.tu-dortmund.de/download/Carers@work/SDA.pdf, 04.06.2012)

Radtke-Röwekamp, Bianca (2008): Frauen als pflegende Angehörige: Geschlechtsspezifische Dimensionen familialer Pflege. In: Bauer A./Gröning, Katharina. (Hg.): Gerechtigkeit, Geschlecht und demografischer Wandel. Frankfurt/M., S. 241–258

Reichert, Monika (2003): Vereinbarkeit von Erwerbstätigkeit und Pflege – Ein Überblick zum neuesten Forschungsstand. In: Reichert, Monika/Maly-Lukas, Nicole/Schönknecht Christiane (Hg.): Älterwerdende und ältere Frauen heute. Zur Vielfalt ihrer Lebenssituationen. Wiesbaden, S. 123–148

Reichert, Monika/Naegele, Gerhard (1997): Betriebliche Maßnahmen zur Unterstützung pflegender Arbeitnehmerinnen und Arbeitnehmer – internationale Erfahrungen. In: Bundesministerium für Familie, Senioren, Frauen und Jugend (Hg.): Vereinbarkeit von Erwerbstätigkeit und Pflege. Schriftenreihe Bd. 106.1. Berlin

Reichert, Monika/Naegele Gerhard (Hg.) (1998): Vereinbarkeit von Erwerbstätigkeit und Pflege: Nationale und internationale Perspektiven. Bd. I, in der Reihe: Dortmunder Beiträge zur angewandten Gerontologie Bd. 7. Hannover

Reichert, Monika/Naegele Gerhard (Hg.) (1999): Vereinbarkeit von Erwerbstätigkeit und Pflege: nationale und internationale Perspektiven. Bd. II, in der Reihe: Dortmunder Beiträge zur angewandten Gerontologie Bd. 8. Hannover

Rinderspacher, Jürgen P. (1985): Gesellschaft ohne Zeit. Individuelle Zeitverwendung und soziale Organisation der Arbeit. Frankfurt/M., New York

Rinderspacher, Jürgen P. (1987): Auf dem Weg in die Rund-um-die-Uhr-Gesellschaft? In: Hesse, Joachim, J./Zöpel, Christian (Hg.): Neuorganisation der Zeit. Baden-Baden, S. 97–124

Rinderspacher, Jürgen P. (1988): Die Kultur der knappen Zeit. In: Neue Gesellschaft/Frankfurter Hefte, Nr. 4, S. 313–323

Rinderspacher, Jürgen P. (2000a): Zeitwohlstand in der Moderne. Berlin: Wissenschaftszentrum Berlin für Sozialforschung (WZB), Diskussionspapier Nr. P00-502

Rinderspacher, Jürgen P. (2000b): Arbeitszeitpolitik gegen Arbeitslosigkeit? Strategien zwischen Wachstum und Umverteilung. Sozialwissenschaftliches Institut der Evangelischen Kirche in Deutschland – SWI (Hg.). Bochum

Rinderspacher, Jürgen P. (Hg.) (2002): Zeitwohlstand – Ein Konzept für einen anderen Wohlstand der Nation. Berlin

Rinderspacher, Jürgen P. (2003): Arbeits- und Lebenszeiten im Wandel. Ansätze zu einer Politik der zeitstrukturellen Balance. In: Zeitschrift für Soziologie der Erziehung und Sozialisation. Jg. 23/Nr. 3, S. 236–250

Rinderspacher, Jürgen P. (2005): Zeitwohlstand in der Dreizeitgesellschaft. In: Seifert, Hartmut (Hg.): Flexible Zeiten in der Arbeitswelt. Frankfurt/M., S. 398–449

Rinderspacher, Jürgen P. (2008): Zeitwohlstand und Zeitsouveränität – gegensätzliche Konzepte oder zwei Seiten derselben Medaille? In: Heitkötter, Martina/Jurczyk, Karin/Lange, Andreas/Meier-Gräwe, Uta (Hg.): Zeit für Beziehungen? Zeitpolitik für Familien. Opladen, S. 373–399

Rinderspacher, Jürgen P. (2012): Der Achte Familienbericht. „Zeit für Pflege" – Kommentar zum 5. Kapitel. Gemeinsame Tagung der Deutsche Gesellschaft für Zeitpolitik (DGfZP) und des Deutschen Vereins für öffentliche und private Fürsorge e.V., „Zeitwohlstand für Familien – Welche Impulse zeitpolitischer Gestaltung gibt der Achte Familienbericht?"

Berlin März 2012. (Quelle: http://www.zeitpolitik.de/pdfs/rinderspacher_zeitfuerpflege. pdf, 07.06.2012)

Rinderspacher, Jürgen P./Herrmann-Stojanov, Irmgard/Pfahl, Svenja/Reuyß, Stefan (2009): Zeiten der Pflege. Eine explorative Studie über individuelles Zeitverhalten und gesellschaftliche Zeitstrukturen in der häuslichen Pflege. Münster

Rosa, Hartmut (2005): Beschleunigung. Die Veränderung der Zeitstrukturen in der Moderne. Frankfurt/M.

Rosenthal, Gabriele (2005): Interpretative Sozialforschung. Eine Einführung. Weinheim

Rothgang, Heinz/Iwansky, Stephanie/Müller, Rolf/Sauer, Sebastian/Unger, Rainer (2011): Barmer GEK Pflegereport 2011. Schriftenreihe zur Gesundheitsanalyse, Band 11. Barmer GEK (Hg.). Schwäbisch-Gmünd (Quelle: http://www.barmer-gek.de/barmer/web/ Portale/Presseportal/Subportal/Presseinformationen/Archiv/2011/111129-Pflegereport-2011/PDF-Pflegereport-2011,property=Data.pdf, 04.06.2012)

Rothgang, Heinz/Iwansky, Stephanie/Müller, Rolf/Sauer, Sebastian/Unger, Rainer (2010): Barmer GEK Pflegereport 2010 – Schwerpunktthema: Demenz und Pflege. Schriftenreihe zur Gesundheitsanalyse, Band 5. Barmer GEK (Hg.). Schwäbisch-Gmünd

Rumpf, Mechthild (2007): Geschlechterverhältnisse und Ethos fürsorglicher (Pflege-)Praxis im Wandel. Literaturstudie und Problemskizzen zu häuslicher Pflege (artec-paper 144). Bremen: Universität Bremen

Runde, Peter/Giese, R./Kaphengst, C./Hess, J. (2009): Pflegeaufwand und Mitteleinsatz. Zwischenbericht zu Ergebnissen der schriftlichen Befragung von AOK-Leistungsempfängern. Universitat Hamburg – Arbeitsstelle Rehabilitations- und Praventionsforschung (Hg.). Hamburg (Quelle: http://www.aok-bv.de/imperia/md/aokbv/gesundheit/pflege/ ambulant/aok/bericht/pflegeaufwand/231009.pdf, 04.06.2012)

Runde, Peter/Giese, R./Kaphengst, C./Hess, J. (2009): AOK-Trendbericht Pflege II – Entwicklungen in der häuslichen Pflege seit Einführung der Pflegeversicherung. Universität Hamburg – Arbeitsstelle Rehabilitations- und Praventionsforschung (Hg.). Hamburg (Quelle: http://www.wir-pflegen.net/wp-content/medien/AOK-Trendbericht-Pflege-II1.pdf, 04.06.2012)

Rüter, Friederike. (2009): Späte Trauer. Eine Studie zur seelsorglichen Begleitung Trauernder. Leipzig

Sachverständigenkommission (2011): Zeit für Familie. Familienzeitpolitik als Chance einer nachhaltigen Familienpolitik. Bericht der Sachverständigenkommmission der Deutschen Bundesregierung zum Achten Familienbericht, Berlin

Sauer, Dieter (2011a): Von der „Humanisierung der Arbeit" zur „Guten Arbeit". In: Aus Politik und Zeitgeschichte, Heft 15, S. 18–24

Sauer, Dieter (2011b): „Hauptsache Arbeit" – zum qualitativen Wandel von Erwerbsarbeit. In: WISO Schwerpunktheft: Arbeitsbedingungen und Qualität der Arbeit, Jg. 34/Heft 3, S. 17–34

Scharlach, Andrew (1999): Betriebliche Maßnahmen zur Unterstützung erwerbstätiger Pflegender in den USA: Eine kritische Analyse. In: Reichert, Monika/Naegele, Gerhard (Hg.): Vereinbarkeit von Erwerbstätigkeit und Pflege – Nationale und internationale Perspektiven II, in der Reihe: Dortmunder Beiträge zur angewandten Gerontologie Bd. 8. Hannover, S. 239–268

Schneekloth, Ulrich/Wahl, Hans Werner (2005): Möglichkeiten und Grenzen selbständiger Lebensführung in privaten Haushalten (MuG III). Repräsentativbefunde und Vertiefungsstudien zu häuslichen Pflegearrangements, Demenz und professionellen Versorgungsangeboten. Abschlussbericht im Auftrag des Bundesministeriums Familie und Senioren, Frauen und Jugend (Hg.). Berlin (Quelle: http://www.bmfsfj.de/Redaktion BMFSFJ/Abteilung3/Pdf-Anlagen/selbststaendigkeit-im-alter-kurzfassung,property=pdf, bereich= mfsfj,sprache=de,rwb=true.pdf, 04.06.2012)

Schneekloth, Ulrich (2006): Entwicklungstrends beim Hilfe- und Pflegebedarf in Privathaushalten – Ergebnisse der Infratest-Repräsentativerhebung. In: Schneekloth, Ulrich/Wahl, Hans Werner (Hg.): Selbständigkeit und Hilfebedarf bei älteren Menschen in Privathaushalten. Pflegearrangements, Demenz, Versorgungsangebote. Stuttgart, S. 57–102

Schneider, Helmut/Heinze, Jana/Hering, Daphne (2011): Betriebliche Folgekosten mangelnder Vereinbarkeit von Beruf und Pflege. Expertise im Rahmen des Projektes Carers@ Work – Zwischen Beruf und Pflege: Konflikt oder Chance? Westfälische Wilhelms-Universtität Münster und Steinbeis-Hochschule Berlin (Hg.). Münster, Berlin

Schneider, Norbert F./Häuser, Julia C./Ruppenthal, Silvia/Stengel, St. (2006): Familienpflege und Erwerbstätigkeit. Eine explorative Studie zur betrieblichen Unterstützung von Beschäftigten mit pflegebedürftigen Familienangehörigen. Kurzfassung der Ergebnisse und Handlungsempfehlungen. Ministerium für Arbeit, Soziales, Familie und Gesundheit des Landes Rheinland-Pfalz (Hg.). Mainz (Quelle: http://www.menschen-pflegen.de/files/636ae 28349187b4c226b5df9e86a75b4/667/Familienpflege.pdf, 04.06.2012)

Schroer, Markus (2006): Räume, Orte, Grenzen. Auf dem Weg zu einer Soziologie des Raumes. Frankfurt/M.

Senghaas-Knobloch, Eva (2005): Fürsorgliche Praxis und die Debatte um einen erweiterten Arbeitsbegriff in der Arbeitsforschung. In: Correll, Lena/Janczyk, Stefanie/Kurz-Scherf, Ingrid (Hg.): In Zukunft: Arbeit. Die Zukunft der Arbeit und der Arbeitsforschung liegt in ihrem Wandel. Münster, S. 54–68

Senghaas-Knobloch, Eva/ Kumbruck, Christel (2008): Zum Ethos fürsorglicher (Pflege-) Praxis – Dilemmata in der modernen Dienstleistungsgesellschaft. In: L'Homme. Zeitschrift für Feministische Geschichtswissenschaft, Jg. 19/Heft 1, S. 15–37

Seifert, Hartmut (1995): Kriterien für eine sozialverträgliche Arbeitszeitgestaltung. In: Büssing, André/Seifert, Hartmut (Hg.): Sozialverträgliche Arbeitszeitgestaltung. München, Mering, S. 15–30

Siemens-Betriebskrankenkasse (2011): „Analyse der SBK: Pflegende Angehörige sind kränker als andere Menschen, aber Klinikaufenthalte sind nicht drin". Beitrag auf der Homepage der Siemens-Beriebskrankenkasse (SBK) (Quelle: http://www.sbk.org/presse/presse-informationen/themenspecials/themenspecial-pflege/pflegende-angehoerige.html,04.06. 2012)

Slotala, Lukas/ Bauer, Ullrich (2009): Das sind bloß manchmal die fünf Minuten, die fehlen. Pflege zwischen Kostendruck, Gewinninteressen und Qualitätsstandards. In: Pflege & Gesellschaft, Jg. 14/Nr. 1, S. 15–37

Stadt Kassel – Sozialamt (Hg.) (2005): Kommunale Altenhilfeplanung. Bericht 2005. Kassel (Quelle: http://www.uni-kassel.de/fb4/issl/mitg/karl/pdf/SoSe07/Altenhilfeplanung+ Kassel. pdf, 04.06.2012)

Stadt Kassel – Sozialamt (Hg.) (2009): Kommunale Altenhilfeplanung. Bericht 2009. Kassel (Quelle: http://www.stadt-kassel.de/imperia/md/content/cms01/06prokassel/senioren/bericht/2009.pdf, 04.06.12)

Stanjek, Karl (Hg.) (2005): Altenpflege konkret – Sozialwissenschaften. München, Jena

Städler-Mach, Barbara (Hg.) (2006): Ethik gestalten. Neue Aspekte zu ethischen Herausforderungen in der Pflege. Frankfurt/M.

Statistisches Bundesamt (2003): Wo bleibt die Zeit? Die Zeitverwendung der Bevölkerung in Deutschland 2001/02. Wiesbaden

Statistisches Bundesamt (Hg.) (2005): Leben und Arbeiten in Deutschland. Ergebnisse des Mikrozensus 2004. Wiesbaden

Statistisches Bundesamt (Hg.) (2006): Statistisches Jahrbuch 2006 für die Bundesrepublik Deutschland. Wiesbaden

Statistisches Bundesamt (Hg.) (2009): Pflegestatistik 2009 – Pflege im Rahmen der Pflegeversicherung. Deutschlandergebnisse. Wiesbaden (Quelle: www.destatis.de, 04.06.2012)

Statistische Ämter des Bundes und der Länder (Hg.) (2010): Demographischer Wandel in Deutschland, Heft 2: Auswirkungen auf Krankenhausbehandlungen und Pflegebedürftige im Bund und in den Ländern. Wiesbaden (Quelle: http://www.statistikportal.de/statistik-portal/demografischer/wandel/heft2.pdf, 04.06.2012)

Stiehler, Matthias/Klotz, Theodor (Hg.) (2007): Männerleben und Gesundheit. Eine interdisziplinäre, multiprofessionelle Einführung. Weinheim, München

Trommsdorff; Gisela. (1994): Zukunft als Teil individueller Handlungsorientierungen. In: Holst, Elke/Rinderspacher, Jürgen P./Schupp, Jürgen (Hg.): Erwartungen an die Zukunft. Zeithorizonte und Wertewandel in der sozialwissenschaftlichen Diskussion. Frankfurt/M., New York, S. 45–76

Waldenfels, Bernhard (2009): Ortsverschiebungen, Zeitverschiebungen. Frankfurt/M.

Wert.Arbeit GmbH (2008): Vereinbarkeit von Beruf und Pflege – ein Handlungsfeld für Betriebsräte. Broschüre. Berlin (Quelle: http://www.beruf-und-familie.de/system/cms/data/dl/data/cedced0e031107096390158b19d8017a/2008/Beruf/und/Pflege/fuer/Betriebsraete.pdf, 04.06.2012)

Witzel, Andreas. (2000): Das problemzentrierte Interview. In: Forum Qualitative Sozial Research (FQS) I (1), Online Journal (Quelle: http://www.qualitative-research.net/index.php/fqs/article/view/1132/2520; 04.06.12)

Witzel, Andreas (1989): Das problemzentrierte Interview. In: Jüttemann, Gerd (Hg.): Qualitative Forschung in der Psychologie. Grundlagen, Verfahrensweisen, Anwendungsfelder. Heidelberg, S. 227–255

Wurstmann, C. (2004): Resilienz. Widerstandsfähigkeit von Kindern in Tageseinrichtungen fördern. Berlin

Zeller, Elke/Niewohner, Silke et al (2010): Gut Altern in Berlin – Was ist, wenn ...? 22 Fragen zum Thema Häusliche Pflege. Senatsverwaltung für Integration, Arbeit und Soziales in Berlin (Hg.). Berlin (Quelle: http://www.berlin.de/imperia/md/content/sen-soziales/downloads/20110504/wasistwenn.pdf?start&ts=1302013159&file=20110504/wasistwenn.pdf, 04.06.2012)

Verzeichnis der Abbildungen und Tabellen

Abbildungen

Tabellen

Anhang

Anhangtabelle: Überblick Befragte

Name	Beruf	vertragl. AZ (Std./Wo.)	tatsächl. AZ (Std./Wo)	Arbeitsverhältnis: sicher/unsicher	Partner	Kinder im Haushalt	Pflegebedürftige/r	Pflegestufe	Intensität Pflege	Wegezeit in Min. (Wohnort-Pflegeort)
Birgit Kucharszewski	Angestellte Bildungseinrichtung	35	40	s	ja	-	a) Mutter b) Schwiegervater	a) II b) II	a) H b) N	a) 1–15 b) 15–30
Christian Mühlheim	Sachbearbeiter Finanzamt	40	50	s	ja	1	Mutter	–	H	1–15
Hermann Neuss	stellv. Personalleiter Interessenverband	37	40	s	ja	-	Mutter	0	H	1–15
Michael Lade	Kriminalpolizist	40	50	s	ja	2	Partnerin	–	H	0
Michaela Röder	Sachbearbeiterin Polizei	40	40	s	ja	1	Mutter	III	H	45–60
Jörn Jansen	Kriminaltechniker Polizei	38,5	38,5	s	ja	–	Mutter	I	N	45–60
Hanne Jansen	Krankenschwester	20	20	u: befristet bis 2012, danach unklar	ja	–	Schwiegermutter	I	H	45–60
Marita Keller	Sachverständige bei der Polizei	39	39	s	ja	1	Partner	III	H	0
Karin Paul	Leitende Kriminalbeamtin	40	40	s	–	1	Vater	II	N	1–15
Katja Reich	qualifizierte Angestellte Versorgungsbetrieb	20	15	s	ja	–	Tochter, 11 J.	I	H	0
Carmen Grosse	Techn. Angestellte Versorgungsbetrieb	39	39	s	ja	–	Mutter	I	H	15–30

Anhangtabelle: (Fortsetzung)

Name	Beruf	vertragl. AZ (Std./Wo.)	tatsächl. AZ (Std./Wo)	Arbeitsverhältnis: sicher/unsicher	Partner	Kinder im Haushalt	Pflege-bedürftige/r	Pflegestufe	Intensität Pflege	Wegezeit in Min. (Wohnort-Pflegeort)
Gudrun Göbe	Leitende Angestellte Versorgungsbetrieb	39	42	s	ja	–	Mutter	I	H	0
Peter Braun	Angestellter ÖD	39,5	41	s	ja	–	Mutter	II	N	1–15
Sigrid Burtzlaff	Sekretärin ÖD	30	25–28	u: niedriges Eink.	ja	–	Mutter	–	H	0
Jürgen Thomas	Software-Entwickler, Landesbehörde	26	26	s	ja	2	Sohn, 9 J.	III	N	0
Alex Schulz	Polizist	41	41	s	ja	–	Mutter	II	H	1–15
Simone Seidel	Projektleiterin in Bundesbehörde	33	35	s	ja	2	a) Vater b) Onkel	a) III b) II	N	a) 1–15 b) 0
Jochen Ritter	Kriminalpolizist	42	45	s	ja	1	a) Vater b) Schwiegermutter	a) I b) –	H	15–30
Petra Blume	Kriminalpolizistin	28	30	s	ja	1	Schwiegermutter	III	H	15–30
Heiner Bellscheidt	leitender Kriminaltechniker	40 + 4 Std. Nebentätigkeit	+/– 50	s	ja	–	Mutter, zunehmend auch Vater	III	H	45–60
Tanja Meister	Kriminalpolizistin	20	20	s	ja	3	Vater	III	H	1–15
Susanne Sand-Seehausen	Verkäuferin	120 h/Mo.	+/– 120 h/Mo.	u: niedr. Einkommen, keine Alternativen	ja	2	Schwiegermutter	II	H	0
Ute Weidinger	qualif. Angestellte Finanzdienstleister	40	50–55	s	–	–	Mutter	II	H	1–15

Anhangtabelle: (Fortsetzung)

Name	Beruf	vertragl. AZ (Std./Wo.)	tatsächl. AZ (Std./Wo)	Arbeitsver-hältnis:sicher/ unsicher	Partner	Kinder im Haushalt	Pflege-bedürftige/r	Pflegestufe	Intensität Pflege	Wegezeit in Min. (Wohnort-Pflegeort)
Gudrun Göbe	Leitende Angestellte Versorgungsbetrieb	39	42	s	ja	–	Mutter	I	H	0
Peter Braun	Angestellter ÖD	39,5	41	s	ja	–	Mutter	II	N	1–15
Sigrid Burtzlaff	Sekretärin ÖD	30	25–28	u: niedriges Eink.	ja	–	Mutter	–	H	0
Jürgen Thomas	Software-Entwickler, Landesbehörde	26	26	s	ja	2	Sohn, 9 J.	III	N	0
Alex Schulz	Polizist	41	41	s	ja	–	Mutter	II	H	1–15
Simone Seidel	Projektleiterin in Bundesbehörde	33	35	s	ja	2	a) Vater b) Onkel	a) III b) II	N	a) 1–15 b) 0
Jochen Ritter	Kriminalpolizist	42	45	s	ja	1	a) Vater b) Schwiegermutter	a) I b) –	H	15–30
Petra Blume	Kriminalpolizistin	28	30	s	ja	1	Schwiegermutter	III	H	15–30
Heiner Bellscheidt	leitender Kriminaltechniker	40 + 4 Std. Nebentätigkeit	+/- 50	s	ja	–	Mutter, zunehmend auch Vater	III	H	45–60
Tanja Meister	Kriminalpolizistin	20	20	s	ja	3	Vater	III	H	1–15
Susanne Sand-Seehausen	Verkäuferin	120 h/Mo.	+/- 120 h/Mo.	u: niedr. Einkommen, keine Alternativen	ja	2	Schwiegermutter	II	H	0
Ute Weidinger	qualif. Angestellte Finanzdienstleister	40	50–55	s	–	–	Mutter	II	H	1–15

Anhangtabelle: (Fortsetzung)

Name	Beruf	vertragl. AZ (Std./Wo.)	tatsächl. AZ (Std./Wo)	Arbeitsverhältnis: sicher/unsicher	Partner	Kinder im Haushalt	Pflege-bedürftige/r	Pflegestufe	Intensität Pflege	Wegezeit in Min. (Wohnort-Pflegeort)
Karin Kürzinger	Sachbearbeiterin Finanzdienstleister	40	45	s	–	1	Mutter	III	H	1–15
Lena Oberpölling	Techn. Spezialistin Automobilhersteller	20	16–25	s	ja	1	Tochter, 2 J.	–	H	0
Beate Dachs	Einfache Angestellte Chemiekonzern	8	8	u: ungewollte kurze AZ	ja	2	Mutter	I	H	0
Eva Kollesch-Berger	Qualifiz. Angestellte Chemiekonzern	37,5	41	s	–	–	Mutter	I	H	0
Anne Hellweg	Assistenz d. GF Chemiekonzern	35	35	s	ja	–	Vater	0	H	> 90
Conny Tell	Qualifiz. Angestellte Chemiekonzern	38,5	30–50	s	ja	1	a) Mutter b) Tante	a) – b) –	H	> 90
Karin Hobler	Sachbearbeiterin Chemiekonzern	28,5	28,5	s	ja	–	Sohn, 6 J.	II	H	0
Dietmar Knöpfle	Ingenieur Chemiekonzern	37,5	39–40	s	ja	3	Mutter	II	N	0
Vroni Holzheu	Laborantin Chemiekonzern	33	33	s	ja	1	Tochter, 7 J.	II	H	0
Volker Mühlhaus	Arbeitsvorbereitung, Mischkonzern	38,5	35–42	s	ja	–	Tochter, 16 J.	III	H	0
Melanie Maibach	Assistenz der GF Produktionsbetrieb	35	32–38	s	ja	–	a) Mutter b) Vater	a) I b) –	H	0
Walter Stadler	Verwaltungsleiter ÖD	41	50	s	–	–	a) Mutter b) Stiefvater	a) beantragt b) III	H	1–15

Anhangtabelle: (Fortsetzung)

Name	Beruf	vertragl. AZ (Std./Wo.)	tatsächl. AZ (Std./Wo.)	Arbeitsverhältnis: sicher/unsicher	Partner	Kinder im Haushalt	Pflegebedürftige/r	Pflegestufe	Intensität Pflege	Wegezeit in Min. (Wohnort-Pflegeort)
Elke Groß	Kassiererin Warenhaus	60h/Mo.	70h/Mo.	u: Leiharbeiterin	ja	2	Mutter	I	H	0
Petra Fischer	Fahrlehrerin & Sportlehrerin	22 & 3,5	20 & 3,5	u: mehrere Jobs, niedriges Eink.	-	-	Vater	I	H	15-30
Christina Seemann	Gleichstellungsbeauftragte Hochschule	31	22-50	s	ja	2	Schwiegermutter	II	H	0
Gabriele Zunieden	Gleichstellungsbeauftragte Hochschule	34	40	s	ja	-	a) Ehemann b) Eltern c) Bekannte	a) I b) I c) I	H	0
Brigitte Möwen	Bürokauffrau Wohlfahrtsverband	39	40-42	s	ja	-	Mutter	II	H	0
Katrin Hanse	Vorarbeiterin chem. Industrie	37,5	37,5	u: befristet	-	-	Ehemann	I	H	15-30
Silvia Höhn	Qualifiz. Angestellte Kommunalverwaltung	38	44	s	ja	-	Mutter	II	H	30-45
Christa Herbst	Krankenschwester	39	40	s	ja	-	Mann	II	H	0
Judith Zweig	Dozentin an Musikschule	18	18	u: Honorarkraft & unfreiwillig niedrige AZ	-	-	Mutter	III	H	0
Elisabeth Peters	Lehrerin	32	60	s	ja	-	Ehemann	I	H	0
Frieda Stock	Gesundheits koordinatorin LKA	30	40	s	ja	-	Ehemann	I	H	0

Anhangtabelle: (Fortsetzung)

Name	Beruf	vertragl. AZ (Std./Wo.)	tatsächl. AZ (Std./Wo.)	Arbeitsverhältnis: sicher/unsicher	Partner	Kinder im Haushalt	Pflege-bedürftige/r	Pflegestufe	Intensität Pflege	Wegezeit in Min. (Wohnort-Pflegeort)
Wiebke Eiler	Sekretärin Chemiekonzern	37,5	40	s	ja	–	Mutter	II	H	1–15
Karsten Sommer	Controlling Bank	31,2	35	s	ja	2	Mutter	II	H	1–15
Marlies Ufer	Angestellte ÖD	30	30	s	ja	1	Mutter	I	H	1–15
Gisela Esser-Yildiz	Qualifiz. Angestellte ÖD	37	42	s	ja	–	Mutter	0	H	60–90
Barbara Honig	Qualifiz. Angestellte ÖD	40	43	s	ja	–	Mutter	I	H	> 90
Julia Schneider	Leitende Angestellte ÖD	40	41	s	ja	–	a) Lebensgefährte d. Mutter b) Großmutter c) Vater	a) – b) I c) II	N	1–15
Carola Bernau	Krankenschwester	40	60	s	–	–	Vater	II	H	1–15
Silvia Brehmer	Büroangestellte Polizei	40	40	s	ja	–	Mutter	I	H	0
Marlies Bohlen	Professorin	42	35–60	s	ja	–	Mutter	I	H	0
Annette Schwarz	Sachbearbeiterin, Chemiekonzern	37,5	40	s	ja	2	Mutter	–	H	15–30
Gudrun Meier	Gleichstellungsbeauftragte Krankenkasse	38,5	38,5	s	–	–	Mutter	–	H	1–15
Alexandra Stevens	Altenpflegehelferin	13	13	u: 400€ Job, wenig Alternativen	ja	1	a) Vater b) Mutter	a) I b) –	H	30–45
Edeltraut Wentzke	Gleichstellungsbeauftragte Hochschule	40	50–60	s	–	2	Vater	II	N	30

Anhangtabelle: (Fortsetzung)

Name	Beruf	vertragl. AZ (Std./Wo.)	tatsächl. AZ (Std./Wo)	Arbeitsver-hältnis: sicher/ unsicher	Partner	Kinder im Haushalt	Pflege-bedürftige/r	Pflegestufe	Intensität Pflege	Wegezeit in Min. (Wohnort-Pflegeort)
Elke Lomasch	Verkäuferin Warenhaus	14	0–30	u: niedriges Eink., Kündigung jederzeit möglich	ja	2	Sohn, 21 J.	III	H	0
Margot Boy	Altenpflegerin Altenheim	30	40	s	ja	–	Mutter	II	N	1–15
Heike Brunner	Leitende Angestellte Versorgungsbetrieb	39	39	s	–	–	Mutter	–	H	60–90
Claus Bulenda	Personalleiter Produktionsbetrieb	VAZ	50–60	s	ja	–	a) Mutter b) Vater	a) – b) I	H	30–45
Kerstin Brüning	Leitende Angestellte ÖD	39,5	30–60	s	–	–	a) Mutter b) Vater	a) – b) –	H	> 90
Beate Hitzler	Altenpflegerin Rehaklinik	19,25	+/– 19,25	s	ja	3	Onkel	II	H	0
Christa Bischof	Pädagogin Bildungsstätte	19,5	19,5	u: befristet (18 Mon.), niedriges Eink.	–	–	Mutter	II	H	0
Angela Schmitt	Ärztin öffentl. Gesundheitsdienst	39	45	s	ja	1	Mutter	I	H	1–15
Helge Förster	Lehrer	7	9	s	ja	–	Partnerin	III	H	0
Dennis Schwan	Bundespolizist	18	18	s	–	–	Tochter, 23 J.	III	H	0

Anhangtabelle: (Fortsetzung)

Name	Beruf	vertragl. AZ (Std./Wo.)	tatsächl. AZ (Std./Wo)	Arbeitsverhältnis: sicher/unsicher	Partner	Kinder im Haushalt	Pflegebedürftige/r	Pflegestufe	Intensität Pflege	Wegezeit in Min. (Wohnort-Pflegeort)
Karl-Heinz Schlinck	Wiss. Mitarbeiter Bildungsstätte	40	45	s	ja	–	Partnerin	I	H	0
Inge Rudolf	Angestellte Deutsche Bahn	36	36	s	–	–	Tochter, 34 J.	I	H	0
Brigit Ziegler	Angestellte Finanzdienstleister	30	32	s	ja	1	a) Mutter b) Ehemann	a) II b) –	H	a) 15-30 b) 0
Renate Wörl	Schulsekretärin	20	20	s	–	–	Tochter, 24 J.	III	H	0
Susi Kerbel	Apothekerin	25h/Mon.	20-60 h/Mon.	u: mehrere geringfügige Jobs bei versch. AG	ja	–	Schwester	I	H	> 90
Uta Jürgens	Krankenschwester	10	8-10	s	ja	3	Mutter	I	H	0
Silvana Schicht	Unternehmensberaterin (selbständig)	40	40-60	s	ja	–	Mutter	–	früher: H heute: N	15-30
Katinka Bornholm	Leitende Angestellte Stadtbücherei	20	25	s	–	1	Sohn, 8 J.	II	H	0
Claudia Lang-Hauser	Sekretärin Softwaredienstleister	30	30-40	s	ja	3	Nachbarin	III	H	1-15
Hansjörg Obert	Lokführer Deutsche Bahn	39	20-60	s	–	–	Mutter	–	H	0
Marion Gabler	Angestellte Küchenstudio	14	15	u: geringfügig beschäftigt	ja	1	a) Mutter b) Sohn, 21 J.	a) III b) –	H	0

Anhangtabelle: (Fortsetzung)

Name	Beruf	vertragl. AZ (Std./Wo.)	tatsächl. AZ (Std./Wo.)	Arbeitsverhältnis: sicher/ unsicher	Partner	Kinder im Haushalt	Pflege-bedürftige/r	Pflegestufe	Intensität Pflege	Wegezeit in Min. (Wohnort-Pflegeort)
Hermann Breitner	IT-Spezialist Bank	38	41	s	ja	–	Partner	II	H	0
Sven Tull	Bürokraft in Bildungsakademie (Berufssoldat)	40	30	s	ja	–	Ehefrau	II	H	0
Bernd Hiller	Kunsthandwerker	40	44	s	ja	–	Ehefrau	I	H	0
Gisela Paviola	Angestellte Gebäudereinigung	21	21–25	s	ja	3	a) Mutter b) Vater	a) I b) 0	H	1–15
Tanja Reiter	Projektkoordinatorin mittels.:änd. Betrieb	21	21–25	s	–	–	Vater	II	H	0
Gisela Schön	Qualifiz. Angestellte Pharmakonzern	37,5	41	s	–	–	Mutter	I	H	30–45
Annegret Würsig	Pharmazeutisch-technische Assistentin Apotheke	20	20	u: niedriges Einkommen, keine Alternativen	ja	–	Mutter	II	H	0
Bettina Frosch	Angestellte Gebäudereinigung (3 Jobs)	20,5	20,5	u: drei geringfügige Jobs bei versch. AG	ja	1	Schwiegermutter	I	H	0
Jan Hirtl	Bundespolizist	40	40	s	ja	2	Vater	II	N	1–15
Cordula Hammer	Buchhalterin mittelständischer Betrieb	5	5	u: nur 10 h/ Mon.	ja	–	Mutter	III	H	0

Legende zur Anhangstabelle:

Die Daten aller Interviewpartner/innen sind anonymisiert. Das heißt Namen, Berufsbezeichnungen und andere Angaben sind so verändert, dass nicht auf die befragten Personen rückgeschlossen werden kann.

Arbeitsverhältnis: „s" = sicheres Arbeitsverhältnis; „u" = unsicheres Arbeitsverhältnis, d.h. befristete Beschäftigung, Leiharbeit, niedriges Einkommen (unterhalb von 9,62 Euro brutto in Westdeutschland und 7,18 Euro brutto in Ostdeutschland), keine Alternativen am Arbeitsmarkt, ungewollt geringfügige Beschäftigung, ungewollt geringes Arbeitszeitvolumen, (mehrere) geringfügige Jobs

Partner: „—" = ohne Partner/in im eigenen Haushalt lebend; Partner/innen, die in einem separaten Haushalt leben, bleiben hier unberücksichtigt

Kinder im Haushalt: Angabe der Anzahl der im Haushalt lebenden Kinder (ohne die zu pflegenden Kinder, da diese als „Pflegebedürftige" erfasst wurden); „—" = ohne im Haushalt lebende (nicht pflegebedürftige) Kinder

Pflegebedürftiger: Angabe der zu pflegenden Person

Pflegestufe: „—" = keine Pflegestufe; 0 = Pflegestufe Null/Demenz

Intensität Pflege: H = Befragte Person ist Hauptpflegende/r für die pflegebedürftige Person; N = Befragte Person ist Nebenpflegende/r für die pflegebedürftige Person

Wegezeiten: Angaben in Minuten zwischen Wohnort und Pflegeort (einfacher Weg); 0 = im selben Haushalt lebend

„AG" = Arbeitgeber; „AZ" = Arbeitszeit; „Eink." = Einkommen; „ÖD" = Öffentlicher Dienst

David Beck
Zeitgemäße Gesundheitspolitik in Kleinst- und Kleinbetrieben
Hemmende und fördernde Bedingungen
Forschung aus der Hans-Böckler-Stiftung, Bd. 132
2011   331 S.   ISBN 978-3-8360-8732-2   € 21,90

Andreas Blume, U. Walter, R. Bellmann, H. Wellmann
Betriebliche Gesundheitspolitik – eine Chance für die Mitbestimmung
Potenziale, Hemmnisse und Unterstützungsmöglichkeiten
Forschung aus der Hans-Böckler-Stiftung, Bd. 136
2011   342 S.   ISBN 978-3-8360-8736-0   € 21,90

Olaf Katenkamp, H. Martens, A. Georg, G. Naegele, M. Sporket
Nicht zum alten Eisen!
Die Praxis des Demographie-Tarifvertrags in der Eisen- und Stahlindustrie
Forschung aus der Hans-Böckler-Stiftung, Bd. 138
2011   230 S.   ISBN 978-3-8360-8738-4   € 16,90

Ute Klammer, Sabine Neukirch, Dagmar Weßler-Poßberg
Wenn Mama das Geld verdient
Familienernährerinnen zwischen Prekarität und neuen Rollenbildern
Forschung aus der Hans-Böckler-Stiftung, Bd. 139
2012   447 S.   ISBN 978-3-8360-8739-1   € 27,90

Markus Promberger
Topographie der Leiharbeit
Flexibilität und Prekarität einer atypischen Beschäftigungsform
Forschung aus der Hans-Böckler-Stiftung, Bd. 146
2012   303 S.   ISBN 978-3-8360-8746-9   € 19,90

Katrin Vitols
Nachhaltigkeit – Unternehmensverantwortung – Mitbestimmung
Ein Literaturbericht zur Debatte über CSR
Forschung aus der Hans-Böckler-Stiftung, Bd. 127
2011   128 S.   ISBN 978-3-8360-8727-8   € 12,90

Beate Zimpelmann, Dirk Wassermann
Mitbestimmung und Nachhaltigkeit – Widerspruch oder Chance?
Eine empirische Untersuchung in deutschen Großunternehmen
Forschung aus der Hans-Böckler-Stiftung, Bd. 144
2012   240 S.   ISBN 978-3-8360-8744-5   € 16,90

– bitte beachten Sie auch die folgende Seite –

Hermann Groß, Hartmut Seifert (Hg.)
Zeitkonflikte
Renaissance der Arbeitszeitpolitik
Forschung aus der Hans-Böckler-Stiftung, Bd. 115
2010   379 S.   ISBN 978-3-8360-8715-5   € 24,90

Eckart Hildebrandt, Philip Wotschak, Almut Kirschbaum
(unter Mitarbeit von Svenja Pfahl und Franziska Scheier)
Zeit auf der hohen Kante
Langzeitkonten in der betrieblichen Praxis und Lebensgestaltung der Beschäftigten
Forschung aus der Hans-Böckler-Stiftung, Bd. 98
2009   257 S.   ISBN 978-3-8360-8698-1   € 19,90

Ulrich Mückenberger
Lebensqualität durch Zeitpolitik
Wie Zeitkonflikte gelöst werden können
Forschung aus der Hans-Böckler-Stiftung, Bd. 142
2012   299 S.   ISBN 978-3-8360-8742-1   € 19,90

Detlef Oesterreich, Eva Schulze
Frauen und Männer im Alter
Fakten und Empfehlungen zur Gleichstellung
2011   99 S.   ISBN 978-3-8360-1104-4   € 29,90
                                   E-BOOK-ISBN 978-3-8360-0104-5

Jürgen P. Rinderspacher (Hg.)
Zeitwohlstand
Ein Konzept für einen anderen Wohlstand der Nation
Forschung aus der Hans-Böckler-Stiftung, Bd. 39
2002   205 S.   ISBN 978-3-89404-899-0   € 14,90

Günther Schmid
Übergänge am Arbeitsmarkt
Arbeit, nicht nur Arbeitslosigkeit versichern
2011   175 S.   ISBN 978-3-8360-3578-1   € 16,90

Elke Wiechmann, Leo Kißler
Kommunale Demographiepolitik
Antworten auf den sozio-demographischen Wandel in den Rathäusern
Modernisierung des öffentlichen Sektors., Bd. 37
2010   91 S.   ISBN 978-3-8360-7237-3   € 8,90

edition sigma   Tel. [030] 623 23 63   www.
Leuschnerdamm 13   Fax [030] 623 93 93   edition-sigma.de
D-10099 Berlin   verlag@edition-sigma.de